经典教材系列
CLASSIC TEXTBOOK SERIES

Human Resource Management in Public Service

(Second Edition)

中国人民大学出版社

公共行政与公共管理经典译丛
Public Administration and Public Management Classics

公共部门人力资源管理

（第二版）

[美] 埃文·M·伯曼　詹姆斯·S·鲍曼　乔纳森·P·韦斯特　蒙哥马利·范·沃特　著
Evan M. Berman　James S. Bowman
Jonathan P. West　Montgomery Van Wart
萧鸣政 等　译

《公共行政与公共管理经典译丛》

总　序

在当今社会，政府行政体系与市场体系成为控制社会、影响社会的最大的两股力量。理论研究和实践经验表明，政府公共行政与公共管理体系在创造和提升国家竞争优势方面具有不可替代的作用。一个民主的、负责任的、有能力的、高效率的、透明的政府行政管理体系，无论是对经济的发展还是对整个社会的可持续发展都是不可缺少的。

公共行政与公共管理作为一门学科，诞生于20世纪初发达的资本主义国家，现已有上百年的历史。在中国，公共行政与公共管理仍是一个正在发展中的新兴学科。公共行政和公共管理的教育也处在探索和发展阶段。因此，广大教师、学生、公务员急需贴近实践、具有实际操作性、能系统培养学生思考和解决实际问题能力的教材。我国公共行政与公共管理科学研究和教育的发展与繁荣，固然取决于多方面的努力，但一个重要的方面在于我们要以开放的态度，了解、研究、学习和借鉴国外发达国家研究和实践的成果；另一方面，我国正在进行大规模的政府行政改革，致力于建立与社会主义市场经济相适应的公共行政与公共管理体制，这同样需要了解、学习和借鉴发达国家在公共行政与公共管理方面的经验和教训。因此无论从我国公共行政与公共管理的教育发展和学科建设的需要，还是从我国政府改革的实践层面，全面系统地引进公共行政与公共管理经典著作都是时代赋予我们的职责。

出于上述几方面的考虑，我们组织翻译出版了这套《公共行政与公共管理经典译丛》。为了较为全面、系统地反映当代公共行政与公共管理理论与实践的发展，本套丛书分为四个系列：(1) 经典教材系列。引进这一系列图书的主要目的是适应国内公共行政与公共管理教育对教学参考及资料的需求。这个系列所选教材，内容全面系统、简明通俗，涵盖了公共行政与公共管理的主要知识领域，内容涉及公共行政与公共管理的一般理论、公共组织理论与管理、公共政策、公共财政与预算、公共部门人力资源管理、公共行政的伦理学等。这些教材都是国外大学通用的公共行政与公共管理教科书，多次再版，其作者皆为该领域最著名的教授，他们在自己的研究领域多次获奖，享有极高的声誉。(2) 公共管理实务系列。这一系列图书主要是针对实践中的公共管理者，目的是使公共管理者了解国外公共管理的知识、技术、方法，提高管理的能力和水平，内容涉及如何成为一个有效的公共管理者、如何开发管理技能、政府全面质量管理、政府标杆管理、绩效管理等。(3) 政府治理与改革系列。自 20 世纪 80 年代以来，世界各国均开展了大规模的政府再造运动，政府再造或改革成为公共行政与公共管理的热点和核心问题。这一系列选择了在这一领域极具影响的专家的著作，这些著作分析了政府再造的战略，向人们展示了政府治理的前景。(4) 学术前沿系列。本系列选择了当代公共行政与公共管理领域有影响的学术流派，如新公共行政、批判主义的行政学、后现代行政学、公共行政的民主理论学派等的著作，以期国内公共行政与公共管理专业领域的学者和学生了解公共行政理论研究的最新发展。

总的来看，这套译丛体现了以下特点：(1) 系统性。基本上涵盖了公共行政与公共管理的主要领域。(2) 权威性。所选著作均是国外公共行政与公共管理的大师，或极具影响力的作者的著作。(3) 前沿性。反映了公共行政与公共管理研究领域最新的理论和学术主张。

在半个多世纪以前，公共行政大师罗伯特·达尔 (Robert Dahl) 在《行政学的三个问题》中曾这样讲道："从某一个国家的行政环境归纳出来的概论，不能够立刻予以普遍化，或被应用到另一个不同环境的行政管理上去。一个理论是否适用于另一个不同的场合，必须先把那个特殊场合加以研究之后才可以判定。"的确，在公共行政与公共管理领域，事实上并不存在放之四海而皆准的行政准则。按照建设有中国特色的社会主义的要求，立足于对中国特殊行政生态的了解，以开放的思想对待国际的经验，通过比较、鉴别、有选择的吸收，发展中国自己的公共行政与公共管理理论，并积极致力于实践，探索具有中国特色的公共行政体制及公共管理模式，是中国公共行政与公共管理发展的现实选择。

本套译丛于 1999 年底由中国人民大学出版社开始策划和组织出版工作，并成立了由该领域很多专家、学者组成的编辑委员会。中国人民大学政府管理与改革研究中心、国务院发展研究中心东方公共管理综合研究所给予了大力的支持和帮助。我国的一些留美学者和国内外有关方面的专家教授参与了原著的推荐工作。中国人民大学、北京大学、清华大学、厦门大学、复旦大学、中山大学、武汉大学等许多该领域的中青年专家学者参与了本译丛的翻译工作。在此，谨向他们表示敬意和衷心的感谢。

《公共行政与公共管理经典译丛》编辑委员会

2001 年 8 月

译者前言

《公共部门人力资源管理》一书，系统地介绍了在公共部门进行人力资源管理的理论与方法，是埃文·M·伯曼、詹姆斯·S·鲍曼、乔纳森·P·韦斯特与蒙哥马利·范·沃特等教授完成的一部佳作。

该书出版后，立即受到美国国内外学者与高校师生的普遍欢迎，这里翻译的是其2006年的第二版，也是最新版本。该书主要致力于回答以下三个问题：

1. 公共部门人力资源管理的基础是什么？

2. 如何设计与实施公共部门的人力资源管理？

3. 如何把人力资源管理的理论与方法运用于实际，协调员工关系及提高公共部门管理工作的效率与效果？

因此，书中首先阐述了公共部门人力资源管理的背景与基础，包括公共服务的传统与法律基础，强调公共部门的人力资源管理必须建立在员工法定的权利与责任基础上，注意管理中的公平公正与员工正当的隐私权。其次，介绍了公共部门人力资源管理的各种职能、方法及其流程环节，包括人员招聘、人员选拔、职位管理、人员培训、绩效考评、薪酬管理。强调人力资源管理工作，应该以职位管理为中心并且与其他工作管理过程相衔接。再次，阐述了人力资源管理与家庭、工会、政府以及工作效率提升的关系，从对劳动与管理关系的探究入手，强调我们的人力资源管理工作不能够孤立地进行，应该与家庭生活、工会工作、政府要求以及改进组织工作效率等因素相结合，应该把相关的理论与方法应用到解决这些实际问题的工作中去。

全书比较全面地介绍了当前美国公共部门人力资源管理课程的教学内容，共由四个部分组成。第一部分是理论部分，主要介绍什么是公共部门人力资源管理，以及它的两大基础，共2章，包括公共部门的工作性质特点与法律基础。第二部分是方法部分，主要介绍公共部门人力资源管理的各种职能与方法，共7章。第三部分是应用部分，主要介绍公共部门人力资源管理的未来发展，共2章，包括工会与政府、人力资源与生产效率。第四部分是总结与引申，这是全书的最后一章，主要表达了作者的观点与思想，认为新技术将对人员素质提出新的要求。同时指出，尽管我们人力资源管理目前具有一系列的有效方法与技术，但是仍然会在实践中遇到各种各样的矛盾，仍然需要我们每个人勇敢地负起自己的一份责任并履行自己的神圣使命。同时，书中还介绍了人力资源理论与方法在公共部门管理实践应用中的大量案例。

因此，对我们广大公共管理学专业的工作者与教学人员来说，本书的作用是显而易见的。人力资源，是把人看做财富创造的来源的一种视角。所以，人力资源的概念被提出之后，在经济与工商管理中受到特别的重视与普遍应用。然而，人力资源在公共部门与非营利组织中却一直受到冷落。随着西方国家新公共管理思想的兴起与政府管理的改革，人力资源的概念开始受到国内外行政管理工作者与学界的重视，在我们国家目前才只有几年的历史。实际上，任何组织都有自己的目标与使命，都存在效率与效果提升的需要，因此，人力资源同样是公共部门与非营利组织实现自己目标与战略的核心因素。实际上，人力资源也是从资源学的角度对人的作用的一种解释。所以，在一定程度上，公共部门人力资源管理的问题比起工商部门来说，更为复杂与关键。2002年以前，我主要是从事企业人力资源开发理论与管理技术方面的研究。但是，自从来到北京大学政府管理学院后，学科建设的使命感让我不得不对公共部门人力资源管理问题高度关切。这些年的理论研究、教学工作与管理咨询实践，使我深深感到公共部门人力资源管理的重要性与困难性。如果说私有部门的人力资源管理更多建立在经济性、效率性与个人利益性基础上的话，那么公共部门人力资源管理就更多地建立在政治性、公平性与公共利益性的基础上。

由于私有部门人力资源管理与公共部门人力资源管理在职能上的相同性，决定了它们在方法技术上的相通性以及教学内容上的相近性。所以本书所介绍的人力资源管理理论与方法，既可以应用于公共部门与非营利组织实践，也可以应用于私有企业组织。

本书第二版保留了很多第一版的基本特征和教学目标，同时又做了大量的修改和提炼。其特点是观点新颖，编写系统、完整、具体与实用。例如，关于如何在协调组织与家庭需要的基础上对人力资源进行和谐管理的相关观点和内容，关于如何注意处理人力资源部门与工会、政府之间的关系与作用的相关观点和内容，非常值得我国私有企业人力资源管理工作者借鉴。这些观点和内容同时也弥补了目前我国公共部门人力资源管理教学与研究的疏忽与不足。书中第9章认为："如果谁能解决绩效考评问题，那么他就有资格在同一年中获得诺贝尔、普利策和黑斯曼奖。"这种观点反映了作者对于目前所有组织，包括公共部门与私有企业管理实践中绩效考评难点问题最深刻的认识。

在本书中，4位教授汇聚了美国超过百年的学术研究成果和专业经验，展示了一系列综合的理论和问题，运用了取自美国各地方、州和联邦的大量案例来解释这些理论。

因此，本书对于我国党政机关管理、政府部门管理、事业单位的企业化改革乃至企业管理，都具有十分重要的参考价值。本书适合于公共部门、非营利组织的管理者和职业经理、项目管理者、职业咨询师与研究工作者参考，尤其适合作为高等院校公共管理专业师生的教学参考。因为，全书的编写特别完整，包括教学目标、正文、本章小结、关键词、应用练习与进一步阅读的大量文献，鼓励学生不仅要仔细阅读这些材料，更要注意加以应用。

本书的翻译，是集体劳动的结晶。为了尽可能做好翻译工作，本书规定每个人最多翻译1章内容，并先后进行了初译稿、校译稿与审译稿三道工序。舒忠飞、张相林、曹雁、任燕、都巍、向勇、霍晓丹、段磊、刘追、袁淑玉、刘李豫、赵倩、张丁予、饶伟国、宫经理、冯少静、肖全英等参加了初译稿工作，江卫东教授、任燕、赵倩、张相林、宫经理、冯少静等参加了部分校译稿工作，最后由本人全面完成审校工作。全书基本按照原文翻译，仅在个别章节标题与极少数地方，根据汉语习惯做了适当修饰。由于公共部门人力资源管理在国外也是新领域，许多表述还不够通俗，加上译者水平有限，在审校过程中，我深感译本中的一些词句表述难尽其意或者未尽其意。缺点与错误之处，请读者批评。

在本书的翻译过程中，中国人民大学出版社刘晶同志做了关键性的工作，她及时提供了原著，王磊同志为本书的编辑付出了辛勤的劳动，对于以上同志的帮助，在此深表感谢。

如果读者在阅读过程中发现问题或者对公共部门人力资源管理有什么想法，

欢迎及时联系我们。萧鸣政联系方式如下：

电　　话：010—62754635，62767925

通讯地址：（100871）北京大学政府管理学院，北京大学人力资源开发与管理研究中心（北京市颐和园路5号北京大学廖凯原大楼内）

电子邮箱：xmingzh@pku. edu. cn

萧鸣政

2007年10月10日

前　言

《公共部门人力资源管理》将引导并激励管理者进入这个管理人的令人兴奋的专业领域。不仅每个人都会遇到人力资源管理问题，并且有关话题也常见诸新闻报道的头条。无论是令人生厌的还是可供仿效的，这些事例都使人力资源管理成为一个非常有趣的研究领域。无论话题是招聘和甄选中的素质测评，还是薪酬中的工资改革，也无论是培训与开发中的职员和管理者素质，绩效管理过程中新颖的个体绩效考评方法，还是劳工管理关系中的罢工权利，都不乏矛盾和争议。

本书第二版保留了很多第一版的基本特征和编写目标，同时又做了大量的修改和提炼。可以明确的是，由于职员和管理者经常遭遇相似的人力资源问题，因此本书从他们各自的观点中进行了提炼。书中分析了这些问题，说明了它们是如何出现的，以及我们能做些什么。书中还提供了有关公共部门内在挑战和矛盾的观点，以及公共部门管理独特的政治和法律背景。并且，本版对第一版内容进行了更新和扩展：增加了关于绩效工资、员工奖金、员工网络（workforce net working）的新资料；增加了关于纪律和网络的内容；增加了锻炼技能的练习；修订了应用练习部分的练习题和文本框。我们的团队，汇聚了超过百年的学术研究成果和专业经验（当然，我们不可能那么老！），从而完成了这样一本书：

- 假设读者是或者将是渊博的直线管理者；
- 展示了一系列综合的话题和问题；
- 运用了取自地方、州和联邦的大量案例来解释这些理论；
- 鼓励学生不仅要仔细阅读这些材料，更要加以应用。

作为美国公共行政学会的长期会员，而且已经在该领域发表了大量著作（参见“关于作者”），我们知道，塑造工作任务、组织、部门或政府的是人，以及人是如何被管理的。正是基于这样的理解，我们写了这本书。

阐明人力资源管理的重要性之后，导论提出了本书充满争论的主题——矛盾遍布该领域；然后全书都是对矛盾和争论的深入探讨。最后每一章的后面都包括了学习目标、基本知识和技能、相关评论、用粗体标明的关键术语、生动的尾注和应用练习。这样做的目的在于通过突出问题、挑战读者来解决问题，以及引导读者跳出课本去发现和面对其他问题，以使资料易于掌握和接受。这样不仅是要让读者记住这些知识，而且要使其思路得以扩展。

第一部分，“背景和挑战”，展示了两个主题。第一章，“公共服务的传统”，采用了与众不同的方法：它通过讨论过去几代到当今的改革运动，研究了该领域规范化以及伦理学的基础。以往的知识对于理解当前的话题以及避免重犯旧错很有帮助——旧错自身经常也是先前错误的化身。矛盾无处不在，比如，当前，无论是“加强”“高层”政府还是使“大”政府“空泛化”（增加组织委任官员，减少职业考任公务员）都在同时进行。因为大量的人力资源管理活动都是由法律来设计的，第二章介绍了机构及其职员必须承担的法律义务——不仅仅是符合法律，更要抓住法律的精神。因此，合法的也许并不符合道德伦理，反之亦然——因为法律代表最低限度的可接受行为，而道德伦理鼓励模范行为。

在第一部分的基础上，本书第二部分，“过程与方法”，将注意力转向了核心人力资源管理职能。这几章都按顺序编排，反映了人力资源管理过程从开始到结束的各个阶段。员工先面对招募和选拔，而后进入组织，获得报酬，接受培训和考评。整个过程中，他们所面对的问题有：

- 人员甄选中的伪科学；
- 职位管理的重要性经常得不到承认——以及职位管理为什么会热衷于网络空间；
- 不可能知道一个人应该被支付多少钱；
- 重要而又不确定的“和谐工作”政策的本质，事实上，这些政策可能是极为不和谐的；

- 制定培训和开发政策所面临的挑战；
- 人员测评的矛盾。

这些章节里呈现出来的重要途径——溯源、争辩以及寻求解决矛盾的方法——是本书的特色。

第三部分，“未来展望”，从对劳动与管理关系的探究入手。该领域的基础及其功能已经受到并且将继续受到公共组织与其员工之间关系的影响。关键问题是：本该巩固这种关系的架构实际上却破坏了它——这是一个基本上没有得到承认的事实。接下来的一章通过聚焦生产力和质量及其引发的压力，对新世纪进行了展望。本书得出了一些关于新兴科技、人员素质、生产力以及人力资源管理角色的结论和比较新颖的观点。术语表和索引可以帮助好奇的读者探索资料并发现新的资源。如果是这样的话，我们希望读者能与我们联系，提供进一步改进本书的建议。

本书同时覆盖了传统与非传统的问题，而这些问题将会在未来的职业生涯中影响所有的读者，因此欢迎大家阅读本书。

埃文·M·伯曼
詹姆斯·S·鲍曼
乔纳森·P·韦斯特
蒙哥马利·范·沃特

致　谢

xi 本书得到了很多人的帮助。感谢塞奇出版社的阿·布鲁克纳对我们的鼓励和支持，以及在美国公共行政学会工作的同事们。感谢国际城市/县管理协会的芭芭拉·莫利和克里斯丁·乌里奇，以及州政府委员会、美国劳工总会与产业劳工组织、国际人事管理协会、美国公共行政学会、家庭与工作研究所和国家公共行政学院。此外，我们还要感谢迈阿密大学工商管理学院图书管理员朵里斯·朱女士、艾奥瓦州人事部的克莱特·大卫斯、珀克镇人事处、德斯莫伊尼斯市人事局、埃姆斯市人事局以及艾奥瓦州立大学人力资源系，他们为本书提供了有用的建议。我们还受益于我们的学生以及研究生助理，在此谨对罗马·佩里茨、弗雷德里克·贝克、哥利雅·帕里斯、基里尔·迪摩、查里斯·克拉普斯、娜沙莉亚·基罗特、艾米利·乔瑟夫、雅各布·珀拉科夫、马修·西蒙斯和保罗·苏伊诺表示特别的感谢。最后，我们还要感谢那些不知名的批评者对本书的贡献。

目　录

导论 …………………………………………………………… 1

第一部分　公共部门人力资源管理的背景和挑战

第 1 章　公共服务传统及其对人力资源管理的影响 …………………………… 11
1.1　公共部门人力资源主管面临的问题 …………………………… 12
1.2　工作环境变化与主要问题 ………………… 15
1.3　人力资源管理的问题 ………………… 17
1.4　历史与体制背景下的改革潮流 ……… 19
1.5　克林顿和布什政府改革对人力资源的影响 …………………… 27
1.6　价值观、道德与人力资源管理 ……… 33
本章小结 ………………………………………… 38
关键术语 ………………………………………… 40
应用练习 ………………………………………… 40

注释 …… 41
参考文献 …… 42
第 2 章 员工的法定权利和责任 …… 47
2.1 工作权利和责任 …… 50
2.2 隐私权问题 …… 56
2.3 歧视 …… 61
本章小结 …… 66
关键术语 …… 67
应用练习 …… 67
参考文献 …… 68

第二部分 公共部门人力资源管理的过程与方法

第 3 章 人员招聘 …… 73
3.1 招聘过程中的因素分析 …… 76
3.2 招聘的步骤 …… 78
3.3 规划与审批 …… 80
3.4 职位公告 …… 83
3.5 招聘策略 …… 85
3.6 提高招聘成功率 …… 92
本章小结 …… 95
关键术语 …… 96
应用练习 …… 97
注释 …… 98
参考文献 …… 98
第 4 章 人员选拔 …… 101
4.1 甄选的基础与起源 …… 103
4.2 选拔的六个历史发展时期 …… 108
4.3 甄选的四个阶段 …… 113
4.4 最初的审查和测评 …… 114
4.5 面试和背景审查 …… 120
4.6 选择和协商 …… 125

4.7　录用之后和聘用事宜 …… 127
本章小结 …… 128
关键术语 …… 129
应用练习 …… 130
注释 …… 131
参考文献 …… 132
第 5 章　职位管理 …… 137
5.1　人事策略的三种类型 …… 138
5.2　职位分类和管理的起源 …… 141
5.3　人事模式与职位分类系统 …… 144
5.4　工作分析的使用和方法 …… 149
5.5　工作描述和职位描述 …… 154
本章小结 …… 159
附录 A　工作描述和职位描述的比较 …… 161
附录 B　正式的工作分析方法 …… 165
关键术语 …… 166
应用练习 …… 167
注释 …… 168
参考文献 …… 170
第 6 章　薪酬管理 …… 173
6.1　公平理论 …… 175
6.2　劳动力市场驱动与外部竞争力 …… 182
6.3　工作内容与内部一致性 …… 185
6.4　人员套级与个人贡献 …… 187
6.5　启示 …… 195
本章小结 …… 196
关键术语 …… 199
应用练习 …… 199
注释 …… 201
参考文献 …… 202
第 7 章　组织与家庭之间的和谐管理 …… 205
7.1　人力资源和工作环境的变化趋势 …… 208
7.2　家庭与工作计划 …… 209

7.3 健康、安全与保健计划 …… 216
7.4 弹性工作安排 …… 221
7.5 执行、评估和评价 …… 227
7.6 避免和应对工作中的矛盾 …… 230
7.7 最佳工作环境 …… 231
本章小结 …… 232
附录 A 关于远程办公安排与组织和职员的有关问题 …… 235
附录 B 关于亲职员政策执行的有关问题 …… 237
关键术语 …… 238
应用练习 …… 238
注释 …… 239
参考文献 …… 240
第 8 章 培训与开发 …… 245
8.1 培训和开发的战略 …… 248
8.2 学习的一般规律 …… 251
8.3 培训方法 …… 254
8.4 评估和评价 …… 262
本章小结 …… 267
关键术语 …… 268
应用练习 …… 268
参考文献 …… 269
第 9 章 绩效考评 …… 272
9.1 绩效考评的演变 …… 275
9.2 几种常见的绩效考评体系 …… 276
9.3 考评主体 …… 282
9.4 考评误差 …… 284
9.5 提高考评认同度 …… 288
9.6 考评结果应用：处分 …… 290
本章小结 …… 293
关键术语 …… 295
应用练习 …… 296
注释 …… 296
参考文献 …… 297

第三部分　公共部门人力资源管理的未来展望

第 10 章　工会与政府 …… 305
10.1　关于工会的不同观点 …… 307
10.2　员工与组织之间的困境和矛盾 …… 310
10.3　谈判代表和集体谈判 …… 321
10.4　员工和组织之间的对立与和谐 …… 327
本章小结 …… 330
附录 A　关于经理们处理与工会关系问题的建议 …… 332
附录 B　谈判清单及观察记录 …… 333
关键术语 …… 334
应用练习 …… 334
注释 …… 335
参考文献 …… 335
第 11 章　人力资源管理与生产率 …… 339
11.1　帮助组织变革 …… 340
11.2　提升生产率的策略 …… 342
11.3　提升人力资源管理的作用 …… 347
本章小结 …… 351
关键术语 …… 352
应用练习 …… 352
参考文献 …… 353
第 12 章　结论 …… 356
12.1　新技术和人员素质 …… 357
12.2　面对悖论，承担起个人责任 …… 357
12.3　使命 …… 358
参考文献 …… 359
词汇表 …… 360
人名索引 …… 372
主题索引 …… 382

导 论

如果有两个行动方案，你总应该选择第三个。

——谚语

xii 事实上，每个人都会问这样两个问题："管人为什么这么难"，"为什么人们如此不喜欢管理"？两个问题的答案都充满矛盾——表面上不相容的理念和实践必须在组织中使两者很好地协调起来。相协调一方面意味着它们在达致预定目的上是有效率和有效果的，另一方面也意味着该组织是受人们喜爱的。本书是为当前和将来的公共管理者而不是人事专家所写，意在突出人力资源管理中的矛盾，邀请你们加入到寻求改善组织中的工作生活的行列中来。尽管可能开始要鉴别工作场所中的问题（20 世纪受到严厉批评的主题和今天的"呆伯特①"），但人力资源管理的目的在于最终找到既可以改善员工的生活又可以提高公共部门绩效的方法。

① 呆伯特（Dilbert），美国斯科特·亚当斯的卡通人物，指在工作上被主管过分要求、亏待或利用。——译者注

在这样做的时候，本书同时寻求"装入"（拉丁语：instruere）和"抽出"（拉丁语：educare）。这就是说，与割断事实和观念的联系相比，大多数人更得益于综合、结构化的知识基础。然而学习并不仅仅是讲授，同时也是个不可预知的充满探索和询问的过程，在这个过程中，可以激发人的智慧。相应地，为更好地消化本书，你要通过分析、争论、满足、不安、经验、比较、应用、创造以及反思，对本书加以融会贯通。然后，在生动有效的课堂上与其他读者相互交流，使你对管理工作的想法得以延伸扩展。获取本书精髓的最有效的方法就是要置身其中。问自己要比任何人问你的都要多，这样你在做任何事情时都会有所准备。没有比学业不良更让人疲惫不堪的了。让自己成为一个有见识的人，因为没有知识进步是注定不会有好的结局的，所以准备去投入吧，因为投入带来的是增长。

管　人

那么，什么是**人力资源管理**呢？假如组织能被定义为一群朝着一个共同目标工作的人，管理能被定义为通过其他人完成这些目标的过程的话，那么本书的主题就是在一个组织中，有效利用人力资源的政策的过程。换个角度说，所有影响个体和组织之间关系的决定都可以被看做人力资源管理的维度。心理的和生产力
xiii 的目标对这种关系很重要。也就是说，已经完成的工作必须是对员工和组织都有意义的。毫不奇怪的是，这两个目标是相互影响和促进的——有时也是相互矛盾的。

人力资源管理具有巨大的推动力，促使形成人们可以实现自我的条件。它的日常工作就是一个领域，管理者要对该领域负责并且能对该领域产生真正的影响。人力资源管理不是可有可无的。事实上，管理者最重要的工作就是帮助组织运用其最有价值的资本——人——产生生产力。从决定如何招聘员工到如何决定薪酬、培训以及考评，人力资源管理对各种职业的员工都有重大的甚至是无限的影响。立法官员和首席执行官也许拥有设计新项目和批准预算的权力，但却是管理者在实施对下属的雇佣、配置、支付薪酬、开发以及考评。他们要花费更多的时间用于人的管理上。没有什么比这更重要的了；也没有什么比这更难了。

此外，人力资源管理并没有变得越来越容易。不仅许多地方的人事专家被"压缩"了，而且他们正在试验人力资源管理的全新方法，包括影响深远的公务员改革（比如，南卡罗来纳州、佐治亚州和佛罗里达州，还有选举出来的联邦机构如国土安全部）。尽管人力资源问题正变得——正如本书所说的那样——更多和更复杂，管理者却被要求用更少的投入获得更多的产出。很明显，认为人事问

题只是件可以忍受的麻烦事的监管者将会被额外的责任和应对它们的需要所压倒。正如一位明智的官员所说，“将人力资源管理放在首位，因为它是最重要的。”无可争议的事实是，不关心人的领导将无人可领导；不尊敬别人，则不会受到别人的尊敬。可悲的是，正是那些几乎没有受过专门培训的人在管理着员工。

悖论之谜

这个世界的一个无情的环境是，它一直在演化并变得越来越复杂，这使得组织管理也变得更加困难。快速的变化让人产生困惑和矛盾［paradox，源自希腊语 *para*（超越）和 *doxa*（信念）］。在理性和非理性之间的模糊地带，并存着模棱两可、不相容和令人难以置信的争论。看似荒唐的是，这些令人迷惑不解的问题反驳了传统思维的过度单纯化以及过度理性化。如此这般，它们带来了谦卑、活力和惊奇；智慧始于对无知的认识。这些扭曲的状态唤醒了大脑，迷惑和鼓舞交替，迫使人们通过未知到已知以达到对事物的进一步理解（Rescher，2001）。这激发了对悖论背后的原则更深的理解，提出有价值的洞见以及提供意想不到的考虑有关人和制度的办法。正如F·斯科特·菲兹杰拉德曾经说过的：“对最聪明的人真正的考验是，要求他或者她同时拥有两种互相矛盾的观念的能力”。

充满矛盾的是，人力资源管理活动使得表面事实之间的冲突具体化，而这种冲突将引发混乱并且耗费管理者的效率。矛盾潜藏并且使学习和实践变得徒劳。例如，每个人原则上都承认人是最根本的，但在组织中人却经常被低估。一个关键的难题——同样被明显地忽视了——**民主的悖论**。市民在管理公共事务方面拥 xiv
有很多民事权利（如言论自由、选举自由和集会自由），但员工在组织中却鲜有这些权利（如下属极少选择上司）。美国文化的一部分是强调个人主义、多样性、平等、参与以及对权力的质疑，但另外也强调一致、统一、不平等以及对权威的服从。事实上，矛盾所揭示出的对立物的统一处于人类环境的中心地位——生与死、白天与黑夜、快乐与悲苦、好与恶。

人们可能会对自由给予很高的评价，但当后来他们在组织内工作的时候，对自由的评价就降低了。如同卢梭所说：“人生而自由，却无往不在枷锁之中。”政治民主很难与经济独裁主义相联系。“我们这些人”在政治和经济生活上授权给国家；使政治权力民主化以服务多数；但是经济权力却服务于少数（Kelly，2001）。“我们强调自由企业体系的优点”，前西尔斯首席执行官罗伯特·E·伍德曾说道，“但在个体组织，我们或多或少都已经建立了极权主义的体系。”因为资本主义和民主是相互排斥的概念，解决两者矛盾的方式会极大地影响人们的生活质量。经济是为社会而存在——还是反之亦然呢？当自由受到内外因素的威胁的时候，自由必定是人们想要的。

相关的基本问题是**需求的矛盾**——个人和组织彼此需要，但人的快乐和组织的合理性也可能相互冲突，正如两者可能一致一样。今天的许多机构仍然保持了不久以前的机器模型，事实上，绝大多数的组织产生于工业时期的机器时代。即一种由组织等级图表揭示的自上而下的、命令与控制的方法，寻求静态的可预测性、要求效率以及希望自我奉献——官僚主义的特点。但根据定义，人类并非机械的模型，而是有机组织——他们具有机器所不具备的一切：有活力的、成长的、能自发解决问题。因此，人们不仅放弃他们的民主自由，并且专心为组织工作，以至于都不像他们自己了。在这种情形下人类繁荣根本就是不可能的事情。

人力资源管理最主要的问题是："组织化的过程和程序是帮助还是妨碍了解决民主和工作生活中两个主要的苦乐参半的矛盾？"坦率地说，如果人们能在分裂对立的市民文化和功能紊乱的组织中高效运作，那有没有人力资源管理又有什么不同呢？这些问题不能被那些声称其目的在于公共而非私人利益——最终实现民治、民享以及民有——的公共管理机构置之不理。民主政治下的人力资源管理太重要以至于不能留给那些将其视为技术问题的人来管理。公共行政历来都是关于治理的，而并不仅仅是管理。揭开虚假的透明——常见于想当然的运作设想中——可以使得对社会和组织中的市民角色有更广泛的认识。

因而，"没有什么能像两难问题那样去除你脑子里的糟粕了"（Justice Holmes in Vaill，1991，p. 83）。"重新开始"（示例 0—1）是很重要的出发点，这可以使经常看似而且往往确实是不和谐的观点变得和谐；实际上，管理者的大部分工作经常被定义为是处理矛盾。然而，几乎没有员工和管理者会乐意去思索讽刺的、矛盾的、不协调的、含有恶意的两难问题；而尝试去弄懂那些看似完全不合逻辑的事情则通常被人们所回避。

XV **示例 0—1　"对政府工作来说，已经差不多了"——语言学上的变异**

通过重新开始，强迫人们去重新思考他们工作的基本假设，关于这一点还需要说很多。然而，我们都"知道"，某些事情也许并不真实。当发现有些事情并不完美之后，有些人很愿意付之一笑，并且说："对政府工作来说，这已经差不多了。"这个句子源自150年前为军队做制服的政府承包商，因为当时政府制定的制服标准很高，说某事"差不多"意味着它的确是质量一流。我们走得太远了！让办公室里"不能办到"的事情打击我们求变的积极性和愿望总是非常容易的。重新开始将会对关于工作是如何完成的以及如何加以改变的假设形成挑战。

资料来源：Adapted from Linden（1994，p. 155）.

然而正好是因为两难问题揭示了工作假设中的矛盾，即在组织管理的调查、探索、洞察力和创新中仍然存在很多令人激动的机会。但是，运用两难问题来思考人力资源管理并非万能的方法。它所能提供的是一种反思、质疑复杂的组织日常工作的机会。好的怀疑可以激发不同的、有趣的并且有时是非常恰当的答案。如果没有别的，对于两难困境更深入的理解就可能实现，当然，这只是朝着问题解决的第一步。抓住矛盾的方式包括探究各种观点冲突的基础，鉴别并重视各种不同的好观点，并且努力形成综合了各种分歧意见的新观点。换句话说，系统**辩证**的推理将对立的理念（论点和对立的论点）并置，并且寻求通过形成综合意见的方式加以解决。例如，爵士乐“漂亮地表现了希望和失望之间的辩证法”，以及个人自由和更大利益之间的紧张状态（Hertsgaard，2002，p. 59）。离开你的“舒适地带”，运用这种方式思考不仅富有挑战，也很有收获；变化不可避免，成长却是可以选择的。爱因斯坦曾经说过：“运用与产生问题同样的方式来思考问题，是无法解决问题的。”

发展一种提出两难问题的能力很重要，因为随着信息高速公路、虚拟工作场所以及人口统计学上多样化员工的出现，这些问题在未来的几年就会大量产生。不要犯这种错误：不承认 21 世纪产生的两难问题，管理人的方式的任何变化都不可能是有效的。还要了解体现了所有这种难题的两难问题：随着冲突的激增，对解决这些问题的期待也变得越来越强烈。帮助解决这些问题的网络资源见示例 0—2。

示例 0—2　　虚拟人力资源管理活动和网络

问题是促使你尽最大努力的一个机会。

——杜克·艾灵顿

现在，各种人力资源管理活动都是基于网络进行的，并且在第三个千年会更多。它们包括相关的法律法规、招聘信息发布、虚拟网络招聘中心（交互语音应答系统、基于 xvi
计算机的面试和背景审查）、工作分析软件、福利计划、绩效考评、虚拟现实培训以及在诸如员工纪律领域的专家系统。

以下是一些对解决两难问题有参考作用的网站，它们还包含有其他资源的链接：

HR Live（www. hrlive. com）

HR Forum（www. hrforum. com）

Human Resources Professional's Gateway to the Internet（www. hrprosgateway. com/www/index2. html）

Human Resource Executive（www. workindex. com）

Human Resource Management Information（www. ihrim. org）

Institute of Industrial and Labor Relations（www. ilir. uiuc. edu）

International Personnel Management Association（www. ipma-hr. org）

National Association of State Personnel Executives（www. naspe. net）

National Public Employer Labor Relations Association（www. npelra. org）

Society for Human Resource Management（www. shrm. org）

United States Equal Employment Opportunity Commission（www. eeoc. gov）

United States Office of Personnel Management（www. opm. gov）

未来的挑战：及时行乐

读书是对未来的一种承诺，是个充满不确定性的长期冒险。为了使旅途更顺利，本书为你和你的组织——政府机构、非营利组织或者是教育机构——提出了一些重要问题。它揭示了人力资源管理中的逻辑不一致以及假设的冲突；如此便产生了以很不同的方式来定位问题的有趣时机。我们的任务即承认并且应用这个事实——也就是说，为了共同的利益而管理冲突。《公共部门人力资源管理（第二版）》一书既是对管理的实际检验，也是能够丰富组织的人力资本的工作场所（Davenport，1999）。

路易斯·巴斯德曾经说过，机会垂青于有所准备的头脑。因为无论你是否读过本书，书中所讨论的趋势都将会使你有所改变，当你“抓住每一天”并且创造性地思考如何管理人的时候，真正的机会就出现了。为了达到这个目的，通过开发你自己的探索技能，将本书作为跳板，并且仔细阅读莱昂纳多·达·芬奇的例子（示例 0—3）。这里的分析可以激起讨论如何进行人力资源管理的火花，但很少能解决有关问题。所展现的有用的洞察力不一定会使答案变得容易。相反，我们希望读者能够从独立思考中获得与书本的建议一样多甚至更多的知识。确实，
xvii 我们希望能改变你们日常的思考方式，但没有太多地告诉你去想什么。本书充满了突然的、邪恶的、不义的矛盾，设计这些矛盾是为了促使你思考、解决工作中的困惑。然而，完全逃离这些矛盾并不像通过这些矛盾的途径那样会产生新的问题。但是加上此处提出的工具和战略，矛盾中也制造了一些新的机会，一个可以实现组织中民主自由以及个人与组织需要相适应的机会。

示例 0—3　　达·芬奇的降落伞

“尝试是没有用的”，爱丽丝说，“人不能相信不可能的事情。”

“我敢说你并没有尝试过多少次”，女王说道，“当我在你这个年纪的时候，我每天要用半个小时来做这个。为什么？有时在早餐前我能发现六件不可能完成的事情。”

——刘易斯·卡洛尔，《爱丽丝镜中奇遇记》

达·芬奇——一位多才多艺的画家、发明家、雕刻家、工程师、建筑师、植物学家和物理学家——的例子，数百年来一直鼓舞着人们去开发创造力（Gelb，1998）。因此，比如通过研究艺术的科学，他的代表作《蒙娜丽莎》，可以揭示有多少种不同的事实可以被同时拥有和享有。相反，通过研究科学的艺术，他发明了一种设计完美的降落伞——比飞机早几个世纪。对于智慧，只要你想方设法去思考，你也会有伟大的想法。

为此，克制你的第一冲动，因为立即得出结论会抑制你的创造力。“我不知道”，作为沉思的前奏，经常是最明智的说法之一。一个人的头脑就像达·芬奇的降落伞（它只有打开时才会运转正常），但若没有敏捷的有创造力的大脑，那矛盾就决不会被充分地予以解决。

比如，问问你自己，“假如知道不会失败，那我想做什么”，“假如不存在显而易见的解决问题的方法，那么我该怎么办”？也许不能马上就得到答案，但是特别的举动也许由一种不同的观点、一种变化了的选择依据或者是一种可供选择的思考方式演化而来。正如约翰·列农曾经说过：“现实给想象留下了很多”。

简而言之，探索行为并不在于找到新大陆，而在于用全新的视角去看（例如，苹果是什么颜色？当然是白色，一旦你看到了苹果的里面）。为了培养这种“跳出盒子之外”去思考的能力，每天至少照着做下面中的一项：

- 5 分钟的“想象休息”；
- 观察千变万化的事物；
- 假装成为一个重要的政府机构的秘书；
- 交古怪的朋友；
- 发展一项新的业余爱好；
- 和一名有着不同生活经历的人谈论有挑战性的问题；
- 将健康快餐（有人认为巧克力不是蔬菜）当作想象的“使人更富有智慧的药丸”；
- 组织一个团队，运用“25/10”头脑风暴法：目标是在 10 分钟内用 25 个主意去解决一个问题。

日本工人被鼓励去学习插花、练习高度仪式化的茶仪式以及做团队运动，这并不奇怪，因为通过这些可以让人体会到在生产货物和提供服务中的美、精确以及合作的价值。

参考文献

Davenport, T. O. (1999). *Human capital: What it is and why people invest in it*. San Francisco: Jossey-Bass.

Gelb, M. J. (1998). *How to think like Leonardo da Vinci*. New York: Delacorte.

Hertsgaard, M. (2002). *The eagle's shadow: Why America fascinates and infuriates the world*. New York: Farrar, Strauss, & Giroux.

Kelly, M. (2001). *The divine right of capital: Dethroning the corporate aristocracy*. San Francisco: Berrett-Koehler.

Linden, R. M. (1994). *Seamless government*. San Francisco: Jossey-Bass.

Rescher, N. (2001). *Paradoxes: Their roots, range, and resolution*. Chicago: Open Court.

Vaill, P. B. (1991). *Managing as a performing art*. San Francisco: Jossey-Bass.

第一部分

公共部门人力资源管理的背景和挑战

■ 第1章 公共服务传统及其对人力资源管理的影响
■ 第2章 员工的法定权利和责任

第 1 章

公共服务传统及其对人力资源管理的影响

一旦政府具备合适的员工、正确的制度和正确的动机，诸多美好的愿望都是可能实现的。公众对此已经达成共识。 3

——艾伦·埃伦霍特

学习目标

通过学习本章，你应该能够：

- 理解公共部门人力资源管理（HRM）变化的环境、关键原则及其运作特征
- 区分作为公共服务传统组成部分的、各种各样的改革潮流
- 鉴别公共事业发展史上产生的各种怪事和矛盾
- 认识到这些来自过去的传统如何影响着当前的人力资源管理（HRM）
- 评价布什政府的改革在提高人员效率方面的贡献
- 了解管理者们的价值观如何影响人力资源事务
- 描述人力资源管理过程中所需要的伦理判断以及如何根据问题来做决策

有关什么是“好的政府”在美国已经有了很深的基础。人们早就认识到，对于一个好的、有效的政府而言，关键是要雇用优秀的、经过培训的、有较好业绩的员工，以及制定一套合适的管理机制。事实上，对于政府绩效降低的原因，一直存在两个截然对立的思想学派。其中一派认为，政府绩效降低是由于雇用了“不能胜任的人”；而另外一派则认为，是由于存在着“邪恶的制度”（Ehrenhalt，1998）。有些人已经指出，要恢复人们对政府的信心属于一个“伦理学”的问题（West & Berman，2004）。根据以上观点，良好的动机和符合伦理道德的行动是创立一个高绩效的工作环境的关键所在。

优秀的员工、良好的制度以及良好的动机，是相互联系的三个因素，也是本章要讨论的焦点。政府公务员是政府最重要的资源，而管理这些最重要的资源的人也应该是优秀的人才。人力资源管理部门的工作并不多，但是管理者的工作却
4 至关重要。他们的能力大小与政府的绩效和成就息息相关，而这些人所操作的制度更是决定着公共事务的结果。人力资源管理已经采取了很多形式，也包含很多活动，如招聘、补偿、分类和培训等。至于第三个因素——动机，是指要某人应该完成的各项任务以及指导其完成这些任务所需要的价值观。政府员工和管理者们的动机由个人和组织的价值观、伦理道德所组成，并具体指导着他们的行动。令人钦佩的动机决定着政府的绩效，特别是现在重点强调的公民服务更是如此。

本章中，我们将从如何鉴别人力资源管理的各项重要功能开始讨论。这项任务应该从施政人力资源官员的角度去做，他们面对人员管理问题，而这些问题必须通过与管理者合作才能解决。政府人员的管理要求充分考虑组织背景、关键的运行原则、改革“潮流”对公共服务影响的历史演变以及制度环境等知识。讨论完这些主题之后，我们将更多地关注当代的发展问题：介绍目前源于政府改革、公共部门价值观念及道德规范变化等创举，以求反映公共部门人力资源管理的连续性。综观公共部门的人力资源管理，是不乏自相矛盾的事情的。[1]介绍公共部门“传统”的知识背景可以为更为专业的以后各章奠定基础。

1.1 公共部门人力资源主管面临的问题

玛丽亚·赫尔南德兹（Maria Hernandez）是东南部某个大城市的人力资源部门的主管。她主管的部门有测评、发展与培训、分类、员工关系和薪酬/福利等5个处。像大多数大城市人力资源部门主管一样，赫尔南德兹夫人也面临着一

大堆棘手的问题，这些问题给她和市政府带来挑战、威胁和机会，也使得她的工作变得十分复杂。这其中，一方面是因为员工变化很快，法律（调整的）环境越来越麻烦，部门预算减少，公民投诉不断增多，提高行政效率面临压力，业务外包趋势加强，部门合并难以控制以及很多裁员问题悬而未决；另一方面，还因为行政领导层的不断更替，新的行政技术的不断冲击以及政府决策的愈加公开和透明。20 多年前，玛丽亚主修人事管理并获得公共管理硕士学位。毕业后，她一直在为这个城市工作，直到晋升为人事部门主管，她在这个职位上已经工作了 10 年之久。

玛丽亚在早晨 6 点钟起床，梳洗打扮之后，开始喝咖啡，这时候她听到当地新闻正在报道失业率在不断增加。失业率增加导致当地寻找工作的人数急剧上升，而悬而未决的市政裁员问题又加剧了这一形势。这类问题很多是由私有化引起的，目前政府已经和运输业、绿化服务业等私营部门签订了合同，委托这些私营部门来提供某些公共服务；那么，由此带来的政府裁员问题就迫在眉睫了。现在不少政府部门的领导已经就此咨询过她，他们希望找到解决裁员问题的最佳办法，更关注可能由裁员而引起的诉讼问题。

赫尔南德兹在报纸上看到了市长已经拒绝了城市环卫工人增加工资和改变工作规定的要求。工会组织也不愿意接受城市管理者提高工作效率和进一步推进私有化的建议。城市环卫工人不安定的工作局面在不断地扩散并且影响到其他组织的员工们，而他们此刻正在谈判桌上冥思苦想着来年的谈判协议。这一天的晚些
时候，玛丽亚会见了城市的谈判代表们并与他们一道制定最新的策略，希望能够 5
避免罢工。各个部门的领导都指望她能解决这个大麻烦。

此外报纸还详细报道了一则发生在当地的诉讼案件，控诉一名城市管理人员对其一名员工进行性骚扰。这名管理人员陷入这种困境已经不止一次了，赫尔南德兹关心的是这个案件所带来的严重后果。在过去的一年里，她的部门一直在对其他部门进行防止性骚扰的培训。尽管这项活动有助于减少类似丑闻的曝光，她却仍然有成为这种争端焦点的危险。她对此制定了一项政策：立即着手调查每一宗有可能变成性骚扰案件的传闻。

赫尔南德兹每天都是开车把孩子们送到学校后，乘坐城市班车上班，7：30 到达单位。在班车上的交谈，使她了解到夫妇俩都要外出工作的那些人的焦虑：他们的孩子太小，需要看护，而且都是要在指定的地点看护，因此他们需要灵活的工作条件。了解到这一问题后，赫尔南德兹一直在努力寻找解决的办法。她已经向城市的管理者们提出了一系列具有首创精神的建议，即对待员工要实施人性化管理。尽管一些具体行动和措施落实起来很缓慢甚至有时候半途而废，但是许多员工和新当选的市政官员们一直在不懈地努力着。有些管理者也告诉她，她所

实施的招聘制度也使这个城市更有竞争活力。

赫尔南德兹回顾了一天的工作（见示例1—1）。其中很多工作都推动了城市的发展，有助于其员工和管理者提高工作效率。尽管参加一系列的会议使她一天的日程安排很紧张，但她每天还是要留出一些时间考虑她所推行的那些更有远见的倡议：包括在一些主要部门实施绩效考评的新方案，给优秀工作者发放奖励津贴，对人力资源政策和程序进行网上测评以及让员工享受自助餐厅式的福利待遇。她也希望启动一项为55岁以上的城市员工进行退休前培训的项目，同时拓宽工作分类的描述。不仅如此，人力资源问题有时候是不可预知的。她知道作为管理者她的想法会被多次打断，因为下属们会就如何解决这些问题征求她的意
6 见。下午6：30离开办公室，她要去日托中心把孩子们接回家。晚饭后她又浏览了两篇报告，都是明早她需要更多关注的主题。

示例1—1　　赫尔南德兹的周一工作安排表

8：30	召开人力资源专家全员会议
9：00	进行新雇员的员工定位
10：00	各部门领导制定新的绩效考评计划
11：30	与副市长、预算局长、各部门代表讨论（招聘计划）
12：00	与法律顾问共进午餐，讨论悬而未决的诉讼及性骚扰案件的情况
13：45	与劳工谈判组——就所交涉的问题和陷入的僵局进行新一轮的谈判
14：30	新闻简报——宣传（造势）城市雇员友好家庭政策倡议
16：00	与大学合作方讨论关于计算机网络培训项目方案
17：30	行政助理——回顾一天的计划完成情况

赫尔南德兹的一天向我们展现了一名人力资源管理者可能遇到的一系列问题：直接处理员工纠纷、劳动力短缺、生产力/绩效考评以及规范员工行为，也包括起草岗位职责政策、处理容易失业的员工的不安全感，同时还要承受为追求更高效率而产生的压力。人力资源管理者要做的工作就是雇用、提升、培训和解雇员工，此外，还包括排解纠纷、衡量绩效、鉴定工资等级、批准工作重新分类及激发工人的工作积极性。管理者必须尊重员工在宪法上享有的权利，而不能和法律要求相违背［例如：如何对待弱势群体保护行动（affirmative action）、性骚扰、年龄、性别或者残废状况等］。

这些挑战都说明了人力资源管理所管辖的活动范围——探索如何通过人力资源开发、激励和维护为公共组织作出贡献。战略性人力资源管理也是由原来的人事管理演变而来的。传统意义上的人事管理主要是和内部程序有关，包括招聘、福利、培训以及公务员管理规则和程序等内容；而人力资源管理涵盖的内容更广泛，更具战略性，它是对着眼于需要何种劳动者的“以人为本”的人力资本管理

的阐释，它包括员工和组织发展、组织设计、绩效管理、奖励制度、福利、生产力提高、员工安置、员工—雇主关系及健康与安全（Abramson & Gardner，2002；Bernardin & Russell，1998；Elliott，1998；Sylvia，1998）。公务员指的是政府部门的各个分支（不包括立法、司法或军队）的职位都是通过答辩考试的方式录用的，那么选择公务员的职业就意味着要防止政治的影响和庇护。

下一部分要讨论的是人力资源管理不断改变的工作环境、不断变换的工作规则和其运行特点。检验历史和制度上的背景是为了更好地理解影响公共服务的行政改革的起源和效果。接下来就要探索如何改革政府和提高政府的绩效。最后，要强调政府在价值观念和伦理道德方面所扮演角色的重要性，这些都是管理伦理道德的一些方式。

1.2　工作环境变化与主要问题

工作背景

今天的管理者需要留心政府环境的几种变化趋势。这些趋势很重要，因为它们提供决策的背景。下面这些带圆点的项目就是在不久的将来人力资源管理所要关注的重要问题。

- **员工变化**。劳动力队伍将逐渐减少，妇女所占比重增大（Condrey，2005）。但有趣的是，员工需要具备更高水平的技术、知识和能力以符合所谓的“学习型组织”的要求（比如，那些能够成功地创造、积累和转移知识，以及能够成功地基于新知识来调整行动的人）。今天的员工要比他们的前辈更有思想和优势。比如 20 世 7
纪 60 年代到 80 年代出生的人更容易经常变换职业和单位，对他们的雇主不再那么忠诚了，容易掌握新技术，更加独立，更容易同时在几个项目上工作，还能平衡好紧张的工作和个人生活（Brackey，2000；Gilles，2000；Kirch，2002）。
- **对政府的信任降低**。尽管 2001 年“9・11”事件后有所缓和，可是自从 20 世纪 60 年代以来的民意测验表明，公民在各个方面对政府越来越不信任。60 年代初还有 60%的公民声称基本上信任联邦政府，到 1994 年只剩下 20%了。之后公民对联邦政府的信任虽有所改善，但远远不及 20 世纪 60 年代的程度了（Edwards，Wattenberg & Lineberry，2004）。公民对州政府和当地政府的信任要比对联邦政府的信任高，但这种信任也呈现明显的下降趋势。这种不信任已经削弱了政府公务员队伍的士气和绩效，如何重建这种信任是各个公共部门面临的一项重要挑战。
- **预算下降**。各级政府都采取了税收限制措施，削减预算，并且出现了由此而带来的巨大的政治压力。

● **员工规模减少/扩大**。联邦政府的公务员大军在1993年到2003年间由180万减少了35.1万，这说明买断工龄和提前退休要比强制性的裁员更好。而人力资源部门的员工更是裁员的主要对象。联邦政府从1992年到1999年早期平均每年裁员大于20%（Hornestay，1999），这无疑又给管理者们带来了额外的负担。联邦政府规模的缩小、不断暴露的丑闻以及“反浪费之战”都促使保尔·赖特（Paul Light）开始对令人忧虑的人才外流发出警告并且预言以政府为中心的公共服务将会进一步减少，随之而来的是多部门的服务（multisectored service）会增加（1999，2000）。相比之下，1993年至2002年间，各个州和地方政府的公务员则增加了2 159 211人（2002年达到15 602 141人）（美国人口普查局［美国人口普查］，1993，2002）。尽管如此，很多个别地方法院还是作出了裁减劳工的规定。这都和企业私有化、削减预算/服务违反规定和项目终止有关。

● **行政效率不高**。低投入高产出导致不增加成本而提高绩效的创举。美国功绩制保护委员会（U. S. Merit System Protection Board）对9 700名管理人员和员工进行了调查，发现有3/4的监督者承担了额外的责任，但是只有1/5能够灵活地采取人事行动（Hornestay，1999）。据联邦人力资本调查（The Federal Human Capital Survey）报道，只有30%的政府员工相信实施奖励计划能够激发他们的工作热情（管理和预算办公室［OMB］，2004）。

● **工作地点与方式变化/虚拟政府**。随着新信息技术的出现和采用，一些传统的有5～9个工作场所并配备一个固定中央办公室的模式已经被更加灵活安排的创新型的组织（远程办公、劳工合同）所取代。20世纪90年代中期，美国联邦政府就采取了无数创举，公民的诸多事务都是通过电子的方式得以解决。这一发展改变了雇主和员工间的关系，同时也提出了这样的问题：人力资源专家们怎样才能适应这种虚拟工作场所，并安排好各种各样的工作？（Jones，1998；West & Berman，2001）事实上，美国1998年通过的《政府纸质文件消除法》（Government Paperwork Elimination Act）规定，联邦政府机构必须允许公民自由选择以纸质文件或电子文件的方式提交信息。这只是新信息技术影响公共工作场所的几种途径而已（在第7章里有进一步的讨论）。主要政府机构和专业协会的网址见示例1—2。

● **政府改革/再造**。随着选择频率的不断提高，政府正在出台公共产品和服务可供选择的方法（本章稍后部分将讨论）。

● **人力资源活动的灵活性**。在联邦、州及地方政府里，一直都存在从联邦政府到各级机构和管理部门的责任分配制度（如美国人事管理局）。在人力资源的获得、开发、激励及维护方面，执行层一级的行政管理人员现在有更大的灵活性和判断力。

这些发展趋势影响着公务员们履行职责，而且每一种趋势对于人力资源管理来说都有其深刻内涵（本书还要详细讨论其相关性）。

示例 1—2　　主要政府机构和专业协会的网址 8

政府机构	
美国劳动统计局	stats. bls. gov
美国联邦劳动关系署	www. flra. gov
功绩制保护委员会	www. mspb. gov
美国全国劳工委员会	www. nlrb. gov
美国人事管理局	www. opm. gov
专业协会	
美国公共行政学会	www. aspanet. org
州政府委员会	www. cos. org/csg/default
美国公共行政学会行政伦理部	www. aspanet. org/ethics/index. html
国际城市/县管理协会	www. icma. org
美国国家行政学院	www. napawash. org
美国市镇政府协会	www. naco. org

1.3　人力资源管理的问题

管理者既要留心环境的改变又要注意人力资源管理的几条基本原则。有 7 条原则尤其重要，它们是 HR 管理思想的核心。我们在本章和接下来的章节要深入探讨。

- **公共服务的多重性**。利益相关者总是期望公务员做各种事情（保证有效的 9
政府绩效、实施有争议的社会政策、解释政策规则）。往往都是由公务员对有争议的问题进行解决，而领导能力是管理者在协调竞争要求时所需要的（例如：拟订裁员计划来平衡预算或者注意其他因素，如坚持资历原则、遵守 EEO/AA 要求[①]）。组织效能一直都是而且将来也一定是最重要的。

① EEO—Equal Employment Opportunity，平等就业机会；AA，满足绩效标准及维护道德原则。——译者注

● **价值观问题**。自从19世纪末绩效考评制度出现以来，公务员的中立能力（neutral competence）一直受到重视，但“中立”（员工拒绝介入党派政治活动）并不意味着和劳动者的价值观念不相干；管理者倾向于招募并奖励有能力的、正直的员工，是因为道德规范与更高绩效和更少法律麻烦是密切联系的，是一致的（Berman & West，1998；Bowman，West，Berman，& Van Wart，2004）。另外，公共部门的价值观也始终处在变化之中。示例1—3把传统的价值观和新型的具有竞争意识的价值观进行了比较。从中，我们可以明白管理者需要在他们权限范围内评定价值观念，调整好合适的领导风格。

● **人事制度的把握问题**。公务员有着不同的人事体系（例如：民选官员，被任命的官员，联邦、州、市、镇和专区的员工）。每一种体系都有其独特的原理和操作限制。有效率的管理者是能够理解这些体制的原理并且是能够想方设法来克服其局限性的。

● **服务替代机制问题**。有史以来公共服务一直都是由文职员工来做。然而，现在已经出现了其他的选择机制（例如：购买服务协议、私有化、特许权协议、补贴性安排、凭单制、志愿者、自助服务、规制与税收激励）。以上各种方式因为重新定义了管理者与服务提供者的关系、改变了控制结构以及重新塑造了行政管理的角色，因此对管理者产生了很大影响（Klingner & Lynn，1997）。

● **法规问题**。人事制度、程序和规则都是以法律规定为基础。公共部门和私营部门之间的一个根本区别就是环境的复杂性不同。这种复杂性也影响着人力资源管理。例如：法律要求确立公务员最起码的行为标准并详细列出其职责和任务，限制责任是合理合法的管理理念，但是行政管理者应该不只是顺从，因为只是遵守法律规范并不能确保高绩效（high performance）。

● **绩效问题**。通过招聘、培训、激励和留住人才而为其组织作出最理想的贡献，这是人力资源管理的目的所在。为此，就要求管理者能够理解各种人际关系并知道如何才能激励员工。为了确保组织的高绩效，管理者必须意识到，只有货币激励是不够的，还应该有其他可供利用的工具和途径。

● **公共责任/公共准入问题**。人力资源管理的另一显著特点是，政府决策必须体现较强的透明度，并接受公共审查。这就影响了管理者们的工作方式、资源
10 管理方式以及决策与制度制定方式。和商业部门的秘密决策不同（《信息自由法》在这里不适用），公共部门的决策非常典型地需要有广泛的公众介入和吸纳公众更多的建议。公务员必须铭记他们要对公民负责，而且他们经常要面对这种压力——既要对全体公民负责，又要忠诚于上级和自己的良心。

简要介绍了工作背景及操作原理之后，我们在下文中将回顾一下历史上的关键事件和改革，以及影响人力资源管理的那些制度性安排。

示例 1—3　　公共部门传统的价值观和强调竞争的价值观之间的比较

传统价值观	新型价值观
宏观层面的价值观	
垄断	竞争
规则（组织控制力）	市场动机（组织使命感）
缩减 vs. 增长	持续提升
增加计划	改变计划
结构价值观	
集权	分权
监督者即控制者	监督者即协助者
非民主的	参与
个人的工作	团体合作
等级制组织	扁平化组织
单一性工作	多面性工作
单一服务	多种服务
工作价值观	
专家导向（内部驱动）	顾客导向（外部驱动）
重视传统（现状）	重视创新（变化）
问题分析	可能性分析
害怕评价	评价带来机会
保护性的	生产性的
绩效	能力
监控	预防
员工价值观	
对制度不感兴趣	员工需要
员工是成本支出	员工是资产
管理者为中心	员工为中心
评估/制裁/排名	开发/学习/表扬

资料来源：选自 Montgomery Van Wart：《再造流程的第一步：评估》，载《行政管理评论》，1995（55），431 页，经美国公共行政学会授权使用。

1.4　历史与体制背景下的改革潮流

改革的浪潮（Tides of Reform）

分析了历史上的历次改革努力，保尔·赖特 1997 年在《改革的潮流》中提 11
出了一个有益的政府改革框架，确定了四项改革理念，每一个理念都有自己的目标、实施办法以及结果，如科学管理、反浪费之战、监督、解制管理。虽然赖特的分析集中在影响政府整体绩效的这四个浪潮方面，但是他的这个框架可以用来简要解释和探讨四种理念在人力资源管理中的含义。

科学管理（Scientific Management）

第一次浪潮是科学管理。它强调等级制、分工细致、专业化和建立明确的指挥链。这一理论通常与弗里德里克·泰勒联系在一起，因为强调结构、规则以及追求“最佳途径”而为官僚制组织所采用。在这种环境中，由技术专家来采用“科学”的管理原则（例如，统一指挥、精心筹划、精心组织、人员配备、指挥、协调、报告和预算）。科学的管理方法在两个总统委员会中体现得最为明显。一个是布朗诺（Brownlow）委员会（1936—1937 年，改变行政管理与政府结构以求提高效率），另外一个是第一届胡佛（Hoover）委员会（1947—1949 年，围绕一体化的宗旨和消除重叠服务进行机构重组）。赫伯特·胡佛是科学管理的积极倡导者和实践者，国家行政学院的研究行政组织的常设小组也是一个赞助组织。赖特也提供了一些范例，如：立法界定方面（按照 1939 年的《改组法》，设立了总统行政办公室），司法解释方面（1990 年按照《首席财务主管法》，要求集权控制财政事务），出现矛盾的方面（为改善政府绩效，1994 年的重塑政府全国伙伴计划）。后者就是一个矛盾体，员工的权利被削弱了，而不是加强，也没有实现更高层面的统一指挥。

科学管理已经蕴涵在人力资源之中。它强调职工对组织的贡献的整合及其预见性（机器模式），并且认为人际关系是管理控制的主体。科学管理的诸多标志，如工作设计（特征有标准化程序、狭窄的控制幅度以及为提高效率而制定的具体的工作说明书）在今天强调顾客至上、创新、团队协作以及授权的组织中，实际上可能会妨碍组织实现高质量的业绩。同样，各种各样的体现科学管理思想的人力资源行动不同于前卫的实践，比如：培训从强调功能、技术与工作相关的能力转向强调更广泛的技能、跨功能训练以及诊断和解决问题的能力上来，绩效评估工作已从注重个人目标及其监督转移到团队目标和多主体考评（客户、同行和监督者），奖励已经从基于个人政绩提升转向团队/小组奖励——既包括财物的，也包括非财物的。尽管如此，目前对于生产力测量、财政奖励以及效率的强调和重视，还是反映出了科学管理思想的持续影响力。

反浪费之战（War on Waste）

12 第二次改革浪潮是强调经济和节约的反浪费之战。为此，设立了审计、稽查

人员和总检察长等职位。关于福利欺诈的美国国会听证会就是这股浪潮中的一个决定性时刻。1978 年《总检察长法》属于界定性立法；为打击内部腐败，1992 年美国《联邦住房企业财务稳健与安全法》的某些条款对反浪费之战进行了解释；1993 年的《改革法修正案》与这股改革浪潮是相矛盾的，因为它们放松（而不是紧缩）了对联邦政府员工的政治活动的限制。里根总统曾针对如何降低政府行政开支成立特别任务小组，1982—1984 年间，格雷斯（W. R. Grace）做过这个小组的组长，应该说，格雷斯是这场反浪费之战的积极倡导者和实践者；富有战斗精神的记者杰克·安德森（Jack Anderson）始终关注政府耗费大量时间和金钱所做的那些琐碎而毫无价值的事情；参议员威廉姆·普罗克斯迈尔（William Proxmire）提出设立"金羊毛奖"；公民反政府浪费联盟是为争取实现节约型政府而成立的群众组织。

反浪费之战对人力资源管理的影响也是巨大的。一方面，因为人们对浪费现象的普遍关注，公共部门出现了内部控制、监控和规制、管理指令、严格管理、问责制等；另一方面，政府也制定了大量的详细规则，更加注重过程和程序，实行多角度审查等。政府的官僚制特点越来越明显，并开始影响政府的人员管理。发现浪费现象的批评家们认为，浪费导致了公共资源的不当利用或者不必要的开支。这些批评家就特别关注政府员工的不足问题。胆小的政府员工在按照手册做事的时候，因为害怕受到批评而习惯上需要某种保护。关心如何控制浪费的管理者们一般经常在减少空闲时间、避免瓶颈、控制时间分配、审查旅游担保人和长话清单、编制办公用品清单、监控按时上下班等方面做努力。在保证绩效标准的前提下，为了不增加开支，管理者们更喜欢雇用临时工而减少长期员工的数量以及借助于民营化方式提供公共服务。

"戒备之眼"（Watchful Eye）

所谓"戒备之眼"，是政府改革的第三次浪潮，它强调公平和公开。政府要保障公民的权利和公共利益，满足举报人（或大公司出来揭露腐败的人）、媒体、利益集体以及民众对获取信息的需求。国会和法院更要挑起维护公平正义的大旗。自从"水门事件"（the Woodward and Bernstein，《华盛顿邮报》的调查）和越南丑闻（五角大楼文件，东京湾）以来，"戒备之眼"和更加开放的政府的需要越来越显性化。1947 年的《行政程序法》是适应这一改革浪潮所制定的法规，1989 年的《道德改革法》是最近期的一部法律。前者是重要的，因为它确立了既定的行政程序标准，对政府机构必须如何运作提出了具体规定。1989 年的《道德改革法》立足于努力制止游说的影响和提升政府的道德观念。

对“戒备之眼”理念来说，有两部法律是与之矛盾的：一部是1990年的《行政行为纠纷法案》（授权联邦机构使用一系列不良程序省钱和避免诉讼），另外一部是1990年的《谈判规则制定法》（Negotiated Rulemaking Act）（联邦机构授权通过谈判制定规则来解决纠纷，以便更快捷、更令人满意并且更便宜地解决问题）。这两部希望通过寻求共识解决问题的法律，和以往的《行政程序法》的精神是相违背的、对立的。约翰·加德纳（John Gardner）的“共同事业”论以及拉尔夫·纳德（Ralph Nader）的“公众”论都提供了很好的与“戒备之眼”有关的组织和个人范例。

13 实践证明，这些理念对人力资源也有很好的影响。它们关注员工的道德操守以及要确保全面了解员工的未来，使员工录用程序变得更为严格，对新员工的工作能力特别看重。同时，在雇用和解聘员工时要尽量不受性别、种族、年龄和残疾状况的影响。创建一种公开透明、详细记录、充分披露信息和满足各种光明正大需求的组织文化，是和“戒备之眼”的哲学理念相一致的。有另外的例子可以说明如何采用最起码的行为标准或道德守则以及如何进行道德培训。联盟服务员有可能会用他们的“戒备之眼”紧盯着谈判是否违反合同，一旦发现违约就会“嘘”声一片。职业员工在监督机制良好的环境中会小心谨慎，唯恐出错和违背道德。管理者应该在组织信奉和公务人员之间寻求与建立一致性的标准，并在各级政府中，倡导和呼唤这种“戒备之眼”精神，扩大其时代影响。

解制管理（Liberation Management）

第四种变革潮流就是解制管理，其目标是实现政府的高绩效。像“评估”、“成果”和“成效”之类的时髦词汇都和这种趋势有关，一线员工、团队和评估者同高绩效目标的实现休戚相关。在国家一级上，解制管理的推动力通常来自总统。而目前在美国最知名的参与者却是前副总统阿尔·戈尔和他的国家绩效评估倡议。1993年的《政府绩效与成果法》对这一哲学思想进行了阐释和表述。而最近的与这一法案相对的则是1989年《举报人保护法》和1994年《独立检察官授权法》（后者在1999年终止），这两部法律促进了针对不道德行为的警惕性监控。阿尔·戈尔和理查德·尼克松（由于他的兴趣在政府重组）被看成这一潮流的积极倡导者和实践者（patron saints）；政府再造联盟也就成了该潮流的倡导组织（patron organization）。

解制管理也含有管理政府人员的含义。授权给员工、业务流程再造、工作团队、持续改善、客户服务、扁平化和自我导向等反映了官僚制的崩溃和朝向解制管理的转变。员工和管理者之间相互信任的和谐关系增强了，两者变成了建设性伙伴关系。分散的人事管理扩大了各级机构的权威和判断力，并且给了管理者可查明结果的自由。在贯彻这些政策之前，如果员工和单位想承担新的义务、理顺新的关系、提高行政效率的话，就有必要确定他们是否“准备就绪”。各级管理者通过对可靠的候选人进行培训和开发，对有关员工进行奖励和激励，就能够推动这种准备就绪的状态。虽然公共部门不会“消除官僚作风”，但是各级政府越来越有弹性则是明显的，而且今后会不断增强。

立法中的潮流理念（Tide Philosophies in Legislation）

影响联邦政府人力资源管理的两个划时代的法律可以用赖特的框架进行评估，一个是1883年的《**彭德尔顿法**》(Pendleton Act)，它将功绩制引入联邦政府；另外一个是1978年的《**公务员改革法**》(Civil Service Reform Act)，该法案对绩效考评制度进行了改进，并按照实际运作调整政府机构。《彭德尔顿法》
是科学管理进程中的一个信号，但它也涉及了反浪费之战，带有一点“戒备之 14
眼”的影子，并且也反映着解制管理的最后希望（Light，1997，p.18)；而《公务员改革法》(CSRA）则完全体现了这四种潮流：

> [A] 为了强化总统的指挥链，设置高级行政人员（SES）（科学管理）；为了节省开支，制定联邦政府员工上限（反浪费之战）；保护举报人，确保组织内部的人讲真话（戒备之眼）；实施绩效考核，以激励员工做得更多、更好（解制管理）。(第71页)

了解潮流的改革，通过突出这些变革主题的特性和反复性，有助于更好地了解公共服务的传统（示例1—4）。当然，自相矛盾的事情也开始明显出现。两种改革潮流——反浪费之战和“戒备之眼”——源于人们对政府的不信任和讥讽；而其他两种潮流则反映了人们对政府的信任和信心。自相矛盾的地方就在于政府改革既反映着人们对政府的信任又反映着那种不信任，有时候两者皆有。立足于解决人力资源管理问题的《彭德尔顿法》和《公务员改革法》这两部划时代的法律以及很多其他法律中，都包含着这些冲突和矛盾。

体制结构和程序之所以重要是因为管理人员必须通过它们来实现目标。这些体制安排已随着时间的推移发生变化，只有了解其用途、功能及其局限性，管理
者才能对人力资源环境中的威胁和机会进行战略性的思考，并考虑如何去应付这 15

些挑战。下一节将研究这些机构的目标和特点。

示例 1—4　改革的潮流

主要特征	科学管理	反浪费之战	戒备之眼	解制管理
目标	效益	节约	公平	更高绩效
主要输入	管理原则	实践被总体接受	权利	标准评价
主要产出	结构规则	结果（审计与调查）	信息	产出结果
主要参与者	专家	总检察官，媒体	举报人，利益集团，媒体，公众	一线员工团队考核者
制度上的主导者	总统	国会	国会和法院	总统
采取的运动	布朗诺委员会 第一届胡佛委员会	福利斯诈听证会	越南，水门事件	戈尔的国家绩效评估
确定性立法	1939 年《改组法》	1978 年《总检察长法》	1946 年《行政程序法》	1993 年《政府绩效与成果法》
最近的司法解释	1990 年《首席财务主管法》	1992 年《联邦住房企业财务稳健与安全法》	1989 年《道德改革法》	1993 年《政府绩效与成果法》
最近的矛盾之处	1994 年重塑政府全国伙伴计划	1993 年 Hatch《改革法修正案》	1990 年《行政纠纷解决法》 1990 年《谈判规则制定法》	1989 年《举报人保护法》 1994 年《独立检察官授权法》
支持和倡导者	赫伯特·胡佛	W. R. 格里斯 杰克·安德森	约翰·加德纳 拉尔夫·纳德	理查德·尼克松 阿尔·戈尔
支持和倡导组织	国家行政学院（常设小组的执行机构）	公民反政府浪费联盟	公共事业，公民	重组政府联盟

资料来源：节选自 P. C. 赖特：《改革的浪潮：使政府运转起来 1945—1995》，21、26、32 页，耶鲁大学出版社，© Copyright 1997 by Yale Vniverity Press，经授权重印。

体制背景

如上所述，1883 年的《彭德尔顿法》和 1978 年的《公务员改革法》为联邦政府的人力资源管理奠定了一个体制上的框架。《彭德尔顿法》创建了两党共同参与的**公务员制度委员会**（CSC），它不仅保护性地缓冲了来自行政和立法部门的党派压力，也为国家政府部门的改革者树立了一个典范。这一法案还确立了文官录用制度（又称绩效考评制度），但其最初覆盖面只涉及政府工作人员的十分之一。绩效考评制度引入了竞争性的考试，因此就需要有一个中立 16
的（无党派的）、有能力的、合法委任的专门机构来执行这一政府行为。在某些其他体制下，新员工必须从入门阶段做起，慢慢提升；与此不同的是，在公务员制度下，新员工则可以直接进入各个层次的政府部门。

形成《彭德尔顿法》的这一改革运动尽管非常清楚地表明了它所反对的对象，但却没有明确自己所支持的，这使得一些观察家认为改革者的努力从根本上来说依旧存在负面影响。他们想要取缔分赃制（又称分肥制，一种按照上级官员的政治倾向来任命下级官员的制度）以及与之相关的罪恶现象（渎职、腐败、浪费、无能等）。因此，把政治与管理分离是实现这一目标的关键。改革者们利用一些说教式的论据说明了政府中存在的“不良”现象（政治/劣行），却没有充分地呼吁一个“好”的（绩优/行政）、高效的政府（参见第 4 章对这一问题的详细讨论）。

在这 95 年中，《彭德尔顿法》制度安排的经验好坏参半，但到 20 世纪 70 年代中晚期的时候，有一点就变得非常清楚也非常可笑：现存的以效率为目标的联邦人事制度却往往并没有效率。其中存在的问题有：守旧的公务员阻碍了行政措施的实施、难以清退不合格的员工、绩效考评的相关要求很容易被回避、烦琐的规章制度和文牍主义难以管理以及公务员制度委员会角色中的冲突等。为此，美国总统吉米·卡特发起了一系列改革以求来解决这些问题。

以《彭德尔顿法》和修改后的联邦人事管理体制安排为基础，1978 年的《公务员改革法》废除了公务员制度委员会，建立了人事管理局（OPM）和功绩制保护委员会（MSPB）并开始行使其人事管理职能。人事管理局负责人力资源的“行为”部分——调整联邦政府的人事计划。其负责人的任命/罢免由总统决定，并在人事方面充当总统的首席顾问。功绩制保护委员会则负责裁决，听取员工申诉并调查违犯绩效考评的行为。《公务员改革法》另外两个重要条款是创建联邦劳动关系署（FLRA）和确立高级行政主管（SES）。联邦劳动关系署在联邦部门所起的作用相当于私营部门的全国劳工委员会（NLRB）。它负责监督、调查、公布和实施与劳资关系有关的法律。高级行政人员队伍由高层行政人员组成——大多数业务类公务员和少部分政务类公务员。SES 试图成立一支类似欧洲的专业行政人员队伍，根据人员的绩效和能力任命或调派职务，然而这一努力却没有成功。示例 1—5 描绘了《公务员改革法》创建的人力资源管理结构。

各州和地方政府都有不同的制度安排，但这些政府部门通常都会效仿联邦政府的制度安排。有时候，州政府和地方政府也会为联邦的人力资源管理改革提供一个样板。从公务员制度委员会的存在上可以看出，州政府和联邦政府之间在体制上的某些平行关系。贫民救济委员会呼吁成立功绩制保护制度、行政人事制度的相关委员会和员工关系委员会等。公务员制度改革指的就是团体或个体为改变政府服务性质所做的各种努力，示例 1—6 说明了地方人力资源管理者在“公务员究竟是已经过时还是仍旧必需”这一问题上的不同观点。长期以来，《公务员改革法》及其对州和地方政府论述的部分一直是那些试图改革政策和实践的人们批评的对象。下一节将要简要讨论他们的行动以及建议。

17 **示例 1—5**

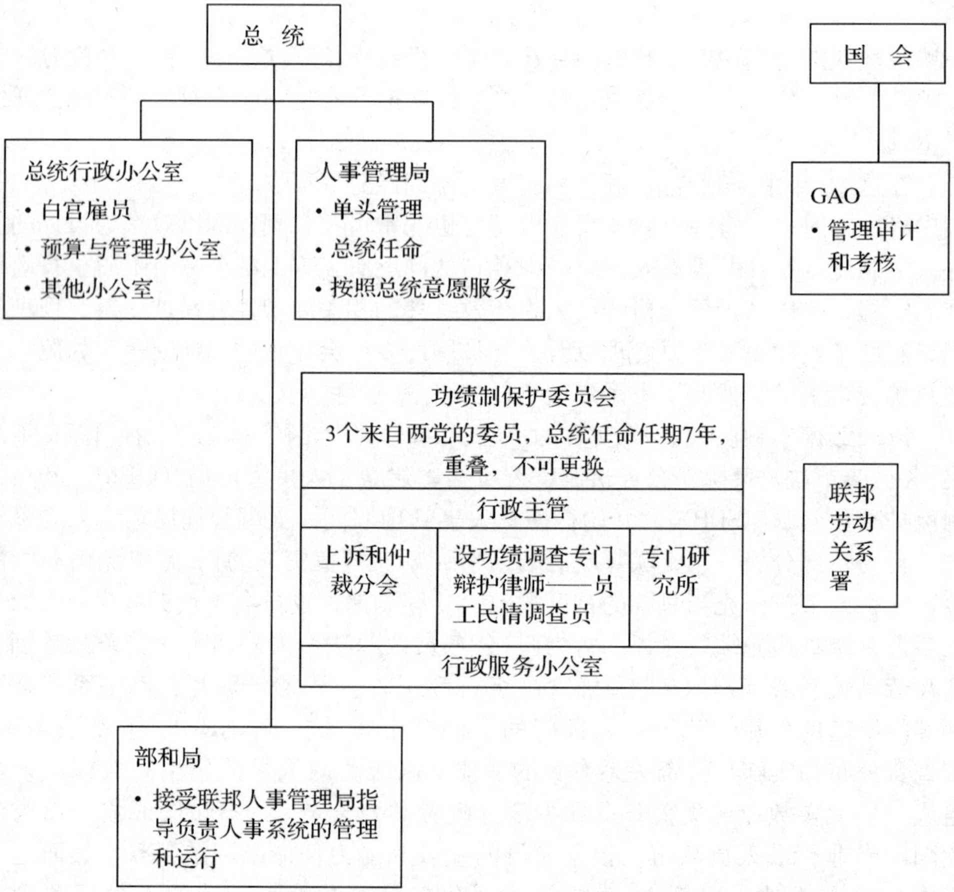

资料来源：《最终员工报告》，244 页，1977。

18

示例 1—6　　公务员制度：过时了，还是必要的？

美国康涅狄格州沃特伯里市的人事部门主管詹姆斯·赫特认为公务员制度是民主政治的最后几个堡垒之一。他说每个人都有平等的权利去竞争公务员工作，并且相信公务员制度能保护这种权利。而加利福尼亚州凡里奥市人力资源主管马克·格里格森（Mark Gregersen）却认为，公务员体制已经过时，它所提供的保护已经被雇佣法和集体谈判所代替。他还认为，公务员规则减少了为政府工作着想的人员数量，而不是"筛选"出那些具有最高潜能的雇员。康涅狄格州新布里坦（New Britain）市人事主管约翰·贝尔恩（John Byrne）认为，如果新当选的官员们慢慢地适应了政府工作的话，公务员制度仍然有用，并且还将继续保持其一贯性。

伊利诺伊州埃尔金市人力资源主管奥鲁菲米·弗拉林（Olufemi Folarin）认为，有了公务员体制，想要制定有效的扶持行动计划就很难，尽管他承认他的政府通过果敢的招聘政策已经成功地增加了它所雇用的少数民族和妇女的人数。最后，凡里奥市的格里格森指出，公务员事务代理制确实起到了有效的作用：倾听雇员的请求/呼吁/上诉。通过吸纳第三方意见，可以保证雇员停职、降级和解雇的公平，保护了雇员的利益，也减少了仲裁和诉讼的花费及时间。

资料来源：《聚焦公务员制度》（Focus on Civil Service），4 页，1996。

1.5　克林顿和布什政府改革对人力资源的影响

联邦一级

在过去的十几年甚至更多年里，行政变革在公共宣传上一直就没有停止过。受戴维·奥斯本（David Osborne）和特德·盖布勒（Ted Gaebler）的著作《改革政府》（1992）的影响，联邦政府的改革从 1993 年开始，克林顿政府把联邦政府的改革称为"国家绩效评估"（后改名为"政府再造全国伙伴关系联盟"）。其目的是实现政府工作"高效率、低成本"。在赖特的框架里，国家绩效评估阐述了解制管理改革的潮流含有"汉弥尔顿主义"和科学管理的成分。重塑和国家绩效评估的主要特征是使政府成为有应急能力的、授权的、有魄力的、有竞争能力的、受使命和顾客驱动的、有预料的、注重结果的、分散的和以市场为导向的政府。

改革家们看到了绩效改善与人事制度改革之间的联系。他们发现，这一制度的瑕疵不是针对个别公务员的，无法实现预期目标的公务员制度是不可救药的，应该受到严厉批判。贝尔姆斯和尼尔（2003，pp. 115－116）对公务员制度存在的问题概述如下：

……雇佣、解聘、晋升、组织结构复杂、缺少横向交流机会、训练不足、补偿不足、奖赏有限、额外福利少、缺少职业培训、法律纠纷多、僵化、不完善的绩效评估、关键的使命活动外包、陈旧的信息技术及不健康和不卫生的办公设施……

19 为了解决这些问题，学者们和专业团体提出行政改革建议（例如：Donahue & Nye，2003；国家行政学院，2004）。其中的一些变革提议回应了以前对全能型政府进行重组的呼吁（例如：1989 届国家公共服务委员会或沃尔克委员会），并且也有一些最新的变革建议（例如：2003 届沃尔克委员会，参见示例 1—7）。初期的研究报告指出公务员制度出现了“静悄悄的/沉寂危机”，并重点介绍了几个熟悉的变革，包括增加薪酬、绩效奖金、简化招聘程序、减少政治任命、改进培训机制等。后期的研究报告把联邦公务员体制的特点描述成“体制危机”（Blunt，2002；Lane，Wolf，& Woodward，2003）。事实上，在 2001 年美国国家总审计长大卫·沃尔克把人力资本提高到联邦会计总署（GAO）所列的“高风险”政府决策名单当中，他还声称由于缺少对人力资本发展的关注，这些机构非常脆弱而不能胜任其工作。

克林顿总统在回顾其任期内的一次公务员制度改革时提到，20 世纪 90 年代见
20 证了联邦公务员体制的崩溃/解体。这一很少被注意的现象导致了略低于一半的行政部门员工变成了部分“例外服务”，因此放弃了传统的公务员保护。在探索“超弹性”管理的过程中，克林顿政府使用三管齐下的策略：批准人事示范项目、创立“基于绩效的组织”，改良有故障机构的人事体制（Thompson，2001）。

示例 1—7　　国家公共服务委员会的建议

组织

- 把行政部门重组成少数与使命相关的部门；
- 基于他们的业务技能挑选机构负责人并赋予他们发挥管理和制定适合任务的人事制度的权力；
- 赋予总统推荐机构和部门顺利重组的权力；
- 重新排列国会委员会以适应行政部门的受任务驱动的重组。

领导

- 流线型且加速总统任命过程；
- 减少行政部门的政治职位；
- 把高级行政人员分成管理队伍和专业技术队伍；
- 检验雇员道德规范，并且修改那些损害公共利益的规范；
- 把司法、行政和立法人员的薪酬增加到可与其职业相媲美的程度；
- 打破司法束缚，按照国会议员的薪酬标准制定法官和高级政治任命者的薪酬。

实施

- 制定更加弹性的人事管理体制；
- 继续努力简化和加速雇员招聘的程序；
- 允许各机构制定与当前市场条件相适应的补偿政策；
- 规定提高公众利益的外部采购标准和目标，不要低估中央政府的功能。

资料来源：国家公共服务委员会，2003。

乔治·布什政府提出管理改革议程，以处理管理机能不良问题。其中，有五个主要领域比较明显：人力资本、竞争性采购、财务绩效、电子化政府和预算绩效整合。

前两个领域和人力资源管理的关系最密切。政府重点关注与人相关的问题，最大限度地关注组织重建的需要——绩效测评、绩效奖金、填补主要的技术空白的雇佣和培养计划、竞争性采购和信息技术等。例如：2001 年出台的《管理自由、主动和灵活管理法》寻求“消除有效管理的法律障碍”，就像克林顿政府的重塑政府改革一样，寻求“从繁文缛节到注重结果”的转变。《联邦活动清单改革法》要求联邦员工和私营部门的员工之间开展竞争，来评定各个政府机构员工对竞争的感受性。分析家说，这些改革“包含过多麦迪逊保护色彩”和“推广汉弥尔顿绩效的机会”(Behn，2003)。

布什政府强调需要对人力资本进行战略管理。通过雇用有才能的人来工作，追求有能力的领导阶层的连贯性，创造一种注重成果业绩的文化来实现这种管理(OMB，2004)。为了对这一改革议程进行监控，布什政府制定了一套简单的“红、黄和绿”分级体制，并根据成功标准来评定联邦机构的成绩。示例 1—8 展示了在 2003 年 6 月 30 日对 28 家机构的人力资本及其竞争性来源所做的总结（最新资料）记分卡。绿色说明在执行总统管理日程方面取得了进步，这一点在人力资本方面比在竞争性来源方面表现得更明显。虽然许多机构在进步尺度方面的绿色指示很明显，但是没有哪家机构至今一定要在人力资本或者竞争性来源方面接受这种指示。

最近的改革成了批评家们的众矢之的。例如：美国联邦职工联盟和全国财政人员工会这两个最大的联邦公务员工会就反对沃尔克的第二次报告，而布什政府却很欣赏这个报告，并且支持由于政府的重塑所带来的不断增强的弹性制管理模式（Kauffman，2003a)。同样，布什政府的外包创举——使多达大约 85 万个政府的“商业职位”归私有企业管理——已经遭到美国联邦职工联盟、其他工会和一些立法者的反对，反对者声称为了追求低廉价格，私有化/外包将会降低服务质量（Phinney，2003a)。他们抗议设置“商业职位”，并且寻求保护来自于私有化企业的备选职位（selected jobs）（Phinney，2003b)。

一些被采纳的变革建议尤其富有争议，其中包括美国国土安全部增强人事政策弹性的政策、高级行政职位工资的检查、减少政治任命者的数量和实行竞争性采购等（Kauffman，2003a，2003b，2003c；Phinney，2003a，2003b；Robb，2003)。

21 示例 1—8 行政领导机构记分卡

	2003 年 6 月 30 日，当前的地位		贯彻总统管理议事日程中所取得的成绩	
机构	人力资本	竞争性来源	人力资本	竞争性来源
农业	红	红	绿	黄
商业	黄	红	绿	黄
国防	黄	黄＋	绿	黄
教育	黄	黄＋	绿	绿
能源	黄	红	绿	绿
环保署	红	红	黄	绿
卫生和福利部	红	红	绿	绿
国土	红	红	黄	绿
住房和城市发展部	红	红	绿	黄
内政	红	红	绿	绿
司法	红	红	绿	绿
劳工	黄	红	绿	黄
国务院	黄＋	红	绿	黄
运输部	黄＋	红	绿	绿
财政	红	红	绿	绿
退伍军人管理局	红	红	绿	绿
国际开发署	红	红	黄	黄
军队	黄＋	红	绿	红
总务管理局	红	红	绿	黄
国家航空航天局	黄	红	绿	绿
国家科学基金会	红	红	绿	红
预算与管理办公室	红	红	绿	黄
采购器材局	黄	黄＋	绿	绿
小型企业管理局	黄＋	红	绿	红
Smithsonian 博物馆	红	红	红	红
社会保障总署	黄	红	绿	绿

（＋）号表示：2003 年 3 月 31 日评价以来的地位变化

资料来源：美国预算与管理办公室（2004）。

中央政府与地方政府层面

22 州和地方政府公共服务委员会的报告（National Commission on the State

and Local Public Service [Winter Commission], 1993) 提出了一项专门针对国家公务员制度的议程。在人力资源的相关章节，该报告将“公共服务的瘫痪”称为一个难题，这是政府人事制度中存在的明显的违规现象。该委员会更倾向于建立一种更加灵活和更加不受制度约束的公务员制度，并提出以下建议：

- 人才录用和提拔制度进一步下放；
- 减少对笔试的依赖；
- 在人员选拔的过程中，杜绝比例法以及其他严重限制管理者判断力的条件；
- 减少按资排辈的现象；
- 减少工作中的分工；
- 简化人员辞退的程序；
- 年金制度具备更多的移动性和继续性，以增加政府间人员流动的灵活性；
- 对表现突出的工作团队的经济激励要更加灵活。

这些要求增加管理灵活性的建议在早期反响很大，而该委员会（1989，2003）最新提出的一些建议与克林顿政府的“国家绩效评估”（National Performance Review）以及布什政府的“管理议程”（Management Agenda）非常相似（Thompson 1994）。

这次国家改革包含了对公务员制度的一系列重大改革。事实上，佐治亚州已经进行了一次彻底的改革——撤销了自1996年实行的对所有国家新录公务人员的功绩保护（merit protection）。佛罗里达州在2001年的改革中取消了针对16 000多名公务员的保护，使他们变成了任意员工（at-will employees），也就是说在不违背法律的情况下，他们随时可能因为任何原因或者根本不需要原因就可以被解雇（West & Bowman，2004）。其他六个州（马萨诸塞、明尼苏达、新泽西、俄亥俄、俄克拉何马和南卡罗来纳）也都进行了大的变革。改革主要集中在工作分工（减少或增加工作分类的数量，统一或者拓宽分工）、薪酬（实行绩效报酬、非现金激励报酬、奖金和激励为基础的报酬）、绩效评估（制定绩效规划和标准）等方面。政府管理者能否成功地履行其职责在很大程度上依赖于吸引、培养、激励并保持一个高质量员工队伍的能力——这些都是人力资源管理的基本作用。改革的目的就在于要帮助人们完成这些职责。

对这些改革措施的争论远远超出了人们最初的想象，直到20世纪90年代中后期才基本形成了一致意见。人力资源管理的改革也一度遭遇过批评和怀疑（Bowman，2002；Bowman，West，& Gertz，in press；Hays & Kearney，1999；Kearney & Hays，1998）。代表性的观点如下：

- 公务员的作用（如私有化、收缩）被低估；

- 结果与预期不符（如绩效报酬）；
- 拥有必要技能（如合同谈判、审计）的人很少会被吸引到公务员的队伍中来；
- 绩效奖励（奖金）不足；

23 • 对公共事务和公务员的监督（分权、违规和外包）不够，导致腐败；
- 致力于提高公务员继续学习和职业规划能力的在职培训往往不够；
- 对通过减员实现快速成功的重视甚至超过了对改善绩效的重视；
- 借鉴或盲目吸纳私营部门的思想和观点，有时不仅于事无补，而且带来了更多的问题；
- 授权举措往往有失公平。

总之，公共改革的过程既有成功也有失败，或者两者皆有（Ban & Riccucci，1994；Bowman，Gertz，Gertz，& Williams，2003；Cohen & Eimicke，1994；Condrey & Maranto，2001；Perry，Wise，& Martin，1994；Pfiffner & Brook，2000；Stein，1994；Suleiman，2003；Wechsler，1994；West，2002）。其中的一个教训就是：一旦改革的倡导者去职，其倡导的改革主题便不再为人重视。这样的情况可能上起白宫，下至各州政府乃至各市政府都存在。

受到提高绩效和降低行政成本的驱动，克林顿和布什政府的既定目标（stated goals）以及温特委员会的隐含目标（implied objectives of the Winter Commission）在未来一段时期内都将继续存在，但是，实现这些目标的战略安排可能有所变化。同样，以某种新形式、新方法对人力资源进行的实验性改革也将继续下去。这些浪潮都是公共服务传统中的一部分，其中包含了传统的东西——科学管理、反浪费之战、戒备之眼和解制管理等。但不断变化的社会、经济、技术和政治力量也会不断带给公共部门新的改革浪潮。

本章最后一节从行政改革转而谈到价值观、伦理道德及相关管理途径等规范化问题。这一问题非常重要，管理者必须对政府、本社团及其员工群体的价值观有清楚的了解。在面对一些竞争价值选择的时候，价值观可以充当决策的标准以帮助管理者理解和诠释诸如减员和管理多样化等问题，引导管理者排除一些不可行的选择从而限制可供选择的范围，通过分析员工的价值观还可以对其动机进行定性分析（积极的或消极的），管理者由此可以解释员工的行为。伦理道德则有助于人们在面对是非问题时决定自己究竟该采取什么样的行为。尽管官员们常常觉得价值观和伦理道德超出了自己的职责范围，但在事实上，这二者却在每一个管理决策中都潜移默化地发挥着重要作用。

1.6 价值观、道德与人力资源管理

价值

公共管理者发现，要在管辖权/司法权限的核心价值、工人需求和组织的经济资源三者之间取得平衡是一件很棘手的事情。而如果基本价值观还无法确定的话，管理者在处理工作问题时就会缺乏必要的指导方针和正确的导向。为了解决这一问题，一些权力机构和部门都正式申明了自己的价值观。例如，迈阿密州退伍军人事务部医疗中心就发布了本部门的使命、发展前景、基本价值观以及誓言（示例 1—9）。由于这些声明通常都涉及公共事务的管理问题，因此我们认为是很有必要的。下面是现代人力资源管理中的一些比较重要的价值观： 25

- 重视员工的才能
- 鼓励技能提升
- 促进公平发展
- 提供高生产力的工作环境
- 提高效率
- 发展团队合作精神
- 树立关心他人的道德原则
- 提高管理过程的公开透明度
- 坚持道德准则
- 确保高质量服务
- 满足客户的需求

在上述价值中，效率、经济、公平、高绩效等已经成为公共改革优先考虑的目标，成为一系列公共事务的构成元素，较之其他组成部分更为重要。管理者和员工必须自觉将这些价值奉为行动的指南。

澄清基本价值当然是重要的，但是，因为员工们在个人或组织价值意识上存在着相当大的差异，因此还必须对员工们进行一定的价值观教育。范·沃特（1998）把价值意识分为三个层次：无意识、基础意识和超前意识。第一层面——对价值无意识的管理人员对机构或部门的价值观、使命或标准操作程序缺乏理解或基本认识，因此他们往往会自觉不自觉地作出一些不恰当的甚至违法的行为；第二层面——对价值具有初步认识的管理者对本部门的使命、法律法规有初步的认识，他们会为了避免触犯法律或作出不当行为而一味服从；第三层面——对价值观有超前认识的管理者

对本部门的使命、价值观和要求有着全面的认识，因而能够自觉采取有利于实现良好管理（如追求效率、经济、道德和公正，以及维护公共利益）的行为。

24 **示例 1—9　迈阿密州退伍军人事务部医疗中心的使命、理想、价值观和誓言**

使命：

及时提供高质量的医疗服务，尤其是要满足退伍老兵和其他军人病号的特别需求。我们将致力于以下几个方面以实现我们的这一使命：

让病人满意

发展研究和教育

尊重所有人

有美德

发展前景：

我们将成为一个优秀的医疗中心，为人们提供全面的、无微不至的医疗服务，并继续发展研究生教育和医疗卫生的研究。

价值：

让消费者满意

持续改进

关心质量

团队与合作

我保证做到：

面带微笑、举止得体、心地善良、关心他人并且富有同情心

遇到问题时积极寻找解决方案，不为工作职责所局限

永远保持积极乐观的态度

尊重所有人

让自己有所作用

有事请找我

我们的核心价值观：

信任

尊重

奉献

同情

美德

资料来源：改编自迈阿密州退伍军人事务部医疗中心所用资料，版权归迈阿密退伍军人事务部医疗中心，经许可转载。注：迈阿密退伍军人事务部医疗中心的员工佩戴的身份徽章上带有一个塑料卡片，上面印有上述资料信息。

区别不同层次的价值意识具有重要意义。如果员工对本部门的价值观、使命、法规或标准操作程序缺乏必要的认识，管理者就必须对他们进行教育。例如，对有关性骚扰的法律（sexual harassment laws）、弱势群体保护行动（affirmative action）（针对消灭歧视）的条件或者是工作场所安全程序的无知等，对一个单位来说都需要付出昂贵的代价，因此管理者是不应该容忍这种无知的。此外，一味地顺从法律、法规和标准操作程序就会使管理者的角色转变为本部门

的从业检查人员，将所有时间都用来检查或纠正错误行为。这固然是一个很重要的角色，但是第三层面的职责范围却更为宽泛，这一层面的管理者对部门的价值观、使命和需求更为熟悉，将人力资源看做可以提高管理水平的宝贵资源。

如果基本价值观上存在冲突，那么价值适用过程中就会出现困境。例如，美国人既重视自由也重视平等。然而一些针对消除歧视促进平等的弱势群体保护行动却会影响到管理者在用人上的自由，使他们无法雇用或提拔一些自己喜欢的人。其他还有一些行政价值也面临类似的矛盾，如变革与持续性、彻底的灵活性与坚定的集权控制、对民选官员的回应及制度上的约束（institutional memory）等。（Smith，1998）

如何在竞争价值（competing values）之间取得平衡是一个极大的挑战。例如，及时和公开就是在人员雇佣中特别难以处理的一对竞争价值：司法权限要求所有公民都有就业的权利，而要做到这一点就很难迅速作出用人决定。另外还有一个典型的事例，当某一个职位出现空缺的时候，明明已知有一位非常合格的候选人了，按照部门 26
核心价值观的要求还是要进行公示、公开竞争和招聘以确保人才招聘的多样化。

伦理道德

澄清价值观，在提高价值观意识以及平衡冲突价值观的同时，我们必须强调伦理道德问题。道德问题包括做正确事情的行为或者说是行为中奉行正确的价值观。在这里，在解决具体道德问题的过程中如何锻炼自己的判断力，是管理者同样面临的一个难题。

为了对伦理道德问题作出正确判断，这就要求管理者必须面对诸多复杂问题，例如：

- 保健护士出于宗教信仰原因而拒绝给未婚者发放避孕套或避孕药，上级部门要求将其解雇。我们如何应对这一命令呢；
- 批准下级的请求，允许在人员雇佣中拒绝考虑 30 岁以上的女性求职人员；
- 对那些公开反对军队中严禁同性恋命令的军官进行批评；
- 对第三方所反映的关于某员工工作中滥用合法药物（处方药、酒精）的事实进行调查；
- 有些同事偶然探听到了尚未最终决定的裁员信息，如何就此向他们作出解释；
- 一个员工在经历了一次外科手术之后，在其可休假时间的长短问题上，福利管理部门和医疗部门发生争执的时候，如何解决这两个部门之间的争端；
- 对有些员工在财政年末进行疯狂式采购的行为进行约束；
- 申斥那些逃避责任或为个人错误找替罪羊的人；

- 向上级汇报自己所发现的偷懒现象；
- 应对解雇少数不能适合当前组织文化的新聘员工的压力；
- 当核心员工拿高薪并有较高工作保险而外围员工的报酬和工作保险都很低时，敢于质疑这一现象。（Brumback，1991；Grensing-Pophal，1998；Legge，1996；Theedom，1995）

在处理以上有关法律、道德、公平等问题的时候，组织管理者确实必须充分权衡某些竞争压力。要解决此类问题，他们必须面对来自上下两方面的压力。人们总是期望官员们能够遵照部门既定的价值观和道德规范行事。至少，他们必须将本部门的政策和法规传达给员工（第一层面）。理想的政策或法规应简短、清晰，能够为管理者和员工解决相关问题提供切实可行的指导。典型的条款应包括利益冲突、送礼/收礼、机密性、性骚扰、政治活动、平等的就业机会以及从事第二职业等（Pickard，1995；Van Wart，2003；West，Berman，& Cava，1993）。而政策和法规一经采用就必须严格遵守，这样才能在期望和行为之间无所差别。示例 1—10 描述了不同的道德管理策略在城市管理中的运用情况以及在实际运用中的变化。很滑稽的一点是，人们总是期望市政人员的行为符合道德规范，他们的行业协会也总是强调这一点（美国公共行政学会、国际市/县管理协会），但是地方政府的道德规范管理策略却往往并不先进：很多权力部门根本就没有任何道德规范培训计划（West & Berman，2004）。

27 **示例 1—10　　1992 年到 2002 年道德规范管理策略的使用**

	(N=427) 1992 (A) (%)	(N=129) 2002 (B) (%)	1992—2002 年间的变化(%)
高层管理者的道德典范	73	81.3	8.3
行为标准的采用	41	68.2	27.2
所推荐官员的道德典范	57	62.5	5.5
道德标准的采用	41	60.0	19.0
对财务披露的需要	53	55.9	2.9
监测道德规范的执行	29	55.5	26.5
所需要的对外部活动的审批	56	53.9	−2.1
所需要的对道德规范的熟悉程度	29	53.5	24.5
与员工之间定期的有关道德问题的沟通	29	50.4	21.4
将道德标准用于人员聘用和升职	27	48.4	21.4
义务对员工进行道德培训	41	43.5	2.5
就道德伦理问题配备相关咨询人员	22	37.2	15.2
对所有员工进行强制性的道德培训	29	37.2	8.2
对违规者进行强制性的道德培训	6	25.3	19.3
监督人们对道德相关问题的观点	7	14.6	7.6
建立道德伦理热线	3	11.6	8.6

资料来源：摘自 West & Berman (2004)。

伦理道德与人力资源管理

我们可以围绕人力资源的两个关键的子系统来进一步讨论人力资源管理中的道德问题。一个是人员选拔、(培训）使之社会化（socialization）和绩效管理子系统，另外一个是评估、奖励/认可/激励和开发子系统。绝大多数行政人员对其员工的管理都包括选拔、(培训）使之社会化和绩效考评等过程。第一层面的文化背景下人员雇佣与第二、第三层面的人员雇佣程序有很大区别。如果员工对基本价值观和适当的道德行为缺乏基本的认识，那么其道德操守往往是通过恐惧、威胁和惩罚等手段实现的。在第二层面上，员工通常更容易按照工作程序来执行工作并遵守由外部制定的标准。而到了第三个层面上，员工和管理者对伦理道德规范以及相关推理都有全面的理解，道德标准的制定将被看成是一个集体责任，员工和管理者一样都能民主参与到这一过程中来。

第二个子系统——评估、奖励和开发中也存在着类似情况。在第一层面的文化背景中，回应要么是不存在的，要么是选择性或是反应性的。管理者往往会无视或者是慢待对不道德的和模范的行为的惩戒抑或奖励。这一类工作环境的特点就是缺少职业指导（没有反馈、晋升、组织开发等方面的努力），缺少能够激发员工内在动机的授权或其他相关机制。在第二层面的文化背景下，凡是遵守传统 28
标准的、守法的行为都会受到表彰并被誉为杰出的和符合道德规范的行为，管理者能够制定政策用于评估、奖励和开发自己的员工，也会给员工提供不定期的职业培训，允许一定的授权并注意激发员工的内在动机。而第三层面的工作文化中，无论是在个体和团体的评估中，还是在奖金分配和认知中，道德行为都会被充分考虑到；职业培训系统普遍深入且公正，超越其他法律要求；道德行为的典范会受到表扬，而在道德方面犯错的人则会受到批评；绩效回馈、授权和内在动机激励在工作中随处可见（Petrick & Quinn，1997)。

理解公共服务的工作文化和道德规则是至关重要的。部门之间、政府之间的文化各不相同，而道德规则却是基本固定并具有持续性的。管理者有责任使本单位员工的道德认识水平从第一层面上升到第三层面，通过提升员工的道德自觉性来减少道德缺失的现象，并创造一个积极的、有利于职业发展的工作环境。不同的环境以及不同的子系统都需要有不同的策略，为了保证员工在工作中做到诚信正直，对行政管理人员来说，道德管理永远都是一项极为重要的职责。

下面是有关人事管理文献中常常提及的几种道德管理方法（Berman，West，& Bonczek，1998；Bonczek，1998；Brumback，1991；Van Wart，1995)：

1. 为高层管理人员树立道德表率；

2. 采用一个部门信条以推动共同价值观的形成；

3. 制定并实施一套道德准则；

4. 实行道德审查；

5. 将道德作为雇佣和晋升的标准之一；

6. 在职工与管理人员培训中包含道德内容；

7. 绩效评价中考虑到道德因素。

最后，那些负责人力资源管理和道德管理的人必须牢记被汤普森（1992）称为“政府道德悖论”的三个误区。第一个误区是，“因为其他问题比道德重要，所以道德比任何问题都重要”（Because other issues are more important than ethics，ethics are more important than any issue）。在这里，他说明了政府道德的相对重要性。作为善治的先决条件，政府道德还能恢复人们对政府的信心并指导人们重视政府的政策和实践而不是在一些政府的错误行为上争论不休。第二个误区是，“私人美德并不是公共美德”。在说明这一悖论的时候，汤普森做了一个很重要的区分：私人道德和政治道德是不同的，公共服务人员必须遵循一些限制性的行为标准（如避免给亲朋好友走后门，遵守雇后行为准则，披露经济财产状况以及遵守利益冲突的相关规定等）。第三个误区是，“表面看似错误而实际正确的行为仍然是错误的”。尽管“表面看起来错误”这一标准看起来非常主观，汤普森提醒我们必须认识到下面这一点：表面现象不仅在政治中至关重要，在道德中同样不容忽视。那些在政府部门供职的人以及其他的管理人员都必须注意下面几
29 条：道德是至关重要的，人们期望你们能坚持一些限制性的道德标准，表面现象也会起重要作用。这些教训并不是可以直观学习的，而上述七种方法则能加深人们对它们的认识。因此，肩负人力资源管理任务的人们必须推进和实施这些方法。

本章小结

面对这些挑战，管理者必须有所准备。人力资源问题不仅涉及如何改善人们为组织作贡献的途径和方法，还涉及效率、经济、公正和高绩效等价值观。其根本一点就在于，我们必须认识到人力资源的很多问题及其解决方案都不是最新才出现的，而是在较早历史时期就存在的问题及其解决方案的再现。以往的改革潮流——科学管理、反浪费之战、戒备之眼和解制管理——都为当前的和未来的改革提供了很多经验和教训。优秀的管理者会留意这些经验教训以实现最佳实践。如果做不到这一点，那么所付出的代价将是昂贵的。正如罗斯福·富兰克林所

说，“不能实现善治的政府就好像是一幢建在沙滩上的房子一样。”

在谋求改善绩效和重建具有牢固基础的公共信任的时候，政府管理者们必须参考以往改革者的基本原则，重新审视公共服务传统。他们必须继续发挥其专业水平，弘扬美德，保证对政治领袖负责并避免党派偏见。除此之外，管理者还应尽量减少浪费，追求公共利益，平衡对灵活性和一致性的竞争性要求，培养强烈的公共服务道德感。现在的改革者所追求的依旧是要完善这一“管人”的体制，而这需要创造性的不懈努力。这些任务都很艰巨，但艾伦·埃伦霍特（Alan Ehrenhalt）在我们开篇的引言中说道：一个政府只要有了“合适的员工、正确的制度和正确的动机”，善治是完全可能实现的。瓦伊河会议（Wye River Conference）描述了公共服务的发展前景，即将从传统的公有制体制向21世纪的体制转变（参见示例1—11）。

示例1—11　　从传统的公共部门系统转向满足21世纪需要的系统 30

传统的公共部门系统	21世纪需要的公共服务
1. 理论上的单一系统，事实上的多系统无法实现战略性发展；	1. 认可多系统、系统开发基于战略、包含核心价值；
2. 保护雇员的功绩概念，视一致为公平；	2. 鼓励更好绩效，允许不同的人才存在差别；
3. 强调程序和规则；	3. 强调绩效和结果；
4. 人才雇佣/晋升基于技能和专门知识；	4. 人才雇佣/培养和晋升到恰当的位置；
5. 视员工为成本；	5. 视人力资源为资产和投资；
6. 为生活而工作/长期尽义务；	6. 组织内外的人有着共同的核心价值；
7. 保护终身制；	7. 雇员绩效，雇主需要进行合理说明；
8. 基于个人行为考核绩效；	8. 绩效考核从基于分散的个人绩效向组织绩效转移；
9. 劳工管理关系基于冲突的目标、对手关系、以前的职位争执以及个案仲裁等；	9. 劳工管理伙伴关系基于成功组织的共同目标、雇员满意度、以前参与工作设计的付出等；
10. 中央机构代行其他机构的人事职能。	10. 中央机构能够支持其他机构或管理者自己履行人事职能。

资料来源：节选自Patricia Ingraham、Sally Selden和Donaled Moynihan：《人员及其绩效：未来公共服务面临的挑战——瓦伊河会议报告》（2000年），载《行政管理评论》，60（1），58页，经美国公共行政学会（ASPA）授权重印。

地址：华盛顿特区20005，苏伊特700，G大街NW 1120号。

如何有效地解决人力资源中的问题，也要求管理者把正确的动机和人格结合起来，并对员工认真仔细地进行价值评价。在解决棘手的人力资源问题时，管理者必须先确立核心价值并作为指导原则以帮助作出一些重要的道德判断。公共价值观总是在不断改变的，管理者必须认识并引导这一变化过程。托马斯·杰斐逊曾说："在时尚问题上，应该顺应潮流；而在原则问题上，则应如岩石一样牢固。"[2]在公共部门这一动荡的环境中，管理者必须决定何时应顺应潮流，而何时应坚持立场，绝对不可以向危及核心价值观和道德原则的各方压力屈服。

现在，政府的经营方式和公共服务的管理方式也在发生着变化。人们不断提出对各级政府的改革方案并很快把改革方案付诸实施。这些改革影响着行政人员的工作能力——能否顺利完成自己的职责——因此跟上发展的步伐并引导这一变革是他们义不容辞的责任。下面的几章将重点讨论最佳实践、矛盾、几个棘手的人力资源问题和解决方案。作为 21 世纪改革的推动者，管理者必须面对上述挑战。

关键术语

公共服务	公务员
公务员制度委员会	公务员改革
1978 年《公务员改革法》	联邦劳工关系署
人力资源管理	解制管理
绩效考评制度	功绩制保护委员会
31 《道德改革法》(1989)	政府再造全国伙伴关系联盟
核心竞争力	政府
人事管理	《彭德尔顿法》(1883)
科学管理	计划、组织、人员、指挥、协调、报告和预算
改革浪潮	分肥制
反浪费之战	美国人事管理局
《举报人保护法》(1989)	"戒备之眼"

应用练习

课堂讨论

1. 你认为玛丽亚·赫尔南德兹是一个优秀的人力资源主管吗？为什么？你准备给她什么样的建议？请解释。

2. 界定与讨论公共服务传统中的误区和自相矛盾？为什么它们很有意义？导语中讨论的两个误区影响到哪些内容？

3. 公共部门和私营部门的人力资源管理的根本区别是什么？

4. “达·芬奇的降落伞”（导言，示例 0—3）对政府环境的未来发展趋势有何启示？为什么？未来的发展趋势将如何影响人力资源管理？

5. 什么是“改革的浪潮”？本章所描述的 4 种哲学观点对人力资源管理有何暗示？请分别予以评价，你认为哪一种观点对人力资源管理最有价值？

小组活动

6. 借用“25/10”技术（示例 0—3），采用头脑风暴法，讨论管理者和员工们工作中碰到的与人力资源管理有关的道德困境。

7. 请讨论改革的 4 种历史潮流经验和教训，并解释它们在今天是如何影响人力资源管理决策的。

8. 不同层面的价值观念带来什么样的人力资源管理的结果？

9. 你认为何种道德管理战略最有效？为什么？

10. 请评价迈阿密州退伍军人事务部医疗中心的价值观陈述。它是否已经充分地描述了政府及其机构的价值观？你将如何来修改这些观点以使之更加完善？

个人作业

11. 界定几种影响管理者的政府环境变化趋势。在你面对这些趋势时，本章所列举的 7 种人力资源管理原则对你有何影响？

12. 本章阐述价值的目的是什么？它是如何提升一个组织的目标的？ 32

13. 拜会一位公共部门管理者，请他/她讲述曾经解决的最为困难的人力资源管理问题。他们面对的人力资源管理涉及哪些领域？他们又是如何来解决的？

14. 公共服务改革是否已经给公共服务带来了卓有成效的变化？影响程度如何？为什么？

15. 选取 4 个改革潮流中的一个，（1）说明公共组织的改革哲学的特征；（2）阐述这些特征及其对政府绩效的影响和结果。

注释

[1] 例如：人们对政府的不信任、国家政策与改革潮流的相互抵触、那些无结构的“虚拟”组

织所提出的政府再造建议以及存在于同一法令中的相互冲突的条款，既反映着改革的需求，同时又往往是由改革导致的。

[2] 托马斯·杰斐逊，来自于www. quotationspage. com/quote/27616. html。

参考文献

Abramson, M., & Gardner, N. (2002). *Human capital 2002*. Lanham, MD: Rowman & Littlefield.

Ban, C., & Riccucci, N. (1994). New York State: Civil service reform in a complex political environment. *Review of Public Personnel Administration*, *14*(2), 28-39.

Behn, R. (2003). Creating leadership capacity for the twenty-first century: Not another technical fix. In J. Donahue & J. Nye (Eds.), *For the people: Can we fix public service?* (pp. 191-224). Washington, DC: Brookings.

Berman, E., & West, J. (1998). Responsible risk taking. *Public Administration Review*, *58*(4), 346-352.

Berman, E., West, J., & Bonczek, S. (1998). *The ethics edge*. Washington, DC: International City/County Management Association.

Bernardin, J., & Russell, J. (1998). *Human resource management*. New York: Irwin McGraw-Hill.

Bilmes, L., & Neal, J. (2003). The people factor: Human resources reform in government. In J. Donahue & J. Nye (Eds.), *For the people: Can we fix public service?* (pp. 113-133). Washington, DC: Brookings.

Blunt, R. (2002). Organizations growing leaders: Best practices and principles in the public service. In M. Abramson & N. Gardner (Eds.), *Human capital* (pp. 111-162). Lanham, MD: Rowman & Littlefield.

Bonczek, S. (1998). Creating an ethical environment. In E. Berman, J. West, & S. Bonczek (Eds.), *The ethics edge* (pp. 72-80). Washington, DC: ICMA.

Bowman, J. (2002). At-will employment in Florida: A naked formula to corrupt public service. *Working USA* *6*(2), 90-102.

Bowman, J., Gertz, S., Gertz, M., & Williams, R. (2003). Civil service reform in Florida state government: Employee attitudes 1 year later. *Review of Public Personnel Administration*, *23*(4), 286-304.

Bowman, J., West, J., Berman, E., & Wan Wart, M. (2004). *The professional edge: Competencies in public service*. New York: M. E. Sharpe.

Bowman, J., West, J., & Gertz, S. (in press). Florida's "service first": Radical reform in the sunshine state. In E. Kellough & L. Nigro (Eds.), *Civil service reform in the states*. Albany: SUNY

Press.

Brackey, H. J. (2000, March 3). Generation X determined to charge ahead in the workplace. *Tallahossee Democrat*, pp. E1, 2.

Brumback, G. (1991). Institutionalizing ethics in government. *Public Personnel Management*, *20* (3), 353-363.

Cohen, S., & Eimicke, W. (1994). The overregulated civil service. *Review of Public Personnel Administration*, 14(2), 10-27.

Condrey, S. (2005). *Handbook of human resource management in government* (2nd ed.). San Francisco: Jossey-Bass.

Condrey, S., & Maranto, R. (Eds.). (2001). *Radical reform of the civil service*. Lanham, MD: Lexington.

Donahue, J., & Nye, J. (2003). *For the people: Can we fix public service?* Washington, DC: Brookings.

Edwards, G., Wattenberg, M., & Lineberry, R. (2004). *Government in America: People, politics, and policy*. New York: Longman.

Ehrenhalt, A. (1998, May). Why governments don't work. *Governing*, 7-11.

Elliott, R. H. (1998). Human resource management. In J. Shafritz (Ed.), *The international encyclopedia of public policy and administration* (p. 1079). Boulder, CO: Westview.

Final Staff Report. (1977). *Personnel management project*. Washington, DC: Government Printing Office.

Focus on civil service. (1996). *HR Report*, 4(1), 3-8.

Gilles, J. S. (2000, March 13). Wired for work. *Washington Post Weekly*, p. 34.

Grensing-Pophal, L. (1998). Walking the tightrope, balancing risks and gains. *HRMagazine*, *11* (43), 112-118.

Hays, S., & Kearney, R. (1999). A brief rejoinder: Saving the civil service. Review *of Public Personnel Administration*, 19(1), 77-79.

Hornestay, D. (1999, February). The human factor. *Government Executive*, 1-10. (www.govexec.com)

Ingraham, P., Selden, S., & Moynihan, D. (2000). People and performance: Challenges for the future public service: The report from the Wye River Conference. *Public Administration Review*, *60* (1), 54-60.

Jones, J. (1998), *Virtual HR*. Menlo Park, CA: Crisp.

Kauffman, T. (2003a, January 13). Volcker's radical Rx. *Federal Times*, p. 1, 6.

Kauffman, T. (2003b, April 7). The new reform agenda: Congress takes up bills to overhaul pay, personnel rules, *Federal Times*, p. 1, 6.

Kauffman, T. (2003c, April 21). Overhaul at defense: Sweeping personnel authorities proposed for DOD secretary. *Federal Times*, p. 1, 11.

Kearney, R., & Hays, S. (1998, Pall). Reinventing government: The new public management and civil service systems in international perspective, *Review of Public Personnel Administration*, *18*, 38–54.

Kirch, J. (2002, July 29). Age-diverse staff brings variety of skills, styles. *Federal Times*, p. 18.

Klingner, D., & Lynn, D. (1997). Beyond civil service: The changing face of public personnel management. *Public Personnel Management*, *26*(2), 157–173.

Lane, L., Wolf, J., & Woodard, C. (2003). Reassessing the human resource crisis in the public service, 1987—2002. *American Review of Public Administration*, *33*(2), 123–145.

Legge, K. (1996). Morality bound: Ethics in human resource management. *People Management*, *25*(2), 34–39.

Light, P. C. (1997). *The tides of reform: Making government work 1945—1995*. New Haven, CT: Yale University Press.

Light, P. C. (1999). *The new public service*. Washington, DC: Brookings.

Light, P. C. (2000). The empty government talent pool. *Brookings Review*, *18*(1), 20–23.

National Academy of Public Administration. (2004). *Conversations on public service: Performance-based pay in the federal government*. Washington, DC: NAPA.

National Commission on the Public Service (Volcker Commission). (1989). *Leadership for America: Rebuilding the public service*, Washington, DC: Author.

National Commission on the Public Service (Volcker Commission). (2003). *Urgent business for America: Revitalizing the federal government for the 21st century*. Washington, DC: Brookings.

National Commission on the State and Local Public Service (Winter Commission). (1993). *Hard truths/tough choices: An agenda for state and local reform*. Albany, NY: Rockefeller Institute of Government.

Office of Management and Budget. (2004). Progress implementing the president's management agenda. Retrieved February 9, 2004, from www.whitehouse.gov/omb/budget/fy2004/progress.html.

Osborne, D., & Gaebler, T. (1992). *Reinventing government: How the entrepreneurial spirit is transforming the public sector*. New York: Penguin.

Perry, J., Wise, L., & Martin, M. (1994). Breaking the civil service mold: The case of Indianapolis. *Review of Public Personnel Administration*, *14*(2), 40–54.

Petrick, J. A., & Quinn, J. F. (1997). *Management ethics: Integrity at work*. Thousand Oaks, CA: Sage.

Phinney, D. (2003a, June 16). Employees step up resistance to outsourcing efforts. *Federal Times*, pp. 1, 6.

Phinney, D. (2003b, September 22). Opposition to outsourcing builds in Congress. *Federal Times*, pp. 6, 7.

Pickard, J. (1995). Prepare to make a moral judgment. *People Management*, *9*(1), 22–31.

Piffner, J., & Brook, D. (Eds.). (2000). *The future of merit: Twenty years after the civil service reform act*. Baltimore, MD: Johns Hopkins University Press.

Robb, K. (2003, October 27). Still micromanaging: Managers slow to embrace performance-based contracting. *Federal Times*, pp. 1, 4.

Smith, C. (1998). Reinventing our understanding of merit. *Administration & Society*, *20*(6), 620-623.

Stein, L. (1994). Personnel rules and reforms in an unreformed setting. *Review of Public Personnel Administration*, *14*(2), 55-63.

Suleiman, E. (2003). *Dismantling democratic states*. Princeton, NJ: Princeton University Press.

Sylvia, R. (1998). Public personnel administration. In J. Shafritz (Ed.), *The international encyclopedia of public policy and administration* (pp. 1843-1847). Boulder, CO: Westview.

Theedom, R. (1995). Employee recognition and a code of ethics in the public service. *Optimum*, *25*(4), 38-40.

Thompson, D. (1992). Paradoxes of government ethics. *Public Administration Review*, *52*(2), 255-256.

Thompson, F. (1994). Deregulation and public personnel administration: The Winter Commission. *Review of Public Personnel Administration*, *14*(2), 5-10.

Thompson, J. (2001). The civil service under Clinton: The institutional consequences of disaggregation. *Review of Public Personnel Administration*, *21*(3), 87-113.

U. S. Bureau of the Census. (1993). *Public employee data*. (www. census. gov/govs/apes/93stlus. txt)

U. S. Bureau of the Census. (2002). *Public employee data*. (www. census. gov/govs/apes/02stlus. txt)

Van Wart, M. (1995, September/October). The first step in the reinvention process: Assessment. *Public Administration Review*, *55*, 425-438.

Van Wart, M. (1998). *Changing public sector values*. New York: Garland.

Van Wart, M. (2003). Codes of ethics as living documents: The case of the American Society for Public Administration. *Public Integrity*, *5*(4), 331-346.

Wechsler, B. (1994). Reinventing Florida's civil service system: The failure of reform. *Review of Public Personnel Administration*, *14*(2), 64-76.

West, J. (2002). Georgia on the mind of radical civil service reformers. *Review of Public Personnel Administration*, *21*(2), 79-93.

West, J., & Berman, E. (2001). From traditional to virtual HR: Is the transition occurring in local government? *Review of Public Personnel Administration*, *21*(1), 38-64.

West, J., & Berman, E. (2004). Ethics training in U. S. cities: Content, pedagogy, and impact. *Public Integrity*, *6*(3), 189-206.

West, J., Berman, E., & Cava, A. (1993). Ethics in the municipal workplace. In *Municipal Year-*

book (pp. 3－16). Washington, DC: International City/County Management Association.

West, J., & Bowman, J. (2004). Stakeholder analysis of civil service reform in Florida: A descriptive, instrumental, normative human resource management perspective. *State and local Government Review*, *36*(1), 20－34.

第 2 章

员工的法定权利和责任

如果人都是天使，那么法律就没有必要了。

——詹姆斯·麦迪逊

学习目标

通过学习本章，你应该能够：

- 明确人力资源管理法律的框架并理解其矛盾和问题
- 明确员工的权利、责任和义务
- 了解弱势群体保护行动中的现行表现和趋势
- 从法律的视角看待生活方式和隐私问题

人们在工作上的自由权利与作为公民的自由权利不同。员工必须要按时到岗、听从命令和要求、接受有限的言论自由并遵守许许多多的规章条例。这其中的一个关键问题——自由的悖论——就是人们在加入组织的同时放弃了他们的一些公民权利：为了有所得（金钱和影响他人的机会），你不得不有所放弃（自由和时间）。

虽然工作场所的法律让管理人员在许多事务上有灵活的自由处理权，但是不能不顾法律的约束践踏员工的权利。懂得法律知识对于管理者和员工而言都有助于他们以正确的方式做正确的事。就业法律还规定官员应该如何推动实现一系列社会目标，比如说确保机会平等。

理解公共部门中人力资源管理法定要求的主要框架，是以美国宪法和各种成文法为基础的，随着新法律的通过和法庭判决而不断变化。不论就业法律看起来是如何的复杂或详细，它们一般情况下还是以平衡三种常见的竞争性利益为基
36 础：（a）组织以高效率方式管理其员工和经营的需要，（b）员工在工作中、隐私方面和其他事务中的权利，（c）政府通过公共政策追求社会目标的利益。因此产生的平衡在具体的情况下各有不同，并且随着时间的变化而动态变化。事实上，随着态度、社会规范和经济条件的变化，旧问题的解决受到挑战，新的争论领域随之出现（比如，涉及艾滋病的隐私权问题和雇佣决策中的“逆向歧视”问题）。

法律领域中存在许许多多的难题和矛盾。其中公共官员尤其容易面临以下五项难题和矛盾。

1. 管理人员应该在决策中遵守法律，但是，宪法、成文法、行政法和普通法的复杂性使之变得非常困难。

2. 由于法律要求的复杂性，管理人员有时会感到“你知道得越多，其实就知道得越少”——一旦熟悉一些法律，他们就会意识到自己知之甚少。

3. 相应地，他们会向法律顾问求助。但是，正式意见需要相当长一段时间才能够获得，而且法律人员可能不支持初始的非正式意见。

4. 根据判例法常常难以作出管理决策，因为案例通常根据具体情况的特定事实来决定，而这种事实可能会掩盖有助于指导决策的一般原则。案例的情况事实可能会导致管理人员得出错误结论，因为决策依据的基本原则仍然很模糊。此外，案例法会被一项法律意见彻底地改变。

5. 法律要求可能会相互交错，从而在遵守一项法令时可能与另一项法令发生冲突。比如，协商的劳资协议在作出提拔决策时常常要求考虑资历，而如果按照弱势群体保护行动和绩效考评要求可能会以其他标准作出提拔决策。

有效管理包括理解法律如何影响个人和组织的目标，以及如何影响需求的矛盾性。管理人员的工作包括制定影响下属员工工作条件的决策，这种判断必须以与需要完成的工作直接相关的客观标准为依据，适当反映人们对本章所阐述的员工权

利和公共政策目标的敏感性与回应性。人事决策不应该单纯以个人信仰或偏好为依据。与工作相关的公平决策通常不仅合法，而且对于机构和员工而言都会受益。它们很可能会最大限度地减少个人和组织的法律责任（Shilling，2002）。

本章帮助读者熟悉相关法律的重要内容和基础层面。人力资源管理的法律环境的知识对于机构管理人员至关重要，因为从招聘到考评的整个人力资源管理的职能都要符合法律规定。这种知识有助于管理者们认识到何时向人力资源专家（他们能够作为博学的中立方，熟悉人力资源部门处理类似情况的方式）和法律顾问（他们帮助根据具体情况应用法律：案例法始终都在变化）求助。不遵守就业法律的规定是一种非常危险的做法。管理人员如果被诉讼，将会付出昂贵的心理、职业有时甚至是财务代价。其他人会接替他们的位置，因为他们要花费几个月的时间应 37 诉、证据保全、提供书面证词和出庭应诉。通过谨慎管理并且熟悉法律规定防止发生诉讼就可以避免付出这种代价。示例 2—1 阐述了避免诉讼缠身的一些补充策略，示例 2—2 介绍了一些重要的法规。鉴于上述趋势和矛盾，现在人们开始关注法定权利和责任，因为它们事关各种重大的隐私权和工作权利问题。

示例 2—1　　与时俱进

管理人员如何了解最新的法律变化？许多管理人员倾向于等待组织下达的政策指令。这可能是一种明智的方式，但是组织有时也未能及时了解法律法规的变化，而管理人员可能面临需要专业法律意见的情况。这种情况要求管理人员采取积极主动的策略。

人力资源部门可以作为法律信息的良好来源。人力资源经理面临许多与员工相关的情况，一线经理面临的特殊情况有时对于与其他人事专家和业内律师保持良好关系的人力资源经理来说则是家常便饭。

但是，形成自己独立的认识是十分有必要的。主要报纸时刻跟踪最新的立法变化，专业会议也是了解最新趋势的理想选择。有些律师事务所会举办相关专题的研讨班。通过 Lexis-Nexis 数据库可以搜索有关特定法律问题的主要报纸报道和法庭判决。《就业法律报道》每月发布案例法和新法规的最新信息与评论。从互联网上还可以获得法律意见，比如诺罗网（www. nolo. com）。埃默里大学法律图书馆（www. law. emory. edu/erd/index. html）设立了一个按专题领域划分的非常有用的门户网站（www. law. emory. edu/erd/subject/megasite. html＃a）。国际人事管理协会（IPMA）出版适合管理人员阅读的法律问题新闻通讯（www. ipma-hr. org）。

示例 2—2　　部分劳动法律概述

1964 年《民权法案》

禁止组织在招聘、晋升和解雇决策中存在种族、肤色、宗教、国籍或性别方面的歧视。

《反就业年龄歧视法》

保护 40 岁以上的劳动者在招聘、晋升和解雇决策中不受到歧视。

《美国残疾人法案》

要求组织为残疾劳动者提供进出工作场所的合理协助以及工作空间的适当便利设备。

38

《公平劳动标准法案》

规定了最低工资和加班工资标准，以及童工保护法的记录保管。

《职业安全与健康法》

规定了安全和健康条件，包括可能受到的各种健康危害。

《家庭与医疗休假法案》

要求员工人数 50 人或以上的组织和所有公共机构为有资格的劳动者提供 12 周的无薪留职休假，包括生育和照料子女假、收养和安置子女假、员工或直系亲属重病的病假。

《服兵役人员就业与再就业权利法案》

保护美国国民警卫队和后备人员的就业权利以及他们与组织的权利和责任。

《消费信贷保护法》

限制劳动者可能被扣发的收入的数量并保护劳动者不会因为工资被扣押来还债而被组织解雇。

《员工测谎保护法》

禁止私营组织对职员和求职者使用测谎仪器，顾问和与国防部或国家安全机构签约的除外。该法律不适用于政府。

2.1 工作权利和责任

公务员（civil servants）享有广泛的权利和保护。组织利益和员工权利之间的平衡，在以下案例以及更广泛的为确保专业高效率劳动力的公共利益中得到了清楚的体现。本节阐述了以下几个方面：(a) 法定诉讼程序，(b) 言论自由，(c) 政治活动，(d) 结社自由，(e) 宪法义务和责任，(f) 不利处分，(g) 薪酬。接下来这一部分专门探讨员工隐私权。

公务员今天享有权利，但是历史上并不总是如此。传统上，公职人员被视为有一种特权，而不是权利，组织和劳动者可以无须任何理由或解释就终止雇佣关系。这种任意雇佣（at-will employment）关系曾被（可能很奇怪）视为利益的合理平衡，因为任何一方都可以自由中断雇佣关系。当然，许多工作人员更需要组织，反之则不然，因此就为可怕的虐待和歧视敞开了大门。很明显，劳动者（以及公民）需要保护，以免受到潜在的违反宪法的政府权力滥用的侵害（Rosenbloom & Bailey，2003）。

自从 20 世纪 50 年代以来，两种趋势通过削弱任意原则大大增强了个人的权利。首先，最高法院已经规定公职人员不会因为接受政府任命而失去个人的宪法权利。受雇者向法院提出了各种各样涉及言论自由、结社自由和隐私权利的诉讼请求，法院的判决结果维护了劳动者的重大权利。其次，法院认为劳动者在工作中享有“实质利益（substantial interest）”（即他们的声誉和职业），并将有关法定诉讼程序的第 5 条和第 14 条修正案解释为，
39 在公职人员面临解聘或不利的纪律

处分时为其提供听证。这些判决的结果是对任意性原则的否决，有利于形成平衡劳动者、组织和政府利益的模式。

法定诉讼程序

宪法第五条和第十四条修正案规定，未经正当法律手续任何人均不得被剥夺生命、自由和财产。公职人员的法定诉讼程序依据的思想是，拥有永久性非试用身份的劳动者在工作中享有“实质利益”。在评议委员会诉罗斯（1972）（Board of Regents v. Roth）一案中，最高法院列举了可以听证的条件，比如当涉及终身任职或有聘用合同的劳动者，由于行使了宪法保护权利而遭到报复行为被解聘时。法定诉讼程序权利与劳动者在面临不利处分时享有的听证权有关。后面的案例说明解聘前的听证权利是宪法赋予的权利，高于任何可能限制这种听证的州法律。

解聘前的听证要求这一理念在1985年克里夫兰教育委员会诉劳德米尔（Cleveland Board of Education v. Loudermill）一案的判决中得到了肯定。这个案件涉及的是因在求职书申请说谎而被解聘的一名执法人员。劳德米尔按照俄亥俄州的法律规定被解聘，但是未进行解聘前的听证。最高法院判定这样做是不符合宪法规定的，因此，解聘前的听证权利被称为“劳德米尔权利”，要求组织提供起诉通知和听证时间、证据的解释，并允许员工反询问和提出其他证据，进而为其自身辩护。听证不需要解决解聘的适当性问题，而是应该确定实施上是否存在合理的依据。法庭不强制规定听证的具体性质，但是听证程序往往在集体谈判协议、成文法或行政法规中作了规定。最后，通过利益的平衡试验，最高法院在另外一起执法人员受到停职（而不是解聘）的案件中判定其不享有劳德米尔权利，在这个案件中，该职员被停职后立即进行了听证，而且其收入损失相对而言非常小。

个人的听证权利并不意味着组织必须要进行听证。组织一般情况下都努力避免进行听证。策略之一是及时提供证据，并获得被处分者对纪律处分所依据的事实的认同。如果劳动者同意这些事实，他们就不太可能在以后提出质疑。法定诉讼程序历时6到18个月，有时会更长，因为裁决往往会被推迟，需要更进一步的事实调查工作。劳动者有额外的申诉起诉权利，这使得组织不得不寻求解聘的替代方案，比如重新安排岗位。近些年来，许多地方都开始加快诉讼程序。比如，纽约州给劳动者留出14天的时间来提交对所受处分的质疑，规定裁决机构必须在此后45天内作出裁决。

言论自由

在 1968 年的皮克林诉教育委员会（Pickering v. Board of Education）一案中，美国最高法院努力掂量工作场所效率的需要与劳动者在公共争议问题中作为公民享有的**自由言论权**之间的轻重。在这个案件中，一名教师写了一封批评学校
40 董事会的信并在当地报纸上发表。法庭认为如果不能证明该教师发布的观点轻率而且错误，或者对其他人的工作关系或工作效率产生了不利的影响，那么这名教师就不应该被解聘。简而言之，公务员在接受聘用时没有放弃宪法第一修正案规定的自由言论权利（Koenig，1997；Lindquist & Wasby，2002）。

其他案件表明虽然员工可以发表对政策问题的观点，但是不能以第一修正案赋予的权利作为理由从事扰乱工作秩序的活动。相反，他们必须要考虑到组织对工作效率的需求。有关情绪不佳的员工将其对组织内部事务的不满向其他员工或公众发泄的案件并不少见，而且形式多种多样。这些案件中，法庭都赞成了纪律处分措施。比如，第四巡回法庭对一名警察因为向当地报纸披露行政问题而受到降职的处分给予了支持。法庭认为这名警官没有使用正确的途径，并且考虑到他的职位，他应该表现出克制。在另外一个案件中，一名工作人员对所在单位的工作人员关于部门政策的观点进行了调查。最高法庭认为，在很大程度上，此次调查的内容是个人情绪问题，而不是公共政策。简而言之，涉及工作相关问题或扰乱工作场所秩序的员工言论不受第一修正案的保护。

几乎所有机构都为举报者的自由言论提供保护。员工如果是善意地举报重大管理问题、非法行为、资金滥用或危害公共安全或健康的危险情况就会受到保护。但是，这种保护有时也是有限制的。比如，1989 年的《举报人保护法》规定，联邦职员如果因为揭发而遭受所在组织采取的惩罚，可以向特殊法律顾问办公室寻求保护。如果对这一过程不满意，原告可以向功绩制保护委员会申诉，但是他们本身不能对组织采取任何措施。员工必须通过充分的证据证明，报复是所在单位采取的惩罚措施中一个起作用的因素。即使他们获胜，举报者也会发现他们的职业生涯由于无意义的工作安排以及与同事的关系疏远而受到损害。示例 2—3 从更广泛的角度阐述了有关道德规范和法律的一些问题。

政治活动

在 19 世纪，公职人员（public employees）常常参与党派活动，比如所属政党的竞选和筹资活动。这些活动与 1883 年的《彭德尔顿法》中体现的政治中立

性原则是相悖的，这部法律保护联邦职员不会因为党派原因而被解雇，但是也限制职员参与助选活动（参见第 1 章）。1907 年，罗斯福总统禁止公务员积极参与竞选或政党管理，后来出现了有关被禁止活动的具体性质的判例法。《1939 年哈奇法案》巩固了这些判决并将禁止参加政治活动的规定扩展到所有联邦职员，因为立法者担心官僚机构会成为政治机器的一部分。《1940 年哈奇法案》将这些规定扩展到了接受联邦资金的州和地方职能部门的工作人员。职员不得成为有选举权的政治职位的候选人、不得索要或处理政治捐款、不得在政治会议上发言、不得担任政治组织的官员，也不得参加助选活动。《哈奇法案》在 1993 年进行了修订，允许工作人员参与政治活动，但是进一步限制其在岗位上的活动，比如在岗时或穿着制服（上班或下班期间）或在政府办公地点从事政治活动、向任何政治组织或候选人索要财务或人力捐助、为党派在政府中的地位搞竞选活动或利用职权影响或干涉选举结果（Gely & Chandler，2000）。

示例 2—3　　道德和法律 41

推动组织道德建设的努力，是以专门旨在避免利益冲突和公共财产滥用的法律法规为支撑的。许多机构都制定了禁止员工从事以下行为的政策：（a）从事第二职业，如果这种工作会影响其判断的独立性以及职务的履行；（b）与在其中拥有财务利益的公司进行谈判；（c）如果待定立法涉及员工在其中拥有财务利益的公司，禁止参与对此种待定立法的讨论；（d）接受价值超过 25 美元的礼物、游说前任组织以及将公共财产用于个人目的。1978 年的《政府伦理法》还要求一些高级联邦官员公布财务状况。

最高法院已经采用了个人负责制，旨在防止公务人员实施可能降低政府信用的职务行为。法庭的判决目前在调查职员行为不当的指控方面给予了组织广泛的自由决定权。但是，不要求职员配合此种调查，他们拥有第五修正案中反对自证其罪的权利。法院还使得联邦政府能够更容易地起诉腐败和受贿官员。比如，检察官不再需要官员的声明来确定送礼与利益交换的关联。接受了已知为了获得利益而支付的钱款就足以说明问题（Roberts，1998）。

通过法律途径实现道德规范在财力和监管两个方面都是有限的，它在公务员道德伦理方面的导向作用也很小，而且也没有充分的证据表明它实现了威慑的目标。而且，许多州的道德伦理委员会常常资源和力量非常有限，难以实现实质性的惩罚措施（Smith，2003）。他们在追究地方官员的不正当行为指控方面也常常没有起到作用。另外，有时难以看出公众对官员不道德行为的监督意识的增加加强了公民对政府的信任。许多引人注目的罪行调查似乎更大程度上是受到政治的推动，而不是由于对优良政府的追求，这进一步降低了公众的信心。道德伦理的法律途径是必要的，但是却不足以确保公众的信任。

虽然政治表达是宪法第一修正案赋予的权利，但是为了政府的效率，法院没有考虑对这些限制的质疑。不过，随着时间的流逝，国会放松了一些限制。《1974 年联邦选举法》撤销了对州和地方公务员的许多禁止要求。重要的是，1993 年的《联邦竞选法》允许联邦职员筹集资金、管理竞选活动、在政党中担任职务，但是仍然禁止他们竞选党派职位以及在工作场所中散发竞选宣传材料

(Brown，2000；O'Brien，1997)。

结社自由

公务员不能因为担任公职而被迫加入政党，但是在受雇人员必须在规定时间
42 内加入工会的组织中，他们会被要求缴纳工会会费（参见第 10 章）。虽然这是强制性要求，但法院认为这是为了稳定的劳动关系而不得不付出的代价，与私营部门类似。作为对第一修正案赋予的权利的保护，不能强迫非工会成员支付工会政治活动的费用。工会因此不得将非成员的缴费用于这些目的。

作出聘用、提拔、调任和解职等人事决策时，以政治关系为依据也是违反宪法的。在 1980 年布兰特诉芬科尔（Branti v. Finkel）一案中，最高法院裁定组织必须要证明政党关系是保证工作效率的适当要求，而不仅仅是职位是否涉及政策制定工作。该裁决后来得到了维持，并扩展到人事管理的其他方面。这项裁定保护公务员不受政治庇护的压力并且进一步区分了服务于上级愿望的政治任命人员与拥有公务员工作权利的人员。

宪法义务和责任

公职人员工作期间出现侵犯他人宪法权利的行为，由个人负责。此种行为可以通过民事诉讼来补救。比如，由于不合理的搜查和没收而侵犯隐私权的行为会受到起诉。残酷的特殊惩罚以及对他人的法定诉讼程序权利的否定也要承担个人责任。

在 20 世纪 70 年代以前，公务人员对其实施的行为通常享有绝对的豁免权。这一原则的思想依据是，公务员的行为不应该被以后可能遭受的诉讼牵制。绝对豁免权原则自从 20 世纪 50 年代以来一直都在不断地被削弱，因为公民在与组织打交道的过程中获得了法律程序和其他方面的保护。有限豁免权规定公务人员只有在其行为合理而且真诚善意的情况下才免于承担民事责任。这意味着他们应该知道他们的行为是否违反了任何法定权利或宪法权利，比如在惩罚室内实施残酷的惩罚（Wood v. Strickland，1975）。后来发生的许多案件都表明，公务人员对违反了受其影响的人员的明确既得权利的行为要承担责任（Gibson，2001）。

责任包括补偿性的损害赔偿和惩罚性的损害赔偿。法院将惩罚性的损害赔偿视为一种威慑力量，他们希望能够让官员小心谨慎地对待宪法权利。根据哈特曼、荷马和瑞夫（2004）所述，到目前为止，政府官员已经受到了数千件责任指控。许多案件都与公共雇佣行为以及违反正当法律手续有关。虽然法官对其司法行为享有绝对豁免权，但是这种豁免权不包括其他行为，比如招聘工作人员。虽

然个人单独承担这种成本的几率非常小，这些诉讼案件却值得关注。

一般而言，公务人员不会受到这种诉讼的影响。1988 年的《联邦职员责任改革与民事侵权赔偿法》规定，职员有权要求对其提出的诉讼转化为对政府的诉讼。许多州也规定其公务员不承担民事侵权责任。当然，这不代表官员享有完全的行动自由，因为他们会因为行为不当而受到所在组织给予的纪律处分。员工个人还必须要对损害同事、上级或下属名誉或诽谤的言论负责。但是，追偿确实是困难的，因为原告必须要证明这种诽谤性言论是恶意为之，也就是说，不计后果的忽视事实或有意发布虚假性言论。此外，法庭常常将诽谤定性为“观点”而非事实。虽然难以在这种诉讼案件中获胜，但是因为诽谤或中伤而被起诉本身就会对管理职业生涯造成损害。示例 2—4 阐述了其他宪法责任，也就是涉及私营化以及与公共目的相关的私营组织的宪法责任。

示例 2—4　　宪法对私营化的限制 43

宪法已经对私营化这一据说是提高政府效率的重要策略作出了许多限制。私营化通常涉及聘用私营承包商来降低成本或酬谢政治活动的贡献者。根据罗森布洛姆（1998）的观点，第一个约束条件是政府机构不能将公共责任私营化。在 1988 年韦斯特诉阿特金斯（West V. Atkins）的案件中，最高法院表示“将监狱的医疗服务承包出去不能免除该州应承担的为在押人员提供充分医疗服务的宪法义务”。政策制定义务不能私营化。同样，当科罗拉多州试图将其大学医院私营化时，科罗拉多州最高法院判定这种做法违背宪法规定，因为公共健康部门不能放弃对贫困人口的关怀以及公共健康责任。

第二个约束条件是“属于国家法律权威范围内”的私营企业会被追究宪法上的侵权责任。与公共机构不同，这些私营企业没有豁免权，但是可能有雄厚的资金实力。这样的例子包括私营呆账收款行、背景调查公司或药品测试实验室以及保安公司。这种责任增加了企业经营的成本，因此减少私营化的吸引力。

第三个约束条件是最高法院倾向于将宪法保护扩展到独立承包商。有些情况下，独立承包商获得了与公共机构相同的权利。在某个案件中，因为卖方公开指责签发合同的机构，导致市政府拒绝续签合同，法院判定这违背了宪法对自由言论的规定。

最后，如果政府创建了私营机构来履行其职能，法院会将这种机构及其员工按照与公共机构及其员工同等的标准来对待。在一个案例中，利康明县设立了一个非营利性机构来管理从县政府获得启动资金的疗养院，疗养院的委员会成员中包括县政府专员。法院判定县政府对疗养院的大范围控制使疗养院成了事实上的县政府分支机构，因此，疗养院员工有权获得公共部门工资法规定的工资（Lindquist，2003）。

最后，员工有权拒绝执行个人认为违反宪法规定的命令。1979 年哈雷诉斯库基尔镇（Harley v. Schuylkill County）的案件中，一名监狱警卫拒绝执行上级下达的侵犯犯人不受残酷和特殊惩罚的权利的指令，这些权利是受宪法第八修正案保护的，后来法庭对这名狱警的行为给予了支持，判定狱警有责任拒绝实施违反宪法规定的行为。这里存在的一个实际问题是，员工无法确定他们的权利主张是否会得到保护，他们是否会面临纪律处分（Rosenbloom，2001）。

不利处分

员工会因为没有完成工作目标以及工作处理不当而面临不利处分。这种处分
44 是正式的行政行为，目的是纠正员工的工作失误，包括与这种失误有关的行为（参见第 9 章）。这种纪律处分可能是批评、停职、降薪、降职或解聘。在对工作成绩不合格实施纪律处分之前，员工有权知道所说的工作成绩不合格的具体情况以及相关的所有文件和证据（比如通过组织发出书面警告或通知的方式）。他们还有权在他们的工作被评估之前知道工作达标标准，以及绩效评估的重要性。员工还有权在收到通知后改进工作。只有在改进后仍没有达到标准的情况下才能给予纪律处分。

不利处分的原因可以是个人的行为不当也可以是集体的行为不当。行为不当包括利用公共职位谋取个人利益、收受好处或贿赂、利益冲突、滥用职权、泄露保密信息、偏袒或裙带关系。它也可能包括影响某个人的工作或组织声誉、影响其执行能力的行为。比如，判定有逃税行为会成为税收部门中的员工被解聘的原因。执法人员必须要严格要求自己，如果下班后使用违法物质或实施性犯罪会被解职。行为不当是一个广义的词，必须要证实确实与工作有关。

报酬

除了上述宪法规定的权利外，劳动者还享有法定权利。根据 1938 年的《公平劳动标准法案》的规定，劳动者有权在每周工作 40 小时后获得加班工资，加班工资是平时工资标准的 1.5 倍。这一法律适用于小时工，但是不适用于主管人员、行政人员和专业人员，他们的工资固定，不取决于完成的工作的质量或数量。不允许组织通过一小时换一小时给员工放假的方式来抵消小时工的加班工资。组织还必须要准确记录所有小时工的工作时间并支付最低标准的小时工资和规定的额外福利。即使在解聘后，组织也必须要为员工提供继续享受组织团体健康保险的选择权（1985 年《统一综合性预算和调解法》，也称为“COBRA”）。

2.2 隐私权问题

公职人员享有一定的个人隐私权。这些权利与搜查、没收、酒精和毒品测试、个人习惯、仪表和着装规范、招聘前背景调查以及宗教自由有关。每个方面

分别阐述如下：

搜查和没收

宪法第四修正案和第十四修正案规定政府不得对个人进行不合理的搜查和没收。公职人员认为管理人员无理由闯入其私人生活或工作空间时就出现了这样的冲突。这些冲突会在正常的工作过程中发生，比如一名管理人员给身在家中的下属打电话。主管人员搜查某个人的手提箱，想要取回工作相关资料时也会出现隐私权问题。

在 1987 年欧·康纳尔诉奥特加（O'Connor v. Ortega）案件中，美国最高法 45
院认定公职人员享有宪法规定的拒绝无理搜查的权利。奥特加是一名医生，他的上司将其办公室中的物品没收，包括个人照片和情人节贺卡。法院认为合理的搜查必须要在政府的工作相关目的与社会认可的隐私权预期之间取得平衡。法院承认正是这种预期形成了隐私权，但是这种“合理性”不要求组织必须要获得搜查证才能够进行搜查或者甚至是向员工发出事先通知，正如奥特加所要求的那样。事实上，取回工作相关材料的行为并不侵犯奥特加的个人隐私权。

组织可以通过消除个人工作空间和制定相关的工作场所政策来减少对隐私权的预期。第四修正案作出的禁止无理由搜查和没收的规定只有在存在隐私权预期的情况下才有效。但是，员工和管理人员之间的信任这一有效管理的基石却会受到影响，这也是矛盾之所在。隐私权问题也会出现在电子邮件和技术性监视中。法院已经判定员工对于电子邮件没有隐私权预期：他们应该预料到他们的电子文件会被广泛阅读，比如当把信息传递给第三方时。组织可以制定技术性和电话监听监视政策，但是这些政策必须要事先向员工说明，以消除对隐私权的预期。组织对员工进行监视的权利很少受到限制；虽然通过电话监听收集到的与工作无关的私人信息一般情况下不会用于侵害员工的利益，但是为了个人的目的使用组织的资源，如果影响了组织效率或声誉或涉及“过度”有意使用时则会受到纪律处分。最后，搜查的“不合理性”根据具体情况确定，因为不可能预见到个人可能拥有隐私权预期的所有情况。

酒精或毒品测试

《12564 号总统行政命令》禁止联邦公务员在上下班时间使用毒品，许多州和当地政府也制定了相同的政策。如果尿液检验（最常用的毒品检验方法）要求采集个人的尿液样本，这时就会出现隐私权问题。在 1989 年国家财政部员工工会诉凡·拉伯（National Treasury Employee's Union v. Von Raab）一案中，根据第四修正案的规定，最高法院判定采集尿液样本属于搜查和没收范围。除了一些公共安全职能外，管理人员必须要证明可疑错误行为的“可能原因”，特别是通过观察非法使用毒品或反映吸毒的行为，或者当员工因为吸毒而被逮捕时。个人享有法定诉讼程序权利（下面会讨论），他们有权知道测试结果并提出质疑，如果吸毒是解聘的原因，那么他们还有权要求在解聘前进行听证。

法院认定如果不存在安全、行政或国家安全问题则不允许进行普遍的毒品测试。比如，1991 年的《综合运输行业员工测试法》要求对安全敏感岗位上的人员如汽车、火车或飞机驾驶员进行测试。在国家安全和公共安全领域工作的员工，比如执法人员和处罚人员，也要进行随机测试。那么，法律上而言，这些员工比其他公职人员的隐私权预期要少。最后，因为法院已经认定求职者不能视为法律意义上的职员，所以可以对其进行测试。

46 根据这些原则，许多政策规定，主管人员以及一名经理人员在他们有“合理的理由”认为工作受到毒品或酒精作用的影响时应询问和观察员工。根据地方政府研究所（2002）的规定，可疑的行为表现包括步伐蹒跚或混乱、呼出酒精气味、说话模糊、瞳孔放大或收缩、注意力不集中、精神委靡、极度活跃、语无伦次、思维过程混乱、判断力差或任何异常行为。有些与工作相关的事故也要求对当事人进行毒品测试。可以要求员工接受毒品或酒精测试，费用由司法机关承担。不服从测试要求就构成了纪律处分的理由。一般情况下，如果测试结果为阴性的，需要通知员工进行进一步的医学检查。如果结果是阳性的，则该员工就会被解职或无薪放假并且必须要参加康复治疗。返回到工作岗位后，如果不接受进一步治疗的安排，则仍然会受到纪律处分。

个人习惯、仪表和衣着规范

许多员工认为应该允许他们工作时穿着随便。但是，提倡多元化的工作政策是否就能容忍衣着的多样性呢？如果女性可以穿短裤，那么男性是否就可以戴耳环穿裙子呢？在 1976 年凯利诉约翰逊（Kelley v. Johnson）一案中，原告认为警察局的发型规定违反了自由表达权（即自由），并且对合法的部门利益没有任何用处。最高法院判定，只要发型要求不是随意的或非理性的，组织就不需要证明任何公共利益。

诉讼也检查了差别影响（disparate impacts）。比如，一些发型要求可能会对非裔美国人产生差别性影响，而其他化妆限制或要求几乎只影响女性。在这种情况下，法院赞同以推动职业着装和健康为目的设定限制。如果仪表和衣着规则同时影响了男性和女性，就会出现差别性影响。比如，禁止女性戴眼镜而不禁止男性戴眼镜是不合法的。但是，可以允许女性穿裙子，但是禁止男性穿裙子，因为在大多数国家看来，男性通常不适宜穿裙子。衣着规范在示例 2—5 中有进一步的讨论。

47

示例 2—5　　公务员的衣着和仪表规范

人靠衣装，赤身裸体的人对我们的社会没有任何积极影响。

——马克·吐温

书面和非书面的衣着与仪表规范在私营和公共部门中都是很普遍的，因为着装适宜、注重仪表的工作人员是专业化生产性组织的一个不可或缺的部分。作为社会关系中的关键载体，衣着和发型选择会反映出对权力、金钱、自主权以及性别的复杂情绪，这种情绪往往会具有重大的人际关系影响。虽然人们都不否认个人品质和内在价值观的重要性，但是可以肯定的一种说法是形象先入为主。经验表明，人们基本上根据别人的仪表来判断个人社会地位和职业，不管正确与否。

作为引人注目的组织，政府是就业关系方面的重要楷模。衣着和仪表规范很重要，因为它们对于管理理念（如参与式管理）、任务组织（员工团队）、人事职能（甄选、人员配置和评估）、工作生活质量（自信和相互尊重）和宪法问题（言论自由、平等对待、性别歧视）等都具有既潜在又明显的影响。在政府中，衣着和仪表也代表了政府权威的形象。

因此，管理人员应该意识到衣着和仪表在沟通的可信性与责任感方面所起的重要作用。事实上，在一次全国性政府管理人员抽样调查中，有 75%的被调查者认为“着装适宜、注重仪表的人往往比那些穿着随便的人看起来更有知识、更勤奋而且更容易被社会接受”，85%的被调查者反对“员工的仪表对组织影响关系不大”这一观点（Bowman，1992，p. 38）。比如，俄克拉何马州的一家机构的衣着规范规定“所有员工都是俄克拉何马州的形象代表……应穿着适宜，为该州树立一个美好的形象”（Bowman，1992，p. 38）。

以上这些数据表明，一定的着装规范，不管是正式的还是非正式的，是大多数组织文化的一个组成部分。事实上，法院总体上认定对个人仪表的预期——清楚的和含糊的——是管理人员的合法关注点，前提是与工作有关、在性别和种族方面中立、合理并且平等。但是法院也认为，决定个人仪表的特权是一种基本权利，要求执行严格标准的司法审查。也就是说，能够证明有充分的理由侵犯这种权利的国家利益包括健康、安全和工作需要等。换句话说，这个标准必须要有能够平衡各种竞争性权利的合理依据。

在运用这一标准时，法院发现有些衣着规范不合理而且专横，因此是对正当法律程序的否定。因而，公立学校始终都未能禁止教职工留胡须，因为这种规定不能证明与工作相关。如果没有超越于个人权利的合法公共利益，那么员工的自由度就会越来越大。

如果一个人忽视公众普遍遵守的卫生清洁和适应性准则，则表明他对周围环境的漠视，或者会表明个人的顽固，这两种情况都会影响工作的绩效。正如一名管理人员所说，“如果员工搞不清楚穿什么工作服合适，他们可能就没有能力做好工作！”平等就业机会委员会的一名员工如果戴着纳粹或 3K 党徽章上班就可能在工作中遇到问题。

有些读者希望笔者在这里能够推荐一个清楚的放之四海皆准的衣着和仪表规范。考虑到职业和组织的多样性，这种统一的规范不仅难以实施，而且还会阻碍组织发起的制定有效标准所需的员工参与式管理方法；采用权变管理方法看来是有正当理由的。

资料来源：Adapted from Bowman and Hooper（1991，pp. 328－340）；Bowman（1992，pp. 35－51）.

一个经常出现的问题与基本卫生有关。比如，一些人长时间不换衣服，最终散发出恼人的气味。有些工作人员将秽臭的食物带到工作场所。管理人员会强调这种行为分散了员工的注意力，因此降低了他们的工作效率。虽然有必要要求员工遵守基本卫生要求，但是最近的判例法在这方面却没有相关规定。而且，管理人员也需要采取管理措施，比如强调保持良好的人际关系的必要性（McKee，2000）。

招聘前背景调查

招聘前背景调查通常会揭示出有关过去行为和个人偏好的私人信息。调查时提的问题以及背景调查必须是与工作有关的。因此，组织不得询问性倾向、婚姻状况或者甚至配偶是否愿意随迁等个人问题。虽然后者对是否获得工作有一定的影响，但是这样的询问既不恰当，也是对带有配偶的求职者的歧视。面试官应该询问
48 是否能够为了工作而迁居，进而发现组织实际需要知道的信息。核心原则是要与工作有关。法院不允许组织提出与工作无关的业余爱好和其他业余生活的问题。

1988 年《员工测谎保护法》禁止组织对员工进行测谎，除非合理地认为员工可能涉嫌偷窃，或者在特定行业的聘用前的筛选中与其他方法一同使用，比如涉及国家安全、公共安全或金钱的行业。虽然法律明确地将所有公共机构都排除在外，但是如果公共机构在测谎做法方面受到质疑，法院仍将仔细地审查测谎问题。比如，在 1985 年海斯特诉米里奇威里市（Hester v. City of Milledgeville）一案中，巡回法庭允许使用测谎仪来调查消防局内吸毒问题。但是，有关性倾向的问题则被视为歧视性问题，因此是不允许的。有些情况下，求职者拒绝接受测谎仪测试，认为测谎仪测试可能会使他们负罪。在这种情况下，法院判定，招聘前的信息只能用于作出聘用决策的目的（White，2001）。

有些组织采用人格测试来帮助作出聘用决策。比如，MBTI① 测试能够提供有关决策风格和人际关系相互作用的信息，这些信息与其他信息相结合，能够帮助判定一个人是否适合其申请的职位。法院判定组织可以采用这些测试，但是他们必须仔细审查每一个问题，确保与工作相关并且没有歧视性质。因为这些测试一般而言包括个人的与工作无关的问题，所以实际上在公共部门中不应该采用人格测试。

最后，有时需要对吸毒和酗酒以及肺结核和其他传染性疾病进行医学测试。一般而言，组织不能在聘用前的筛选过程中进行医学测试，但是可以在确定人选后作为聘用的条件之一进行医学测试。因此，医学测试在甄选过程中不应该有歧

---

① Myers-Briggs Type Indicator（MBTI）是目前最为著名的性格测试之一，尤其广泛应用于职业规划方面，由 Myers 及 Briggs 两人所创立。——译者注

视性，组织必须要证明这种测试是为了保护其他员工的公共健康。比如，可以要求公共安全职能部门的候选者进行健康检查，但是不能进行艾滋病检查，除非可以证明艾滋病病毒的传播有风险。艾滋病患者受《美国残疾人法案》的保护，这将在下文中进行讨论。现在人们开始关注使用遗传学测试来发现求职者是否患有影响工作的疾病，比如老年痴呆症。

宗教自由

虽然法律规定禁止宗教歧视，第一修正案规定的宗教信仰自由权引起了竞争性的需求。宗教要求（比如庆祝节日或遵守规定的和禁止的惯例）与员工职责发生冲突时就会出现问题。在 1963 年舍伯特诉弗纳（Sherbert v. Verner）一案中，最高法院判定不能将员工置于不得不在工作和宗教信仰之间作出选择的困境中。组织应该“合理迁就”那些对工作不会产生“过度困难”的所有宗教信仰和做法。“合理迁就”（reasonable accommodation）是指员工履行其宗教义务或道德心所需的最低限度的迁就，而“过度困难”（undue hardship）是指组织可以承担的最低限度的迁就。不要求组织接受员工提出的迁就建议，组织可以规定员工在履行宗教义务时不能获得脱岗的工资。组织不需要改变工作日程表或任务分配来迁就员工的宗教活动。

有关宗教着装问题，法院一般站在组织这一边，禁止在工作时穿着宗教服装 *49*
比如无边便帽或长袍。即使宗教着装不影响工作，法院还是会考虑组织的利益。比如，法院已经认定禁止工作时穿着宗教服装是与军队严明纪律的要求相一致的。但是，1987 年，国会通过了一项法律，允许军队人员穿着“整洁和保守”的宗教服装。不过，对“整洁和保守”这些限定词的解释并不明确，未来可能会成为诉讼的对象。

总结这一节的内容，管理人员常常希望有放之四海而皆准的普遍化规则来帮助他们做好工作，但是是否合法往往要依据判例法来确定，判例法又取决于具体的情况。一般而言，公职人员根据第四修正案的规定享有一定的隐私权和生活方式权，但是法院往往给组织留出很大余地，使之能够在认为与工作相关而且不存在歧视性的情况下限制这些权利。许多灰色领域仍然没有通过法律来解决。为了避免不必要的法律纠纷，管理人员在充分认识员工的生活方式和隐私权预期方面确实做了不少工作。

2.3　歧　　视

1964 年的《民权法案》规定，组织在招聘、提拔和解职员工时不得存在种族、肤色、宗教、国籍和性别上的歧视。虽然这些规定中有一部分通过较早的成文法已经在联邦政府中得到了应用，但是这部法律更加广泛，很快扩展到了私营和所有公共部门组织。1967 年《反就业年龄歧视法》（ADEA）为年龄超过 40 岁的所有劳动者提供了保护，1990 年《美国残疾人法案》（ADA）为残疾人提供了保护，并规定组织必须要提供合理的便利条件。这些法律在下文中做详细阐述。

应该注意的是，各种研究都对这些成文法的效力提出了质疑。比如，1972 年《平等就业机会法》扩展了 1964 年《民权法案》第 7 部分的覆盖范围，旨在为非裔美国人（以及其他群体）创造在政府部门中的平等就业机会，但是非裔美国人在决策和执行、行政以及管理职位中相对于白人所占的比例仍然没有得到显著提高（Guy & Newman，1998）。不过，管理人员必须要熟悉这些规定以及该法律和其他相关法律的意图，并设法积极地予以履行。

种族和性别

自从 20 世纪 40 年代以来，联邦政府一直都在努力通过反歧视性法律和提高招聘工作的公平性等方式吸纳非裔美国人和女性工作者。直到 1964 年《民权法案》颁布以后，现行实践才得到巩固。差别待遇歧视案例是，原告认为组织不同的人事行为是以种族、性别和其他受保护条件为依据的。许多组织避免明目张胆地公布歧视性政策（比如“有子女的女性不能得到晋升”）。原告必须要证明人事处分措施的动机是不合法的，要做到这一点，难度相当大。仅仅提供种族或性别
50 歧视的证言是不够的，即使员工能够证明纪律处分是基于种族或性别歧视，组织只需要证明他们有其他与工作相关的理由即可。即使原告反驳这种理由是借口，组织也可以给出进一步的非歧视性理由。因此，证明种族或性别歧视的难度相当大。

针对不公平待遇主张权利时，首先要向平等就业机会委员会（EEOC）提出申诉，该委员会是处理歧视投诉和审核弱势群体保护行动计划的联邦机构。只有在该委员会调查完毕并发现有合理的理由认定歧视确实存在并且是针对投诉者时，投诉者才能够向联邦法院提出诉讼。

但是，法院已经认识到工作场所是排斥上述受保护条件的，群体会形成削弱士气的气氛，这与违反人事措施具有相同的效应。出于种族或性别目的的贬损行为如果长时间存在并经常发生，就违反了《民权法案》的规定：这种工作环境属于种族或性别上的“威胁性环境”。许多组织认识到提升工作条件和人事决策公平性的重要性，因此采取了有利于工作环境的多元化政策，鼓励所有员工为组织作出贡献，并禁止任何形式的基于所有上述条件的骚扰。这些政策要求组织实施调查并为受到骚扰的员工提供帮助，包括被诬告骚扰的受害者（Local Government Institute，2000）。

最高法院也允许原告证明一个工作类别的员工（而不是个人）受到的歧视。在 1971 年格利戈诉杜克电力公司（Griggs v. Duke Power Co.）一案中，法院判定招聘甄选标准对非裔美国人不公平，存在歧视。但是，企业可以通过说明这种做法是为了工作需要来反驳对受保护群体的差别性影响。在 1989 年沃兹科夫包装公司诉安东尼奥（Wards Cove Packing v. Atonio）一案中，法院认定企业只需要证明这些做法有助于提高经营效率，而不用证明这些做法是不可或缺的。但是，这一标准在 1991 年《民权法案》中被国会推翻了。近些年，一些少数民族员工和女性员工成功主张了他们的权利，认为作为一个群体，他们的工作任务比白人男性要差，因此在晋升中受到歧视。在一些原告成功地主张了权利的案件中，法院判决组织采取相应的政策和程序来避免差别性影响。

在格利戈案件中，法院认为，如果甄选程序导致受保护群体的应聘合格率低于最高群体的 80%（80%原则），就视为存在歧视。法院采用了平等就业机会委员会的这一标准，该委员会专门处理歧视投诉并审核弱势群体保护计划。委员会要求组织按种族、性别和国籍详细记录所有招聘、晋升和解聘情况。委员会实施的调查通常着重于受保护群体在组织中所占的比例。组织应承担举证责任，如果甄选程序导致受保护群体的应聘合格率低于 80%，组织需要证明这并非由于歧视目的而造成。为了证明这一点，企业会列举实证证据证明甄选标准与提高员工的工作绩效有关，或更常见的做法是证明甄选标准是以工作相关的技能、知识和能力的实证分析结果为依据。这种分析通常建立在与员工和管理人员的广泛访谈基础上。种族指标（race-norming）是用来调整少数民族群体的测试分数的一种做法，以确保足够数量的候选者会得到聘用。通常这种做法是不被允许的，但是在芝加哥警察局的个案中采用的这种做法得到了允许，因为芝加哥警察局证明了 51
多元化对于其有效的行使职能至关重要，并在有限的时间内制定了这种指标并且只针对某些职位，以确保人员组成的充分多元化进而实现有效的职能。

弱势群体保护行动是指，为克服平等就业机会遇到的障碍以及弥补过去歧视的不良影响所采取的行动。这些通常包括潜在劳动力供应源与组织的求职者及员工之间的人口统计学特征比较。根据 80%原则来确定是否平衡，并制订计划来积极地在相关的工作岗位上吸纳少数民族和女性求职者且鼓励她们求职。这一概念不应该与法院对反抗的组织设定的限额相混淆，法院采用这种限额作为临时措施来纠正组织过去的不平衡情况。大多数组织也制定了志愿保护弱势群体行动计划，但是法院已经认定只有在这种行动计划属于打破现存歧视的临时性措施，不会侵犯不包含在弱势群体保护行动计划中的员工的利益的情况下才合法。上面列举的芝加哥警察局就是这样一个例子。相反，在 1995 年阿德兰德承包公司诉派纳（Adarand Contractors v. Pena）一案中，法院判定政府合同中的种族倾向是不符合宪法规定的，因为这种倾向不是单纯地以服务重大政府利益为目的。同样，美国最高法院 2003 年判定密歇根大学的本科生入学政策不符合宪法规定，因为该政策没有规定充分的个人评估，并且制定的目的不是单纯地为了形成课堂的多元化。但是，密歇根大学法律学院入学政策得到了许可，因为该政策完全是为了推进课堂多元化这一重大利益，并且对每一名申请者的评估都是按照广泛的学术和其他标准进行，目的是实现这种多元化。

管理人员必须要注意在鼓励弱势群体保护行动时不要对多数人群体造成歧视。这种逆向歧视案件数不胜数。从一开始，弱势群体保护行动就一直是一项备受争议的做法。虽然其目的是为了纠正过去的歧视行为，但是其实施往往引起了一些人的不满，他们认为这种弱势群体保护行动是对男性和多数派的歧视，从而为少数派和女性留出空间（“逆向歧视”）。还有一些人认为弱势群体保护行动不是为了招聘“最好和最聪明”的求职者，而只是为了招聘那些“合格”的受保护群体的成员。当组织采取了真正的志愿保护弱势群体行动计划来解决代表性不足问题时，他们会聘用合格的少数派或女性候选人，而放弃那些更胜任的多数派或男性候选人；而不需要组织运用正确的经营判断力，或在平等性与效率之间选择效率。但是，如果之前没有发现性别或种族歧视，属于多数派群体的员工会提出逆向歧视的诉讼。

在 1964 年《民权法案》颁布的初期，组织可以制定真实职业资格（BFOQ，bona fide occupational qualification），通过这种标准，组织可以将性别或种族作为相关的任职资格要求，前提是与工作相关。因此，男性管教机构以“男性”作为工作条件限制是违法的，所有职位必须要对男性和女性同时开放，除非组织可以证明出于工作相关原因，必须要排除一个性别。目前，实际职业资格已经很少使用，因为它难以自圆其说。

近些年，性骚扰已经从一个日益突出的社会问题发展成为公共政策课题。性骚扰包括：（a）作为就业条件的交换条件的性屈服，（b）任何形成不友好或攻击性环境的令人反感的与性有关的言语、视觉或身体接触。后者定义的模糊性导致
52 了许多法律案件。目前，人们几乎可以把任何事都说成是性侵犯，但是（a）指控必须要针对被指控的侵犯者，然后侵犯者才有机会作出回应，（b）性侵犯行为通常必须是某个行为方式的一部分，而不是孤立的事件。这些标准平衡了所谓的受害者和侵犯者的利益。性侵犯行为必须是某个行为方式的一部分，这一要求也保护了所谓的侵犯者不会因为意外事件而受到随意的指控（Wise，2002）。这种指控可能会作为对立性别的人员之间的敌对方式。虽然组织会根据其多元化政策和行为不当政策追究侵犯者的责任，但是有些研究显示受害者由于害怕报复可能会忍气吞声（Reese & Lindenberg，2003）。

1998 年 3 月，最高法院一致认定联邦法律保护员工不被同一性别的其他人员性骚扰。大法官斯嘉莉亚认为，判定性骚扰的依据是行为本身，而不是相关人员的性别或动机。之前，许多下级法院驳回了同性骚扰的诉讼请求，并将其限定为同性恋案件。案件中的原告是一名石油钻井工人，名叫约翰·昂科尔，他声称受到了多名男性同事的随意触摸，并且差点被他们“强暴”。在向公司举报后，公司领导拒绝给予帮助，昂科尔因此辞职。在另外一个案件中，联邦上诉法院审理了一宗同性性骚扰案件，原告是一名十几岁的男孩，戴着耳环，被伊利诺伊州比尔维利的多名市政工作人员骚扰，嘲笑他不够“男人味”（“High Court”，1998）。

最后，1993 年《家庭与医疗休假法案》（FMLA）规定，组织必须要给员工提供 12 周的无薪假期，用于产假，收养或照顾生病子女、配偶或父母。患病人员也可以享受相同期限的无薪假期。如果员工的疾病构成残疾，员工可以在 12 周休假期满后享受《美国残疾人法案》规定的权利。

年龄和残疾

1967 年《反就业年龄歧视法》（及其修正案）为年龄超过 40 岁的劳动者提供了招聘、晋升和解聘方面的保护。该法律还禁止组织根据年龄强迫员工退休，但是行政决策者除外。证明年龄是一种歧视性因素往往比较困难，就像种族和性别歧视案件一样，员工必须要证明年龄是导致降职或解聘的原因，而组织只需要证明年龄没有关系并且给出其他一些与年龄无关的理由即可。其中一个主要关注点就是组织重组和裁员（RIF）。组织必须要证明与工作有关的标准是导致可能出现的任何差异性影响的原因。

最后，联邦政府自从 1948 年以来就规定不得在招聘时歧视残疾人。1990 年《美国残疾人法案》扩大了适用范围，涵盖了所有组织，要求组织为残疾人提供进出工作场所的合理方式（包括测试便利设备）和工作空间的便利条件。可以想象，“合理”一词招致了大量的诉讼案件。组织提供的便利条件应该根据具体情况确定，包括预留停车位、提供专用设备或人员协助、兼职或灵活工作日程表以 53 及建筑翻修。不要求组织提供给其造成过分负担的便利条件，大部分便利条件应可以以较低的成本提供。

《美国残疾人法案》还限制组织在岗位选择中对残疾人进行医学测试。组织只能提与工作相关的问题，如果残疾人能够胜任，不能以医学信息来取消残疾候选人的资格。管理人员在面试过程中不应询问面试者是否残疾（Steingold，2002）。有酗酒历史的人员受到 1973 年《康复法》的保护，艾滋病毒携带者和患者受到《美国残疾人法案》的保护。因此，一般情况下，询问求职者这些信息或安排其进行医学检查是不合法的，但是可以在面试过程中询问其是否有能力胜任岗位相关任务（不能询问是否有残疾）。1970 年《职业安全与健康法》要求组织提供安全的工作环境。组织可以在出现公共卫生问题（比如传染病）时要求员工进行健康检查。因此，医院可以要求护士人员进行艾滋病毒检查。美国国务院要求求职申请人提供全面的健康状况信息，并表明在一些海外职务中无法提供充分医疗保健的情况。近些年，诉讼案件涉及《美国残疾人法案》规定的适用残疾的性质。残疾人必须是在大部分生活活动中基本上受限制的人，而不是“仅仅”需要佩戴一副眼镜或患上腕管综合征的人员（Crampton & Hodge，2003）。

本章小结

工作场所的法律与生活中的相关法律差异很大。虽然员工享有的权利比作为公民享有的权利要少得多，但是公职人员一般情况下比企业人员享有更多的权利，因为他们为政府工作，不需要放弃宪法赋予的权利。这些权利包括与隐私权、仪表、法定诉讼程序、言论自由和违抗命令有关的权利。但是，在政治参与方面（以及有些情况下在吸毒检测和测谎方面）享有的权利比公民享有的权利少。联邦法律禁止对公共和私营部门的员工进行种族、性别、国籍、宗教、肤色、年龄、残疾或婚姻状况的歧视，员工有权在工作场所不受种族或性别骚扰以及特定地区的多元化政策中规定的其他形式的骚扰和胁迫。

工作场所的法律反映了三种竞争性利益之间的平衡：管理效率、员工权利和法律的社会愿望（比如无歧视）。这种平衡没有刻写在石头上，而是长期以来的立法和众多诉讼案件结果的反映。目前，随着员工权利的定义越拉越狭窄，对法律的解释往往偏向于管理效率。

判例法涉及的是具体情况下的具体行为。管理人员如果希望判例法和成文法详尽地规定允许的行为或禁止的行为就会很失望。判例法很少适用于与被起诉的情况有些许差异的情况，官员们遇到的许多情况就是如此。因此，判断的依据就是法律的意图——本章中讨论的案例和法律下潜在的价值观。比如，如果主管人员必须要尊重员工隐私权，那么就应该在认为可能侵犯其隐私权的情况下征求员
54 工的许可，即使在法律上他们不清楚是否存在这种权利。如果员工拒绝合作，可以以商量的方式寻求解决，可能还需要其他管理人员的协助。自相矛盾的是，如果判例法太具体，成文法就太宽泛太模糊。它们往往缺乏解释和应用的标准。当

法律及其组织和律师都未能提供明确的指导时，管理人员该怎么办呢？显然，他们必须要形成自己的判断。管理人员不能指望法定标准来解决每一种情况的不确定性。案例和法律往往只提供路标，管理人员必须要确保他们的行为与雇佣案例、法律和政策的精神及主旨相一致。

关键术语

不利处分
弱势群体保护行动
就业年龄歧视
1990年《美国残疾人法案》
任意雇佣
1964年《民权法案》
差别影响
差别对待歧视
多元化政策
着装规范
正当程序权利
80%原则
平等就业机会委员会
家庭与医疗休假法案
言论自由权
《1939年哈奇法案》
劳德米尔权利
医学测试
雇佣前背景调查
隐私权预期
有限豁免权
种族指标
合理的便利设备
逆向歧视
拒绝执行权
性骚扰
过度困难
志愿保护弱势群体行动计划
揭发

应用练习

课堂讨论

1. 大学有些院系认为，教职员工的人口统计学构成应该适应学生的人口统计学构成，因此，为了实现这个目标，教职员工招聘应该采用“多元化”政策。请分析这种观点的价值所在。

2. 人们日益使用远程计算机终端在家完成一部分工作，这种行为可能会带来哪些隐私权和责任问题？管理人员应该如何处理？

3. 找出一个有争议的工作场所问题，通过平衡员工、组织和社会利益，提出一些针对这个问题的政策。

4. 一个有移动障碍的人申请在你所在的办公室工作，在不违反《美国残疾人法案》的前提下，关于他的残疾可以问哪些面试问题？不应该问哪些问题？这个例子说明了什么样的需求矛盾？

小组活动

55 5. 设计一个工作小组研讨会，告诉员工在使用邮箱和网络的时候他们享有的权利和受到的限制。突出了什么矛盾？如何处理？

6. 一个同事私下里告诉你，她喜欢上了你所在办公室的另一名同事。你能给她什么建议？与法律或政策相关的。

7. 一名职员由于宗教事宜向你提出请假的要求，你是经理，在你负责的一个项目中他非常关键，他的离开很可能导致时间上的延迟和金钱上的损失。你会怎么做？

8. 为越来越多的工作场所的多元化设计一项政策，必须要满足宪法标准。

个人作业

9. 解释员工的言论自由权，并说明它们有哪些限制？

10. 公务员的行为在什么情况下会被提起诉讼？

11. 定义并解释“80%原则”。

12. 公务员在他们的工作中享有哪些实质利益？

13. 组织应该给残疾人提供哪些便利设施？

14. 请根据你的经验，给出适用于本章的“民主悖论”或“需求悖论”的例子。这两个悖论在导论中都曾提到。

15.《哈奇法案》规定了哪些限制条件？

16. 罗马剧作家、木匠普劳特斯（公元前254—前184）曾经建议，一个人应该“实践你所倡导的”。在本章的背景下讨论这个说法。

参考文献

Adarand Contractors v. Pena, 115 S. Ct. 2097(1995)

Board of Regents v. Roth, 408 U. S. 564(1972)

Bowman, J. S. (1992, Fall). Dress standards in government: A national survey of state administrators. *Review of Public Personnel Administration*, *15*, 35-51

Bowman, J. S., & Hooper, H. L. (1991, Fall). Dress and grooming regulations in the public service: Standards, legality of enforcement. *Public Administration Quarterly*, *15*, 328-340

Branti v. Finkel, 445 U. S. 507(1980)

Brown, A. (2000). Public employee political participation. *Public Integrity*, *2*(2), 105-120

Cleveland Board of Education v. Loudermill, 470 U. S. 532(1985)

Crampton, S., & Hodge, J. (2003). The ADA and disability accommodations. *Public Personnel Management*, *32*(1), 143-154

Gely, R., & Chandler, T. (2000). Restricting public employees' political activities: Good government or partisan politics? *Houston Law Review*, *37*(3), 776-822

Gibson, C. (2001). Luder v. Endicott: The Fair Labor Standards Act and individual liability of public managers. *Review of Public Personnel Administration*, *21*(2), 152-158

Griggs v. Duke Power Co., 401 U. S. 424(1971)

Guy, M., & Newman, M. (1998). Toward diversity in the workplace. In S. Condrey(Ed.), *Handbook of human resource management in government*(pp. 75-92). San Francisco: Jossey-Bass

Harley v. Schuylkill County, 476 F. Supp. 191(1979)

Hartman, G., Homer, G., & Reff, A. (2004). Human resource management legal issues: An overview. In S. Condrey(Ed.), *Handbook of human resource management in government*(ch. 17). San Francisco: Jossey-Bass

Hester v. City of Milledgeville, 777 F2d 1492(11th Cir 1985)

High court widens workplace claims in sex harassment. (1988, March 5). *New York Times*, p. A1

Kelley v. Johnson, 425 U. S. 347(1976)

Koenig, H. (1997). Free speech: Government employees and government contractors. *Public Administration Review*, *57*(1), 1-3

Lindquist, S. (2003). Privatizations through related corporations. *Review of Public Personnel Administration 23*(4), 323-327

Lindquist, S., & Wasby, S. (2002). Defining free speech protections for public employees. *Review of Public Personnel Administration*, *22*(1), 63-66

Local Government Institute. (2002). *Model personnel policies and procedures for local government*. Tacoma, WA: Author

McKee, V. (2000, March 12). Sex and work. *New York Times*, Sec. 3, p. 1

National Treasury Employee's Union v. Von Raab, 489 U. S. 656(1989)

O'Brien, D. (1997). The first amendment and the public sector. In P. Cooper & C. Newland (Eds.), *Public law and administration*(pp. 259-273). San Francisco: Jossey-Bass

O'Connor v. Ortega, 480 U. S. 709(1987)

Pickering v. Board of Education, 391 U. S. 563(1968)

Reese, L., & Lindenberg, K. (2003). The importance of training on sexual harassment policy outcomes. *Review of Public Personnel Administration*, *23*(3), 175－191

Roberts, R. (1998). The Supreme Court and the law of public service ethics. *Public Integrity*, *1*(1), 20－40

Rosenbloom, D. (1998). Constitutional problems for the new public management in the U. S. In K. Thai & R. Carter(Eds.), *Current public policy issues*: *The 1998 annals*. Boca Raton, FL: Academic

Rosenbloom, D. (2001). Public employees' liability for "constitutional torts". In C. Ban & N. Riccucci(Eds.), *Public personnel management*: *Current concerns*, *future challenges* (3rd ed., pp. 237－252). New York: Longman

Rosenbloom, D., & Bailey, M. (2003). What every public personnel manger should know about the Constitution. In S. Hays & R. Kearney. *Public personnel administration*: *Problems and prospects* (4th ed., pp. 29－45). Upper Saddle River, NJ: Prentice Hall

Shilling, D. (2002). *The complete guide to human resources and the law*(2nd ed.). New York: Aspen

Sherbert v. Verner, 374 U. S. 398(1963)

Smith, R. (2003). Enforcement or ethical capacity: Considering the role of state ethics commissions at the millennium. *Public Administration Review*, *63*(3), 283－295

Steingold, F. (2002). *The employer's legal handbook*(5th ed.). Berkeley, CA: Nolo Press

Wards Cove Packing v. Atonio, 490 U. S. 642(1989)

West v. Atkins, 487 U. S. 42(1988)

Wise, C. (2002). Setting the boundaries for public employer liability for sexual harassment, *Review of Public Personnel Administration*, *22*(4), 320－325

White, R. (2001). Ask me no questions, tell me no lies: Examining the uses and misuses of the polygraph. *Public Personnel Management*, *20*(4), 483－493

Wood v. Strickland, 420 U. S. 303(1975)

第二部分

公共部门人力资源管理的过程与方法

■ 第3章　人员招聘
■ 第4章　人员选拔
■ 第5章　职位管理
■ 第6章　薪酬管理
■ 第7章　组织与家庭之间的和谐管理
■ 第8章　培训与开发
■ 第9章　绩效考评

第 3 章

人员招聘

59 你在招聘过程中应该向候选者传递这样一些信息："你想成为我们集体的一员吗？我们一起来出色地完成工作，个人和集体都获得成长。"

——汤姆·彼得斯，《追求卓越：个人成长版》

学习目标

通过学习本章，你应该能够：

- 从组织的角度明确人员招聘中的问题和挑战
- 解释公务员招聘中的三个步骤
- 明确初步的招聘问题，如是内部招聘还是外部招聘？是复制原来的招聘流程还是重新调整职位？
- 撰写一份专门制定的工作发布信息
- 指出不同招聘策略的优势和不足，并能够为一次特定的员工招聘工作选定一个有效的策略组合
- 从申请者的角度，描述招聘过程中的注意事项（应该的和不应该的）
- 为增强员工的多元化而设计招聘策略

在了解了人力资源管理的背景与挑战、公务员传统和法律环境之后，我们对人力资源基本职能的探讨将从招聘开始，显然，招聘是人力资源管理最重要的职能。在申请者看来，招聘常常是令人沮丧和深奥的。从根本上说，它可以改变生活，因为申请者必须通过许多令人迷惑的复杂程序才能够进入组织。从组织的角度看，招聘是吸引最有能力和激情的申请者来组织的过程，因此也是一项基本的职能。只有拥有了高素质的员工——人力资本——企业才能在工作日趋复杂化、个性化以及快速变革的时代里得到不断的发展。因此本章将讨论
60 一系列组织和申请者可能会遇到的问题，并解释为什么公共部门面临独特的挑战。

一个问题是，尽管招聘策略和技术很重要，但与美国社会政治环境相比，其重要性就相对降低了，而招聘策略和技术正是在这样的社会政治环境中发挥作用。也就是说，三种文化力量——历史的招聘观念、公共招聘的社会地位和政治领导——形成了一个政府招聘的强有力的背景。历史上，招聘一直是被动的，直到20世纪50年代，联邦政府在报纸上发布招聘广告都是违法的。此外，招聘还过度消极和遵守法律，常常“拒绝”可能的工作申请者，让人形成了繁文缛节的印象（U. S. Merit Systems Protection Board [U. S. MSPB]，2000）。另外，20世纪30年代和40年代，公务员较高声望的丧失也引起了不断的关注（Lewis & Frank，2002）。最后，政治家们可能通过“整治官僚作风”（这是他们负责的）和使高质量招聘（如薪酬与雇佣的灵活性）的资源管理濒临绝境，从而使政府招聘的处境更加艰难。

对求职者来说，另一个非常大的问题是，表面上工作机会很多，但合意的职位却很少。有几个原因导致了这种现象。不仅因为管理幅度有不断增加的趋势，因此消除了整个中间管理层，同时也存在不断减少有管理级别和津贴的专家的数量的倾向，因此，有吸引力的专业职位，很容易引来大量的合格候选者。

申请者也常常对混乱的信息感到很困惑。招聘像前面宣称的那样，是一个政治中立、基于技能的过程，还经常是一种个人的、“关系”的雇佣体系，使得工作服从于微妙的现代庇护制？正如下面要讨论的，公务员曾经主要依靠庇护关系，即使是在今天，庇护的职位依然是政府最有影响力的职位。虽然大量的高级职位被认为是严格基于技能功绩的，但“政治”或个人因素的影响也很常见。在政策层面以下，个人因素也不能被忽视。地方政府经常对他们能在使用技术功绩和个人因素之间取得一个平衡感到满意。即使在联邦层级，很多基层职位的申请者更多是从亲戚和朋友那里得到招聘信息，而不是别的渠道（U. S. MSPB，2000），而且内部提拔也受到个人因素的影响（U. S. MSPB，2001）。因此问题

是，根据不同的职位，上面提到的两种情况都可能是真实的，然而申请者不可能知道如何来处理。

另外，管理者们更愿意把他们自己培养成专家而不是通才吗？很奇怪的是，答案经常是“是的”。更理想的职位申请者经常必须既是专家也是通才。然而直到最近，美国社会受传统影响还是更倾向于专家。社会服务机构中最好的社会工作者常常被提拔成管理者，运输机构中最好的工程师也常常被任命为管理者，公立大学里最好的研究者也会成为管理者。高端职位很少要求通过一般的管理培训或轮岗来获得丰富的经验。尽管组织看上去很欣赏通才训练，但它常常只是专才训练的高端部分，目的是为了培养少数人成为最高管理者。然而，通才训练对掌管不同职责的管理者来说是非常重要的，因为他们很少有时间去获得相关的专业经历。

从组织角度来看，问题和挑战也是存在的。招聘是最重要的人力资源管理职能，但同时又是公认的最薄弱的职能（General Accounting Office［GAO］，2003）。它很关键，因为如果招聘没有做好，后面的其他人力资源管理职能将会受 61
到负面的影响。它又是很薄弱的职能，因为如果想完全做好这项工作，将花费很多时间和成本以至于忙碌的管理者不会有足够的耐心。考虑到目前对待遇良好的工作的需求，挑战之一就是招聘工作并不总能找到“最好和最聪明”的人才（Crewson，1997）。低薪酬和低工作质量的恶性现象时常会出现在公共部门（GAO，2003；U. S. MSPB，1988）。因此，招聘需要更多资源，但和先进的组织相比，招聘的资源明显要少得多。在一个竞争性的环境中，如果没有像企业那样很好的招聘条件，例如好的招聘地点和灵活的测评方式（Lavigna，2002），以及使用网络来发布招聘信息和收集/评价应聘者信息（Kauffman & Robb，2003），招聘是不可能成功的。

另一个挑战是招聘应该关注当前技能还是未来的潜力？传统上，招聘员工更强调技术技能[1]和资历，但是组织越来越关注员工的潜力。随着机构重组和决策的不断分权，能适应新的职责和职位的能力非常重要（Kanter，1989；Keenoy & Noon，1992）。发现未来的能力和分辨灵活的职员，这使得招聘过程和以往相比，需要很多不同的高端技术（Redman & Mathews，1997）。

下一个问题是如何平衡好竞争性的价值：适时与及时地招聘所需要的员工，通常是应聘者和招聘主管最关心的问题。但是，为了体现公平和开放，又需要保持一定长时间的招聘过程。尽管在政府中会出现当场招聘的情况，但一般从公布招聘信息到发出录用通知往往需要数月的时间（GAO，2003）。

另一个问题是招聘过程中应该重视什么。下面哪一项是最重要的：（a）知识、技能和能力；（b）动机；（c）多元化以及少数民族和劳动者中受保护群体的广泛代表性；（d）忠诚度？可以肯定技能是很重要的，但是也很有可能雇用一个非常胜任但是没有得到激励、不忠诚和带来种族/性别失衡的员工。非技术方面也面临几个挑战。虽然动机能改变整个工作境况（workplace），但它很难预测。多元化仍然有很重要的管理和道德伦理的内涵，虽然一些弱势群体保护计划已经有减少的趋势。一个缺少员工忠诚度的组织，很可能也会缺少信任、创新和奉献。相同的，是公平招聘还是限制在组织内招聘也是一个困境，前者会鼓励更多的新鲜力量和思想，后者通常也能更快地提高服务质量和忠诚度。

最后，组织对应聘者应该负什么责任？求职者花费了大量的精力和时间。例如使用公开招聘的方法达到法律要求，但同时却暗中为该职位选定了内部候选人，这种做法合理吗？虚假招聘会使应聘者愤怒，也会让组织的资源不断耗尽。或者在最初的工作申请过程中要求工作证明人，导致只有最高级别的候选人才会被重视，这是公平的吗？

这些问题在下面的分析中会论述。尽管这些问题基本上没有确定的答案，但对最佳实践的回顾表明需要平衡的方法。本章首先分析了影响招聘成功的因素，然后介绍了招聘/甄选过程的详细步骤，之后将会详细探讨计划和审批、发布职
62 位信息、选择招聘策略三个步骤。接着进一步讨论招聘和多元化、招聘职责的区分、给求职者的建议。本章最后是小结和结论性的建议。

3.1 招聘过程中的因素分析

招聘可以从两个角度来看待。对组织来说，影响成功的因素有哪些？同样重要的是，对应聘者来说，即使他们没有被录取，他们认为什么样的招聘过程是高质量的？

组织招聘

至少五个因素影响了招聘工作的效果：招聘过程的跨度和质量，劳动力市场的规模和工作地点，薪酬和福利（在第 6 章和第 7 章讨论），工作质量以及组织形象。

拥有合理的招聘理念意味着从一开始就询问合理且明智的问题（Breaugh & Starke，2000）。整个招聘程序经过了很好的构思并被支持，从而包括了所有重要的组织目标吗？使用了足够并且正确的策略，让大范围的可能有资格和兴趣的人了解到招聘信息了吗？招聘过程足够有吸引力，以至于鼓励最好的候选人参加

吗？招聘过程是清晰且非官僚化的，因此不会使潜在的申请者感到气馁吗？招聘过程合法，但又不会因过分遵从法律从而导致效率低下吗？申请者对招聘过程感觉良好吗？最后，对正在考虑的招聘职位和招聘环境来说，整个招聘程序划算吗？职位和环境变化都很大吗？

尽管本章没有强调其他因素，但它们也对招聘技术实施的环境有影响。劳动力市场规模和工作地点对招聘很重要（Smith，2000）。例如，在上一代，许多公共部门的工作被私有化后，人们都到国内外的私营承包商那里去工作了。经济繁荣或生育周期也影响着招聘。例如，在学校众多的地区，人力资源部可能会被高质量的候选者所淹没，而在学校较少的地区，人力资源部可能要跨州长途旅行去参加招聘会，提供注明的奖金和浮动津贴以便招满空缺职位。经济形势好的时期一般意味着各种专业人才，包括律师、会计、医生、工程师以及其他人才可能会供不应求，而在经济形势不好的时期，职员供应会超过组织的需求。

工作质量可能是，也可能不是应聘者立即意识到的一个因素，但是高端的应聘者一般都会成为他们正在考虑的组织的熟练的分析者。最好的应聘者会带着鉴定的眼光调查工作的各方面，例如工作安全性、挑战、潜力、工作条件、职业补贴（如出差）和培训。尽管很多这样的理解是在甄选过程中被发现和证实的（第 4 章），但它从招聘就开始了。

最后，组织地位有很关键的作用（Gatehouse，Gowan，& Lautenschlager，1993）。作为一个被儿童保护机构和丑闻围攻的社会服务机构的审计员，可能不会比在一个大的会计师事务所当审计员更有吸引力。如果薪酬差异也考虑进来，这意味着一个组织可能有一群名牌大学的毕业生竞争面试机会，而另一家组织则没有。虽然公务员在道德上是值得称赞的，但是如果机构不能以很好的方式提供员工福利的话，它也没有吸引力。例如，虽然大部分公设辩护办公室薪酬很低，63
并且需要过度工作为公设辩护队提供支持，但一些办公室仍然有很好的申请者，因为这里提供的培训非常先进，而且这份工作就像它所面临的挑战一样让人兴奋。有趣的是，在“9·11”恐怖袭击后，因为公务员道德声望的急剧提高，人们对公共服务工作的兴趣在不断上升（Kaufman，2004）。同时，政府部门也日益关注提升其组织形象（叫做“品牌化”），这经常也是在招聘中进行的（Bailes，2002）。

高质量的招聘：应聘者的观点

根据招聘专家莎拉·瑞尼斯（1993）的观点，在招聘的流程中太多的组织忽略了从应聘者的角度去思考。大多数应聘者因为遭受冷漠，或不周到，或拖拉的待遇而倍感愤怒，而不是对可能雇用他们的组织印象良好。瑞尼斯给那些期望人们对自己有好印象的组织提出了四条建议：

1. 适时将应聘者的焦虑最小化。好的应聘者期望招聘流程能够让应聘者及时知道竞争状况，有迅速的跟进措施，以及给应聘者足够的时间在众多的工作中作出合理的选择。

2. 给应聘者反馈，从而让应聘者充分利用稀缺的求职资源。“保留负面的反馈信息通常被认为是‘欺骗应聘者’以获得完全的组织决策自由”（Rynes，1993，p. 31）。换句话说，一旦组织已经通过缩小范围来排除一些应聘者从而得到一份精简的候选人名单，组织就应该及时通知所有的候选人，而不是一直等到最后那个候选人被选出来才通知。

3. 给应聘者提供有重点的信息。人们喜欢足够详细的信息以便对具体的工作内容做一些现实的假想，而不喜欢许多招聘信息中那种只有一个句子的描述。在整个面试的流程中，应聘者希望能有实际工作预览（RJP），因为他们理解马克林·佛比斯的名言：“如果你有一份没有重点的工作，可以说你没有这份工作。”

4. 热情的、提供有用信息的、值得信赖的招聘者。在最初的招聘过程中，应聘者对那些热情的招聘者有着更好的回应。在面试中，应聘者不仅注意他们是否会见了组织的高层领导和同事，而且对他们所面试的时间也非常敏感。从应聘者的角度来看，在日程表的最后一天或一个随便的面试安排被认为是一个消极的因素。

总之，应该像对待客户那样对待应聘者，并且以一种专业的方式来管理招聘流程。有了这些招聘因素与应聘者偏好作背景，我们现在可以把注意力转向技术流程方面。

3.2 招聘的步骤

招聘指提供关于职位的信息并鼓励合格的应聘者申请。它包括三个阶段：规划与职位审批、职位发布信息准备、甄选和特定策略的使用。整个过程应该与甄选（下一章）结合得天衣无缝，它们一并被称为人员配置（应聘表格的接收与职位发布的截止意味着招募活动的结束与甄选流程的开始）。人员配置流程如示例 3—1 所示。

示例 3—1　　公务员配置流程 64

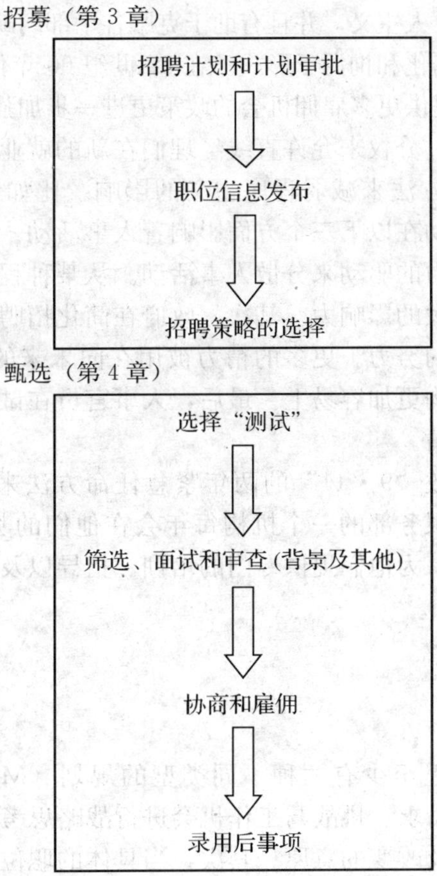

招聘过程的一般化很有必要，但是难度很大，因为存在许多变化。[2]因此，入门级别职位的招聘流程可能与中层管理者职位的招聘流程差异很大。另外，大小组织在使用上也有着很大的不同。甚至大组织之间也有很大的不同，从集中式的流程到分散式的流程。最后，部门也会在单独招聘和统一招聘之间发生转换，单独招聘是为一个特定职位而进行的，统一招聘是为一个职类（比如初级秘书、会计、体力劳动者、护林员或社会工作者）而进行的。

在 20 世纪，一个重要的长期趋势就是程序主义（繁文缛节）。它意味着过分详细、复杂、拖延和/或非个人的流程（比如，填写要求同样信息的不同表格必 65
须去多个地方，或者通过本来可以在短期内完成的冗长的程序）。从公务员系统的广泛使用开始，其理想就是尽量中立地使整个过程公正和无偏见。为了处理众多的应聘者，20 世纪 20 年代在联邦政府出现了集中的招聘系统，随后，其他地方也逐渐加以采用（Hamman & Desai，1995，p. 90）。当然这是明智的，可以帮助对抗任人唯亲和管理上的个人主义，并且有助于克服各个部门缺乏雇佣专门技术的问题。但是，它也导致了僵化和拘泥于形式。在 20 世纪 60 年代中期，为少数民族、女性和其他受保护群体提供更多雇佣机会的政策更进一步加强了程序主义。[3]

当前的趋势在于通过分权来允许直线经理们在新的就业环境下有更多的权力来控制和尝试创新性的方法来减弱程序主义的影响。比如说，海斯（1998）认为，近来政府的革新活动在以下三个方面影响着人事活动：

首先，有一个强有力的驱动来分散人事活动。从某种程度上说，直线经理对招聘与甄选活动有了更大的影响力。其次，政府在简化招聘功能和使招聘功能更有活力方面作出了真诚的努力。更多的精力被用在向未来的员工推销公共机构，并使得他们进入公共机构更加容易上。最后，人事官员在试验新的人员配置策略上显示出了不寻常的热情。

因此，国会赞成仿效“9·11”的两年紧急任命方法来直接雇用权威人士。此外，美国卫生与公众服务部的一个机构每年会在他们的奖学金项目中招聘 50 名大学生担任全职工作，为他们提供专门的培训、指导以及工作轮换经验。

3.3 规划与审批

在良好管理的组织里至少有两种不同类型的规划（Mintzberg，1994）。首先，他们致力于对未来需求、挑战与工作机会进行战略思考。真正的战略规划要求研究、独创的思考以及改变的意愿。其次，当具体的职位出现的时候组织实施战略规划。换句话来说，对于招聘职位的初步的关键问题，应该在实际招聘过程开始之前就严格地提出来。

战略规划与空缺职位管理

人事规划从劳动力市场调查或对劳动力市场的观察开始，因为它影响着组织的工作。可获得性、薪水与教育水平的趋势是什么？公共组织在就业循环中损失惨重，因为在紧俏的劳动力市场中，执行政策以便有竞争性地获取员工的难度很大。除了市场分析外，需求评估也很有必要。组织对其新职位、重构后的职位以及取消的职位的要求是什么？如果一个组织被要求增强它的教育/服务职能，减少它的管制职能（比如 20 世纪 90 年代发生在美国住房与城市发展部的事情），那么它需要新的技能，甚至不同类型的员工。然而，组织却经常找一些缺乏当代组织需要的技能——比如必要的技术、人际能力以及解决问题的能力——的人员。66
这样的使命转变在今天看来非常普遍。虽然人力资源功能的分散化使得系统层级的规划相对各个州与城市而言更困难，但是在部门以及单元层级上，规划变得更有灵活性了。

规划的形式多种多样。组织可以确定员工吸纳机制有足够的资金支持，可以通过改进公共机构的形象来积极地影响招聘，组织还可以提供更有灵活性的日程表，家庭支持政策（比如小孩看护），具有竞争力的薪酬以及技术晋级。这些规划和行动应在某一特定职位发布广告之前就做好。规划的最后一个方面是确保整个流程是及时的，而且便于操作。

最后，每个开放的职位都有特别的问题与机遇。管理者需要能够判断，是否一份日常的协议是最好的，或者是否有必要进行进一步的检查。如果出现了下列任何一个危险信号，那么招聘经理必须格外关注一个新的或是专门定制的流程。

- 最近职位的应聘者只是勉强合格；
- 主管抱怨新员工不适合所在部门；
- 最好的应聘者没有申请；
- 出色的应聘者在发出录取通知的时候已经找到了别的工作。

当涉及战略问题时，应该向人力资源部、组织内外的同仁以及专业的行业期刊进行咨询。系统的关注应该促进决策工具的使用，比如因果图、统计分析、德尔菲技术（也就是就一个问题对各个专家的意见进行汇总），这样就能找到解决问题的方案。

一个关于战略问题的例子来自于一个中层信息技术经理与他的主管之间的争论，这个争论是关于是否应该雇用一个目前不太合格但是却具备高度潜力的应聘者。主管认为，这些职员至少要花 3 个月的时间才能达到边际效用，6 个月才能达到标准。而且，他们当中的一些人从来没有达到速度，而只是稳定在一个较低的绩效水平上。中层经理认为，这个部门有 5 个空缺的职位，正在努力赶上快速扩张的工作量，而且他发现即使是在一个全新的更高的薪酬条件下，完全合格的人员也几乎都没有申请这些职位。

通过与人力资源专家就这个系统问题进行讨论，该经理与主管发现了一个战略契机。为什么不雇用 5 个目前在技术上尚不合格但是却具备高度潜力的应聘者（这种人相对较多），同时提供专业的培训课程呢？这是值得付出努力的，因为它的规模证明找一个全职的培训师是合理的，这个培训师能确保高质量的培训，与单一的岗前培训相比，这个无疑是意义深远的。另外，配备一名培训师可以减少机构中那些已经过度工作的人员的工作，因为对他们来说，培训通常是很分心的。另一个关于战略决策的案例是，近年来将政府工作外包给承包者和转包商，他们在海外运营，这样可以免于改善美国职员的工作条件和福利。

针对特定职位的最初决策

在一个职位开始招聘之前，应该仔细考虑人员配置的基础。填补这个职位空
67 缺是明智的吗？有时候，最后留下一个空缺职位，这样部门或组织可以在其他地方使用这个节省出来的职位。另外一个问题是，这个职位是否需要重构或者是期望需要调整（参见第5章关于职位分类的内容）？这个职位是否分级过高或者分级过低？这个职位是否被定义得太狭窄或者太宽泛？由于技术或项目的成熟，基本的工作技能是否发生了改变？有时候一个或两个职位空缺给提出诸如此类的问题提供了一个良好的机会。

如果这个职位不是入门级别的，它是否应该只考虑内部招聘，或者是外部的应聘者也应该被考虑到？士气，这个被广泛讨论的话题，无疑可以通过内部招聘来提高，但是招聘的深度与多元化却是通过公开的猎寻才能获得。一般而言，“仅是内部招聘”的决策通常被那些依赖等级分级（比如军事和公共安全机构）的部门所使用，也被那些对现有职员来说优先申请权等价于财产权的强势的联盟组织所使用。但是在过去，政府倾向于内部提升，现在即使在联邦层级上，新的招聘权威机构也正充分利用外部应聘者（Kaufman，2003）。

招聘流程的类型是另外一个问题：单独招聘还是集中招聘。在联邦层级上，这些分类被称之为个案考察与常备存货。在较大的组织中，入门级宽泛的工作类别通常采用集中招聘。比如，一个人事部门也许会在许多州立机构使用的常备名单上发布大量的入门级的秘书、电脑程序员和会计的招聘广告。这样做的优势是提高了效率，节约了成本，综合考虑了合格的应聘者；劣势是保持这份名单更新的难度太大。普通的或者是难以填补的职位可能会持续出现在该名单上以不断地补充应聘者。对于那些入门级以上的职位、小组织的工作职位和不太常见的职位类别，通常使用单独招聘。

一个关键的决策是在招聘中涉及的相关部门的跨度问题。有时候，在比较典型的入门级职位的招聘中，主管是核心的决策者，与人事部门独立工作。另外一种极端——常见于高层次或专业性很强的职位——是由猎寻委员会来选拔最后面试的名单和推荐最好的应聘者给招聘主管。折中的一种情况是，中层的职位通常由下属与同事来把入口关，但是最终的决策仍然由主管来掌控。

对很多职位而言，尤其是那些一线管理职位，是选专才还是通才的问题应运

而生。当然，并没有明确的答案。这取决于职位的需要。专才可能与直线工人关系更好，对于技术问题理解更透彻，但是正如哲学家铃木俊隆所说，“在通才眼里有很多机会，但是，在专才眼里机会很少”。通才倾向于有更广阔的视野，而这在管理型职位中是很有价值的。从整体上来说，他们能“看见整片森林”，有更好的人及技巧，更易于度过困境。专才，从另一方面来说，由于他们的技术背景，可能更有效率，在第一线主管职位上更容易证明预算的合理性，而且要求很少的生产工作培训，而生产工作是今天许多主管仍然要做的。挑战在于一线职位需要专才的能力，但是当这些人得到晋升后，他们新的管理职责倾向于需要通才的能力。在 21 世纪，一个人知道什么并不重要，更重要的是他有什么潜力来应对未知的挑战。

最后的预备问题是让招聘或审批当局提出任何可能需要的工作调整。职位是需要小心保护的资源，因为招聘可能直接被总统、州长、县委员和市长冻结。文 68
书工作必须仔细完成，工作调整也应备有证明文件，获得正式的工会批准或同事的非正式认可也是很重要的。那些对招聘流程马虎或不耐烦，或对说不清招聘的基本原理的招聘主管会发现，他们的招聘契机被人力资源专家或上级所妨碍。那些要求快速的招聘过程的经理们也极易忽略合适的规划与学习长期建立的流程。

总之，招聘应在有职位空缺前就开始。组织若想吸引最好的人才，必须确保薪酬、声誉、工作条件、分权方面是有竞争力的，并且它的人员招聘流程有足够的资源来吸引最好的人才。一旦职位有了空缺，合理的规划涉及一系列与工作现状和重组、内部招聘与外部招聘、集中招聘与目标招聘、招聘跨度、专才与通才、合时性等相关的初始问题。这些规划应在设计工作发布信息之前做好，见以下的讨论。

3.4 职位公告

由于对职位公告的最少信息没有标准化的法律要求，这些公告在不同组织之间，入门级与专业招聘之间，来源之间都有很大的不同。比如，一个组织的职位公告可能按照惯例包括福利信息，但是另外的组织可能就没有。在全国性的行业期刊上的一个专业职位的公告可能会插入一张关于组织内部职位晋升的图表，而不会出现在地方报纸的入门级职位公告上。许多组织都使用那些不太详细的招聘广告，而不是通过提供更多的信息给应聘者以使他们能充分利用机会。一个有效的折中办法就是在像怪物（Monster.com）或职业之路（Careerpaths.com）这样的全国性网站上发布招聘广告。这些广告包括一系列问题，当人们阅读招聘广告的时候就可以达到筛选的目的。在任何情况下，招聘公告都应使用完整的格式来设计，这种格式可以在不同的目的下进行不断的修改（见示例 3—2）

示例 3—2　　职位公告的内容

在一个完整的职位公告中，以下的信息比较标准。

1. 职位名称和机构/组织从属关系。包括官方名称和/或工作名称，还应该提到机构/组织从属关系，除非当这个招聘活动是在集中化的基础上进行的时候，比如说全州范围内与全市范围内。

2. 薪资范围。一般包括起薪和上限。专业和管理类职位可以简单地陈述为一份“有竞争力的薪酬”，这取决于经验与资历。

69 3. 工作任务和职责的描述。这基本上是一个简短的工作描述。在职者将实际做什么，对谁负责？对非初级职位来说，管理职责、财务职责以及项目职责非常有用。工作时间也是标准化的信息，虽然对传统的工作而言经常被忽略。

4. 最低任职资格要求。要求什么样的教育、技能和经验作为最低标准？教育要求可以是在某一领域的学位要求或者是专业证书。技能要求可以具体到打字速度或者是抽象到沟通能力。很多职位要求专业的工作经验，比如最少 3 年规划或 7 年管理经验。最低任职资格必须是与工作相关的；组织不应该为了减少工作应聘者的数量而随意提高最低任职资格。

5. 特殊情况。这些通常是告知应聘者某些人可能不会喜欢工作的某些方面。普通的特殊情况包括出差要求、户外劳动、艰苦或者危险的工作环境、不平常的时间或者居住要求。

6. 申请流程。会使用什么样的考试方法？如果有专业测试，什么时候？或者通过对应聘者的教育背景或经验打分的方式来测试？向谁申请以及在哪申请，需要什么具体的材料？招聘的截止日期很有必要，虽然有时候过了截止日期，一些职位仍然继续招聘直到找到合适的人。重新刊登的职位广告可以写“马上开始面试”，否则，大多数组织要求三个星期或更多的时间来结束招聘。法律规范或法令通常会规定最短广告时间，这应该要谨慎地遵守。紧急招聘或临时招聘也是可以的，但通常要求特殊的证明和授权。

7. 平等就业机会。有标准化的用语用来说明组织在公平就业机会和弱势群体保护行动方面的贡献。

除了这些标准化的信息以外，其他信息不是例行的但也很常见。

1. 职位类别。职位在组织体系（等级水平）中的特定级别通常不包含在外部职位公告中，因为可能会让外部的人感到困惑。在比较容易理解的时候应该被列出来，比如联邦通用工资表。对组织成员来说，等级水平总是很相关的，因此内部职位公告应该总是包含这种信息。

2. 职业潜力。一个好的工作发布应该阻碍那些不合格的应聘者，但是与此同时它也应该鼓励那些完全胜任的人才。应聘者不仅仅看这个职位本身，而且也关注它的职业潜力。提及职业潜力通常帮助招聘到更好和更多雄心勃勃的应聘者。例子包括晋升的机会、培训和教育，以及特殊的经验。

3. 特别的福利。一些职位有特别的福利。比如有季节休假（对教师与教职员工的暑假），获得额外薪水的机会，与杰出人才工作的可能性，或者是特殊的退休计划（比如军队和准军事组织）。

70 与过去相比，由于竞争激烈的劳动力市场以及难以找到合格人才，今天的职位公告的风格与语调也很重要。虽然职位公告曾经被认为应该庄严、标准化、中立，但是现在它们必须，至少在某种程度上，要具有吸引力且有意思（Zeidner，2001）。在一个对职位公告的深度分析中，美国功绩制保护委员这样批评联邦政府的招聘：

我们从对一组随机的职位公告样本的系统调查中发现，至少有一半的公告表述不合理，它们几乎不能起到推销政府、机构或职位的作用。太多的公告文件理解起来很晦涩，使用了一些更可能吓跑应聘者而不是吸引他们的带有威胁性或侮辱性的语言和文字（U. S.　MSPB，2003）。

一些从研究中得到的可以应用到公共组织部门的建议如下：

- 尽量缩短职位公告的长度；
- 减少使用消极的、威胁性的语言；
- 设计一些语言来推销工作与机构，尽可能以理想的组织选择的方式来展示机构；
- 清晰且务实地描述工作及任职资格要求；
- 要求最少量的信息来判断是否符合基本资格要求，在后面的招聘过程中如果有需要，再补充更多的信息；
- 就如何申请给出直接的指导。

最后，为了精确性和时效性，职位公告应该经常被检查，因为错误的陈述是受到法律约束的，而且错误会使得组织看起来很不专业。当然，它们必须跟正式的工作描述直接挂钩，工作描述经常是以正式的工作分析为基础的（参见第 5 章）。虽然概念上的工作分析和工作描述先于职位公告，但是并不是没有听说过职位公告的准备引发了工作描述的变革，以及引致了新的工作分析这样的事情。一旦完成了职位公告，且经过了授权，部门就可以集中关注招聘策略了。

3.5　招聘策略

招聘策略，即与潜在的职位申请者之间的沟通和接触的方法。招聘策略有很多，但是它们很少被同时使用。当然，成功的招聘并不是由运用策略的多少决定的，而是一种最佳方案的组合。不幸的是，政府部门传统上并不喜欢积极主动的招聘行为。现在出现了一种新的行为主义（GAO，2003），即政府机构正在试图运用更多的方法，以使招聘工作取得更好的效果。以下我们将讨论十种招聘策略，每一种都有它的优点和缺点，因此，也有不同的使用模式。每种策略将特别关注它的四个主要因素（使用的便利性、效果、成本和通常的用法）。

工作通告（job posting）最初是指将工作公告贴在显眼的地方，比如邮局或市政大厅的墙上。许多公务员系统仍然要求在少数公共场所人工张贴工作通告。工作通告是所有招聘策略中最基础的；它很容易，因为整个通告可以不加限制地 71

使用。工作通告的效果仅限于组织成员和来到机构招聘部门的求职者。对于一个必须从组织内部人员中招聘的职位来说，职位通告就足够了。然而许多职位是从组织外部招聘的，因此传统的工作通告就不起作用了。正像国际人事管理协会的爱伦娜·泰斯（1999）所说："政府机构认为仅仅公布一下空缺的职位，就会有足够数量的合格的申请者来应聘的日子已经一去不复返了"（p. 10）。

今天，工作通告也指电子公告——在机构自己的网站上或是专门的招聘网站上登载招聘信息。互联网是最廉价但是最为重要的一种招聘工具。示例如下：

- 美国人事管理局 www. usajobs. opm. gov
- 联邦政府工作网 www. fedworld. gov
- 联邦政府时报 www. federaltimes. com
- 政府工作 www. JobsInGovernment. com
- 国际人事管理协会 www. publicsectorjobs. com
- 地方政府工作网 www. lgi. org
- 事业园地（个人版） www. careerbuilder. com

如今法律规定，竞争性招聘的联邦政府职位必须发布电子公告，这是所有职位招聘的基础，一部分最特殊的工作或最小的机构除外。发布工作广告的便利已经成为了一种潜在的优势，因为你可以花费很低就把信息传播到相当大的范围。虽然电子公告作为招聘工具的使用日益增长和流行，但有研究表明，电子公告已经被过度使用。美国功绩制保护委员会反对过分依赖电子公告方法（2003），因为部分人可能无法通过上网获得招聘信息。费尔德曼和克拉斯（2002）对网络招聘的研究显示，只有16%的调查对象认为互联网是最有效的招聘工具，而22%的人认为互联网是最无效的招聘工具之一。虽然通过提高计算机的普及必然会逐步提高这一比例，但是，没必要把它当做寻找高质量人才的最有效的策略。

报纸招聘主要集中于地方或地区职位的招聘。发行量最大的星期日报的工作版是登载工作公告的最常用版面，一些机构也使用日报的工作版。更小的地方报纸，对于那些当地的工作，特别是初级的、低薪的或兼职的工作招聘也是理想的工具。不考虑成本，报纸对于外部招聘可以说是比较有效的一种方法。

行业期刊是定期通知同行人员相关活动的事实通讯或杂志（比如 PA 时报、ICMA 商务通讯、IPMA 商务通讯）。就行业范围来说，读者群比报纸要小，但从全国范围来说又比报纸要广。行业期刊被广泛地应用于专用和高级管理岗位的招聘，这些岗位需要的是专家型人才，并且只有在全国的人才市场上才容易找到。如果一个联邦机构要招聘一名高级数学统计师，一个州机构要招聘一名彩票发行部的主管，或者是一个城市要招聘一名城市经理，他们都很可能将职位刊登在相关的期刊上，这样求职者可以很容易地了解整个工作市场。对于公开招聘一个指定岗位，如果不考虑相关费用，行业期刊也是一种策略选择。

邮件招聘指通过信件鼓励个体申请职位，这是一种高度个人化的途径。积极 72
的私人企业用这种策略联系少数顶尖高等院校的优秀学生，作为候选人的一种特殊来源。甚至更多有目的性的招聘是这样发生的，当招聘委员会确定了一批非常适合的人选，就会通过私人途径鼓励他们来应聘。这样的方法使得那些可能并不会来应聘的人也会来申请，从而扩大了候选人来源。这一策略很少用于公共行业，但却是500强企业的一个主要策略。然而，公共部门和私人部门都使用依赖这种个人途径的猎头公司。值得一提的是，电子邮件是一种廉价、非正式且迅速及时的技术。

其他的大众传播方式（除了已经提过的印刷品和电子方法）包括专用电话、政府电视台、机构广告、正面的公关新闻。专用电话用于专门的人事机构，它可以一天 24 小时为申请者提供所需要的标准信息。政府电视台最常用于拥有由授权的有限电视公司提供、政府控制的电视台的城镇。这些电视台经常会在各种时段播出一些空缺职位的信息。一些组织会做机构广告，特别是当他们有服务需要推销的时候（如州立大学）。这种广告能够引起人们的关注，即使它并不针对特定的职位。正面的新闻报道在招聘职位方面具有类似的效果。

人际接触招聘，指招聘者、管理者或招聘小组成员参加招聘会，组织校园招聘，或者单独为职位联系优秀的候选人。招聘者通常为此进行跨市有时甚至是跨州的旅行，或者是有目的地与未提出申请的潜在候选人联系。这样的策略对于一些公司、专业运动团队和精英法律公司来说是惯常的做法，除了最大的政府机构外，其他政府组织一般不采取这样的策略。招聘会为候选人提供一个与未来的组织对话的机会，并且也为用人机构提供一个更好地观察和寻找合适人才的机会。在商业环境中，管理者亲自与候选人联系的实践是普遍存在的；但在公共部门就相对较少，一般认为这容易引来任人唯亲和偏袒的指责。

实习生项目在许多中等和大型组织中都很常见（见示例 3—3 的两个例子）。由于项目支出以及紧随其后的高录取率，精英机构筛选实习生的仔细程度几乎与正式应聘者一样。因此，这些机会就成为几乎所有公共管理硕士课程的标准内容，而且项目的质量非常高。大规模有效运用这种策略的组织有报告显示，在培训、文化适应、工作预览和在职期限方面，利用此种方式所得到的利益是别的方式所不能比拟的。

联邦政府有一些著名的创新举措，如美国总统管理奖学金（以前的总统管理实习生项目）、联邦职业实习计划、美国服务队（AmeriCorps）、国家健康服务团体以及预备役军官训练营（ROTC，包括高中三年级学生的预备役军官训练营）。合作的教育项目也被联邦政府所认可（被称为学生教育雇佣项目）。在此种项目中，相关机构雇用正在完成学位（如 MPA）的学生，而免去其竞争求职的过程。如果此机构对其非常满意，联邦法律是允许由这些职位向普通正式职位转变的。各州和各市也采取了相似的举措（National Commission on the State and Local Public Service，1993）。公共管理硕士项目与地方/地区机构之间的联系加强了学术课程，受到了学生和用人单位的欢迎。针对高中生的实习及其附带项目是一个长期的招聘策略，它在为用人单位提供一种有效服务的同时，无疑也会给
74 实习生留下很深刻的印象。奖学金的竞争非常激烈，它一般是针对那些对新的或更广泛的专业经历感兴趣的中、高水平的求职者。

73 **示例 3—3　　实习招聘范例**

下面两个案例来自《PA 时报》

管理实习生

美国亚利桑那州菲尼克斯市

1999 年 7 月 1 日开始，菲尼克斯市将会提供最短为期 12 个月的 3 个管理实习生职位。现行的起薪是 27 851 美元，还有综合性员工福利。管理实习生将会被分配到预算和研发部门，同时在城市经理办公室和直线部门轮岗。这将会是菲尼克斯市所提供的第 50 类实习项目，该项目被证明将会为高层行政和管理职务提供良好的训练平台。

申请者必须在 1999 年 7 月 1 日之前修完公共管理或企业管理，或相关领域内的硕士学位要求的课程。如果您有意申请该项目并且符合各项要求，请您在 1999 年 2 月 15 日之前将申请材料寄出，以当地邮戳为准。申请材料可从我们的官方网站下载，网址为：http://www.ci.phoenix.as.us/EMPLOY/empidx.html，您也可以通过信件和电话联系我们，我们的地址是：管理实习生招聘组，第二大道 135 号，亚利桑那州菲尼克斯市 85003—2018。

联系电话：(602) 262—6277，AA/EEO/D Employer。

司法研究员项目

司法研究员委员会正在寻找有志于在华盛顿联邦司法系统工作的优秀人士。研究员将用一年的时间（从 8 月下旬/9 月上旬开始），在美国最高法院、联邦司法中心、美国法院管理办公室或美国判决委员会参与与联邦法院系统和法官管理相关的各种项目。

实习职位数：4

资格要求：申请人必须熟悉司法系统，并至少有 1 个研究生学位，有两年或以上的专业工作经验，且取得了很大的成就。申请者还应具备多学科的训练和经验，法律、管理、社会科学或人文学科优先。

薪酬：依据学历和经验而定，最高不得超过政府工资表 GS-15 中的第三级的工资（目前为 80 789 美元）。

申请要求：申请者必须递交简历，一篇 700 字的短文，指出对此项目感兴趣的原因。申请材料还应包括两篇出版物或其他文稿的复印件，以及直接针对本项目的三封推荐信。

申请截止日期：11 月 6 日。

有意向的申请者请将材料寄往：华盛顿美国最高法院司法研究员项目 20543

联系电话：(202) 479—3415

我们将会给每位申请者提供公平竞争的机会！

猎头招聘，或外部招聘，是指人员配置职能被外包给第三方，由第三方来进行初始的招聘甚至提供最后的候选人。具有讽刺意味的是，猎头招聘最常用于最低或最高层职位的招聘，而不是政府中的中层职位。为了给基础体力劳动、文书

和临时性职位（通常是同时）找到合适的人选，公共机构通常会联系招聘公司，特别是在劳动力市场很紧俏的时候。而私人部门长期依赖于猎头招聘战略以填补行政或高级管理职位，但是这种情况在政府部门却并不常见。政府部门通常更倾向于自始至终采用一种公开的招聘进程。行政官员的猎头招聘作为一种新的做法已经在密歇根（Kost，1996）和华盛顿（在内部使用）等州出现了上升的趋势；而对市和县的管理职位来说，猎头招聘一直都很普遍。

非竞争性招聘意味着是一个人完成没有其他正式候选人相比较的应聘过程。因此，招聘可能对某些工作或某些类型的申请者是"开放"的。在某些情况下，非竞争性招聘意味着如果候选人达到一定的标准就允许立即被雇用；而在另一些情况下，决策者有权去选择那些被认为符合条件的人。第一种情况的一个例子是联邦政府允许它的校园招聘工作人员立即雇用达到某个积点要求的学生（例如杰出奖学金项目和 Schedule B appointments，不需要竞争性考试）。这种实践已经非常普遍，事实上，由于弱势群体保护行动，它也受到了挑战（Rivenbark，1998）。第二种情况的例子是任命机要工作人员，选举或高级任命官员可以雇用顾问、副职和个人助理，而不需要正式的功绩程序或法律批准程序。当然，非竞争性的招聘过程比其他方法更简单，且花费少。这种实践在有限的个案中还是很有效的，比如比较难招聘的岗位，或者是把政治和个人忠诚作为适当因素的岗位。

针对不同的工作应该选用什么策略才是最好的呢？对于警察、消防员和有着很强资历原则的准军事组织，几乎没有理由采用工作通告以外的其他策略。组织成员等待着这些机会，内部的任命往往就足够了。而在其他地方情况又会有很大的不同，为了获取高素质候选人，竞争可能非常激烈。问题就不再是使用哪一个策略，而是在既有财力和人力资源下，使用多少策略的问题。美国国务院按照它的战略规划，同时用了最前沿的技术和人际关系两种策略。通过将传统市场、技术、公共关系与以网络为基础的技术整合起来，它的外交准备项目使它的部门招聘成为典范（Pearson，2004）。

公共部门招聘的力度已经体现在公告策略上——工作通告、电子公告、报纸、行业期刊和大众传播方式。传统的弊端是缺乏花钱的、积极的策略——良好待遇的实习生计划（联邦政府是明显的例外）、系统的人际接触、邮件招聘、猎头和非竞争性招聘。未来的创新更可能出现在后面的策略中（见示例3—4）。当前的创新一般围绕在增强合时性，以及那些难以雇用到足够人员的职位的弹性上（见示例3—5）。例如在2004年，美国人事管理局开发出一站式雇佣，即一个一体化的、涵盖整个政府的在线招聘系统。选择招聘策略的一个关键内容是决定招聘目标是谁，以及组织是否鼓励多元化，这将在下面的内容中讨论。

75 **示例 3—4　　公共部门应该变得多么积极主动？**

政府部门经常被要求像商业组织一样运作。政府部门应该采取私营企业的招聘策略吗？比如，为了及时发放录用通知，政府应该放弃在热门岗位的竞争性招聘（比较大量候选人），而替换成最低标准和现场招聘相结合的招聘方式吗？政府应该采取私营企业的惯例，为某些冷门岗位提供签约的额外奖励？尽管有一段时间这种策略从没有被听说过，可现在它在学区得到广泛应用，也被某些机构用来招聘信息技术部门的职员。政府是否应该效仿某些公司的策略，密切关注那些毕业生源能力强、素质高的学校，并在他们学习过程的后半段就与之接触？部门是否应该积极招聘其他组织表现出色的职员，而不管他们是否应聘？公司争夺职员是行业的惯例，而且目标通常是公共部门的职员。公共单位这样做是否合情合理呢？最后，对优秀职员的激励是否可以通过签订特别的合同、提供良好的机遇来强化呢？一个例子就包括了针对新员工的轮流快速晋升之道（这常常被应用于军事部门中的文官）。这种积极的策略在政府部门中也有，但很罕见。它们应该变得多么普遍呢？公共部门应该变得多么积极主动？

示例 3—5　　威斯康星州的招聘创新

威斯康星州政府被认为是政府招聘创新的典范。和其他评估过自身招聘方式的组织一样，它发现顾客（包括招聘机构和应聘者）的不满最主要来自于时间和灵活性方面。针对这些问题，威斯康星州推出三个项目。“即到即测试”项目使应聘者无须提前申请，便可在威斯康星州的 14 个办事处参加公务员测试。这使应聘者的等待时间减半，也降低了行政总开支。“入门专业化”项目使单位针对应聘要求高的职位可以定制特殊的招聘方式。这经常是取消公务员考试的多项选择（这减少了应聘的时间和应聘者的挫折感），而用对学历和经验的评估及更广泛的面试来代替。只要可能，还可以举行对所有符合条件的应聘者的面试，超越了平常的前 5%到 10%的应聘者的限制。机构必须要简单说明为目标职位改变标准的招聘程序的合理性。“关键招聘”项目针对那些少于 10 个应聘者的职位。这个项目不再要求多项选择测试，而允许采用对工作经验和培训、工作任务清单或者学历进行评估的方式（Lavigna，1996，pp. 428-429）。面试对所有符合最低条件的应聘者随时开放。有时，应聘者申请、评估、面试和录用可以在一天之内完成。

通过招聘的多元化实现统一

尽管最近几年弱势群体保护行动法案已不再像以前那样被强调（Ewoh & Elliott，1997；Riccucci，1997；Slack，1997），但多元化的劳动力队伍既符合道
76 德，也是管理的需要。有三个因素值得考虑。第一，组织是否通过晋升过程和组织文化为多元化提供一种兼容的环境？一个部门如果坚持标准工作时间，不提供小孩看护帮助，微妙地惩罚因家庭原因而请假的员工，就没有为为人父母的员工创造一个适宜的氛围。如果要创造一个多元化的环境，并且最大限度地发挥作用，那么这些问题虽然很微妙，但却非常关键。

一个为家庭提供舒适环境的例子就是配偶援助计划。配偶援助计划的推出减

少了异地迁移的夫妻的感情创伤。与公共部门相比，这种项目在私营企业中更为常见（28%），特别是在大型公司中（52%）（Galinsky，Friedman，& Hernandez，1991；Mercer，1996）。对于双方都有事业的夫妻，两人中的一个转移或迁置对另一个的职业计划都是毁灭性的，这就导致了拒绝职务、晋升或迁调，以防止家庭的破坏。研究证实了这项帮助的重要性：超过 1/3 的就业夫妻在迁移之后的 3 个月之内缺少机会；1/5 的此类夫妻得到了公司的援助；4/5 的职员希望在将来的迁置中得到这种援助（Rukeyser，1996）。不提供配偶援助的组织可能会发现他们招聘较少的优秀职员，因为他们看上的优秀职员都拒绝迁置。

第二，组织是否小心尝试着维持一支多元化的劳动力队伍，以至于没有任何一个群体，包括白人男性，也没有合法的抱怨？组织中的少数民族群体是否可以得到足够的资源？在一切平等的前提下，如果合格的女性职员和少数民族在比例上明显处于下风，他们应被优先考虑。研究表明，少数民族对于招聘过程中的榜样角色和可以获得的资源的相对水平极为敏感（Gilbert，2000）。尽管在这方面公共部门比工商企业做得好，但还是有很多部门忽视通过多样化来推进一体化。常见的例子包括准军事部门不招女性职员，在联邦公务员中少招拉丁裔人（U. S. MSPB，1997），在各级政府的高级管理层中非裔美国人代表少。

第三，应该认识到何时何地招聘将对多元化产生影响（Thaler-Carter，2001）。有时招聘需要以多元化的应聘者更可能聚集的地方（可能特殊的学校或招聘会）和可能看到的信息来源（比如民族导向的报纸和时事通讯）为目标。

划分职责

谁对招聘的哪一方面负责没有硬性规定。正如瓦伊河会议（见示例 1—11）所讨论的，中央机构应该使单个部门和管理人员更好地发挥他们人力资源的功能。在较大的政府机构中，职责被划分为三个独立的部分。中央人力资源办公室经常负责：(a) 监督多元化计划，(b) 提供一份全面的招聘来源的名单，(c) 为集中招聘（比如基层职位）和单独招聘（比如招聘会和校园招聘）提供协调，(d) 当部门选择不独自进行招聘时，提供集中的招聘来源。对于部门而言，这些办公室发挥着专业辅助渠道的功能。另外一种方法是机构配备全职的人力资源 77
专家或协调人员，这些专业人员为机构提供支持并且监督招聘活动。最后，组织会对很多招聘进行直接管理，尤其是中等和高等职位。这有利于增加部门参与和信任；但这也意味着，如果用人单位不认真履行职责或者职责规划失当，将会有可能出现不当的行为。示例 3—6 就是艾奥瓦州职责划分的例子。

示例 3—6　　在大体系中划分人员招聘工作的例子

为州政府招聘合格的应聘者是以下人员的共同职责：

- 经理和主管
- 人事官员（分派到具体机构）
- 艾奥瓦州人事部的就业专家

部门的招聘工作包括：

- 审查弱势群体保护行动计划，了解工作进展。
- 算出即将出现空缺岗位的数量，估测空缺岗位被填补的时间。
- 向艾奥瓦州人事部提交年度和季度空缺岗位的预测情况。
- 确定准确的招聘需求（职业名称；等级编码；挑选范围；工作地点）。
- 与所有潜在的应聘者建立联系。
- 确定通知应聘者的最佳方式。
- 确定用于招聘工作的资源。
- 向人事官员和就业专家寻求帮助。

人事官员的招聘工作包括：

- 熟悉部门的弱势群体保护计划，目标完成的进展状况。
- 为满足部门的具体需求，协助部门落实地方专业招聘的来源，并补充就业处的名单。
- 在招聘形成中对艾奥瓦州人事部就业处进行协助，并告知部门的人员招聘计划。

艾奥瓦州人事部就业处的招聘工作包括：

- 确定相关的招聘地域（地方、全州范围内、全国范围内）。
- 拟出全面的人员招聘来源的名单并且保持更新。
- 协助部门和人事办公室运用最佳方式通知潜在应聘者关于岗位的信息。
- 让部门和人事官员都参与协调职业介绍日、招聘会和咨询会。
- 使人员招聘工作与全部的人力资源管理进程相契合。

资料来源：艾奥瓦州人事部（1994）。

3.6　提高招聘成功率

78 求职的基本事项也许广为人知，但并不一定得到了普遍的实践。

了解招聘流程

- 第一条建议是了解招聘程序并知道可以获得哪些资源。阅读本章将使你了解招聘过程这一方面。获得目标职业的招聘信息的途径包括：向知道标准行业期刊的从业人士咨询，了解刊登相关广告的报纸，以及通过互联网和其他渠道探索更多的信息来源。发展个人关系网络会对发现好的就业前景造成巨大影响。示例 3—7 是关于关系网络的讨论。

示例 3—7　　求职者：建立关系网

对任何一个求职者来说，秘诀就是建立关系网。职场上结识的朋友通过提前告知新出现的岗位和机构需求来帮助求职者。他们也可以帮助求职者在他们的机构或部门实现就业，或者为求职者的工作经历、表现和个人贡献提供担保。众所周知，有时候工作被预留给他人了，因为这些人有为自己服务的关系网。大部分职业都属于某些关系网。例如，就全国来说，在你特定的工作领域中，你可能属于某个全国性团体。其他关系网是州范围或地方的社团，它们为你在你的工作领域与其他人提供更加深入和频繁的联系。还有其他的关系网络，如各种类型的正式和非正式的地方团体。

关系网不是在一夜之间建成的。它们经常是多年来参加行业会议和在其他机构结识同行的结果。这种关系经常是基于相似的兴趣、目标和价值而形成的。确实，对任何一位职场人来说，一种基本的必备技能就是用相对简单的方式说明自己的兴趣和价值观：人们需要知道其他人代表着什么。为了保持持久的联系，人们还可以做些什么呢？

多大的职场关系网才能发挥它的作用，这个还不是很清楚，但是大部分感受到关系网作用的人会对 30～60 人相当了解，并通过面孔或名字认识 200 人。人怎么能认识这么多的人？第一，大部分人认识的人比他们意识到的更多，并且通过介绍可以认识更多的人。第二，建立一个广大的关系网需要参加集会，例如在会议上可以认识其他人。参加一次会议可能只会认识有限的几个人，但是 4 年里都去参加就能达到认识一般与会者的程度。维持一种职场关系网需要投入时间与其他人进行联系。第三，建立关系网的另外一种好方法是做志愿工作。在组织中位置较低的人经常知道自己想要做什么，但是他们的工作或者主管不能提供这些。志愿参加非获利性的活动是获得经历和结识人的好方法。由于额外的表现，将本职工作之外的工作干得漂亮而且具有专业水准，甚至会使组织认为志愿者是一个“可造之才”。

有一个发达的人际关系网，在关系网中帮助其他人，都会获益无穷。建立关系网还会另有他用，例如在工作中会增加工作资源（获得建议、解决问题）。通过关系网，求职者也可以了解组织：他们真的有他们宣称的那么好吗？其他人在那里工作愉快吗？或者这个部门是一个最好拒绝的是非之地吗？人们通过关系网经常会知道这些事情。找到与你有共同兴趣的人，加入到他们当中。你的付出将是值得的。

● 其次，在申请之前要对工作进行仔细的筛选。尽管投出 100 份简历的花费 79
是微不足道的，但太多次的杳无音讯总令人沮丧，而这种情形在大量投递时很有可能发生。如果一个人还不具备适合某个工作的专业技能或特别的经历，那么他最终成功的可能性是很小的。如果缺乏必要的经验，则需要在实习中积累更多经验或者接受一个低一些的职位。

● 确保已经获得了所有有关这个工作的信息。报纸和行业期刊上简短的招聘广告通常是将完整的招聘公告缩减而成的。与相应的信息来源联系，看是否可以获得更多的信息。

● 花时间写一封量身定做的、没有瑕疵的求职信。仅仅能称得上“好”的求职信并不够突出。一份真正有分量的求职信应该是针对性极强的，并对职位公告中所涉及的具体要点作出回应。尽管在简历中可能已经包括了职位公告中的所有要素，也务必要在求职信中按照所要求的顺序进行详细阐述。如果没有做到这一点，说明态度不够严肃。

• 制作一份精心设计的简历。虽然一个求职者决不能编造事实，但必须确保简历中包含了所有的相关经历，并对详细情况进行专业的表述。简历的撰写是一门艺术，那些在简历最后作出的评论产生的区别将成为重要的评判参考。关于如何写简历的指导手册随处可得。一般来说，这些指导手册都讨论两种不同类型简历的区别（按时间顺序的和按功能分类的），以及表述风格。简历应该先由专家审阅并给出修改意见。一定要保存一份经过修改后可以用于具体工作的备份简历。如果工作包含研究或学术成分，需要使用“curriculum vitae”（简历、履历的拉丁语，一般简称 CV）这个词。

• 在初期不要像申请公司职位那样花太多时间用于研究这个组织或是与招聘当局接触。公共部门组织在初期会倾向于专门关注工作资格，有时候甚至是过分地关注资格条件。如果一旦被邀请参加面试，那么要立刻通过互联网以及最初的联络渠道、朋友和其他途径获得的信息对该组织迅速进行研究。

从求职向职业发展迈进

这些基本事项并不适用于那些处于职业发展中期的从业者（包括即将完成 MPA 学位的人）。他们已经拥有过一份或者多份工作，甚至可能他们自己已经成为参与招聘过程的人。那些正在改进技能并且关注初级职位的人正在寻找具有独特职业潜力的工作。他们知道对一个好的管理或技术职位的竞争极为激烈。例如，在一份公共部门招聘实践的研究中，85%的招聘经理声称他们在遴选过程中或多或少地考虑了求职者的申请材料本身的质量（U. S. MSPB，2003）。对于雄心勃勃的中期从业者而言，求职必须演化为精心策划的职业发展。

• 除了被动地谋求职位之外，职业中期的专业人士还需要构想理想职位。这
80 样的过程要求求职者区分关键的和不重要的工作特性。这同时也帮助职业发展者关注最适合的机会。

• 同时，个人需要坦率地评估自己的优势和劣势。当然，最基本的问题是衡量自身的技术能力和经验。然而技术能力和经验只是组织所寻求的一部分内容（Hicks，1998）。通常，最受青睐的一个特质是沟通能力（包括写作、口头表达、倾听、说服力）。求职者是否有基本的电脑技能，如文字处理、表格制作、互联网使用以及该领域的标准程序应用等？组织看重的还有团队协作能力、便利的人际关系网络以及创新能力。那些现在正在努力发展自己能力的人必须确保他们不但培养了这些技能，而且有能够证明他们能力的例子。

• 一份严格的自我评估应该可以引导一个人去增强证明自己优势的能力。一

种最好的方法是建立一个集齐了各种材料、事例和证明人的公文包。成功项目的备份、工作评估、有价值的照片，以及推荐信都是需要收集并在必要的时候展示出来的各种材料。

● 自我评估也应当指导职业发展者改进自己的缺陷。劣势可以通过自我学习和阅读，组织内部或外部的培训，以及正规教育得到弥补。增强自己处于劣势的能力对自我约束能力有相当高的要求，因为劣势很容易被忽略或掩盖；而对劣势置之不理将损害工作前景和绩效。在竞争性市场上，缺乏突出的或不寻常的 KSAs（知识、技能和能力）可能是一项劣势，因为基本资格是求职者都具备的。例如，尽管各市、县、州的执法机关的警察局局长（以及高级警官）可能并不要求拥有硕士学位，或是在联邦调查局和国立指挥学校接受过管理和执行训练，或是非凡的能力，但实际上从事这些工作的人几乎都具备上述所有特征。

● 更好的工作总是包含相当重要的面试流程，该流程往往会敲定求职者是否能赢得这份工作。除了练习，求职者别无选择。如果之前经过了练习，那么困难的问题将给予求职者一个出类拔萃的机会。如果没有经过练习，这些问题将十分棘手而且可能导致求职者被淘汰。

● 最后，即便实际的招聘过程尚未开始，那些寻求更好职位的人也必须秉持现实的、务实的和自律的作风。求职的准备工作应该远早于正式招聘过程。准备过程本身是旷日持久的，要求个人资源的长期投入、无数次的尝试以及面对挑战和失望时的自我约束。

本章小结

为公共部门组织发现有才能的员工是一项重要职能，受五个因素的影响，其中招聘流程的质量本质上是最值得考虑的一项。薪酬、劳动力市场的规模、组织形象和工作质量也很重要。一流的吸纳人才的流程可以在本质上使其他因素更完善或者使它们的作用减到最小。从历史上看，招聘在许多组织中并没有成为一个强项。从七个人员配置的步骤来看，招聘的前三个构成部分更多的是被动地执行，鉴于此，甄选员工的过程则被更严格地关注。如果具有竞争力的候选人并不在劳动力市场上，那么，中立和精确的甄选过程的价值也受到了限制。 81

可以采取什么措施来确保吸引到了合适的候选人呢？首先，一个高质量的招聘过程受规划的影响。规划包括招聘之前设计、回答关键问题，这样招聘和甄选过程才不至于浪费时间和资源。其中，可能出现的错误包括未预料的人员空缺和劳动力的短缺、没能提供合适的资金、没有减缓消极因素所带来的影响和没能有效识别机构的优势所在。合格的规划包括咨询有关职位的问题，例如：(a) 它是不是不可或缺的，(b) 是否应该在内部招聘，(c) 是否应该被重构，以及谁应该参与招聘过程和事前是否对授权流程进行了必要的考虑。职位公告应该完整：在仔细撰写和检查前就匆忙将广告送到出版社是不明智的。最好要考虑的是，为了找到合适的申请者，应该使用哪些招聘策略的组合。招聘策略包括工作通告、电子公告、报纸、行业期刊、邮件招聘、其他大众传播方法、人际接触、实习生项目、猎头招聘和非竞争性招聘。多样的招聘方法和劳动力多元化的需要将主要的职责置于直线经理头上，他们在组织和实施招聘中的责任越来越大。

显然，对那些致力于成为“世界一流组织”的机构来说，高水平人力资源的招聘是一个特别容易被改革的领域。传统的被动招聘应该让位于更加积极的招聘策略，后者积极地寻找优秀的候选人。应该坚信，大多数职位申请者中都有特别优秀的候选人，而不仅仅是可以接受的候选人。这也意味着组织必须投入更多的资源和能量到招聘中去，就像武装部队的招聘在 20 世纪 70 年代从一个策划草案变成一个志愿者系统时所付出的努力一样。对公共部门来说，向企业的高级经理一样进行年度招聘旅行是不常见的。[4]最后，在分权化的招聘体系中，部门主管和员工认真对待增加的职责非常重要，因为他们直接影响着未来员工的质量。

关键术语

电子公告
猎头招聘
单独招聘与集中招聘
内部招聘与外部招聘
招聘
实习生招聘
工作（职位）公告
工作通告
劳动力市场调查
邮件招聘
非竞争性招聘
人际接触招聘
程序主义
招聘流程
招聘策略
虚假招聘
人员配置

应用练习

课堂练习 82

1. 就你所在领域，指出影响招聘的一些因素，不包括招聘过程本身。也就是说，讨论劳动力市场、薪酬和福利、公共部门组织形象和对政府工作的感知，因为它们影响着地方机构的招聘能力。

2. 招聘部门的成员应该在多大程度上参与招聘过程？职位的性质（初级与中级，技术与管理）会有所不同吗？什么时候招聘部门应该就最好的候选人投票（对州立大学的教师职位来说，这非常普遍）？

3. 班级成员是否见过低劣或不恰当的招聘行为？应该怎样改进这些行为？

4. 你所在的州、县和城市有什么实习项目？哪些是有薪水的？怎样申请？有什么奖学金项目吗？

5. 对你所在的组织（公共组织、大学或非营利组织）的工作来说，一般有多少申请者？一般来说，有多少申请者达到最低条件？有多少很符合条件？发生过由于缺少合格的申请者而取消招聘的事情吗？

6. 将第71页（指边码）和示例0—2中的网址分开，在思考招聘问题的时候，哪些是最有用的？哪些提供了最好的链接？

团队练习

7. 就下面的每个职位而言，在多大程度上你会强调未来的潜力胜过当前的技能：办公室经理、新警察、部门主管和机构主管（是任命的，但由一个委员会提名）。

8. 小组成员亲自经历过哪些招聘策略？他们对这些来源的感受（通告、报纸和网络）。

9. 使用“25 in 10”技术（示例0—3），为了吸引最杰出的大学生，机构需要做什么？

10. 从你的招聘经验中说明并讨论存在的问题。

个人作业

11. 就对招聘一个社会服务机构主管的重要性而言，用百分比给下列每种因素打分。这个部门中白人女性占有绝对优势，特征是低工资、低士气和高人员更替率。

KSAs ____%

动机____%

多元化____%

忠诚____%

12. 在前面的例子中，如果你认为只有一个非常合格的内部候选人，即部门
83 中唯一的一个白人男性，你会内部招聘还是外部招聘？你的目标是什么？你会怎样使用招聘来实现你的目标？你会怎样去向用人部门宣传那个目标？

13. 从几个来源，包括地方报纸，剪辑一些公共部门的工作广告。你注意到在版式和风格上有哪些差别？怎样改进这些广告？

注释

[1] 参见第5章关于职位等级和人员等级的讨论。职位等级是最常见的，强调专业技能。人员等级系统（比如军队）强调员工的发展潜力。

[2] 在真正的庇护职位中，选举官员可以选择任何他们喜欢的人而不用接受检查。这些职位通常包括协助选举官员工作的参谋职位。任命职位（比如部门领导和他们的主要副职）不是真正的庇护职位，因为他们要接受立法机构的检查和确认。当然，选举职位的招聘一般要经过民主的过程。

[3] 就业统计数字显示，政府在雇用多元化的劳动力方面是佼佼者；但是，满足要求，并用文件记录遵守公平的机会、弱势群体保护行动、反年龄歧视和为残疾人提供便利设施增加了官僚主义的繁文缛节。

[4] 当然，也有一些这样的例子。美国审计总署多年来选派高级行政官员进行年度性的校园访问。

参考文献

Bailes, A. L. (2002, Spring). Who says it can't be done? Recruiting the next generation of public servants. *Business of Government*, 51-55. (www. businessofgovernment. org/pdfs/EBG _ Spring02. pdf)

Breaugh, J. A., & Starke, M. (2000). Research on employee recruitment: So many studies, so many remaining questions. *Journal of Management*, *26*(3), 405-435

Crewson, P. C. (1997, June). Are the best and the brightest fleeing public sector employment? *Public Productivity & Management Review*, *20*, 368-378

Ewoh, A. I. E., & Elliott, E. (1997). End of an era? Affirmative action and reaction in the 1990s. *Review of Public Personnel Administration*, *17*(4), 38-51

Feldman, D. C., & Klass, B. S. (2002). Internet job hunting: A field study of applicant experiences with on-line recruiting. *Human Resource Management*, *41*(2), 175-192

Galinsky, E., Friedman, D., & Hernandez, C. (1991). *The corporate reference guide to work-family programs*. New York: Families and Work Institute

Gatehouse, R. D., Gowan, M. A., & Lautenschlager, G. J. (1993). Corporate image, recruitment image, and initial job choice decisions. *Academy of Management Journal*, *36*(2), 414-428

General Accounting Office. (2003). *Human capital: Opportunities to improve executive agencies' hiring processes*. Washington, DC: Author

Gilbert, J. A. (2000). An empirical examination of resources in a diverse environment. *Public Personnel Management*, *29*(2), 175-184

Hamman, J. A., & Desai, U. (1995). Current issues and challenges in recruitment and selection. In S. Hays & R. Kearney (Eds.), *Public personnel administration: Problems and prospects* (3rd ed., pp. 89-104). Englewood Cliffs, NJ: Prentice Hall

Hays, S. W. (1998). Staffing the bureaucracy: Employee recruitment and selection. In S. Condrey (Ed.), *Handbook of human resource management in government* (pp. 298-321). San Francisco: Jossey-Bass

Hicks, L. (1998, September 27). Central Iowa labor crisis looms. *Des Moines Sunday Register*, pp. 1G-2G

Iowa Department of Personnel. (1994). *Personnel management for managers and supervisors*, Section 4.20. Des Moines: Author

Kanter, R. M. (1989, November/December). The new managerial work. *Harvard Business Review*, 85-92

Kauffman, T. (2003, June 16). OPM expands hiring, early retirement authorities. *Federal Times*

Kanffman, T. (2004, July 2). Job seekers favor government, OPM surveys find. *Federal Times*

Kauffman, T., & Robb, K. (2003, July 14). Online recruitment: New system promises more choice, faster hires. *Federal Times*

Keenoy, T., & Noon, M. (1992). Employment relations in the enterprise culture: Themes and issues. *Journal of Management Studies*, *29*(5), 561-570

Kost, J. M. (1996). *New approaches to public management: The case of Michigan*. Washington, DC: Brookings

Lavigna, R. J. (1996). Innovations in recruiting and hiring: Attracting the best and brightest to Wisconsin state government. *Public Personnel Management*, *25*(4), 423-437

Lavigna, R. J. (2002). Best practices in public-sector human resources: Wisconsin state government. *Human Resource Management*, *41*(3), 369-384

Lewis, G. B., & Frank, S. A. (2002). Who wants to work for government? *Public Administration Review*, *62*(4), 395-404

Mercer, W. M. (1996). *Mercer work/life and diversity initiatives*. Retrieved January 15, 2004, from www.dcclifecare.com/mercer/mercer-c.html

Mintzberg, H. (1994, January/February). The fall and rise of strategic planning. *Harvard Business Review*, 107-114

National Commission on the Public Service (Volcker Commission). (1989). *Leadership for America: Rebuilding the public service*. Washington, DC: Author

National Commission on the State and Local Public Service. (1993). *Hard truths/tough choices: An agenda for state and local reform*. Albany, NY: Rockefeller Institute of Government

Pearson, R. (2004, July 12). Technology helps state recruit the best. *Federal Times*, p. 21

Redman, T., & Mathews, B. P. (1997). What do recruiters want in a public sector manager? *Public Personnel Management*, *26*(2), 245-256

Riccucci, N. M. (1997). The legal status of affirmative action. *Review of Public Personnel Administration*, *17*(4), 22-37

Rivenbark, L. (1998, August 17). Scholar hiring investigated: Program should target Blacks and Hispanics, OPM says. *Federal Times*, p. 5

Rukeyser, W. (1996, January 18). *Relocation brings anxiety to two-career families*. Retrieved January 15, 2004, from www.cnnfn.com/mymoney/9601/18/relocation/index.html

Rynes, S. L. (1993). When recruitment fails to attract: Individual expectations meet organizational realities in recruitment. In H. Schuler, J. L. Farr, & M. Smith (Eds.), *Personnel selection and assessment: Individual and organizational perspectives* (pp. 27-40). Hillsdale, NJ: Lawrence Erlbaum

Slack, J. D. (1997). From affirmative action to full spectrum diversity in the American workplace. *Review of Public Personnel Administration*, *17*(4), 75-88

Smith, M. (2000, March). Innovative personnel recruitment/changing workforce demographics. *IPMA News*, pp. 12-14

Thaler-Carter, R. E. (2001, June). Diversify your recruitment advertising. *HRMagazine*, 92-100

Trice, E. (1999, June). Timely hiring: Making your agency a best practice. *IPMA News*, pp. 10-11

U. S. Merit Systems Protection Board. (1988). *Attracting quality graduates to the federal government: A view of college recruiting*. Washington, DC: Author

U. S. Merit Systems Protection Board. (1997). *Achieving a representative federal workforce: Addressing the barriers to Hispanic participation*. Washington, DC: Author

U. S. Merit Systems Protection Board. (2000). *Competing for federal jobs: Job search experiences of new hires*. Washington, DC: Author

U. S. Merit Systems Protection Board. (2001). *Attracting quality graduates to the federal government: A view of college recruiting*. Washington, DC: Author

U. S. Merit Systems Protection Board. (2003). *Help wanted: A review of federal vacancy announcements*. Washington, DC: Author

Zeidner, R. (2001, October 1). Do-it-yourself hiring process. *Federal Times*

第 4 章

人员选拔

87 一流的人雇用一流的人，二流的人雇用三流的人。

——雷欧·罗斯滕

学习目标

通过学习本章，你应该能够：

- 了解并解决在人员甄选过程中遇到的各种矛盾
- 明确甄选的不同哲学基础
- 了解公务员制度委员会的历史，以及他们是如何影响甄选的
- 区分人才甄选的六个历史阶段
- 讨论甄选的“理想”时期，以及目前使其更灵活和分权的趋势
- 为不同的甄选阶段和工作需求选择不同的测评方法
- 了解与甄选过程相关的不同类型的效度
- 在面试和背景审查中避免违法问题
- 决定谁来作出录用决策、如何决策以及如何运用文件与证明

从技术上说，当申请书被接收的时候，甄选就开始了。选择什么样的申请者，采用什么程序，由谁来选择？当然，公共部门已经成熟了很多，因为打破了19世纪泛滥的恩赐官职制。以前的恩赐官职制渗透到政府的各个层级，导致了普遍的腐败和受贿，比如选举敲诈和收受回扣（Mosher，1982）。20世纪，绩效考评原则取代恩赐官职制成为了最普遍的原则，但是，绩效考评原则决不是甄选的唯一标准。如今，恩赐官职制相对来说已经很少了——比在私人部门要少见——而且对大部分政府职位来说，恩赐官职制并没有带来多大问题（在现代最
88 高法院的案件中强化了这种地位，比如1980年布兰提诉芬克尔；1976年埃尔罗德诉伯恩斯，以及1990年卢坦诉伊利诺伊州共和党）。[1]

第一个矛盾是，政治任命——恩赐官职制的一种——是大多数高级政府职位的主要选拔方式。在挑选被任命者的时候，通常政党和个人关系与技术功绩同样重要。美国总统不仅挑选所有机构和部门的领导，而且挑选数以千计的第二层级和第三层级的行政长官，包括多达10%的高级文官。州长通常控制上百个任命职位。“强”市长和县监管委员会通常也有广泛的任命职责，这让他们有机会实行恩赐官职制。那些高级任命官员和选举官员提供“性格证明”，并“鼓励”管理者雇用参与竞选工作的人和他们的朋友担任低层级职位。这个矛盾——由业余人员来操作绩效考评——经常被专业人员所讥讽，因为这些专业人员认为政治任命官员是暂时的、没有受过很好培训和缺乏经验的。尽管如此，如果没有那些偶尔新上任的行政领导者，公务员队伍可能会变得缺乏回应性、僵化和自私。

第二个矛盾是，尽管公共部门的选拔主要是绩效考评原则的公开应用，但是很多职位的选拔在很大程度上是由资历决定的。例如，部门政策或工会合同在选拔上经常要求严格的论资排辈，这导致大多数较好的工作都被贴上了“晋升”的标签，因此对“外部”候选人来说，是不可能得到的。通常，很多基层职位和几乎所有中层空缺都被组织内部人员填满了。例如，美国功绩制保护委员会报告称，有46%的时间，管理者使用机构内部人员填补职位空缺，25%的时间，使用其他联邦职员，只有29%的时间，从政府外挑选人员（2001a）。

资历与绩效并不必然冲突，但它可能会限制绩效考评的应用。这两个矛盾——恩赐任命（合法的或法律上模糊的）与资历选拔——意味着只有基层职位（有时甚至基层职位也不可能）倾向于按照严格的绩效考评原则进行选拔。

第三个矛盾是，尽管绩效考评原则（也支持资历原则）的方法获得了成功，但是当前的趋势却是在聘用过程中增加灵活性，而且使聘用过程的决策地方化（Ingraham，Selden，& Moynihan，2000）。关于寻找优秀的公共部门职员的挑战的预言在20世纪90年代基本上变成了现实（Lane & Wolf，1990）：例如，在1999年，美国空军在其历史上第一次为招聘做广告，而且在2000年增添了大

量的雇佣奖金。即使政府越来越重视以能力为基础的招聘或晋升，但它也更加愿意扩大部门和管理者的聘用自主决策权。这意味着部门和管理者可能由于草率或无知而滥用这种权力（U. S. MSPB，1998），以及/或者从事不法行为（Condrey & Maranto，2001）。

尽管对管理者来说，选拔一直都是非常重要的任务，但是随着整个政府内部人力资源部门规模的急剧缩小，管理者将承担更多的选拔责任。例如，人事管理局在 20 世纪 90 年代被重组时，规模被缩小了 50% 以上（U. S. MSPB，2001b）。因此，人力资源管理技能对所有管理者来说都是关键的通才能力，意识到这个是非常重要的。

这一章以在甄选过程中使用的标准，以及不同历史时期不同原则如何在公务员职位中获得优先权作为讨论的开端。本章主要关注甄选中突出的技术问题，涉 89
及申请审查、测评、面试、背景审查、聘用决策和聘用后的问题。最后的结论重新确认了这项人力资源管理职能的重要性，这理解起来很容易，执行起来却很难。甄选过程的一个目标是预测人的行为，但这不是一件容易的事，前职业篮球超级明星迈克尔·乔丹由于缺乏潜力被踢出了他所在的高中篮球队这个事例就很好地说明了这一点。

4.1　甄选的基础与起源

选拔的标准

可以证明的是，选拔是人力资源活动中最重要、最具政治敏感性的活动（Schuler，Farr，& Smith，1993）。事实上，人力资源管理的历史阶段基本上是由暗含的选拔哲学来界定的。一般来说，有 6 个可以单独或结合起来使用的标准为选拔决策提供了基础：选举权的普及、社会等级、恩赐、功绩、资历和代表性。除了社会等级之外，其他标准都被明确地用于公共部门的各个领域。尽管公务员和绩效考评制度经常被用作同义词，但在日常的应用中，公务员是一个更广泛的词，因为它包括了资历和代表性的因素，以及绩效考评的因素。

选举权的普及（electoral popularity）

选举权的普及是代议制民主的基础。公民选举那些已经取得优异成效或他们认为可以胜任的人。什么类型的职位适合于这种选举模式呢？首要的和最重要的是，起草法律的政策制定工作，以及联邦、州和地方政府中那些拥有广泛管理任务的工作。这类官员占据了各级政府里的立法机构——国会、州立法机关、县监管委员会、市政议会、区委员会、学区和其他特殊部门。此外，规模小得多，但仍然很普遍的是司法人员的选举——比如法官、州首席检察官、县律师和地方治安法官。当然，像总统、州长、市长这种选举产生的行政官员在美国的民主体系中更重要且更明显。虽然他们与立法者分享政策制定职能，但他们在管理政府机构和部门中拥有更重要的行政职能。而且，需要指出的是，他们中的一些本来就应该主要从事行政管理职能，直到今天也是这样（比如，州一级的教育和财政大臣，县一级的县治安官、财务主管、法庭书记员和审计员）。例如，在那些较小的管辖区，选举产生的全职官员在繁忙时期可能要到柜台去帮忙。当然，在教育委员会和市镇议会服务的大部分选举官员拿很少的薪水或者没有报酬。选举哲学的优势是，通过广泛的参与和广泛的权利义务，获得了民主理论的支持。这种策略的局限也是很明显的：选民在知识、时间、兴趣上有着天然的局限性。随着参与竞选的人数的增加，以及涉及的议题变得越来越专业和复杂，市民们的注意力被分散了，而且投票人数下降了。大部分县政府高度分裂的组织结构就是存在责任和义务问题的重要例子。

90 社会等级

社会等级选拔，作为民主选拔的对立物，一般来说，作为一种明确的选拔哲学在美国是不合法的。但在许多社会里，管理阶层是“培养出来”的，因此，他们会要求必需的教育水平以完成管理职能。这在许多欧洲民主国家仍然常见，而且是一些以等级为基础的制度的特点之一（将在第 5 章讨论）。在联邦党人时期[①]的美国，教育普及有限，在行政职责上也存在一种强烈的上层和中上层倾向。在当代进步的民主制国家，由于较高的识字率和更多的大学教育机会，这种哲学基础只有很有限的意义，虽然少数民族和妇女经常批评主导文化但它仍然微妙地引导着选拔过程本身。例如，有声望的教育机构有时会变成社会阶层的代理人，典型的例子是，国家部门对东部的教育机构有着历史偏好，而州政府则更偏向于他们那里最好的大学。

恩赐

恩赐意味着一个人负责任命官员或职员而不需要正式的申请过程。这种任命

① 从联邦宪法的实施到杰斐逊（Thomas Jefferson）得势（1789—1801）。——译者注

可能需要也可能不需要一个审批的过程。恩赐官职制隐含着一种负面的含义，因为它相信，应该对赞助人或任命人保持忠诚，而非对政府，但它也并非总是消极的。最高法院法官是由于他们的政治倾向和与总统的个人关系而被选拔的，但他们有时也会变得异常独立。另一个例子是，政治官员出于个人忠诚和政党关系使用公共支出聘用的政治顾问，对于这些人，政治官员也是不能指望太多的。最终，政治官员在恩赐官职制中使用3条标准：政治忠诚度、个人熟识度、技术能力或功绩。对一个政治官员来说，理想的状况是，可能的候选人范围能被缩小到同一个政党或有着同样的政治偏好的人，然后政治官员能找出他或她认识或过去一起工作过的人，然后选择那些在目标领域经验丰富且能胜任的人。

当前两个原则都满足了而第三个原则没有满足的时候，问题就产生了。比如，一个制定政策的通才有时会被任命为一个大机构的主管，但他们要么缺乏深入的政策背景，要么缺乏处理新职责的管理经验（例如，一个以前的富家子弟，没有相关的专业技能，在20世纪90年代末，被任命管理南部一个州的一个大型机构）。为了减少市和镇层级许多行政任命的政治和个人性质，市和镇层级已经建立了职业经理人体系，这样技术绩效而非恩赐成为任命部门领导的主要考虑因素。

绩效考评

以绩效考评为基础的体系强调技术资格，分析工作的胜任能力、要求公开的申请程序。[2]这些体系虽然要求“考试”，但它们也可能由教育和经验审查、绩效评估、证书（licensure）和笔试组成。**绩效选拔**是公务员系统的主要哲学，在 91
非管理人员的招聘中处于支配地位。绩效选拔的优势在于，它对于候选人的公正性，详细审查的可能性，并且能确定满足最低素质和资格要求。它还很好地适应了民主权利和义务的理念。

但是，绩效考评并不总是看起来那么好：选拔非常机械呆板和强调技术，以至于最好的候选人从来不申请；经历的多样性成了一种阻碍；对具体技能的强调超过了对未来的发展潜力的关注；而且经历所有程序非常耗费时间。正如在这里所要强调的那样，在考虑使用哪种测评以及给它们多大的权重时，对精确和有效的绩效指标的追求是非常具有挑战性的。这导致了一些地方减少了“真正”的绩效考评职位的数量，因为这些职位要求正式的竞争程序。例如，马里兰州把1 400个管理职位从绩效考评变成了“非竞争性”职位，而且将它们的聘用终止权利由“正当理由”变为了“任何原因”（参见示例4—1）。类似地，佛罗里达整个州的中层管理队伍在2001年也发生了变化。

92

示例 4—1　　马里兰州的人事改革

1996 年，马里兰州州议会通过立法，引发了州政府管理体系的重组。在那之前，大多数的职位都属于分类聘用绩效考评制（classified service merit system）的范围。这部法律减少了分类聘用的数量，为职员建立了以下 4 种聘用类型：

技能型聘用：职位是竞争性选拔的，而且辞退必须有正当理由。当前大约有 37 000 个职位属于技能型聘用，它们当中的大多数以前都属于分类聘用。

专业型聘用：职位是竞争性选拔的，而且辞退必须有正当理由。这些职位需要专业执照或高级学位。目前大约有 4 500 个职位属于专业性聘用，它们当中的大多数以前都属于分类聘用。

管理型聘用：职位是非竞争性选拔产生的，辞退可以因为任何不被法律禁止的理由。这些职位必须对一个项目的管理负有直接责任，包括对人事和财政资源负责。大概有1 900个职位属于管理型聘用，它们当中的大多数以前都属于分类聘用。

行政型聘用：职位是非竞争性选拔产生的，辞退可以因为任何不被法律禁止的理由。这些职位包括内阁部长、内阁副部长、助理部长和其他同等级别的官员，约有 190 个。这些职位改革前就在类似的非绩效考评原则下运作。

另一种类型是严格以恩赐官职制为基础的聘用。

特殊任命：职位是非竞争性选拔产生的，辞退可以因为任何不被法律禁止的理由。包括与行政系列的职位有直接汇报关系的工作，或对开发和制定高层次政策负有重大责任的工作。特殊任命的职位约有 4 700 个，大多数不属于分类聘用，而且不受绩效考评保护。

新的人事改革的影响，特别是与管理职位有关的影响，目前还不能确定，因为自从这部法律实施以来，政党和州的财政情况都没有发生过变化。

资料来源：马丁·史密斯（个人访谈），马里兰州健康与心理卫生部，人事局。

资历

在公务员系统中，**资历**也是一个至关重要的选拔原则。哲学地看，它坚信那些已经被组织雇用的人：（a）已经通过了一次绩效选拔过程，（b）在试用期和评估过程中已经被筛选过了，而且（c）由于他们已经被聘用了，所以有更为卓越的组织洞察力和忠诚度。因此，资历体系要么将招聘限制在内部候选人，要么在招聘过程中给内部候选人以巨大的优势，比如多年的工作经验会有加分，或在对外发布招聘广告之前就获得职位的机会。其结果是，公务员的雇佣主要发生在基层职位的选拔上，管理及其以上层级的职位进行外部招聘是很少见的。这在高度团结的环境里和准军事职位（比如公共安全）中尤为明显。

资历标准的使用确实使得组织为它们的员工提供了忠诚感和职业发展通道，但是，这种体系也倾向于将员工的职业发展限制在一个单一的政府体系中（经常仅仅是他们自己的部门和单位）。从组织上讲，这将导致“近亲繁殖”和“小团体思想”，而且会阻碍新的管理思想，而这正是横向聘用的主要动力（参见 Edwards & Morrison，1994，在海军军官候选人和晋升中的例子)。甚至更为有害的是，过于强大的资历体系会提供一种“彼得定律”发生作用的环境（人们将不断得到提升，直到他们被提升到一个不能胜任的职位上为止；Peter & Hull，1969)。

代表性

选拔的最后一个原则是代表性，代表性可以有多种解释，比如地理、社会阶层、性别、种族、军人优先和残疾人。宪法在选举问题上支持通过联邦系统进行地理上的划分。安德鲁·杰克逊和他的支持者认为，太多的联邦工作落到了东部人群和社会精英手中，因此他们更加重视那些来自西部各州（那个时代）和享有较少特权的阶层的人们。现代的争论则是以性别导向为基础的选拔（或更普遍的非选拔)。因为退伍军人是置于劳动力队伍以外的，而且他们在离开军队后寻找工作的时候可能有依靠，他们在公务员系统中通常都能获得优先权。联邦政府和许多州都使用**退伍军人评分制度**（Veterans' points)(《1944 退伍军人优先法》)。通常，在战争期间服役的退伍军人能够在评分体系中获得额外的分数，受伤退伍军人可能还能获得更多的分数。

在 20 世纪下半叶，已经开始强调性别和种族代表性问题，军队整合（包括非裔美国人和妇女)、平等机会立法、弱势群体保护行动[1]计划和最近的多元化计划就是证据。概括地说，弱势群体保护行动试图鼓励妇女和少数民族去寻求他们能够胜任的职位，特别是在目标就业率低的地方。如果其他条件相同——“所有都应该平等”——目标群体应该在代表性不足（underrepresentation）的地方 93 获得职位。也就是说，弱势群体保护行动大体上坚持了将绩效作为最重要的价值，但将代表性放到了第二个需要考虑的原则的位置。从贯彻执行的角度来看，弱势群体保护行动计划也要求广泛分析对妇女和少数民族的**差别影响**[2]（disparate impact)，这样，在代表性不足的地方，职位申请者群体能够被重新组合。尽管许多以数字为基础的目标体系正被调整或逐步淘汰，一些群体长期的代表性不足仍然很重要且被适当地考虑，特别是在许多以前由男性和白人主导的组织中，职业种族隔离只象征性地作出了让步。就事论事而言，只要有对平等价值的追求和可以证明的不平衡存在，那么代表性仍然是一个在法律上值得考虑的因

① 弱势群体保护行动（affirmative action)，是指（鼓励雇用和录取少数民族、弱势民族、女性等）防止种族与性别歧视的积极行动。——译者注

② 差别影响，指受保护劳动者群体在申请职位者中所占的比例与获得职位者中的此类劳动者的比例之间出现了非故意性的差别。——译者注

素。在最近的多元化计划中，数量上的代表性已经让位给对弱势群体保护环境的强调，这种弱势群体保护环境乐于聘用不同的群体，并且包容他们的异质性。

4.2 选拔的六个历史发展时期

选拔的哲学——除了选举的职位以外——随着时间发生变化（Mosher，1982；Van Riper，1958），但是应该注意较晚的时间范围有重叠的地方。

贵族行政：1789—1829

从华盛顿总统到杰克逊总统，恩赐官职制（基于关系和政治观点的任命）是最主要的选拔系统，但却被“适合的性格”和受过良好教育（社会等级）这样的因素削弱了。华盛顿总统是推动形成能力和政治中立相平衡传统的重要力量。尽管他避免任命那些对他的政见公开表现出敌意的人，但在从各州和各种政见中挑选官员时还是很小心的。他通常偏好那些受过良好教育的人——也就是社会等级——尽管他只任命那些因诚实正直和公共精神而为大家所知的人。他还采取了一些措施给革命战争军队官员以一定的优待。随着政党政治的演变，杰斐逊总统替换了足够的联邦主义者以对他的民主共和党作出回应。在麦迪逊、门罗和约翰·昆西·亚当斯执政时期，适合的性格和政治中立准则占据了统治地位，但随着控制国会的政党要求对各级政府的管理职位有更多的政治决定权，这些原则面临越来越大的压力。

分肥制选拔：1829—1883

安德鲁·杰克逊坚持给所有社会阶层和西部人以更好的代表性，他还认为政府职位的轮换是有益的。他提倡保持政府工作尽可能地简单，这样那些受过最少教育的人也能胜任。他还认为，更大的政治回应性可以减少腐败和自满。尽管他只替换了联邦全体在职人员的20%（并不比杰斐逊总统替换的多多少），而且他自己并非政党**分肥制**的真正拥护者（把职位的任命看做给予积极参与选举活动的人的战利品——即使资格不够），但他却为后来几十年中分肥制的普遍滥用创造了哲学基础（Van Riper，1958，p. 42）。

94 在接下来的40年里，仅以恩赐官职制为基础的公务员系统产生的问题越来越多。第一，职位任命的时候，几乎不考虑经验、知识和能力。第二，报酬上的不平等时常发生，薪酬更多地与政治赞助相关，而非与特定的工作责任相关。第三，要求政府工作人员参与执政政治家的重新选举活动，以及将他们工资的一部分分给当权政党等事情变得非常普遍。此外，分肥任命经常包括给那些并非全职工作（或根本就不工作）的人的工作，但是他们仍然可以获得工资。

内战后，恩赐官职制时期猖獗的腐化行为激发了公众推动的政府改革运动，这一运动持续了近 50 年。简单地说，早期取得的成功之一是在格兰特总统执政时期，他签署了一项批准所有联邦职位进行竞争性考试的法案。仅仅两年后这部法案就因缺少资金而失效了，因为国会害怕限制了恩赐任命的机会。许多有着猖獗的政治恩赐和腐败的城市，在市政层级产生了推动公务员改革的联合。随着政府无能、更多的权力滥用以及政府责任的增加，改革的压力也在日益增加。

技术功绩制：1883—1912

1883 年的《彭德尔顿法》标志着人事管理的新纪元，尽管 50 多年以后，它才在联邦政府中得到广泛应用，而且被其他各级政府广泛采纳，并得到严格执行。虽然 1881 年加菲尔德总统被一个失望的求职者暗杀催生了这部法案，但它却回应了这样一种认知，即政府职能变得如此庞大、复杂和重要，完全依靠恩赐官职制来处理是不行的。新体系包含以下内容：

- 基于技术资格的公开竞争考试；
- 将那些合格的或“被认可”的人列成清单交给招聘机构；
- 禁止政治家干预公务员选拔，强迫公务员为竞选工作，或要求职员为聘用提供回扣；
- 一个独立的**公务员制度委员会**，管理竞争性考试（基本上是一个中央工作登记处），并发挥着司法检察委员会的作用。

这种新模式需要两党合作，以及一个委员会独立地对管辖范围内（或公务员）的职位进行选拔。最初仅有 10%的联邦职员包括在这个范围内（Van Riper，1958），到 1900 年，这个比例逐渐增加到了 48%左右。到 2000 年，大体来说 90%以上的职位都纳入了公务员职位系列中。

随着绩效考评原则影响的扩大，公务员权利随之增加，资历也越发重要：1912—1978

尽管一些城市和州政府快速地复制了这个新的改革模型，公务员体系的扩张却是缓慢的。为了使公务员模型更容易被接受，联邦政府在应用以绩效考评为基

95 础的雇佣体系上，有条件地给其他层级的政府提供了一些财政援助,特别有效的是1935年的《社会保障法》。其他项目继续支持着这种改革要求，最终在所有的州、大部分市以及许多县都建立了至少部分或改进的公务员系统。1939年的《哈奇法》进一步加强了人事过程的非政治化（1993年修订和放宽限制），严格禁止联邦职员参与大多数的政治活动。随后，以联邦法律为模式，大多数州都制定并实施了类似《哈奇法》的法律。

随着公务员系统在数量上和规模上的扩大，公务员的权利也在增加。虽然《彭德尔顿法》禁止联邦层级的政治免职，但却经常被巧妙地规避。麦金莱总统通过一项行政命令规定，除非有正当理由以及明文规定的原因，禁止从竞争性公务员队伍中开除职员。此外，被开除的职员有基本的合法诉讼程序权利进行书面答复。1912年，这个重要的原则和程序被当成永久性立法写进了《劳埃德-拉富勒特法》(Lloyd-LaFollette Act)。

一旦纳入公务员体系，免受政治的任意解雇，公务员资历的重要性就被极大地增强了。随着资历原则的法律基础逐渐得到加强，提供给体系外的人的工作机会也越来越少，而那些体系内的人则有更多的晋升选拔机会。20世纪50年代开始，由于公共部门工会的增加，一些部门（如公共安全部）就经常取消面向机构外的横向选拔。

聘用入口的扩大：1964—1990

始于20世纪60年代早期的平等机会时代，它并未取代绩效考评原则，但改变了绩效考评原则的实施，而且使聘用变得更加复杂化（见第2章）。1964年的《民权法案》是处理由于种族、肤色、宗教、性别或国籍而产生的歧视问题。1972年的《平等就业机会法》将这些权利扩展到了州和地方政府，而且通过弱势群体保护行动促进了公平就业机会。在这个时期，申请人和公务员还得到加强的权利是禁止对联邦职员的年龄（1967、1974）和残障（1973）歧视。在联邦层级，1978年的《公务员改革法》设立了“80%”原则，为受保护群体提供了选拔的“基数”。就是说，选拔过程不能使得受保护群体的合格率小于合格率最高的群体的80%。

20世纪60年代和70年代，以广泛使用弱势群体保护行动计划更正不平衡为标志，人们的注意力转移到代表性问题上来，而且作为一种组织生活方式一直持续到了20世纪80年代。对于代表性来说，也许最后最有力的推动是1990年的《美国残疾人法案》，该法案规定，要在选拔过程中为那些有适当残疾的人提供合理的便利。

20 世纪 90 年代，当早期的法律案例普遍要求对代表性问题作出更适合和更精确定义的矫正时，潮流发生了转变。比如 1991 年种族指标（race norming）被禁止（参见第 2 章）。限额是违犯法律的，除非是对极端案例的法院判决。至此，虽然公平机会仍然得到强大的支持，但它更多的是通过多元化计划而不是弱势群体保护行动来保障。

当代选拔趋向：1978 年至今

早在 20 世纪 30 年代，富兰克林·D·罗斯福当局并未认真对待公务员改革问题时，公务员系统潜在的问题就已经开始显现。问题包括以下几个方面：

- 僵化（例如，基于技术资格将面试和选拔限制在前三名候选人）； 96
- 程序主义（例如，难以对申请人进行快速的聘用）；
- 与行政部门的分离孤立（例如，从招聘机构中分离出来的独立的中央考试机构）；
- 不充分的责任制（例如，在辞退绩效差的公务员方面的困难）。

当前的趋势是强调灵活、速度、甄选功能与其后管理职能的整合，以及增加职员对生产力的责任。在联邦层级，1978 年的《公务员改革法》通过人事管理办公室将选拔职能重新整合进了行政机构，还提供了更多的管理空间。最初，人事职能牢牢地由人事管理局控制，但 1992 年的重塑政府对人事管理局的影响可能比其他任何机构都要大。1996 年，人事管理局被要求将其大多数职能分散到其他机构。今天的公务员制度委员会更多的是作为政策和检查委员会在发挥作用（例如，美国功绩制保护委员会），在一些地区，即使这些职责也被移交给了其他机构。

一个重要的趋势是，越来越多的机构或机构中的办公署能够脱离传统（竞争性）的公务员系统。这个平行的系统（“例外聘用”或非竞争性聘用），仍然需要遵循基本的绩效考评传统：空缺职位的通告，对技术功绩的依赖，以及职员的正当程序。但是，它允许更多管理上的灵活性，以及对甄选和评估的控制权。例外聘用的最大例子是美国国土安全部，它的 1/3 至 1/2 的联邦新职员是通过例外聘用条例招聘的（U. S. Government Accounting office [U. S. GAO]，2003）。

正如州和地方所希望的那样，更灵活、迅速、统一和负责任的公务员系统反映了联邦政府的经验，但这个趋势却远非一致。如菲尼克斯、麦迪逊和威斯康星等处于变革中的城市，从未经历过相似的僵化水平，很快就提高了管理的合理性。一些在传统上就允许更多管理和政治回应性的城市和县，发现它们正处于流行的时尚中。大多数州都遵循了联邦的模式，但像马里兰、佐治亚和佛罗里达这些州进行了更加激进的改革（Condrey & Maranto，2001），而其他一些州则即使是在跟随现今的趋势上也很迟缓。

公务员体系的长期价值取向（严格的技术功绩制和资历似乎有过相互对抗的趋势）在于管理责任制和灵活性。佐治亚、佛罗里达和南卡罗来纳等州已经废除或削弱了它们的公务员系统（参见下一章关于佐治亚州的例子，示例5—3）。20世纪90年代，**临时职员**（temporary employees，那些没有合同、常任权利，通常也没有福利的职员）的使用有了显著的增加（Hays & Kearney，1999），但因为国内税务局坚持认为，长期的临时职员实际上是长期固定的职员（“长期的临时工”），一个新的趋势是使用**短期职员**（term employees）。例如，联邦政府已经广泛使用2至4年的短期职员，有合同和福利，但没有终身任职的权利。尽管这种做法给予了公共组织相当大的灵活性，但损害了职员的安全感，而且增加了公务员系统政治化的机会。

97 选拔一般来说由三个部门共同完成：公务员制度委员会、人力资源部门和用人部门。20世纪70年代，最常见的模式是，公务员制度委员会组织测评和提供正式的评价，人力资源部门提供技术支持（例如福利和薪酬信息），用人部门发起招聘行动并从一份经过鉴定的申请者名单中作出最后的决定。20世纪80年代，最常见的模式是，人事部门为用人单位提供核准名单（certified lists），公务员制度委员会在有争议的事件中扮演仲裁者的角色。到了90年代后期，更常见的模式是，用人部门根据绩效考评原则直接进行招募和甄选，而且在考试和面试选择上有了更大的决策权。人力资源部门提供技术支持，对规章制度执行情况进行监督，对统计数据以及在必要的时候也进行行政审查。这种新的模式有一定的优势：用人部门有更大的控制权和自主权，更大的灵活性，关注特定机构和职位的候选人也会感受到较少的繁文缛节。当然，它也有不可避免的缺点：选拔过程变得更加支离破碎，较少使用规模经济，缺乏一致性，滥用裁量权的可能性增加。

总之，各个时期是根据强调或不强调与选拔相关的价值进行划分的：社会等级、恩赐官职制（政治回应性）、绩效考评（技术资格、绩效标准）、资历（公务员保护和增加的优先权）和代表性。虽然所有的这些价值（除了社会等级）在每个时期都是清晰的，但一些价值得到重视是以牺牲其他价值为代价的。有一些价值的重要性还是超过了其他。下面是对每个时期主流价值的粗略评价：

- 贵族行政：政治回应性、社会等级、技术资格（适合的性格和教育）；
- 分肥制选拔：政治回应性、绩效（虽然是凭印象加以定义和评估的）、代表性；
- 早期技术功绩制：技术资格；
- 扩大的绩效考评制度：技术资格、职员保护和资历；
- 聘用入口的扩大：通过弱势群体保护计划实现代表性（位于技术资格和资

历之上）；

- 当代的趋势：绩效标准（聘用上的灵活性、公务员责任）、通过多元化实现代表性。

4.3　甄选的四个阶段

甄选过程可以被划分成四个筛选阶段，有的时候为了方便和需要也可以把一些阶段合并。

在第一阶段，主要任务是区分合格者和不合格者。在申请人当中，通常有许多人达不到基本的要求，这些申请就可以被放到一边了。为了精减候选人，最初的选拔标准应该仔细确定，既要考虑一般的工作描述，也要考虑招聘职位的特殊需要。申请者在规定的时间内是否提交了完整的申请材料?申请者有要求的学历、 98
相关工作经验、资格证书、考试分数吗（例如，在原来的 25 个职位申请者中，可能有五个没有完整的申请材料，3 个没有达到要求的教育背景，另外 6 个可能没有足够的工作经历）？有时这一阶段的筛选是由普通员工来进行的。

在第二阶段，找出最合格的候选人。如果在最初的筛选中对所有的候选人进行了排序，那么选出最高得分的人就很容易了。在非集中测评（unassembled tests）中，只能通过那些可以通过信件提交的材料——申请表、简历、文字工作样本、推荐信，可能还有自我鉴定——给候选人排序。在集中测评（assembled tests）中，申请者被要求到一个指定地点参加一般能力倾向测评和进行现场工作样本操作。这样做是为了能够把申请者减少到可以进行面试或者进行深入测评的数量。例如，在第一阶段有 11 个候选人合格，但在第二阶段只有 5 个被获准参加面试。直到一个人被选中并接受了职位，其他人都并没有被纳入排除考虑的范围。

在第三阶段，候选人就要一个一个地被筛选。一直以来，面试总是这个过程中最重要的环节。当然，当使用三人规则（rule of three）的时候，最后的候选者总被限制在前三名。不过有些情况下，最后的候选人可能有很多，尤其是有很多空缺职位的时候，或者在一些特殊情况下，最后的候选人被限定在一个或两个异常优秀的人上。这个阶段进行现场工作样本测评和背景审查也不错。第三阶段的最后结果是向一个候选人提供职位，寻找备选候选人以防哪一个人放弃了职位。

第四阶段是在发放录用通知书以后，再次确认候选人的资格和能力。许多录取都是以成功的毒品测评、医学检查甚至背景审查为前提的。这一阶段也可能包含了聘用的第一个阶段，候选人是试用身份，可以在没有任何理由的情况下被终止录用。这在需要大量培训而新来者无法胜任的聘用中尤为明显。

这四个阶段可以对申请人进行很好的审查，而且不浪费未被选中的申请者过多的时间，所以是理想的甄选过程。然而，对于考官来说是费时的，对于申请者来说过程比较缓慢，而对于机构来说成本比较高。所以，在许多情况下，比如在聘用短期职员、初级员工的时候，或者在紧急情况下，精简或压缩的甄选过程可能更加合适。

4.4 最初的审查和测评

对于所有审查和测评来说，关键是它们与工作能力之间的关系（Arvey & Sackett，1993）。这些审查和测评是怎样明确地与基本的工作职能联系在一起的呢？一方面，找到好的技能和绩效的指标非常重要。另一方面，把简单罗列起来的工作要求作为筛选机制既不恰当也不合法。由于弱势群体保护行动的案例，法院强调所有的招聘行为，尤其是笔试，一定要与核心职责有可证明的联系，并且要成功恰当地预测指标。也就是说，这种测评必须“有效度”（参见示例 4—2 关于**测评效度**的讨论）。要想提供高效度的水平，没有工作分析是不可能的，这是下一章将要讨论的问题。

99 **示例 4—2　　测评效度的三种类型**

《人员遴选程序统一指导纲领》（平等就业机会委员会，1978）确立了三种得到认可的效度：内容效度、结构效度和效标效度。由于在 20 世纪 70 年代和 80 年代担心测评对少数民族和妇女有差别影响，以及在 20 世纪 90 年代对于残疾人申请者的担心，测评效度成了选拔过程中一个十分重要的考虑因素。例如，指导纲领宣称，组织应该经常检查选拔程序的有效性。只要有可能，应该使用对代表性不足的群体有较少不利影响（adverse impact）的有效甄选方法，而不是那些有较多不利影响的方法。最后，组织应该保存所有申请及被接受的应聘者的记录，以弄清是否有不利影响发生。一个群体的选拔率不到最高选拔率群体的 80%，这就是通常所界定的不利影响。

内容效度要求证明测评和实际工作职责或责任之间有直接关系。一般来说，这是最容易验证的，也是最常见的验证方式（Arvey & Faley，1988）。通过对职位进行全面的工作分析，然后将这些要素与测评中的具体条目一一对应，就可确保有效性。比如说对于文员岗位，可使用打字测评；对于会计师通常使用的数学技能，可以使用考评特定知识的笔试来测评；对管理职位，可以使用实际工作样本，比如社会工作案例的错误分析。内容效度的另一个问题是比例性；例如，打字测评对于文员职位是合适的，但这仅仅是该职位重要内容的一部分。对那些有可定义的和可测量的技能，要求具体的行为和知识的工作来说，内容效度是最容易验证的。但是对于复杂的工作岗位，比如涉及广泛的裁量权、很具抽象性、需要人际沟通能力、需要判断各种类型的人更适合什么类型的工作等，有效性就很难确定。

效标效度将参加测评的人的高分数（预测指标）和工作中的高绩效（标准）联系起来。比如说，可能在聘用前，对申请者需要具备的工作技能和知识要求很少，因为接下来的培训可以弥补（因此内容效度就并不合适）。应该如何预测和挑选那些最适合的应聘者呢？这恰好是初级公共安全职位的情况。效标效度一般检查在一个既定的工作环境中，快速学习和表现优异所需要的能力和认知技能——例如，学习语言、记住关键信息或使用逻辑推理的能力。

证明这种类型的预测能力的问题有两方面。首先，考虑到机构只想雇用高分者，怎样获得既有高分又有低分的样本？其次，怎样知道绩效评估是准确的，因为绩效评估通常被认为是低信度和效度的（参见第 9 章）。用文件证明有预测能力的效标关联效度通常要求实验设计，这种设计成本非常高，而且很难经受方法论的挑战。

检验效标效度更常见的一个策略是采用一种同时策略（Barrett，Phillips，& Alexander，1981）。也就是，测评在职者（而不是申请者），以证明出色的工作绩效和高分之间的统计关系。再次，绩效评估的质量变成了一个需要克服的障碍。由于效标效度很难获得而且成本很高，它通常只应用于大量的初级职位中，或者广泛地测评那些很多工作都需要的能力，如数学、语言、空间能力和抽象思维。例如，联邦政府曾经使用六种不同的一般入门水平行政能力测评（美国行政职业测评），如职业群体参加的健康安全环境测评。另外，由于具体技能难以描述，它也被用于评价中心的管理能力测评。工作分析决定哪些类型的技能和能力对成功是必需的，评价中心提供机会来寻找 *100*
这些能力。

结构效度证明挑选出来的抽象的个人特质和性格特征（如智力、诚信、创造性、进取心、勤奋和渴望）与工作绩效之间的关系。通过检测成功的在职者具备的性格特征，然后判断申请者是否具备这些特征，具有高结构效度的测评能准确地预测未来的工作绩效（Day & Silverman，1989）。结构效度一般用于心理测验，心理测验测评申请者的性格或态度。虽然统一指导纲领和一些研究者（Cortina，Doherty，Schmitt，Kaufman，& Smith，1992）都表达了对结构效度的担忧，因为个人特质和工作绩效之间的联系很含糊，但是依赖于结构效度的测评仍然被有选择性地用于一些领域，比如在法律强制（Johnson & Hogan，1981；Wiesen，Abrams，& McAttee，1990）中用来确认存在挑衅和敌意等特征。对诚信的测评也越来越多。“大五”人格测评（外向性、情绪稳定性、宜人性、责任感和开放性）被证明在许多职业中都有效度。

证明有效度可以保证测评与工作相关并且在法律上没有歧视。但是这不应该妨碍组织在评估最合格和最有可能成功的候选人的努力中，尽可能多地搜集与候选人相关的信息。好的测评组合能很好地甄别并排除那些没有达到最低能力要求或能力很弱的申请者，这样其他测评方法能专注于在一个更小的候选人群体里挑选最合适的候选人。对于一个组织来说，如果仅仅因为厌恶证明效度而放弃测评是不对的。不同的信息能从不同角度帮助判断工作适合度。事实上，当结合教育、工作经历、面试和背景审查，这就建立了“一揽子”的指标，以内容、效标和结构为基础的测评能为决策提供坚实的信息基础。

现在有很多评估和测评的机制，然而，组织的成本和应聘者的负担限制了这些机制的使用。最常见的初期测评（第一阶段和第二阶段）是教育和工作经验评价、推荐信、自我鉴定、一般能力倾向和性格测评以及特定工作要求的操作测评。

教育和工作经验评价

教育和工作经验评价包括申请表、求职信和简历（Stokes，Mumford，& Owens，1994）。对于特定工作和机构的申请，表格一般一到三页，对于许多州政府和大型机构使用的“一般目的”的表格，一般有五到六页。其中一般包括自传式信息、教育、工作经历（包括组织、地址、职位名称、上级和工作职责）、应聘者申请的职位名称、工作地点偏好（在州系统中）、工作限制（比如能够工作的时间）和特殊能力资格。另外一般还有额外的申请者信息，关于提供合情合理的便利、弱势群体保护行动和多元化政策、退伍军人评分等。最终，表格都会
101 有需要签署的确认和授权声明。这些声明告知候选人关于虚假信息的后果，申请可能被公开审查，以及授权背景审查。

并非所有的工作都要求申请表，一些工作用求职信和简历代替，特别是管理和行政工作。虽然申请表的好处是统一，且提供了标准的聘用前信息，但它们在候选人的职业发展、管理风格和独特的能力及经历方面几乎不能提供多少信息。求职信要求求职者解释为什么他觉得他适合广告中的职位，而且简历一般能比申请表提供更多关于工作经验的信息。一般来说，申请人被要求提供证明人——地址和电话号码或有时候完整的推荐信（参见下文）。求职信和简历为申请人和考官都带来了更多的工作，但它们通常包含了更多的信息。同样，有时候会要求提供工作样本，比如文字作品或一项完成的项目的可视形象。无论何时，求职信和简历被当做申请表的替代品，挑选出来的候选人通常在招聘过程的后期仍然会被要求填写申请表。

很多工作需要特殊执照、证书或者证明，包括医学职位（比如医生、护士和麻醉师）、工程技术职位、教育职位、法律职位（比如律师）、需要特殊驾照的职位（商用、私人司机的驾照），以及建筑、有害材料处理类职位。在这些情况下，执照通常只是聘用考虑的最低要求。在一些情况下，职位要求资格证明，组织可以通过培训的方式提供这种资格认证，因此这就成为一种甄选手段，因为一些候选人不能通过这个认证过程（一个重要的例子是，一些职位要求必须是经过认证的治安官）。

虽然颁发许可可以提高甄选的可靠性，但在许多职业背景下它也确实引发了对甄选过程的个人控制问题，有时候导致过度甄选，这反过来带来了市场瓶颈，抬高了薪金。当情况很紧急的时候，部分机构采用紧急和临时的证明来加以补救，比如教学。

推荐信

一方面，推荐信需要花费候选人和推荐者相当多的精力，另一方面，面试官也要使用大量的时间来阅读。因此，推荐信值得认真考虑和筹划。对于高潜能的工作比如初级的专业职位或管理岗位，推荐信通常是最合适的。虽然在最初的职位发布中要求推荐信是最容易的，但在中层和高级职位中，组织越来越倾向于推迟要求推荐信直到最终的人选已经确定。因为好工作需要专门的推荐信，一些非常合格的申请人可能不愿意在没有结果前就浪费稀缺的资源。通过推迟要求推荐信，招聘机构通常可以增加职位申请者。一般来说，最有用的推荐信来自于前任雇主，证明人也是，他们能更直接地说明能力、工作效率以及工作习惯。

自我鉴定

因为过去的表现是未来绩效的最好预测标识，一个行之有效的测评技术就是，要求候选人提供关于工作的重要成就方面（也就是能力）的详细例子。这种 *102*
自陈式评估技术也叫做行为一致方法（behavioral consistency method）（美国人事管理局，1999）。在理想的状况下，申请人会被要求报告约 5 至 10 项成就信息，在此基础上面试官进行打分。对于一线的员工来说，关键的能力可能包括掌握新技能、工作准确度、工作速度、合作、创新、坚持不懈和奉献。相反，管理职位的关键能力可能包括监控工作、规划、授权、澄清和灌输、开发员工、激励、团队建设、管理冲突、激发创新的能力。在评估自我鉴定前，评估者应该有锚定的评估量表。如果能力是真实的，并且评估量表是设计周密的，那么这可能是所有甄选方法中在统计上最有效度的方法（Schmidt & Hunter，1998，p. 268）。然而，即使在鼓励使用这种方法的地方，走捷径也会极大地降低效度（U. S. MSPB，2002，p. 28）。如果这是某一特定阶段唯一的筛选方法，为了提供更加全面的评估，评估项目应该包括教育和培训背景以及多年的相关经验。

一般能力倾向和特质测评

目前至少有三种类型的一般能力倾向和特质测评：心理测评、一般技能测评、一般体能测评。

心理测评考察人格特质，并与工作要求进行比较（Ilgen & Klein，1988；Kanfer & Ackerman，1989）。比如，有研究表明，在同样的知识和技能条件下，那些效能感低、回避困难任务的人，较少有雄心壮志，对目标的承诺度低，面对困难迅速就放弃了（Bandura，1994）。显然，自信测评也能提供非常有用的信息。考虑到法律要求的相关性标准，心理测评面临的挑战是，对特定职位提供必要的效度是很困难的（见示例 4—3）。这些测评只在公共安全工作中比较常见——执法、处罚、紧急服务——这些工作的结构和工作压力使得研究及其花费具有合理性。重要的非认知能力也要被测评，比如动机、对人的态度和责任感。虽然不太常见，但诚信度测评（Ones，Viswesvaran，& Schmidt，1993）和公民道德测评（Organ，1994），有时候（似乎有增加的趋势）也被用来筛选出那些不适合公共部门和有着很高道德标准要求的职位的人。[3]很多心理维度比如智商，可能是有用的（Rae & Earles，1994），但通常被认为远远达不到当前对效度的要求。

一般技能测评提供在阅读、数学、抽象思维、拼写、语言应用、一般问题处理、判断力、校对和记忆力方面的能力和能力倾向的信息（Carroll，1992；Kyllonen，1994）。一般认知技能测评被广泛地应用于教育选拔中，比如 SAT①、ACT② 和 GRE。一般来说，一个包含 100 道题的警官一般技能测评包含了以下能力：学习和应用警务信息、细节记忆、口头表达、遵守命令以及使用判断和逻辑。虽然这种测评大多应用于大的职系，但也可以为单个的职位开发，只要能够证明花费和努力是合理的，比如空中交通管制员（Ackerman & Kanfer，1993）。
103 例如，多年来，美国移民局（INS）一直为他们的边界巡逻培训项目感到为难，因为 10%以上的人无法顺利完成语言部分的学习。于是移民局设计并实施了一种模拟语言测评来评定人们学习新语言的能力，后来失败率降低了 76%，5 年节省了 6 500 000 美元（U. S. MSPB，2002，p. 9）。

当体能对工作非常重要时，比如公共安全人员，体能测评（如力量、敏捷度、视力）就成了测评的一部分，正是这些测评决定了初步的工作资格要求（Arvey，Nutting，& Landon，1992；Hogan，1991）。通常，医学检查、体能测评和视力测验——虽然不是主要的但却是必需的——在发放录用通知书之后和聘用之前进行（参见下面的聘用后问题）。

特定工作的操作测评

操作测评直接评估特定工作所需要的技能。[4]虽然基于单因素操作模型的测

---

① SAT，Scholastic Assessment Test 的缩写，即学术水平测验考试，是美国高中生进入美国大学的标准入学考试之一。——译者注

② ACT，American College Test 的缩写，即美国大学测试，是美国学生上大学和申请奖学金的考试之一，比 SAT 略容易一些。——译者注

评是有用的，而且在早期的人员甄选中占据了优势地位，但是如今人们更加欣赏操作测评的多因素特性（Campbell，1994）。某些工作需要特定的技能，比如打字或设备操作，这些技能都是可以测评的。很多与工作相关的知识测评使用多选、判断以及简答的形式，有时也使用视频录像。偶尔在第一轮筛选中也会使用书面或口头的测评形式。知识测评也经常用于公共安全类和技术类职位的晋升招聘中。

与工作相关的技能可以通过**工作样本**或工作模拟来测评，即被测评的申请者要提供一个工作样品或在一系列模拟的活动中证明他们的能力，这通常也被称作评价中心。比如，要求培训师组织一个简短的研讨会，要求电话接线员证明他有接听电话的技巧，或要求管理岗位的申请者完成一系列活动，比如撰写备忘录，给出书面的指示，以及决定要采取的行动。工作样本和评价中心非常有效，但并不经常作为最初的筛选工具来使用，因为需要较多的时间和金钱投入。它们经常用于测评经过了一轮面试的候选人或晋升测评中。

与考察和测评相关的其他问题

近年来，颁发许可、一般能力倾向测评和操作测评的使用激增。例如，在最近的一则艾奥瓦州某县治安官办公室招聘市民拘留官员的广告中，列举了除面试以外的 7 项测评：笔试、体能测评、测谎测评、心理测评、医学检查、毒品测评与实习要求。毫无疑问，更多更高质量的测评方法很大程度上增加了成功招聘的可能性（U. S. MSPB，2002）。但是，许多管理批评家呼吁更多选拔的灵活性以及更加注重考察应聘者的教育背景及工作经验，而非过度依赖能力倾向测评与操作测评（Core，1993；National Commission on the State and Local Public Service，1993）。其中的原因很容易理解。冗长的测评方案对管理者来说花费昂贵，而且会使一些合格的求职者感到气馁甚至放弃申请。测评往往还会延缓招聘进程，应聘者需要等待测评日期，组织需要等待测评结果。这在低失业率时期特别不好。

使用标准化测评的另一个挑战是当今工作不断变化的性质（Howard，1995；Katzenbach & Smith，1993）。总的来说，工作范围越来越广，变化更频繁，要求人们掌握更多的人际关系技巧与团队合作技巧，需要更强的创新与自我驱动精神，而且工作对绩效标准的要求更高了，因此要求人们拥有多种技能（Ilgen，1994；Van Wart & Berman，1999）。这要求更多地使用考试和测评来考察应聘者是否具有工作所要求的抽象特征。即使有了这种新需求，而且由于情感行为、一般能力倾向测评与态度测评方面的研究使鉴别这些技能的能力提高了

(Landy, Laura, & Stacey, 1995)，但对成本、时间和效度的担忧抑制了这些测评的使用。因此，一直有一种强力的对抗趋势，要求减少测评数量，避免对抽象能力的测评。

对于使用哪种测评以及使用多少种测评，并没有一个简单的经验法则（参见示例 4—3，表明了联邦官员对甄选测评的偏好）。可以使用更多测评的条件包括：较多的应聘者，以及出于对培训费用和公共安全的考虑而必须关注应聘者的适合度问题。导致减少测评程序的因素包括：差旅和测评管理的困难，应聘者快速完成测评流程的需要（Sullivan, 1999），以及通过面试和背景审查（见下文）来筛选优秀应聘者的能力。

104 **示例 4—3　　哪些信息能最好地预测员工绩效？管理者的回答如下：**

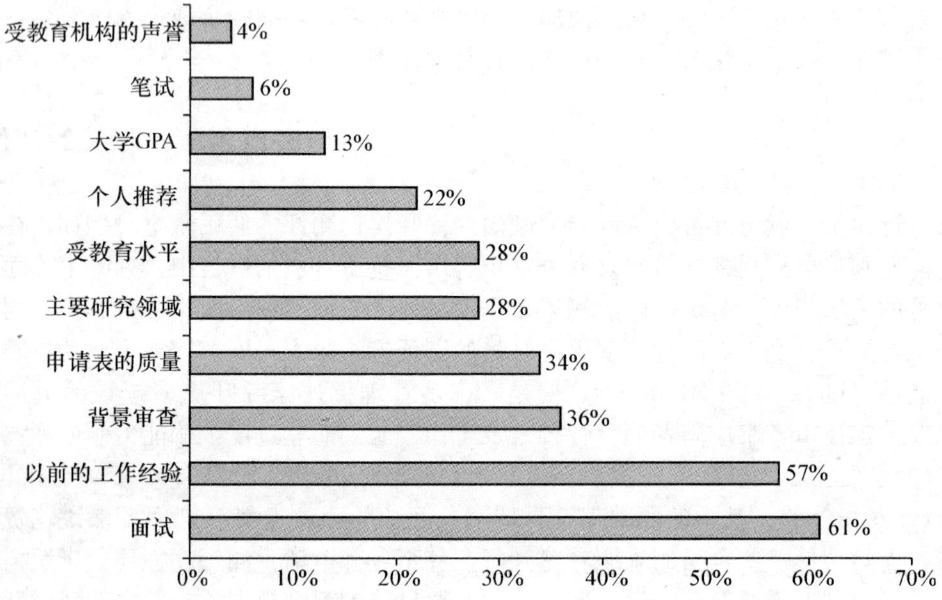

资料来源：美国功绩制保护委员会（2000）。

4.5 面试和背景审查

105 对于候选者来说，进入面试就意味着他们是相当优秀的。被面试者应预先考虑到有其他一到三个有实力的候选人，所以在面试中表现优秀非常关键（见示例 4—4）。

示例 4—4 **你面试得如何?**

管理职位的候选人应该在面试中表现优秀。一些常见的错误包括如下:

没有练习:在很大程度上,面试就是表演,而表演需要排练。面试中仅仅可以接受的回答是不能帮应聘者获得工作的;只有非常清晰有力的回答才可以得到工作。提出一组简单的问题和一组有难度的问题,写出答案然后练习。尽管这些问题未必会被问到,但相似的问题会出现。

对组织及其员工没有提前了解:尽可能多地阅读关于组织的资料,当然利用网络会容易很多。了解负责面试和招聘的人(一般信息将会在面试前发出,如果没有,自己去问)。

不会倾听:候选人在"推销"他们自己,因此会说很多,但优秀的销售员都知道,使交易成功的是倾听。好的倾听可显示出礼貌,使他人在互动中感到满足,而且可以确保你不会遗漏任何微妙的线索。人们可以分辨出主动倾听和被动倾听,所以不要把倾听错认为保持安静,而没有对他人的观点予以关注。

没有保持技术和非技术之间的平衡:复习一个工作的技术内容当然是关键,但是你的工作哲学、领导风格和与工作相关的目标也同样重要。在准备面试的细节时不要忘记加上"大的蓝图"。

着装不适宜:显而易见,恰当的着装和修饰非常重要(参见示例 2—5),但很多人在关键的面试中却不注意。衣服要合体而且比较新,从而使人精神愉悦。

面试和背景审查通常是招聘主管的主要职责,而且涉及自由决策权。虽然这种自由决策权对招聘部门来说非常重要,而且有时候会带来高质量的选拔,但非结构化面试和随意的背景审查却经常导致低效度、资源浪费、候选人疲惫不堪和违法行为(U.S. MSPB, 2003)。通常来讲,只有结构化面试拥有较高的效度(关于面试效度问题的讨论,参见 Huffcutt & Arthur, 1994; Schmidt & Hunter, 1998; and Whetzel, Schmitt, & Maurer, 1994)。在要求减少测评数量的趋势下,实施高质量的面试和背景审查显得尤其重要。

第一个问题是决定由谁来面试。有四个选择,分别为主管,人力资源部或其他第三方部门,一个专门小组或委员会,或者是一组包括直接主管、高层主管、委员会、未来同事和客户在内的面试官。[5]非专业性的初级职位通常由主管来组织面试,而对"没有最低学历或经验"要求但人员流动率高的职位(洗衣工、助手、接待员和 106
司机),则由人力资源部门的专业面试官来组织面试。初级的专业性职位(如社会工作者、执法官员、惩罚官员、技术员、工程师和律师),通常使用一个甄选小组来增加关于候选人观点的多样性。对于竞争高级或专业职位的候选人来说,通常有两次面试,一次由选拔顾问小组来进行,一次由做最后决定的招聘主管来进行。对于高层职位,除了甄选委员会和招聘主管以外,通常还要求候选人跟多个不同的群体谈话。

第二个关键的问题是让谁接受面试(Biddle, 1993)。公共部门的面试有两种不同的方法。较不常用的方法是面试所有达到最低标准的候选人。这对面试官来说是浪费时间而且会不必要地增加候选人的期望。但是,在申请者少,多个职位空缺，或面试官时间允许的情况下，这样做也可以。或者在另一种情况下，应聘者里缺少特别优秀的候选人，这样更广泛的面试可能会发现隐藏着的优秀候选人。

尽管如此，最常见的方法还是只面试最合适的人。曾经，三人规则很流行（公务员制度委员会公布），该规则限定招聘组织只面试前三名的候选人。这项指令虽然受到许多批评，但仍然在很多联邦机构中发挥作用（GAO，2003；U.S. MSPB，1995）。在很多公务员系统中，允许被面试者数目常被扩大到4个、5个或6个。当前的趋势是给予招聘组织自由决定被面试者数量的权力，只要其相信候选人达到了最低任职资格。但是，限制被面试者数量是有现实原因的。候选人可能不在本州从而导致相当多的差旅费。在大多数情况下，前3名或前4名是显而易见的，面试更多的人不见得会更有收获。

在有面试自由决策权的情况下，招聘组织可以考虑其他替代方式。网络面试和/或电话面试可以快速提供许多信息，面试者可以回答很多初步的问题。同样地，双向的视频会议可在现场面试和筛选应聘者之前进行。背景审查可在面试之前进行，以收集信息来挑选最理想的候选人进行面试。

实施面试的一般考虑

一个良好的面试流程需要准备，了解与职位相关的信息，并对可能发生的各种面试官偏见有所觉悟。在准备面试的时候可以考虑以下10个步骤（改编自艾奥瓦州人事部，1994）：

1. 计划面试应该如何进行。谁来接待被面试者？如果没有直接开始面试，他们在哪里等待？谁向他们讲解面试的大体流程？如果不止一个面试官，各自问哪些问题？

2. 确定有一个所有被面试者都会被问到的问题清单。当然，这不应该阻止面试官有一定的追问。确保这些问题之间有一个逻辑顺序。所有问题都应提前审查，并在相关群体中传阅以确保均衡性和适当性。

107 3. 将工作样本作为面试的一部分（Lowry，1994；Pynes & Bernardin，1992）。例如，当为急诊医师职位面试时，应考虑让候选人用假人来示范实施心肺复苏法。其他的例子包括地图阅读练习、排解机械故障问题、写一封简短的商务信函，以及要求候选人在遵循一系列指示的情况下进行操作等，根据职位的不同而不同。鉴别候选人能力的各种活动包括：

- 评论或评估某事（一个项目、一项政策、一个程序、一份报告的建议或结论、一个决策或一个观点）。
- 界定一个相关的问题，确认其原因，寻找解决途径，决定做什么，而且拟出一个实施计划。

● 将一套规则或标准应用到一个具体的案例上。

● 为组织一次学习、研究一个问题或达成一个目标制订计划或步骤。

● 阅读并解释、重新描述或诠释一项政策、程序、法律或其他书面材料。

● 按优先顺序排列一系列的议题、问题或活动。

● 解决一个管理问题，包括计划、组织、分配、指挥、激励、评价或使他人的工作更容易。

● 劝服或说服一个假想的客户或听众。

● 给候选人一定的时间来准备一次口头报告。

● 对一个抱怨或不友善的人作出口头或书面的回应。

● 在一个具体的工作情境下进行角色扮演。

● 撰写或编辑一份与工作相关的书面材料。

4. 解释有关职位的基本事实：哪个部门，哪个单位，主管是谁，回顾工作职责。

5. 将工作描述作为指导，以确保面试集中在基本的工作职能上。另外，将工作的挑战和机遇作为实际工作预览的一部分（Vandenberg & Scarpello，1990）。

6. 在一个不易分心的环境下进行面试。

7. 在面试过程中集中注意力听候选人的回答，并记录要点，当面试很多候选人时这一点很重要。此外，确保候选人有提问的机会（如果仅有一次这样的机会，而且安排在面试的最后，那么候选人可能会感到匆忙，因为面试已用完了大部分规定的时间）。

8. 小心不要作出任何关于雇佣预期的口头承诺或提示。告诉候选人大约什么时候他们可以获得反馈。

9. 当候选人给你的印象还很深刻时，尽快完成对候选人的评估，最好是在面试后立即进行。使用一个事先确定的评分系统。

10. 遵守《美国残疾人法案》，准备应要求为候选人提供一定的便利。即使候选人没有要求为面试提供便利，最好也要问所有人："在有或没有适当的便利 108 的情况下，你可以履行这个职位的基本职责吗？"如果需要提供便利，那么向人力资源专家咨询。要求提供便利不能作为拒绝雇佣的一个可以接受的理由。

最后，面试官确保问题都集中在工作上是很重要的。适当的问题包括过去的工作经验（有偿的和志愿的）、军队工作经历、教育和培训、在美国工作的官方认可，以及与执行工作基本职能相关的个性特征。应避免的话题包括年龄、种族、是否残疾、国籍、婚姻状况和小孩、宗教、性别（因为有些工作几乎被一种性别所垄断）、拘留记录（但不是犯罪记录）、信用参考（credit references）、被下达扣押令的记录（garnishment record）、军队退役的类型、子女看护安排、身高体重、与工作非明确相关的交通方式，以及以往工人的薪水要求。示例 4—5 为非歧视性面试提供了指导。

示例 4—5　　非歧视性招聘指南

主题	可以接受	不能接受
名字	应聘者曾经是否用不同的名字工作过	询问女士的婚前姓，或应聘者在正式更改名字之前的名字
出生地、国籍、住所	应聘者的住宅所在地，应聘者在组织所在州或城市居住的时间长短	应聘者或其父母的出生地、祖籍、出生证明、归化或洗礼证明
公民身份	应聘者是否被法律允许在美国工作（应以是或否的形式提问；可以在发放录用通知后用文件记录证明）	询问申请者是否打算成为本国公民
信条或宗教	在雇佣前不可问	应聘者的宗教关系，遵从的教堂、教区或宗教节日，除了在极少数情况下，宗教信仰是一个必须的资格条件（比如牧师）
种族或肤色		所有询问
照片		申请表要求照片，或面试之后雇佣之前要求照片
109 语言	应聘者说和/或写的语言，但仅限与工作相关	应聘者的母语，在家使用的语言，或应聘者如何获得读、写和说一门外语的能力
亲属	已经为组织工作的亲属的名字	在组织中工作的朋友的名字
军队	军队经历或训练	退伍的类型或情况
组织	应聘者与工作相关的专业性或在行业组织中的会员关系	应聘者所属的所有俱乐部、社会互助会、社团或非专业性组织
性别和家庭		除了在极少数情况下，性别和家庭是真实的工作要求，其他不许询问
拘留和犯罪记录	定罪的数量和种类	与拘留记录有关的问题
身高体重		除了在极少数情况下，身高体重是真实的工作要求，其他不许询问
脑力和体力能力	在有或没有便利设施的情况下，应聘者完成职位的基本职能的能力	任何对脑力或身体残疾的询问，雇用前的身体检查
婚姻状况、怀孕或子女照料		与婚姻状况、家庭计划或子女看护相关的问题，除非询问是出于工作需要，男女性都询问，而且是真实的工作要求

资料来源：艾奥瓦州立大学非歧视性招聘指南；艾奥瓦州人事部（1994，ch. 4）。

背景审查

背景可以在甄选过程的不同时间以不同的方式进行考察。例如，推荐信也是一种考察。推荐信这种方法虽然对招聘小组来说很方便，但会产生大量不会被仔细检查的信件，对申请者来说也是件麻烦事，因为要求申请者在他们成为被认真考虑的候选人之前就泄露他们对职位的兴趣。用电话的方式进行背景审查可以在面试前、面试后及雇佣前，或在甄选结束之后发放录用通知书之前进行。在多数情况下，最好在面试之前或面试之后进行，这样信息可以被用于选拔决策。出于 110
公共安全的原因（比如教育、空中交通管制、运输、执法、惩罚、儿童看护、老人看护），更彻底和昂贵的背景调查是有必要的，而且在初期进行审查比较合适。如果不这样做，被雇用的人从事不法行为的话，可能会导致针对组织的雇佣过失（negligent hiring）的诉讼（Walter，1992）。

电话背景审查应像面试一样仔细规划，特别是在雇主越来越不愿意提供详细背景信息的情况下。需要确认的信息包括：(a) 雇佣日期和职责的核实；(b) 优点和缺点的一般性评估；(c) 候选人能力的例子；(d) 候选人曾经是否被给予更多的职责，是晋升的候选对象吗？适合再次雇佣吗？虽然不是很普遍，但在提供负面信息的时候如果偏离文件记录的事实太远，员工可能会告组织诽谤。尽管背景审查中对以前的雇主有更多的约束，但它们还是有用的，特别是如果应聘者放弃看这些信件的权利的时候。核实基本信息是良好管理的要求。关于优点、成功和额外职责的问题为候选人的能力提供了更深入的信息。即使是沉默的回答也可以为调查亮出“红旗”（表示危险信号）。

4.6　选择和协商

谁决定最后的候选人？如果面试中没有一个优秀的候选人该怎么办？如何发放录用通知？需要什么文件？

最后的候选人通常由职位的主管来选择。对于专业性或竞争性的职位来说，他或她通常会有一份来自招聘委员会的候选人排序列表。主管不应轻易推翻调查委员会的推荐。虽然从技术上说这些委员会（或整个部门）从不雇用候选人，但他们的决定可能是决定性的。对一些只要求最低资格或没有资格要求的职位，或对合格员工的竞争非常激烈的职位，招聘组织可能基本上会授权给人力资源部，这样可以迅速展开甄选。在一些非常强调资历和有确定的考试规则的组织的晋升招聘中，决策是公式化的：在要求的考试中得分最高的人获得职位。

有时面试会让主管或招聘委员会在谁是最好的候选人这个问题上产生困惑，如果是这样的话，可以进行第二轮面试。如果招聘主管或委员会认为所有申请者都不适合，那么可以通过再发广告继续招聘，并面试第二批申请者，或完全停止招聘，过一段时间后再招聘。但是，另外一种完全不同的情况是，如果两个或三个人都非常优秀，且对职位来说各有不同的优点，那么，负责招聘的人应尽快作出决定，拖延有竞争力的候选人意味着当你需要的时候他们可能都已经不在了。

实际的雇佣通常是从非正式的电话通知开始的。候选人是否还有兴趣？他们知道薪水是多少吗？他们还有什么问题吗？对于初级职位，候选人几乎没有协商薪水或工作条件的能力；高级职位和竞争性职位可能可以提供一定的灵活性。组织和候选人都应该清楚组织可以等待候选人作出决定的时间，至少应该有几天时
111 间让候选人考虑。一旦候选人口头上接受了这个职位，确认录用的信件（意向书）将可能随之到达。然后，此人会被要求开始工作并完成雇佣表格。即使由于资金原因或候选人必须对前一份工作作出处理而不能立即开始工作，雇佣表格也需要完成。对于非常高级的职位，意向书说明了聘用的特殊条件，包括退出的权利（到其他职位上去），特殊旅行或者设备补助等。只有当组织有把握能填补职位的空缺了，才应该通过信件（或电话）通知那些参加了面试但没有被选中的人，告知他们职位已经有人选了。俗语说，“好消息用电话传达，坏消息用信件传达”，正是描述了雇佣的常规做法。

当体检或毒品测评被作为招聘的一个部分，且在录用通知发放之后进行的时候，就可能存在相当大的变数，此时的雇佣是有条件的（contingent），这在协议中必须清楚地规定。其他不确定事件包括诸如资金的可获得性、工作冻结或特殊培训项目的完成等。此外，还应该指出在试用期（这很普遍），解除聘用是正常的，而且不需要任何理由或原因（Elliott & Peaton，1994）。

雇佣过程的最后一部分就是用文件证明过程本身。通常，人力资源部门或弱势群体保护行动办公室想要一份填好的表格，以确认谁是合格的以及选择或没有被选择的原因。如果雇佣组织进行了彻底的基本工作职能的界定，并且根据与工作相关的职能来给候选人打分，那么这个程序将会很容易，而且不会面对什么质疑。

4.7　录用之后和聘用事宜

如前所述，一些“测评”发生在录用之后，但是即使通过了这些测评，雇佣仍然是有条件的。这有时是出于公共安全的考虑而被允许或要求的。尽管对大多数职位来说，毒品测评是违法的，但它对那些运输旅客或涉及公共安全的职位则是合法的（如治安官、惩戒官、紧急服务）（《工作场所无毒品法案》，1988；《公交职员测评法案》，1991）。执法和惩戒职位经常要求进行广泛的背景审查，且有时需要测谎，虽然问题必须根据工作相关性经过认真的筛选（如 1991 年的《员工测谎保护法》所提到的）。通常，这些测评在录用之后和聘用完结之前进行。对于特定职位，政府强制提出居住要求也是合法的（McCarthy v. Philadelphia Civil Service Commission，1976），对公共安全、公共事务和其他有紧急任务的职员，通常有距离工作地点远近的要求。

即使候选人已经接受了职位，并且聘用过程的证明文件已经归档，甄选过程也没有真正结束（Wanous，1992）。所有被面试的候选人，或者对于某些高级职位来说，甚至所有申请者都需要被告知组织已经作出了雇佣决定。同样重要的是，主管需要了解，新员工需要什么帮助来达到成功或感觉成为组织里一名有价值的成员。例如，提前预期新员工的办公室和设备需要，有助于新员工的顺利过渡。

接下来，新员工导向和培训计划是什么？导向包括向新成员介绍一般性政策和福利计划，以及让新员工熟悉设备的过程。培训提供与工作相关的过程和设备 112
的指导。只要可能，一开始应该减少新职员的工作量，并且应该让他们知道。培训是由一个专门的培训部门来进行，并且作为一个长期项目的一部分，还是由主管或内部导师来进行？尽管良好的在岗培训有相关性和直观性的好处，但它常常以一种非常随意的方式进行，因此实际上只能被称作“自我”培训（Van Wart，Cayer，& Cook，1993；同时参见第 8 章）。

一个相关的考虑是导师问题。谁来确保新职员在工作的第一天被介绍给其他员工，并回答关于工作和企业文化的问题，并且特别关注新员工的福利？入职的初期非常关键，可以减少初期的人员流动，并在组织与员工之间建立起积极的联系。如果意识到缺乏必要的培训和支持，明智的做法是向组织提出帮助请求。缺乏培训和支持通常只是组织的疏忽，即使是在缺乏资源的组织中，额外的支持常常也能提供给那些提出请求的人。

最后，在有试用期的组织中，试用期本身也是甄选功能的一个部分。试用期大部分是 6 个月或一年，尽管加拿大政府允许某些地区有高达 36 个月的试用期。一般来说，试用期中的辞退是很难被质疑的，只要它是非歧视性的原因；平庸的表现通常被作为解雇的理由，并且评判标准可能并不存在或是很模糊的。这意味着管理者还有一个特殊的机会，但是一些管理者在任凭候选人适应工作的过程中，没有将试用期利用起来。给试用期的职员设定苛刻的标准，作为严格的甄选过程的延伸，可以避免将来的绩效问题。联邦数据表明，近年来，在试用期过程中的辞退从 4%增加到了 6%，而对辞退的质疑却非常少（U. S. MSPB，2002）。总的来说，试用期的悖论在于它可能是最好的甄选技术，但由于很多实际原因，却并不被一些组织认真对待。

本章小结

尽管几乎每个人都同意唯一重要的管理决策是聘用"合适"的人，但在判断谁是合适的人方面却很少达成共识。事实上，民主的要求是，对于不同的公共部门职位，需要完全不同的甄选过程。总统、州长和市长不参加公务员测评，而中层管理者并不需要选举。技术功绩——本章关注的焦点，是公务员系统的核心，但大多数系统也关注资历和代表性。即使是在绩效考评原则应用的地方——通过一个公开的过程，仔细考察基本的工作职能和申请者的特殊知识、技能和能力，以聘用技术上符合要求的候选人——实际上也有许多不同的应用模型。产生于一个恩赐官职制泛滥的时代的公务员系统，已经将除最后一轮甄选外的所有职能从行政分支机构中脱离出来，以避免政治或管理的干扰。今天，对非行政职位的政治恩赐已经相对较少，大部分公共部门系统已经把所有的甄选职能转移到机构的人力资源部门，或者用人部门自身。[6]一线经理需要肩负更多责任。人事部门提供的候选人核准名单被增加了，以给予一线经理更大的自由决策权，或者有时候就直接提供所有合格者的清单。

113 甄选测评有多种，包括教育和经验评估、颁发许可、一般能力倾向和特质测评以及特定工作资格的操作测评。在强调速度和管理灵活性的环境中，当前的趋势是减少能力测评和操作测评。示例 4—6 总结了各种甄选测评最常使用的情况。依靠教育和经验评估可以提供灵活性和速度。面试是一个带有合法缺陷的复杂过程，然而当面试被仔细计划的时候，即使是落选的候选人也会对获得这样的机会表示感激。当有较多可面试人选的时候，面试过程就非常重要了。经过仔细的计划，实际的聘用决策同样也将变得非常容易，这个仔细的计划还应该考虑到在第一轮面试中没有得出明确结论的情况。接下来，聘用后问题可以确保新员工导向，受到培训并获得支持，这样他或她就可以成功通过试用期并富有生产力。

示例 4—6　　各种甄选测评最常使用的情况

甄选测评类型	第一阶段 选择所有合格人选	第二阶段 选择高质量的候选人	第三阶段 选择最后的候选人	第四阶段 确认其他资格条件（医学测评、毒品测评等）和在职工作能力
教育和工作经验	×（一般审核）	×（详细的匹配和评分系统）		
推荐信	×（工作申请的一部分）	×（追加的要求）		
自我鉴定	×	×	×	
一般能力倾向和特质测评	×	×		
工作样本和评价中心	×（如文书样本）	×（现场示范）	×（现场示范）	
面试		×	×	
背景审查		×	×	
特殊测评				×
试用期				×

对于组织富有生产成效、灵活性和回应性的需求在不断增加——通常只在维 114
持现有职员或减少职员的情况下——这使得选择最好的员工变得非常关键。一线经理比以前任何时候都更需要了解并参与到甄选过程中去。

关键术语

集中测评
核准名单
公务员制度委员会
有条件的聘用
差别影响
教育背景和工作经验评估
选举权普及
一般技能测评
操作测评
心理测评
代表性
三人规则
资历
社会等级选拔
分肥制
临时工

意向书
绩效选拔
聘用过失
恩赐官职制
《彭德尔顿法》
短期职员
测评效度
非集中测评
退伍军人评分制度
工作样本

应用练习

课堂讨论

1. 自由的悖论（见导论）也出现在甄选过程中，尤其是在诸如毒品测评、测谎和基因测评等领域。运用辩证的推理，以及爱因斯坦的格言：“你不可能用产生这个问题的相同思路来解决这个问题”，解释这个悖论。

2. 什么才是甄选策略的“最好”平衡？所有的公务员职位都应该完全凭绩效吗？资历应该成为晋升的主要考虑因素吗？代表性（弱势群体保护行动和退伍军人评分制度）应该被逐步淘汰吗？恩赐任命的职位是应该增加还是减少？

3. 班上有人参加过公务员考试吗？考试是怎样的？

4. 谁曾经组织过面试？被面试者犯了哪些“错误”？在最后的候选人中，什么是决定性因素：技术能力还是人际交往技能？

小组活动

5. 在一个绩效考评职位的面试中，如果你被问到所属党派关系的问题，你会怎么做？如果后来你被问到什么时候从大学毕业的，你会怎么做？如果你拒绝回答这些问题，且后来没有被雇用，你会采取什么行动吗？甄选过程怎样才能像一场象棋比赛一样？

115 6. 假设你是一位实习生项目招聘委员会中的一员。招聘将在全国公布，但由于没有专门的差旅费用，因此，大部分的候选人应该来自本地。请你设计一个甄选流程。

7. 你是一个负责招聘公共信息官员（非公务员，组织中的豁免职位）的招聘委员中的一员。上一位任职者虽然是部门主管的朋友，而且当过记者，但表现得非常糟糕。绝大部分时间内，人们不知道他在做什么。而且当他最终组织新闻发布会的时候，他本人比被讨论的议题更能引起争议。吸取了这次教训以后，主管要求你提名三位候选人。请设计甄选程序。

8. 如果没有特别有用的甄选技术（回忆示例 0—3 中苹果的例子），你将怎样选择职员？

9. 小组成员调查三个组织，找出他们的招聘和甄选过程的本质。比较你们的发现，然后向全班报告。

个人作业

10. 你是负责市经理办公室一个初级管理职位招聘的主管，这个职位主要负责特殊项目——既要分析（要求很强的量化技能），也要执行（指挥和协调技能）。参加面试的三名候选人最近都获得了 MPA 学位。设计一个不多于五个因素的矩阵，给每个因素分配一定的权重，给候选人评分并排列名次。

吉尔·欧文斯：好的人际交往技巧，个性讨人喜欢，十分健谈但有时似乎不太注重倾听，中等的量化处理技能，精力充沛，在另一个市政府有过实习和暑期工作的经历，三人中分数排名第二，有很好的推荐人，外表不错、有礼貌、对城市政府有深刻的理解。曾经的上司很支持她候选，但是也承认她并不是最杰出的。

布鲁斯·胡姬丝：中等的人际交往技巧，个性讨人喜欢，安静但是非常专注，杰出的量化处理能力，不太活跃，在这个城市中有过实习经历，在小组中成绩最好，外表低于中等水平，举止方面还可以接受，不太确定他对地方政府的理解。他的推荐人是他在实习期间完成的一个项目评估计划的主管，对他的评价非常高。

玛莉·华盛顿：非常好的人际交往技巧，迷人的个性，很好的倾听者，量化处理能力较弱，精力充沛，没有市政府工作的经验，但大学毕业以前在州政府的文书部门中有过一年的工作经验，在所有候选人中分数排第三，但仍然非常高，有比较令人满意的推荐人，非常有礼貌，对城市政府了解不多。谈到了她的项目管理技能，并运用教堂和志愿者工作的例子来说明。她是唯一的“多元化”候选人。

注释

[1] 庇护制肯定没有被清除，也不太可能清除。比如，它仍然存在于联邦层级的工资表 C 例外（Schedule C exceptions）（联邦行政官的机密职员）和海外任命官员中。许多州有隐蔽的违规操作，比如通过“说服”或行政命令的方式将政治任命官员调到公务员常任职位上。地方政府可能只有名义上的绩效考评，非常小的行政机构可能被完全免除于州公务员制度要求之外。 116

[2] 这里描述的是“理想”的绩效考评。在现实中，对晋升来说，大多数绩效考评都包含了资

历的因素。换句话说，许多绩效考评体系将晋升机会留给了部门或政府的人员，即使部门外的候选人在技术资格方面可能更优秀。

[3] 万斯（Ones）、蒙特（Mount）、巴里科（Barrick）和亨特（Hunter）（1994）发现，在新的“诚实测试（honesty tests）”中的诚信因素与大五人格中的“责任感”因素是高度相关的。

[4] 在操作测试、能力倾向测试和心理测试之间有许多重叠的内容，三者依靠一个从具体到抽象的预测指标的连续体。

[5] 今天，一种替代的组合叫做自我管理的团队，它同时体现了招聘小组和招聘主管的特点。像其他团队活动一样，如果团队成员理解他们的工作并且做得很好，自我管理的团队就能提供非常丰富的经验；而如果团队成员不这样做，他们只会带来混乱。

[6] 当前比政治恩赐官职制更常见的可能是管理恩赐制，即管理者可以巧妙地处理招聘过程以确保他喜欢的候选人被选中。

参考文献

Ackerman, P. L., & Kanfer, R. (1993). Integrating laboratory and field study for improving selection: Development of a battery to predict air traffic controller success. *Journal of Applied Psychology*, *78*(3), 413–432.

Arvey, R. D., & Faley, R. (1988). *Fairness in selecting employees*. Reading, MA: Addison-Wesley Longman.

Arvey, R. D., Nutting, S. M., & Landon, T. E. (1992). Validation strategies for physical ability testing in police and fire settings. *Public Personnel Management*, *21*(3), 301–312.

Arvey, R. D., & Sackett, P. R. (1993). Fairness in selection: Current developments and perspectives. In N. Schmitt, W. C. Borman, et al. (Eds.), *Personnel selection in organizations*. San Francisco: Jossey-Bass.

Bandura, A. (1994). Regulative function of perceived self-efficacy. In M. G. Rumsey, C. B. Walker, & J. H. Harris (Eds.), *Personnel selection and classification* (pp. 261–272). Hillsdale, NJ: Lawrence Erlbaum.

Barrett, G., Phillips, J., & Alexander, R. (1981). Concurrent and predictive validity designs: A critical reanalysis. *Journal of Applied Psychology*, *14*, 209–219.

Barrick, M. R., & Mount, M. K. (1991). The big five personality dimensions and job performance: A meta-analysis. *Personnel Psychology*, *44*, 1–26.

Biddle, R. E. (1993). How to set cutoff scores for knowledge tests used in promotion, training, certification, and licensing. *Public Personnel Management*, *22*(1), 63–79.

Branti v. Finkel, 445 U. S. 507 (1980).

Campbell, J. P. (1994). Alternate models of job performance and their implications for selection and classification. In M. G. Rumsey, C. B. Walker, & J. H. Harris (Eds.), *Personnel selection and clas-*

sification(pp. 33-52). Hillsdale, NJ: Lawrence Erlbaum.

Carroll, J. B. (1992). Cognitive abilities: The state of the art. *Psychological Science*, *3*, 266-271.

Condrey, S. E., & Maranto, R. (2001). *Radical reform of the civil service*. Lanham, MD: Lexington Books.

Cortina, J. M., Doherty, M. L., Schmitt, N., Kaufman, G., & Smith, R. G. (1992). The big five personality factors in IPI and MMPI: Predictors of police performance. *Personnel Psychology*, *45*, 119-140.

Day, D., & Silverman, S. (1989). Personality and job performance: Evidence of incremental validity. *Personnel Psychology*, *42*, 25-26.

Drug-Free Workplace Act, P. L. 100-6klj90, 102 Stat. 4304(1988).

Edwards, J. E., & Morrison, R. F. (1994). Selecting and classifying future naval officers: The paradox of greater specialization in broader arenas. In M. G. Rumsey, C. B. Walker, & J. H. Harris (Eds.), *Personnel selection and classification*(pp. 69-84). Hillsdale, NJ: Lawrence Erlbaum.

Elliott, R. H., & Peaton, A. (1994). The probationary period in the selection process: A survey of its use at the state level. *Public Personnel Management*, *23*(1), 47-59.

Elrod v. Burns, 427 U. S. 347(1976).

Equal Employment Opportunity Commission. (1978). Uniform guidelines on employee selection procedures. In *Code offederal regulations*(41 CFR Ch. 60). Washington, DC: Author.

Gore, A. (1993). *Creating a government that works better and costs less: The report of the National Performance Review*. Washington, DC: Government Printing Office.

Hays, S. W., & Kearney, R. C. (1999). *The transformation of public sector human resource management*. Unpublished manuscript.

Hogan, J. (1991). Structure of physical performance in occupational tasks. *Journal of Applied Psychology*, *76*(4), 495-507.

Howard, A. (Ed.). (1995). *The changing nature of work*. San Francisco: Jossey-Bass.

Huffcutt, A. I., & Arthur, W., Jr. (1994). Hunter and Hunter(1984)revisited: Interview validity for entry level jobs. *Journal of Applied Psychology*, *79*(2), 184-190.

Ilgen, D. R. (1994). Jobs and roles: Accepting and coping with the changing structure of organizations. In M. G. Rumsey, C. B. Walker, & J. H. Harris(Eds.), *Personnel selection and classification* (pp. 13-32). Hillsdale, NJ: Lawrence Erlbaum.

Ilgen, D. R., & Klein, H. J. (1988). Individual motivation and performance: Cognitive influences on effort and choice. In J. P. Campbell & R. J. Campbell(Eds.), *Productivity in organizations*. San Francisco: Jossey-Bass.

Ingraham, P. W., Selden, S. C., & Moynihan, D. P. (2000). People and performance: Challenges for the future: The report from the Wye River Conference. *Public Administration Review*, *60*(1), 54-60.

Iowa Department of Personnel. (1994). *Personnel management for managers and supervisors*.

Des Moines：Author.

Johnson, J. A., & Hogan, R. (1981). Vocational interests, personality, and effective police performance. *Personnel Psychology*, *34*, 49-53.

Kanfer, R., & Ackerman, P. L. (1989). Motivation and cognitive abilities: An integrative aptitude-treatment interaction approach to skill acquisition. *Journal of Applied Psychology*, *74*, 657-690.

Katzenbach, J. R., & Smith, D. K. (1993). *The wisdom of teams: Creating the high-performance organization*. Boston: Harvard Business School.

Kyllonen, P. C. (1994). Cognitive abilities testing: An agenda for the 1990s. In M. G. Rumsey, C. B. Walker, & J. H. Harris(Eds.), *Personnel selection and classification*(pp. 103-126). Hillsdale, NJ: Lawrence Erlbaum.

Landy, E J., Laura, S. C., & Stacey, K. M. (1995). Advancing personnel selection and placement methods. In A. Howard(Ed.), *The changing nature of work* (pp. 252-289). San Francisco: Jossey-Bass.

Lane, L. M., & Wolf, J. F. (1990). *The human resource crisis in the public sector*. New York: Quorum.

Lowry, P. E. (1994). The structured interview: An alternative to the assessment center. *Public Personnel Management*, *23*(2), 201-215.

McCarthy v. Philadelphia Civil Service Commission, 424 U. S. 645(1976).

McCrae, R. R., & Costa, P. T., Jr. (1987). Validation of the five-factor model of personality across instruments and observers. *Journal of Personality and Social Psychology*, *52*, 81-90.

Mosher, F. C. (1982). *Democracy and the public service*(2nd ed.). New York: Oxford University Press.

National Commission on the State and Local Public Service(Winter Commission). (1993). *Hard truths/tough choices: An agenda for state and local reform*. Albany, NY: Rockefeller Institute of Government.

Omnibus Transportation Employees Testing Act, P. L. 102-143, 105 Stat. 952(1991).

Ones, D. S., Mount, M. K., Barrick, M. R., & Hunter, J. E. (1994). Personality and job performance: A critique of the Tett, Jackson, & Rothstein(1991)meta-analysis. *Personnel Psychology*, *47*(1), 147-156.

Ones, D. S., Viswesvaran, C., & Schmidt, F. (1993). Meta-analysis of integrity test validities: Findings and implications for personnel selection and theories of job performance. *Journal of Applied Psychology*, *78*(4), 679-703.

Organ, D. W. (1994). Organizational citizenship behavior and the good soldier. In M. G. Rumsey, C. B. Walker, & J. H. Harris(Eds.), *Personnel selection and classification*(pp. 53-68). Hillsdale, NJ: Lawrence Erlbaum.

Peter, L. J., & Hull, R. (1969). *The Peter principle*. New York: William Morrison.

Pynes, J., & Bernardin, H. J. (1992). Mechanical vs. consensus-derived assessment center ratings: A comparison of job performance validities. *Public Personnel Management*, *21*(1), 17–28.

Rae, M. J., & Earles, J. A. (1994). The ubiquitous predictiveness of g. In M. G. Rumsey, C. B. Walker, & J. H. Harris (Eds.), *Personnel selection and classification* (pp. 127–136). Hillsdale, NJ: Lawrence Erlbaum.

Rutan v. Republican Party of Illinois, 497 U. S. 62(1990).

Schmidt, F L., & Hunter, J. E. (1998). The validity and utility of selection methods in personnel psychology: Practical and theoretical implications of 85 years of research findings. *Psychological Bulletin*, *124*(2), 262–275.

Schuler, H., Farr, J. L., & Smith, M. (Eds.). (1993). *Personnel selection and assessment: Individual and organizational perspectives*. Hillsdale, NJ: Lawrence Erlbaum.

Stokes, G. S., Mumford, M. D., & Owens, W. A. (1994). *The biodata handbook: Theory, research, and application*. Palo Alto, CA: Consulting Psychologists.

Sullivan, J. (1999, June). Gaining a competitive advantage through increasing the speed of hire. *IMPA News*, pp. 14–15.

U. S. Government Accounting Office. (2003). *Human capital: Opportunities to improve executive agencies' hiring processes*. Washington, DC: Author.

U. S. Merit Systems Protection Board. (1995). *The rule of three in federal hiring: Boon or bane?* Washington, DC: Author.

U. S. Merit Systems Protection Board. (1998). *Federal supervisors and strategic human resource management*. Washington, DC: Author.

U. S. Merit Systems Protection Board. (2000). *Merit principles survey*. Washington, DC: Author.

U. S. Merit Systems Protection Board. (2001a). *The federal merit promotion program*. Washington, DC: Author.

U. S. Merit Systems Protection Board. (2001b). *The U. S. Office of Personnel Management in retrospect*. Washington, DC: Author.

U. S. Merit Systems Protection Board. (2002). *Assessing federal job-seekers in a delegated examining environment*. Washington, DC: Author.

U. S. Merit Systems Protection Board. (2003). *The federal selection interview: Unrealized potential*. Washington, DC: Author.

U. S. Office of Personnel Management. (1999). *Delegated examining operations handbook: A guide for federal agency examining offices*. Washington, DC: Author.

Van Riper, P. (1958). *History of the United States civil service*. New York: Harper & Row.

Van Wart, M., & Berman, E. (1999). Contemporary public sector productivity values: Narrower scope, tougher standards, and new rules of the game. *Public Productivity & Management Review*, *22*(3), 326–347.

Van Wart, M., Cayer, N. J., & Cook, S. (1993). *Handbook of training and development for the public sector*. San Francisco: Jossey-Bass.

Vandenberg, R. J., & Scarpello, V. (1990). The matching model: An examination of the processes underlying realistic job previews. *Journal of Applied Psychology*, *75*, 60–67.

Walter, R. J. (1992). Public employers' potential liability from negligence in employment decisions. *Public Administration Review*, *52*, 491–495.

Wanous, J. P. (1992). *Organizational entry: Recruitment, selection, and socialization of newcomers*. Reading, MA: Addison-Wesley.

Whetzel, D. L., Schmitt, F. L., & Maurer, S. D. (1994). The validity of employment interviews: A comprehensive review and meta-analysis. *Journal of Applied Psychology*, *79*, 599–616.

Wiesen, J. P., Abrams, N., & McAttee, S. A. (1990). *Employment testing: A public sector viewpoint* (Personnel Assessment Monographs Vol. 2, No. 3). Washington, DC: International Personnel Management Association Assessment Council.

第 5 章

职位管理

适人适用。

——奥托·范·比斯马克

学习目标

通过学习本章，你应该能够：

- 明确影响传统职位分类的因素与发展的动力
- 区分公共部门中的三类人事系统
- 理解职位分类的两种根本不同的用途
- 区别工作分析和工作评价的相关概念
- 实施非正式的工作分析和工作评价

职位管理通常被认为是一门除了人力资源部门的少数专家以外，对任何人来说都没什么兴趣可言的枯燥无味的科学。这种想法如果不是完全误解，则是带有讽刺和矛盾意味的。第一，职位分类更像一门艺术而非科学，因为它实际上是由不同的体系构成的，每个体系都有明显不同的价值取向。此外，每个体系的价值取向随着时间的推移而变化。从艺术视角才可以理解各种体系在特定的时间所蕴涵的不同的价值观。科学就是理性贯彻这一价值观系统。不幸的是，当价值观系统变得过于刚性，以及职位分类和薪酬问题被当做建立在自然科学之上的规律来对待时，一个关于职位管理的混乱的描述便产生了。[1]在华莱士·塞尔的一篇名为《手段胜于目标》的经典文章里对此倾向做了很好的描述。

第二，职位分类体系所传达的理性秩序通常被高估了。大型组织的大多数分
122 类体系是非常细碎的，且有时候是偶然形成的，因为像政治、市场力量、绩效、社会公正和工会影响，这些竞争的压力会随着时间的推移而扭曲职位分类体系。大多数小型组织（它们占了美国政府部门的大多数）的分类体系实际上是零散的人事系统，而不是真正的**职位管理系统**。

第三，尽管工作分析和工作评价的正式方法经常在管理课本和其他地方被大肆鼓吹，但是它们并不总是被使用到实践中。非正式的方法才是普遍的，而且这些技能对于雇员和经理都同样重要。最后，虽然职位分类对于非人事专员来说可能似乎是一门没有多少作用的学科，但是它实际上是知识的重要来源，更进一步说，是组织中权力的重要来源。理解核心组织结构与理解预算和管理原则一样重要（Condrey，1998）。

尽管工作分类系统通常传达的是一种明智的感觉，但是它们可能应该被更准确地看做智力拼图玩具。但是，我们不能被这种意识所阻挠。由于它们对有工作上进心的人、工薪阶层、社会阶梯上的攀登者、职业战略家、经理人员、行政主管和立法者的重要性，我们应该把它们看做复杂的组织世界的神奇的基石。关于职位管理的决策在所有职业生涯和组织健康管理中都非常重要，掌握职位分类中所使用的工具的一般知识也非常关键。

5.1 人事策略的三种类型

美国公共部门人事管理系统由三种基本的人事策略组成，每种策略在所有政府人事系统中都以一种分层的模式表现出来。选拔是每种策略的核心，并且同样地影响到后面的职位分类和职位管理。三种系统各自以选举、任命或规则（由绩效、资历和代表性等因素组成）为基础。[2]虽然这在前面的章节已经讨论过了，

但是在这里以职位分类为背景再回顾一下是非常重要的。

在人员选拔中，选举作为政策制定的一种策略，是民主国家的基础。公众选择的人，既要制定和执行政策，从某种程度上说，还要解释法律。选举系统强调价值观、辩论、政治回应性以及对政府的一般（而非专业）知识。选举的官员成为大多数公共部门的领导者，但是被要求按期限任职，如果想在政府中获得职业发展就要定期重新选举。通常有两种类型的选举官员。最引人注目的就是在大的办公室工作，其薪水完全满足其生活的全职官员。尽管如此，更普通的类型则是“公民—立法者”，他们是兼职，其薪水是有限的或不太合理的。[3]

第二种人事策略是由选举出的官员作出任命决策。一般来说，任命的官员按照那些选拔他们的官员的意志服务。最引人关注的任命官员是那些管理内阁级别机构的部长、主管和委员，以及他们的主要副职。任命的雇员通常也包括与政策相关的顾问和机要人员。在理想的状况下，选举官员会选拔那些他们认为能胜任的或有功的，并且通常认同他们的政策立场的人担任全职有酬工作岗位。通常的惯例允许选举官员在政府部门中按照**分肥原则**——或者奖励政治支持者或者间接 123
增强个人地位（比如通过任命家庭成员的方式）——挑选被任命者。虽然无数“强化”政府（见“导论”）的高层和中层的政治任命者不能被忽视，但是由于法律行动的原因，大规模的分肥选拔在今天的职业标准中已经很少见了（Hamilton，1999）。最普通的任命者是就职于政府的各个层级中数不清的董事会和委员会中的“公民—被任命者（citizen-appointees）”，他们是兼职，只有很少或几乎没有任何报酬。

第三种策略就是以规则为基础的选拔，它影响到公共部门中的大多数人，也是本章主要关注的核心。这种策略给予**绩效**优先权，且以技术资格和专家判断的竞争选拔为基础。通常只有特殊原因才能被政府免职（参见第 10 章）。绩效哲学在组织中的高级形式是从 19 世纪演化发展而来的，主要有两种基本的绩效评估策略（示例 5—1 是两种策略的比较）。**职位等级**（rank-in-job）的人事策略在美国非常普遍，但在其他地方较少见。[4]等级和薪水由占据的职位工作决定。大幅度的加薪和更高的地位只能通过更好的工作（升职或重新分类）来获得，但是在一个组织中，越级晋升是不常见的，只能按照预定的工作系列（比如城市规划师）一级、二级和三级这样来晋升。职业发展是在职者自己的责任，晋升通常也是公开的竞争，包括来自组织外部的**横向进入**①（lateral entry）（形成了**开放的人事系统**）。绩效评估制度的选拔严重地依赖于有许多等级或层级的体系。

---

① 横向进入：指为那些以前不在公共部门任职，但对公共部门工作有兴趣且能胜任的人提供到公共部门工作的机会。——译者注

示例 5—1　职位分类与品位分类

绩效评估制度分类有两种方法：职位分类和品位分类。虽然两种分类都找不到完全纯粹的形式（在组织中可以发现近似的职位分类和品位分类），但是两者强调的重点有很大差异。与工作/职位（或者开放）策略最接近的是公务员系统，与品位（或封闭）策略最相似的是军官系统。职位分类和品位分类有许多特点将各自区分开来。

职位（开放的）绩效评估制度策略	品味（封闭的）绩效评估制度策略
关注工作："工作决定人"	关注人："人决定工作"
录用只以技术资格条件为依据	录用以综合的资格条件和长期的潜力为依据
允许横向进入	不鼓励或禁止横向进入
在大多数情况下晋升是以公开竞争为基础的	晋升以上级的评估为基础
只要绩效令人满意，职位等级即可保留	职位等级随着时间推移而升高的预期；一种"不晋升就离开"① （up-or-out）的哲学筛选出在职者
职业发展主要是在职者的责任	职业发展主要是由组织通过特定的职业通道予以规划
专注于/产生专才的趋势	专注于/产生通才的趋势

人员等级的策略在美国比较不常见；主要包括军队、公共安全部门这样的准军事组织、驻外事务处、学术部门、一些保健机构和联邦高级执行部（示例 5—2 提供了一些职业等级的典型例子）。人员等级强调在职者随着时间的推移而发展，特别是在组织内部的发展，而且倾向于导致封闭的系统。**封闭的人事系统**为组织外部的横向进入提供的机会非常少。它允许有更多的职位灵活性，因为不管人员当前的职责是什么，等级都随人走。晋升是随着时间的推移而预期获得的奖赏；这种系统通常有一种很强的**不晋升就离开的哲学**，这样那些没有得到提拔的人将最终被迫离开组织。军队军官的等级数，少的只有 3 个，多的达 10 个。

124 **示例 5—2　人员等级（Rank-in-Person）的三个例子**

军队军官等级	消防部等级	大学/院系等级
准军官：	新队员	未分等的/非终身任职的：
军官学校学生	消防员	助教
准尉	工程师	讲师
	军医	兼职教授
尉官：	副队长	
少尉	指挥	分等的/非终身任职的：
中尉	区域消防队长	助理教授

① 不晋升就离开，是在一定期间内不能晋升到上一等级的人员，就被免职或被迫退休。——译者注

续前表

军队军官等级	消防部等级	大学/院系等级
上尉	助理消防队长	
	消防局局长	分等的/终身任职的：
陆军校级军官：	副消防队长	副教授
少校	消防队长	正教授
陆军中校		有特殊身份的教授（杰出的、校务委员会的教授、首席教授）
陆军上校		
将军或海军将官：		
准将		
少将		
中将		
将军		
五星上将（军队将军）		

混合的策略也是可能的。就选拔的例子来说，部分公务员是任命的，但却要像选举官员一样按固定的任期任职（比如州公共安全指挥官和大学校务委员）。一些法官被任命终身任职。当前，出现了一种新的趋势，将以规则为基础的（绩效评估）选拔与类似于任命策略中的那些终止程序联系起来，就成了**任意雇佣**，在任意雇佣里面，工作的所有权是有限的。[5]尽管任意雇佣在公共部门还只是人们的希望而不是现行的规则，但这一章将会讨论重要的当代改革**公务员制度**动力的例子。本章结论将会主要关注这种和其他影响职位等级与人员等级系统的趋势 *125*
（关于这个讨论的例子可以参见 DeSoto & Castillo，1995；Somma & Fox，1997；West & Bowman，2004）。

5.2　职位分类和管理的起源

在美国公共部门雇佣的第一个世纪，即 1789—1883 年，职位分类不是作为一种理性的系统存在的。职位往往以一种特别的方式被创造和给薪，主要以**庇护制度**（patronage system）、社会等级和地区代表性为基础，只在这些因素同时存在的时候才看绩效。公务员系统在初期相对来说是精英主义和稳定的，但是经过 19 世纪演化成了一个杂乱的系统。国会于 1853 年颁布了法律，建立了四种主要的工作类别，每种类别都有薪酬等级；但是，这部法律经常被忽视，政府的各个层级都在为绩效、公平和一致的报酬而斗争（Mosher，1982；Van Riper，1958）。

19 世纪末获得了推动力的公务员改革运动，逐渐改变了职位分类和管理的状况，但是改革的重要性不应该掩盖其他的影响。同时，招募、甄选、晋升、纪律和其他人事程序中的政治影响也正在被减少，现代管理原则也被更广泛地引进。到 20 世纪初期，弗雷德里克·泰勒的科学管理，不管它是否是真的科学，已经极大地促进了职位分类过程的发展。泰勒倡导这样一种理念，即存在着完成工作的“一种最好方式”，这种方式可以通过彻底的工作分析找到。这有力地驳斥了杰克逊所相信的，政府的工作是“如此普通和简单，以至于只要是有智力的人就可以轻松胜任”（引自 Van Riper，1958，p. 36）的观点。

工作分析提供了选择较好的工作方法，寻找更高绩效，提供更好培训的途径。系统的工作描述变得更常见，工作关系变得更合理。工作分析突出工作的区别，并且将工作分解成多个组成部分。正是如此，科学管理运动掀起了一股“鸽笼式”（pigeonholing）工作分类的长期趋势，在多个不同的层级将工作分解成上百以至上千个不同的职位。比如，旧的《职业名称词典》（*Dictionary of Occupational Titles* 或者 *DOT*）（U. S. Department of Labor，1991）就列举了 12 741 种职业。[6]

1923 年的《职位分类法》巩固了科学管理的新智慧，提供了理性的职位管理系统的一种全国模式。它确立了：（a）是职位而不是个人应该被分类；（b）**工作职能**和责任是工作的特征；（c）任职资格条件是确定分类的一个关键因素；（d）一个类别的人员能够胜任这个类别里的所有其他职位。这部法律加强了立法机关监控和控制职位的能力，主要是在雇员总人数、等级天花板（grade ceilings）和薪酬范围方面。1949 年的《职位分类法》为白领和蓝领工人设立了单独的工资表（schedule），这是将人事系统分成职群（occupational clusters）的典型趋势。职位等级系统的激增还提升了将人配置到工作的理念。在这段时间里，
126 一方面，管理效率和立法控制得到了强调，另一方面，雇员的程序权利也日益得到加强。工作有变得更窄和更缺乏灵活性的趋势。

通过关于种族、肤色、宗教、性别、国籍、年龄和残障歧视的立法，机会均等从实质上改变了职位管理。特别重要的是 1963 年通过的《公平报酬法》，该法针对的是工资发放中的性别歧视问题。不管在职者的个人特征，都同工同酬，其逻辑的法律延伸便是在雇佣和晋升中的机会均等。在这段时间，公共部门的工会在数量上和权力上都继续增加，虽然到 20 世纪 80 年代私营部门的工会数量开始经历显著的下降。

尽管机会均等和强大的工人代表有明显的好处，但是始于《彭德尔顿法》后的过度的职位管理系统也开始产生问题：职位分类的僵化、过度的专业化和鸽笼式分类管理、弱结果导向、员工责任感不强和技术复杂化。比如，批评家抱怨，在联邦层级，从一个工作类别晋升到另一个类别必然会带来争议，2 500 个不同

的工作类别太多了，解雇表现不佳的雇员已经成了一场噩梦，近36种工资系统过于繁杂。州和地方政府系统也有同样的状况，只是规模较小。到20世纪90年代中期，机会均等开始从在人事系统中占据的优势地位退却（Ewoh & Elliott，1997）。

尽管1978年的《公务员改革法》激发了改革的重要初期尝试[7]，但是最近的人力资源世纪是从20世纪90年代真正开始的，强调宽泛的职员类别，更多程序上的灵活性，更严格的雇员责任，以及技术的简化。例子包括宽带薪酬、政府再造、简化人事政策和手册以及文官系统的修正。当几个等级的职位被合并的时候，一个职位就有较宽范围的薪酬，这就叫**宽带薪酬**。正式的晋升并不要求有薪酬上的变动（传统的和更狭窄的分类系列是要求薪酬变动的），尽管重要的升职仍然是要求加薪并做好相关记录的。在一些情况下，人们在一个单一的类别中进行排列，比如初级、熟练、高级和专家，但是这些名称是由具体的单位决定的，而非人事部或**公务员制度委员会**来决定。20世纪90年代初期的政府再造和简化的动机倾向于将许多人事职能下放到工作现场，这样现场工作人员（比如现场的办公室、单独的部门或者单位）就能够执行这些职能。当前的公务员改革集中于加强雇员责任感以达到适度的和/或能够加以定义的绩效标准（美国功绩制保护委员会[U.S. MSPB]，1999）。至今与此有关的最激进的例子是1996年佐治亚州公务员系统的终结（参见示例5—3案例并讨论），雇员合同的兴起，以及在州立大学对获得终身任职的教职员工的检查过程（Isfahani，1998）。虽然联邦分类系统还要对1949年的法案进行大的变革，但是豁免改革的内容正在增加（Cipolla，1999），而且关于进行适度（Kettl，Ingraham，Sanders，& Horner，1996）而不是激进的全面革新（Cipolla，1999；U.S. General Accounting office [U.S. GAO]，2003）的建议似乎也在增加。

最后一个重要的历史问题是，人力资源专家试图使用一个单一的包罗万象的工作名称分类法，这样这些工作名称可以进行行业内和跨行业的比较。从实践的角度来说，职位分类系统将最终能够按客户需求进行定制；尽管如此，理想的状况是它们都是用一种共同的语言和框架。这种框架就是人事管理局的标准职业分类系统（SOC）。它将工作分成23个大的工作群，96个小的工作群，449个宽泛的职业，以及821个细化的职业（Pollack，Simons，Romero，& Hausser，2002）。像劳工统计局（职业前景手册）、就业与培训署（在线职业信息网络系统或O* NET）、普查统计局和人事管理局（联邦职位分类系统）这样的联邦部门都使用这个框架。虽然希望其他层级的政府——以及使用这些政府机构的产品的私营部门——也逐渐受到修正过的标准职业分类系统的吸引，但是这种系统汇聚作用的发生还尚待时日。

127 **示例 5—3　　佐治亚州的公务员系统再造**

1996 年 7 月 1 日，佐治亚州以激进的方式改变了它的人事系统，对新来的雇员停止给予公务员保护。那天以后，新来的雇员被看成是“未分类的”，这使他们脱离了州人事委员会的权限，实质上成了任意雇员。最终，没有任何州公务员将会在由州人事委员会提供的传统公务员体制保护之下。至少四个因素有助于佐治亚州通过和保持这种激进的立法：

- 佐治亚州是一个主张自由工作权的州（right-to-work state）①；
- 在通过一项立法议程中州长的胜利；
- 来自州最大报纸的评论的支持；
- 来自政府中官僚领导者的支持。

在新的法律条例下，雇员没有工作的所有权利益或终身任职的权利，这意味着上级在雇佣终止行动上将有更多的裁量权。此外，招聘和选拔将在单个机构的基础上分别进行。

即便是在 1996 年前，一些机构已经将它们自己从公务员系统中脱离出来，以至于 18%的州雇员是未分类的。到 1998 年，这个比例已经显著地上升到 33%，预计到 2006 年，近 90%的州雇员将是未分类的。

至今，这些变化没有带来像政治干预、官僚裙带主义或者管理欺压这样突出的滥用，也没有导致广泛的组织变革。对于它的衍生结果，观察家还将会对这个案例进行仔细观察。特别让人感兴趣的是分肥任命的例子是否会重新变得明显，以及广泛的裁员（RIF）怎样在不损害权利的情况下改变系统。

资料来源：Condrey (1998).

5.3 人事模式与职位分类系统

零散的人事系统（piecemeal personnel system）缺乏级别或等级，以某种特定的方式发放薪酬。工作关系通过一张组织结构图来反映，可能有简单的工作描述；但是，详细的工作分析，清晰描述的工作系列，以及公务员保护是部分的或根本没有的。零散的人事系统在小的政府部门仍然很普遍。其明显的缺陷包括：
128 存在矛盾；人力资源各职能（比如雇佣、评估和晋升）之间缺乏整合；雇佣和晋升的合法性面临着来自法律的挑战。尽管如此，零散的人事系统有灵活性，其一定程度的非正式性可以很好地适应小组织。

正式的职位分类系统为所有的职位提供了级别或等级，这允许理性职位管理系统的存在，它为每个级别或等级配置**审定的薪酬范围**（authorized salary ranges）。在理想的情况下，所有的工作都被彻底分析其内容，并被严格评估其相对

① 指雇员不需要为了保住某份工作，而成为工会成员或者受工会合同的保护。——译者注

价值。此外，这种系统应该确保在组织成员之间的**内部公平**和在组织外的类似职位之间的**外部公平**。它还应该提供考虑资历、功绩、技能和其他特殊的**个人公平**的机会（比如工作场所和轮班的不同）。在现实中，职位管理系统很少满足这些标准，部分是因为维持这样理想状况的花费和精力要求过高，部分是因为施加在这些系统之上的相互竞争和矛盾的要求。

职位分类的两种主要用途

职位管理系统是管理、跟踪和控制雇佣数量、成本和职位等级的结构。立法者需要知道审定的职位数量和实际在职的职位数量，并且预测总的人事成本，这样他们就能控制特定领域的职位数，并且控制职位级别或等级。职位管理系统通常统计职位、分配场所，以及决定精确的薪酬体系。职位能通过职能进行追踪，比如运输，还能通过专业进行追踪，比如工程学。职位还能通过级别和等级进行追踪和监控，比如，艾奥瓦州有57个工资等级，大多数工资等级里又分6个级别；这样，立法者能够确定有多少雇员在什么机构、什么层级以及以什么样的成本工作。从这个角度看，职位分类系统最终成了支持薪酬系统和控制成本的管理工具。

职位分类系统的第二种主要用途是工作支持和工作设计。工作分类系统通过工作分析和工作组织，提供了组织中工作分割和整合、招聘、甄选方法、培训项目、评估系统，以及其他人力资源职能的基础。尽管职位分类的控制/管理和工作支持/设计职能都要检查工作的内容，但是它们不同的目的在实践中通常要求不同的方法。

职位是怎样被集合到一起的

职位系统始于一个单独个体的义务和职责，他的工作就被称作职位。拥有相似特征的一群职位就组成了所谓的职类（job classification）、工作种类（job class）、类别（classification），或者简单地称作工作（job）或者种类（class）（这里使用的词语是可以相互交换的）。从技术上说，“工作”指同样的职位，而“职类”指的是职责和资格条件相当的一组相似的职位，但特殊的任务可能会不一样。比如，“财产评估员”是一个类别，但一个人可能被分配去评估住宅财产，而另一个人可能被分配去评估商业财产。尽管如此，出于分类的目的，他们都经历了一般的训练，有着轮流的机会，这也是为什么要使用职类的概念（这样就不会产生过多数量的种类）。职类的数量根据组织的不同也非常不一样：联邦政府有大约2 500个，州政府多的有4 500个（加利福尼亚州），少的只有550个（南

129 达科他州），而且微型组织只有几个职类（Chi，1998）。相互联系的职类被归入一个职系（class series）。[8]比如，联邦政府为白领工人划分了大约450个职系，为蓝领工人划分了350个职系。职系接下来又被归入更大的**职族**（occupational families）。相关联的职族，比如所有白领的工作被归入同一个工资计划或工资表，在这里面确定级别、等级和工资。

虽然这从理论上看起来非常理性，但在实践中却会产生出混乱的系统。管辖权的大小、交涉单位的数量，以及管辖权的历史状况会产生出非常不同的职位分类系统，这些系统都有不同的难题和矛盾。示例5—4展示了两个常见的问题。首先，系统经常有不必要数量的工资计划，这通常是由劳工—管理层之间的协商形成的，而不是理性的规划（Levine & Kleeman，1986）。例子中的蓝领职位有三

130 **示例5—4　　分类系统零散的例子：艾奥瓦州埃姆斯（Ames）市**

下表的第一纵列展示的是雇员职位归类情况（从单个的职位到大的工资计划），其他纵列是举例。

职位（=522）	John Doe，公共建设工程中的未分类工人	Jane Doe，消防站[a]消防指挥	Bob Smith，消防队长	Helen Brown，交通工程技师	Bill West，负责巡逻的警官	Betty Hernandez，承担医务责任的消防员	Zed Vandervere，值第一轮班的电线工人	Ellen Jordan，发电站值第二轮班的火工
职类（=224）	未分类工人	消防指挥	消防队长（只有一个人的职类的例子）	工程技师	警官	消防员	电线工人	发电站火工
同一职系中的高一级职类	——	副消防队长[a]	——	工程技师Ⅱ	警察下士	消防中尉	电线工头	发电站操作员
职族（=8）	混合型	非工会成员的管理人员	部门主管和行政主管	蓝领（IUOE）	警察	消防服务	蓝领（IBEW）	发电（IUOE）
工资计划或工资表（=8）	临时工	工资计划C[b]	工资计划D	工资计划E	工资计划F	工资计划G	工资计划H	工资计划I

a. 是一个小部门，埃姆斯市没有一个完整的品位制度。
b. 工资计划A和工资计划B已不再使用。

种不同的工资计划，公共安全部有两种不同的工资计划。在理想的状况下，它们应该能合并到一起。其次，此例子说明了当个人沿着管理控制链晋升的时候，工资计划发生的变化。消防员位于工资计划 G，消防指挥位于工资计划 C（适用于城市中层管理者），消防队长位于工资计划 D（适用于城市主管人员）。工资计划数量似乎随着管辖权范围的增大而增加（此问题的例子可参见示例 5—5）。虽然这样可能增加了对市场因素的回应性，在一些情况下增强了可比性，但是可能导致系统过于复杂和难以控制。应该注意的是，拥有适当工资计划数量的一个系统（艾奥瓦州司法分部）在 20 世纪 80 年代被进行了全面的重组。其他的问题包括过窄的种类定义（有时候只有一个在职者），以及拥有双重类别的职位（而且有不同的薪酬模式），只因为相同的工作存在于同一政府的不同组织或谈判单位。

131

示例 5—5　　工资计划数随着管辖范围的增大而增加（举例）

	埃姆斯	艾奥瓦州司法分部[a]	艾奥瓦州[b]	美国联邦政府
职位数	522	2 200	19 000	5 000 000
职类数	224（平均规模：2.3）	132（平均规模：16.7）	850（平均规模：22.4）	2 500（平均规模：2 000）
工资计划或工资表数	8	4	15	36

a. 政府的这一分支机构在 1986 年被重构，当时该系统被转变成一套全州范围的系统。

b. 该职位没有包含 24 000 个大学校务委员会的雇员（艾奥瓦州、艾奥瓦大学和北艾奥瓦大学）。校务委员会机构为绩效评估制人员、专业人员、管理人员、教职员工和临时雇员都没有单独的分类系统。

人员等级的系统通过为许多运行中的职位使用统一的品位系列来减少工作类别的数量。“军队指挥”、“区域消防队长”和“副教授”是由专门的军队单位、消防区域或部门为许多职位确定的总的工作名称。与职位等级系统不同，品位系统一般不向横向进入（从组织外进入而没有首先经过初等或入门职位的竞争）开放。

总的来说，虽然许多小组织拥有的是零散的人事系统，并且其运行的效果也可以接受，但是大型组织仍然需要正式的职位分类系统。这种系统可以通过逻辑化的分类即职类、职系、职族和工资计划，帮助追踪和控制职位，并且支持这些职位。接下来将讨论分类的工具。

工作分析和工作评价

职位分类和管理中最重要的两种工具就是工作分析和工作评价。**工作分析**

是为了确定成功完成工作所需要的知识、技能和能力（KSAs）而收集信息并对此作出许多判断的系统过程。从理论上说，**工作评价**是工作分析的一种特殊类型，将美元的价值或相当值赋予工作（Siegel，1998a，1998b）。在实践中，工作评价通常非常专门化，以至于像与工作分析完全不同的职能一样；但是，不管两种方法之间具体是什么关系，它们确实有一些相似之处。它们都能使用简单的“整体工作”（whole job）评估策略或更严谨的“因素系统”（factor system）。它们都有许多正式的相对复杂和花费较多的方法（参见本章附录A），但这些方法对所有组织成员从总体上理解组织来说非常重要。最后，它们都有共同的非正式方法，这些非正式的方法应该是经理人员所有标准技能的一部分。

整体工作系统与工作因素系统

整体工作评价不将工作系统地分解成其组成部分，相反，它从整体上考虑工作，根据个人直觉和过去的经验作出简短的判断。例子有许多：

- 整体工作分析：一位主管从同一组织的另一单位雇用了一名文职人员，这位文职人员很明显拥有合适的技能，并且已经大体上了解此职位。这位主管急需用人，所以没有进行职位分析。虽然被确定为一个“秘书Ⅲ”的职位，但此职位总的工作描述并没有对此特定职位做清晰明白的说明。
- 整体工作分析：一位经理为一个新职位雇用了一名专门的项目协调员。虽然提供了一个工作要素的粗略描述，但它其实只是可能需要的知识、技能和能力的建议。
- 整体工作分析：一位行政主管从总体上评估一位高绩效的经理人员，并没有详细了解此经理人员每天的具体任务。
- 整体工作评价：一个组织中的一位经理（没有一个正式的职位分类系统）凭直觉为一个新职位选择了一个薪水标准，经验表明此薪水将会吸引能胜任的应聘者。

132 整体工作方法是简单、概要的判断。它们的优点包括有效率，以及倾向于尊重决策者过去的经验和智慧。问题在于这样的方法可能是草率的，建立在不充分或不准确的信息的基础之上。此类方法几乎不能为各种人力资源职能提供信息，并且当决策是错误的时候，它们不能提供充分的管理或法律上的辩护。在拥有大的工作类别和典型工作评价的系统内，整体工作方法通常是不合适的。

工作因素系统将工作分解成其组成部分。工作分析和工作评价方法中使用的因素的数量和类型变化相当大。工作分析和工作评价研究的共同因素有任务要求、责任、工作环境、体力要求、工作难度和人际关系（Foster，1998）。有的方法只依靠 3 个因素（通常有子因素），有的使用 12 个以上的因素。评价者在选择因素和方法之前就确定准确的目的非常重要，因为创建正式的工作因素是耗时和耗钱的，并且事后要接受雇员严格的审查（关于正式的工作分析和工作评价的更全面的局限性的分析可以参见示例 5—6）。成功的工作因素系统能够在一定程度上实现与职位管理系统的一致性，这能极大地鼓舞士气和提高运行效率。

示例 5—6　　正式的工作分析和工作评价的局限性

正式的工作分析的局限性	正式的工作评价的局限性
● 第一，费用的问题。外部顾问是一笔不菲的支出，而内部专家可能缺乏专业技术或时间。 ● 第二，过时的问题。现代工作的动态性意味着正式的工作分析很快会变得过时。 ● 第三，组织刚性的问题。今天，组织需要员工具有灵活性、团队工作，并且要有“全局观”。而正式的工作分析倾向于强调精细的工作描述、单一的工作和专业化。 ● 最后，工作定义与工作表现的问题。虽然工作分析擅长于抓住工作的要点，但却不擅长于抓住与优秀相关的素质，以及对不同水平的表现进行区分。	● 第一，完备性和完整性的问题。工作评价一完成，它们就开始被市场变化、预期、新职位、责任的变化和新技术等所影响。 ● 第二，报酬僵化的问题。评估系统限制了经理根据雇员的能力和技能配置薪酬的能力。优异的雇员和未发挥潜能已经“出局”的雇员可能获得相同的薪水。 ● 第三，适应性的问题。在雇员需要与他人合作，并且可能需要随着时间的推移从根本上重新形成他们的工作时，正式的评价分析倾向于将人们进行鸽笼式分类。

5.4　工作分析的使用和方法

工作分析通常作为招聘、分类、选拔、培训、员工评估和其他职能的关键工 133
具使用。就招聘和职位分类而言，工作分析为职位招聘提供最新的信息，为撰写工作描述和进行工作分类提供精确和严密的基础。对于选拔来说，工作分析在确定既实用又合法的有效选拔标准上具有决定性意义。对于培训和开发，确定和详细列举需要的能力，以及胜任能力与在职者的一般表现之间普遍存在的差距，工作分析也是必不可少的。当考虑员工评估的时候，工作分析可以帮助定义具体的绩效标准，以及编制评估标准。就人力资源的其他职能而言，工作分析在确定如何为残疾应聘人和员工提供合理的便利设施，以及怎样再设计或扩大工作上也非常关键。

工作分析技术是一个有效的工具，因为它提供了一个了解组织的基本面的独特机会，并且提供了一个对当前做法进行周密检查的机会。行政主管可以鼓励全面的工作分析，以确保组织结构反映了当前的管理措施、技术和工作分配要求。在今天的环境下，工作分析很有可能会发现过多的中层管理、过时的硬件、适合的软件的缺失以及人手不足和冗员这样的无效率状况。经理人员可以将问题工作作为引起重视和获得支持的机会，或者使工作簇（clusters of jobs）成为工作设计或工作流程（work flow）改革的一种可能。在非正式的工作分析中，雇员可以学习他们的同事的职位，进行跨岗培训，或者为了更好地理解和改进工作，他们也可以研究自己的职位。即使是组织外的学生也可以使用工作分析方法作为他们实习经历的一部分，并且作为一项有市场销路的技能，就像金融管理或政策分析一样。

工作分析依赖于四种主要收集信息的方法的结合：问卷法、访谈法、观察法和档案数据法（Foster，1998）。选择的方法取决于待分析的工作数量、工作的类型、需求的信息类型。比如，一个旨在为一个大城市开发选拔测试而进行的警官职位工作分析，与旨在进行流程重组而对一个信息技术部门的所有职位进行的工作分析，需要不同的策略。

● 档案数据法的使用包括对工作和职位描述、以前的工作分析、绩效评估、培训资料、员工手册、工作产品的实例，以及其他帮助描述和定义职位的典型物品的回顾。在理想的情况下，这些数据应该在其他分析步骤之前使用，但在实践中，它们通常随着工作分析过程的进行才能逐渐获得。一系列档案数据提供了潜在的无价之宝，即背景和细节信息。

● 问卷既可以是开放式的也可以是结构化的。开放式问卷要求在职者确认他们的工作内容，并且用时间百分比量化其职能（见示例 5—7 举例）。接下来这些调查问卷由上级检查。这种方法的优势在于其低成本、统一的格式和使用在职者关于职位的知识。不幸的是，问卷法通常需要重要的跟进行动来填补信息缺口，且容易受在职者刻意掩饰的影响，在一些情况下缺乏信度。封闭式或结构化问卷提供用于选择的任务清单（通常是很长的），它能提供非常详细的关于工作的信息，但是为了有效利用这些信息，需要电脑聚合分析和受过专门培训的员工来分析。

示例 5—7　　职位描述分析 134

艾奥瓦州人事部（IDOP）职位描述问卷（PDQ）

完成此表之前请阅读填表说明

机构使用	IDOP 使用　　PDQ＃________
M-5＃：________	职类名称________________
□新职位	18 位数的职位编号________________
□职位职能发生变化	人事官员________________
________要求的职位检查	日期________________
________非要求的职位检查	
□对 IDOP 要求的回应	

1. 雇员姓名（如果没有，请写空缺）
2. 现在的 18 位数的职位编号和类别名称
3. 部门、分部、局、处和工作地址
4. 工作的时间（轮班、轮换、出差）
5. □全职（每周 40 个小时）
   □兼职（列举每周工作的小时数）
6. 该职位自从上次为了分类决策进行检查以来，分配的职责是否发生变化？□是□否
   如果是，在下面写的每项新任务旁画“×”。同时，详细描述这些任务与以前分配的任务有什么不同？
7. 直接上级的姓名和工作类别
8. 工作描述：详细描述工作。清楚地描述，以使读者能够准确地理解每项任务。在时间百分比列，填写平均每个工作周在每项任务上所花的时间。首先列举最重要的职责。如果这是一个重新分类的请求，必须附上以前的职位描述问卷。如果有任何地方没有完成，此职位描述问卷将被退回。

时间百分比（%）	执行的任务
	（如果需要可以另外附纸）

CFN 552-0094-4 R 4/99 135

9. 该职位应该被监管吗？是____否____如果是，请完成监管分析问卷表格（CFN 552-0193）并附在此表后。
10. 出于什么原因你要求检查此职位？如果适用的话，包括与其他职位相比，职责的重大变化或增加等。请具体说明。

我保证我已经阅读了完成此问卷的说明，这些回答由我自己独立完成，并且是准确和完整的。我了解上交的任何信息如果有歪曲或不实可能导致惩罚甚至包括解雇。

签字（在职雇员）________________日期________________

如果在 30 日内，没有得到你所在部门管理层支持或否定该请求的通知，你可以直接将此请求送到艾奥瓦州人事部进行检查。地址是：Facilitator，Program Delivery Services，Iowa Department of Personnel，Grimes Building，East 14 th & Grand，Des Moines，Iowa 50319-0150。

上级复查职位描述问卷
这部分必须在收到雇员职位描述问卷后的 30 日内完成。必须通知雇员关于支持或否决请求的决定。不管结果如何，此请求必须上交到艾奥瓦州人事部。如果任何部分是不完整的，此职位描述问卷将被退回。 11. 请按照你的观点简要说明，如果有的话，此表中的陈述在多大程度上是不正确或需要澄清的。 ____________________ ____________________ 12. 描述新任务的来源，也就是第 8 题中标有“×”的任务。如果增加了新任务，在分配到此职位以前，这些任务是在哪里完成的？这些任务是由其他人完成的吗？如果是，指出这些人以及他们的职位类别。 ____________________ ____________________ 13. 该职位的基本目的是什么？ ____________________ ____________________ 14. 指出在职者必须完成的基本职能，有否为残疾人准备合适的便利。明确需要的资格或证书。更多关于基本职能的信息可以参考说明页以及 3.15 部分的经理人员和管理者手册。 ____________________ ____________________ 15. 该职位被认为是机密职位或管理职位，所以免于集体谈判吗？是____否____如果是，请完成谈判免除问卷（CFN 522-0631）并附于此表后。 签字（上级）__________工作名称和工作类别__________日期__________
职位专家复查职位描述问卷
16. 意见： ____________________ ____________________
签字（职位专家）________________日期________________ CFN 552-0094-4 R 4/99

资料来源：艾奥瓦州人事部（1999）。

136

• 访谈法能以个人或群体的方式进行。工作内容可以通过对在职者或其上级进行半结构化或全结构化的问题调查进行分析。对管理、技术和专业性的职位来说，这是一种特别有用的方法。当一种类型的职位相对较少变化或当一系列非结构化的要素被抽出时，群体方法很有用，比如关键事件。访谈法的主要缺点在于耗费时间。

• 观察法指实地观看雇员完成其工作。这种方法对于分析蓝领职位特别有效，因为蓝领工人的活动能够被观察到，而对于分析白领职位就没那么有效。它为分析者提供了第一手的经历，在一些情况下，亲自操作这些职能的分析者更是如此。

正式的方法是耗时并且经常是耗钱的。在实践中，它们在一小部分重要的场合才被使用。首先，当雇佣测试能够很容易被以效度为由而受到挑战时，正式的工作分析应该总是必要的。效度难题（参见第 4 章）对于大的、入门水平的工作类别来说是最普遍的，特别是那些因为职业潜能而备受吹捧，以及那些要求基本的知识或技能测试的工作。例子包括消防员和消防中尉、警官和侦探/下士、县治安长官的副手、联邦调查局特工、国税局调查员和审计员。工作分析在决定为 137
那些有残疾的人提供合理的便利条件时也很重要。这些类型的分析由人事专家来进行，但经常分包给专业的咨询公司。一些组织，特别是小型组织，对消防员或警察这样的职位，使用经卖家验证过的现成的测试就可以了。

当存在更新职位的压力的时候，正式的工作分析可以被用于重新分类。重新分类一般由在职者正式提出请求，必须由上级支持，并且由人力资源部批准和管理。让那些请求、支持或阻碍重新分类的人了解正式的工作分析方法是非常有用的（注意示例 5—7 可以被用于重新分类，也可以用于新职位的分类）。

正式的工作分析还可以作为工作评价研究中一个初始的步骤，在工作评价研究中，一个部门或整个组织中的职位被重新评价。只要外部评估者被认为具有中立性，这些研究一般被分包给咨询公司。尽管如此，除了相对一致的工作描述以外，这可能只能提供价值有限的信息。最后，正式的工作分析有时能用于综合的培训研究（示例 5—8 是美国海岸警卫队的这种综合研究的例子）。

示例 5—8　　综合的工作分析用于培训项目的例子

美国海岸警卫队定期对工作进行全面的检查，以修改工作任务和工资等级，检查雇员配置水平，帮助设计职业阶梯并确认工作满意度，确保熟练掌握经确认的项目，帮助区分培训问题和管理问题，帮助建立实际的培训目标和标准，精炼培训内容。

当海岸警卫队决定检查机械技术员职位时，培训经理和直线经理花了 3 个月的时间为 9 人小组的工作做准备。9 个小组成员本身就是从一组有经验的机械技术员中选出来的，并被送到约克镇、弗吉尼亚和海岸警卫队培训中心。小组在指导下使用利伯特卡片方法（Lippert Card Approach），这意味着机械技术员的每一种可能的任务都需要写在一张不同的卡片上。小组将工作分解成种类（比如内部燃烧引擎），接下来确认所有可能的任务（比如制作电池线）。等到完成的时候，小组成员已经确认了大约 10 000 种不同的任务。接下来，他们必须将任务进行整合，以减少到一个能够管理的数量。他们最终将任务清单减少到 1 503 条。

接下来应该向所有机械技术员——3 000 多名——发放问卷。问卷询问任务清单的背景信息和工作概述。每位机械技术员被询问关于最终确定的每项任务的三个问题：(a) 你曾经做过此项工作吗？(b) 花在此项任务上的时间相对是多少？(c) 培训的重点应该是什么？

虽然这项工作是冗长、乏味和昂贵的，但是方法的使用为人力资源专家、经理和管理者，以及培训专家决策提供了有用的信息。

资料来源：Markowitz (1987).

138 综上所述，除了人力资源部门，经理和雇员也能使用工作分析。其正式的方法往往由内部专家或顾问操作，但其非正式的使用被认为是一项普通的管理技能。

5.5 工作描述和职位描述

工作分析最重要的用途之一就是用于工作和职位描述。虽然两个词的使用几乎是可以交换的，**工作描述**是大众的说法，但它们实际上代表一些不同的概念。由于工作描述和职位描述是职位分类和管理系统的基石，因此为了搞清楚这两个概念，有必要将两者的不同放大。它们都是关于工作的描述或列举职责的书面陈述，但是随着用途、撰写者和详略程度的变化，两者的关注点也经常变化很大。

工作描述是一个工作类别的典型或一般任务（有时候是工作范例）、职责水平以及一般能力和要求的系统陈述。它们一般由人力资源专家或人事顾问撰写，主要用于系统管理（将职位配置到特定种类）和薪酬决策；工作描述往往由人力资源部保存。其使用的语言通常是一般性的，这样一个描述可以覆盖许多职位，而使用的例子可以或不能应用到一个特殊的职位。虽然形式变化很大，但工作描述根本的结构并没有多大变化。

职位描述是对一个职位（或本质上相同的一组职位）的精确的任务、职责水平和组织位置的陈述。尽管有时候它们是由人事专家撰写的，但一般由在职者或其上级撰写。职位描述的主要目的是用于招聘（此时职位描述被改成工作招聘信息）、重新分类（此时任务和职责与被请求进行重新分类的工作类别相比较）以及绩效评估（此时强调工作标准和工作成就）。由于目标的多样性，它们的格式变化也相当大。职位描述的维护一般取决于特殊的用途或地方单位的文化；真正的职位描述很少是由中央来维护的。工作描述和职位描述比较的例子在本章的附录A，使用的是“设备操作员2”这个工作类别。工作描述是关于一个有着1 000多个职位的类别的工作描述；职位描述被用作重新分类这个目的，即试图将设备操作员1归入设备操作员2这个类别。

在实践中，很小的组织可能不保留工作描述，并且可能偶尔才使用职位描述，比如当他们需要招聘的时候。在十年左右内检查过它们的职位分类系统的小型和中型组织经常发现，它们的工作描述有许多职位描述的特征，因为每种工作类别的在职者数量很少。在有许多大的工作类别的大型组织，一般有意维持工作描述（并且用于各种目的，即使证明对于招聘和评估来说并不理想），而职位描述却是出于管理和人力资源的目的，有选择性地撰写。

最后，应该注意的是传统和现在的工作和职位描述在两个方面有重大不同。

1990年的《美国残疾人法案》对工作描述、职位描述和职位招聘发布信息有非常深远的影响。传统上，工作被定义为有3至10项主要职责（责任的核心领域），每项职责可能有两个或更多工作任务（对一个工作的绩效来说必要且不连续的工作活动，产出他人能使用的结果）。[9]因为《美国残疾人法案》禁止对"那些有或没有合适的便利设施，都能执行雇佣职位的基本职能的有残疾的个人"的歧视，今天更常使用的语言已变成基本和非基本职能，而不是职责和任务。此外，体力的、手工的和特殊的要求现在也例行地在工作和职位描述中被描述出来。[10]第二，新管理强调责任，结果带来了在一些情况下对绩效标准的整合。结果导向的工作和职位描述在公共部门是否会成为规范，仍然需要进一步的观察。 139

撰写工作描述

撰写工作描述是一项专门的技能，需要经过一定的学习才能掌握。在实践中有许多可供使用的模板，但其不变的风格是简洁。这里作为例子使用的简单格式是一个镇的应付账款/薪资文员的工作简介、基本职能、执行基本职能所要求的身体和环境标准，以及最低工作要求和资格条件。

工作简介从职责水平以及确认所在部门和管理层级开始，如果有的话，接下来是主要职责的列举。

> 举例：该职位在城市行政官办公室，属于一般监管范畴。该职位负责财政支持的任务，包括薪水册处理、应收账款、应付账款、银行对账，以及分配的其他对行政官和政务会的一般文员支持工作。

第二部分确认基本职能，通常是那些占据在职者5%以上时间并且对工作很核心的职能。基本职能的描述以一个动词开头，其后是一个宾语，有时候是一个解释性的短语。在理想的状况下，列举5至7项职能，但有可能少的只有3项，多的甚至有10项。冗长、无条理的任务清单曾经很典型，但现在被认为是很糟糕的形式。任务应该被集中到职能领域，并且在需要的时候进行合并。可以在每个描述的最后设置绩效标准。

> 举例：处理双周的工作时间记录卡并将薪酬信息输入电脑；计算过去的和增加的生病与放假时间以及加班小时数；缴纳要求的联邦和州税款；扣除保险和相关的薪水支出；打印薪水账单和薪水报告。执行此项关键职能需要严格的准确性和准时性。

第三部分明确执行基本职能所要求的身体和环境标准。身体标准应该清晰地说明完成正常的工作任务所要求的身体水平，知道对一个合格的残疾候选人或在职者来说，合理的便利可能是必要的。环境标准包括户外工作、危险环境和非标准工作时间等条件。一般来说，这部分使用的格式与基本职能所使用的格式相似。

140 举例：要求处理多种文件和用手打字、输入数据、使用计算器及相关设备的能力；偶尔举起和搬运少于25磅重的书籍、账本、报告和其他文件；在地方银行存钱的时候使用个人的汽车；要求充分准确的视觉和听觉能力以看见客户、接听电话；以及在一个只有有限辅助支持的办公室环境下工作。

第四部分确认最低要求和资格条件。在这里，确认要求的技能以及特定的证书、学位和培训。应该避免过多的资格要求，以确保与绩效评估原则保持一致和平等的雇佣机会。通常也可以列举替代条件。

举例：高中或GED① 毕业，3年普通会计/簿记经验；在一所得到认可的大学或学校顺利完成一门商业或会计课程，可以代替所要求经验的一部分。同时必须有良好的人际技能，拥有冷静地协调和平衡多项、有时甚至是混乱的活动，而不影响技术准确性的卓越能力。

工作分析有着多种职能，包括撰写工作描述和职位描述。它由多个严密的层次构成（参见本章附录A）。接下来的部分将要讨论的工作评价，倾向于专门使用正式的方法。

将因素用于工作评价

在过去，工作最初是用一种整体的工作方法来评价的：一个特定的工作在一般意义上被认为有什么价值？虽然这种方法具有灵活性和直接性，但它们以个人主义、有限的信息和过于关注在职者为基础，因此易于带来失真。职位分类引发了因素系统的时代，在因素系统中，通常建立工作等级或层级。分类的系统将责任水平、工作要求、工作难度、工作关系的性质和管理层级这样的因素（通常是含蓄地）纳入考虑之中。这带来了更加理性和公正的薪酬系统；但是，在大多数

① GED是美国公众教育计划证书的缩写，类似于中国的成人教育，那些没有完成高中学业的人获得GED证书后，便可进入大学学习。——译者注

职位管理系统中使用的因素方法，不同的职位所使用的因素也非常不一样。在作出关于职位等级的决策的时候，它们也允许有相当多的主观判断。

今天，**因素评分法**（point factor methods）被认为是更加严格的方法，被用来重新评估职位管理和薪酬管理。通常当组织发现其职位分类系统变得太不协调和过时的时候，就会使用因素评分法。在大多数情况下，由于完成这样一项巨大的任务所要求的时间和专业知识，通常由一个外部的顾问引导，进行重要的工资研究来设计新系统。

因素评分系统始于这样一个假设，即因素应该足够广泛以能够一致地应用于一个组织或工资表中的所有工作。在实践中，一般选取 4 至 12 个因素。比如，联邦评估系统（FES）为联邦职员总表使用了 9 个因素。然后，决定每个因素能够分配到的最大点数以确定因素权重。在联邦评估系统的例子里面，注意不同因 141
素的权重有巨大的差别：

因素	最大点数	评价权重（%）
所需知识	1 850	41.3
管理水平	650	14.5
指导方针①	650	14.5
复杂性	450	10.0
范围和影响	450	10.0
人际交往	110	2.5
人际交往的目的	220	4.9
身体要求	50	1.1
工作环境	50	1.1

接下来，给出因素的定义，即由决定一个工作类别将获得的实际点数的水平或标准对因素进行定义。三到五个标准解释不同的水平；每个因素中提供了关于高、中和低水平的含义的描述。一些因素可能会进一步被分成许多子因素。然后所有的工作被个人、委员会或两者共同评价。由于整个过程使用的标准具有一致性，因此这部分应该具有内部公平性。在所有的工作都被评价完并按从低到高的顺序排列以后，点数范围被选来决定等级水平。

点因素系统对内部公平是极好的，但它自己不能确保外部公平。外部公平通过将整个点因素系统与组织外选择的工作的薪酬相比较的方式来获得。一部分工作类别被选为**标杆工作**，锚定为由可靠的薪酬调查信息决定的一般市场薪酬范围。[11]在大型组织中，标杆工作可能只有 5%或 10%的职位；而在小型组织中，

① 这一因素包括指导方针及运用这些方针所需要的判断。各种工作在任务绩效指导方针的专一性、应用性和有效性方面均有所不同。因此，对雇员的约束和判断要求也不同。——译者注

标杆工作可能高达25%。标杆工作被用来保证每种主要的类别系列的外部公平性，并且整个系统与市场薪酬状况保持一致。今天，这些相对复杂、混合的“因素评分标杆”系统是咨询公司最常使用的，虽然他们通常只简单地称为因素评分系统。

作为一个简单的例子，假设一个组织发现它的职位分类系统已经过时，大多数工作描述没有反映《美国残疾人法案》标准，而且其薪水在目前的大多数情况下低于市场水平，目前刚好有适当增加薪水的好机会。因此，一个外面的咨询公司被聘用来专攻政府薪酬研究。咨询师使用了四个因素：职责水平、解决问题的复杂度、责任水平和工作条件。[12]多个评分者检查了7%的工作类别，使用四个因素来确保信度。这为评价其他工作提供了可供参考的点（标杆工作）。

然后用四个因素分析和评价所有的工作类别（作为评价过程的一个副产品，产生了新的工作描述，提供了与《美国残疾人法案》兼容的基本和非基本职责，以及身体要求和环境状况）。评价为每种工作类别分配了一个特定的评分值。当所有类别被按照从低到高的顺序排列到一个评分量表上以后，一定的分数间距被
142 选来决定等级水平。接下来，将那些标杆工作与薪酬调查数据相比较以确保与市场薪酬的可比性。在整个过程中，组织派遣一个与外部顾问共同工作的任务小组，其中包括人力资源薪酬专家。完成这项研究以后，结果被提交到整个组织，这样便为分析提供了复查的机会，并可以进一步为任务小组提供意见和看法。任务小组将研究提交给管理机构，包括它对采纳（或拒绝）以及特殊变革的建议。因为这样的研究通常代表着一定薪水支出的增加，因此管理委员会可能会，也可能不会接受研究或附随的组织建议。

由于全面的工作评价（工资研究）是费钱和费时的，因此它们很少被采用。[13]经理、行政主管和立法者需要知道过去的薪酬因素是如何得到的，薪酬系统随时间运行效果如何，什么时候需要一个新的薪酬研究和工资计划，以及这样的研究和计划能得到的附属产物（见示例5—9讨论什么时候进行工作评价研究）。

示例5—9　　什么时候进行工作评价研究

因为组织范围的工作评价研究费钱、费时，且经常是有争议的，因此它们不能被用作可行性研究。如果最后的研究（有修改）的采用不是对组织有利的，最好根本就不开始。如果只有几个工作类别有问题，也不应该进行全面的工作评价分析；如果是这样，只有那些有问题的个案或类别系列应该被评估。

第一，必须询问一些初级的问题。上一次工作评价是什么时候，怎样（使用什么方法），由谁进行的？这个系统产生了多少争论，它的主要问题（内部公平如工资不一致；外部公平如普遍低于市场薪酬；特殊问题如难招聘和难留人的工作、过多的工作高原、不充分的物质激励）是什么？

第二，被提议的研究的目的需要清楚地描述出来。是为了一个职族、一个工资计划或整个组织？分析将主要着眼于内部不公平，整体的外部不公平，如整个部门令人沮丧

的薪水，更加灵活的薪酬计划、以功绩为基础的工资系统，还是同时着眼于多个因素？谁来指导评估，怎么委任？工会的作用或功能是什么？定义努力的目标，以确保组织或立法领导和评价者对将完成的目标不会有不同的想法（这并非不常见）。

第三，必须坦率地评估可行性和政治现实。如果薪酬计划全部的问题在于整个部门令人沮丧的薪水，但由于经济或财政的紧张（如经济不景气或一项昂贵的资本建设计划），政府收入有限，这时候工作评价研究不会有什么作用，但却会煽动工人，将行政主管置于为难的境地，并且激怒选举官员（他们将拒绝该计划）。实际包括的问题如下：是否有钱为工作分析支付成本并增加部分或所有薪水？立法者真的理解潜在的需要（因为研究本身不大可能使他们信服），以及实施的总计划吗？怎样将研究作为加强劳工—管理关系的一种方式，而不是成为另一个争论的焦点？

第四，组织需要清楚其想要的是否不止一个薪酬研究。一个通常想获得的结果是有着更广泛的人力资源用途的工作描述。这样的副产品不能想当然而应该在开始就仔细说明。

就雇员和经理来说，他们对工作评价因素的理解，对于重新分类的成功非常 *143* 重要。经常，一个好雇员表现很好，但重新分类的基础很薄弱，这是由职位的性质决定的，而不是由在职者的特殊技能或任务决定。除非能建立基础，这样职位本身从基础上永久地被改变了，否则重新分类的请求很有可能被拒绝（尽管如此，职位分类专家可以帮助进行市场调节、增加特殊行动、发放奖金或其他工资修改的建议）。正是由于这种类型的问题，以及今天从总体上感受到的职位管理系统的僵化，可供选择的系统，如宽带薪酬（将在下章讨论），经常成为被推荐的对象。

本章小结

与以前相比，职位分类在过去的一个世纪越发变成了一个明智的计划。无限制的腐败已经很少见；出于管理的目的而在薪酬和其他人力资源职能方面的理性计划存在于所有大型组织之中，并按照它们的需要和历史情况来定制；以及这一领域的专门工具，比如工作分析和工作评价，它们都有高度复杂的方法和经理们经常使用的非正式方法。

尽管如此，更多的（但不是完全的）控制、一致性、精确性和合理性（职位分类、管理的理论和实践使得经理人员能够实现这些）不应该掩盖潜在的事实，即职位分类只有一部分是科学，其在很大程度上是一门艺术。在职位管理系统中的决策最终是建立在价值选择的基础之上，而不是普遍的规律之上（Van Wart，1998）。由于变化的经济、政治和技术，许多价值在过去的半个世纪已经发生了巨大的变化。此外，即使是在它最理性和最理想的情况下，大型组织的职位分类系统也至少是以选举、任命和规则标准为基础的三种根本不同的人事系统的结合。实际上，以规则为基础的（即绩效考评）标准本身又分成以职位为基础的系统和较少见的以品位为基础的系统，有时候存在于同一个组织中。最后，当今的组织复杂性和组织的变化水平意味着，彻底的、昂贵的、难以维持的职位分类系统倾向于变得较少理性、较少一致，并且过时。矛盾的是，职位分类系统是明智的计划，它们也是永远变化的智力拼图玩具，是变化的价值观，是从根本上不同的人事方法，以及竞争的人力资源的智力拼图玩具，一方面需要控制工作，另一方面又需要支持和设计工作。

新的价值观变化源于在公共部门图景中，人们希望公共部门组织在做什么以及怎样做方面发生了变化（De Leon & Denhardt，2000；Yergin & Stanislaw，1998）。更多的兴趣在于将雇员责任感和具体的成就转化成对任意系统（at-will systems）（以任命为基础）和绩效标准的信任，而不是强调雇员权利和内部程序的一致性（Grady & Tax，1996；Radin，1998；U. S. MSPB，2002）。这必然引发对当前公务员改革的优势和潜在责任的广泛讨论（比如参见 Hays & Kearney，1999；Kearney & Hays，1998；and Van Wart，1999 之间的讨论）。对效
144 率和有效性的强调与科学管理的历史传统是一致的，而且可以被看做职位管理艺术的合乎逻辑的进步。

其他的趋势有可能将职位管理带入新的领域。在美国（Leavitt & Johnson，1998；Marshall，1998）和世界上的其他地方（Farnham，1997），对机构灵活、更加扁平化且更具企业家精神的要求不仅需要新的组织结构，而且需要新的内部管理系统。这些趋势将促使组织重新检查它们的复杂系统并使其简单化。使用宽带薪酬（更少的类别和扩大化的工作）和工作团队就是这种努力的例子，使厚重的管理系统简单化也是这样的尝试。当前向地方管理者分权的努力也将改变未来，地方经理将更加对结果负责，且允许有更多的灵活性。事实上，有人已经开始预测“工作的消亡”（Crandall & Wallace，1998），因为真正的工作设计，不仅延伸人们的视线（了解产出以及他们的活动是怎样与他们相关的）而且扩大他们的影响（信心源于对结果的影响）的方式，使人们超越了狭窄、可预测的任务。

但是，不管把职位管理系统看做明智的计划还是智力拼图玩具，它们将继续成为管理者、雇员和有工作上进心的人不敢马虎或轻视的人力资源职能的核心。

附录 A
工作描述和职位描述的比较

工作描述样本

设备操作员 2，职类号：08111

145 定义：在一般管理水平下，执行专门的、日常的路面和可通行道的维护活动，包括体力劳动、机动式的自动设备的操作、熟练的设备操作以及/或有限的工作团队指挥；执行其他要求的相关工作。

工作样本

（列举的工作样本和能力只是为了解释说明，不是作为职位分类决策的重要基础）

- 协助上级，执行与规定的程序、政策和标准相一致的有限的领导工作，完成指导员工任务、回答关于程序和政策的问题、分配和平衡工作负担和检查工作等职责；偶尔提出关于任命、晋升和再分配的建议。
- 负责地区油漆工作队与其他油漆工作队职位的轮换。
- 负责地区桥梁工作队。
- 在负责标志的地方需要一个全职标志工作队时，担当维护地区的维护标志工作队领导。
- 担任照明专家，可能被分配到州照明工作队去协助该工作队进行路面照明的维护和建设。
- 清洁沟渠和管路、挖掘泥土、将排水道伸直，以及使用牵引绳索或水压开凿机在一个住所或区域范围内重设管道末端。
- 在一个住所或区域范围内操作抽泥泵、压浆泵或高性能机器。

• 在一个住所操作围栏制造机器。

• 在可通行地区执行除锈喷雾操作，按要求使用背包式喷雾器、开卡车以及/或操作压力喷雾器。

• 使用小型推土机装载和卸载材料、推翻建筑物、装载残骸等；出于腐蚀控制的目的，可能要求在一个区或住所范围操作大型腐蚀推土机。

能力要求

146 • 专门的公路维护设备、操作及使用的知识。

• 公路维护程序和技术的知识。

• 公路维护术语的知识。

• 严酷的天气状况下在户外工作的能力，以及在紧急状况下比如暴风雪、人行道崩塌、洪水等情况下，能够随叫随到。

• 在分拆并搬移人行道材料的时候，操作 90 磅的手提钻的能力。

• 将重达 95 磅的袋装材料举起并装载到离地面 55 英寸高的卡车上的能力。

• 以一种安全和负责的方式开卡车和其他交通工具的能力。

• 理解和执行书面和口头指示的能力。

• 指导工作队成员的工作和培训工作队成员的能力。

• 始终以一种有用的和有礼貌的方式满足顾客需要的能力。

• 作为团队的一员与他人合作的能力。

• 使用个人工作态度（比如要求的诚实、责任和信任），成为一个高生产力的雇员的能力。

• 在操作专门的公路维护设备的时候所要求的手、脚和眼的协调配合的技能。

教育、经验和特殊要求

• 在重型设备操作、执行公路或其他相关维护职能，或在次专业的工程项目领域，有相当于一年的全职经验。

• 这个工作类别的所有职位都要求应聘者在雇佣期间有商业的 A 类驾驶执照。可能需要担保（endorsement）。

• 对于指定的职位，经艾奥瓦州人事部预先批准，任命当局可以要求应聘者至少受过 12 学期的教育，有 6 个月的经验，或两者的结合，或在以下领域的特定证书、执照或担保：气闸、双方或三方担保、危险物品、槽车。想申请这种指定职位的申请者，必须列举可应用的课程论文、经验、证书、执照或应用方面的许可。

特殊说明

- 获得了录取通知以后，所有的人都应该被要求由挑选的医生做身体检查，以核实执行描述的职责的身体能力。
- 雇员必须能够出差，而且在执行任务的时候可能被要求离家过夜。
- 一些规定的职位要求雇员有农业和土地管理部颁发的杀虫剂施用员执照。
- 雇员必须对紧急状况作出反应，这要求他们在 15 英里距离以内生活，或能够在 30 分钟内对被分配的设备作出反应。

职位描述样本（计划的用途：重新分类）

在职者：John Doe

机构：艾奥瓦州交通部 147

部门：公路维护部门

单位：2 区

工作地点：US 63 和西山脊路、沃特卢维护车库

现有职位的职位号和类别名称：645 S44 5520 08110 111 设备操作员 1

工作时间：上午 7：00 至下午 3：30，星期一至星期五

直接上级：Robert Fisck，公路监督员 1

请求的职位：设备操作员 2

工作描述（详细地列举你所做的工作。首先列举最重要的职责。简要说明平均一个工作周内花在每项职责上的时间百分比或小时数。）

时间	完成的工作
45%	压浆泵。在一个区范围内操作压浆泵。通过密封来重新建立公路支持，包括标注和钻注射孔，并在低压下注入水泥浆混合物以完全填补公路下的空洞。必须了解并能够查找纵向地下排水沟和其他位于公路之下的排水沟，以确保排水沟没有被水泥浆堵住。在抽水的时候必须持续不断地监控路面、侧翼和桥下，以确保无论如何不能损坏桥梁、侧翼和路面。在抽水和适当的交通控制上培训和带领一个七到九人的工作队。必须理解压浆泵的机理，这样如果发生了任何问题，可以将泵分解，取出水泥浆，这样在机修工到达工作地点之前不会快速凝固。

时间	完成的工作
20%	日常路面和可通行道路的维护活动包括：（表面）修补碎片、封/填接缝和裂缝、移开引起颠簸之物、填补低洼、移开和替换受损坏的人行道；（侧翼）填补边缘车辙、操作带叶片的设备使侧翼平滑、填补铺砌侧等；（路边）收拾垃圾、修剪灌木、修理栏杆、通过清扫和喷射进行野草控制、树立和拆除雪栅栏；（桥梁）清洁车行道、清洁施工桥梁的构件并上润滑油、污点刷漆；（交通服务）修理栏杆、指挥交通、维护照明、竖立并维护标志；（排水系统）维修和维护排水结构和名称线、清洁沟渠。执行这些任务包括体力劳动和操作机动的自动设备，比如自动倾卸卡车、前置装货设备、*148* 拖拉机、电动平地机，以及一系列辅助设备和手工工具，比如链锯、气锤、手钻、除草机、割草机和铁铲。
20%	除雪。操作除雪设备，比如单轴自动倾卸卡车或前后轴自动倾卸卡车，它们可能都装备有一个后挡板或漏斗延辗机、一个直刀片或 V 形犁、一个翼犁和底部的冰刀。程序包括除雪、通过犁耕和/或铺撒研磨剂和融冰化学药品来压紧雪和/或冰。
10%	设备维护。对所有分配的用于公路和桥梁维护的设备，进行保养和预防性的维护。
5%	其他职能。有时分配的各种职能。

资料来源：艾奥瓦州人事部，档案处。

附录 B
正式的工作分析方法

149 正式的工作分析有许多方法。一位研究者详细地描述了 18 种工作分析方法（Gael，1988）。因为每种方法都很复杂，这里的目的只限于提供一些方法的优势和弱点。

不同方法的优点至少可以从三个不同的层面加以考虑。第一，工作分析的目的是什么？因为方法的关注点变化非常大，因此这是一个重要的问题。第二，多少组织时间可以被用于这个项目？这将影响到获得内部和外部支持的程度，以及所使用的设计的复杂程度。第三，什么时候成本会成为一个考虑的因素？顾问和私人的工具可以带来专业知识并削减时间，但它们增加了支出。

当检查工作分析方法的时候，另一个重要的考虑维度是，强调工作任务与工作特征的程度。工作特征在这里被广义地定义为 KSAs（知识、技能和能力）和工作行为。一方面，可以主要通过任务和任务的复杂度来分析工作。劳工部就使用了任务导向的方法制作了《职业名称词典》（*DOL*）。工作的难度是通过确定工人的职能在三个维度上的复杂性来评价的，这三个维度是数据、人和事。下面是 DOL 方法中使用的 24 种职能：

数据	人	事
0 综合	0 指导	0 设立
1 整理	1 谈判	1 精确操作
2 分析	2 指示	2 操作控制
3 汇编	3 监督	3 驾驶操作
4 计算	4 转移	4 熟练操作
5 复制	5 说服	5 护理
6 比较	6 读取信号	6 装卸工作
7 提供	7 处理	
	8 采取帮助指令	

150 DOL 方法非常擅长于工作描述。由 Sidney Fine 及其同事开发的职能工作分析，是 DOL 方法的变种。大多数的工作评价方法（在下面一个单独的部分考虑）都极大地依赖于任务分析。

在分析一个工作的时候，有可能专门集中在工作特征或 KSAs 的分析上。McCormick 及其同事开发的职位分析问卷，主要评价工人行为的复杂程度。美国人事管理局的欧内斯特·普里莫大（Ernest Primoff）在 20 世纪 70 年代为美国州政府开发了另一种方法。在他最初的方法（称作工作要素方法）里，一组专家首先为一个工作类别制作一个 KSAs（普里莫夫的工作要素）的全面清单。然后，从四个方面对工作要素进行评价，最后形成每个要素的权重。尽管如此，在为工作评价或选拔而使用这些方法的时候，必须有所区分。工作要素方法最初是用于选拔的目的，但由于对复杂工作要求太多推论，因此后来受到了很大的挑战。也就是说，当为工作决定选拔标准的时候，工作要素或 KSAs 是不足够的。从那时以后，几乎所有的方法都依靠任务—特征结合的方法，这确实为分析增加了平衡，但却增加了工作分析过程的复杂性。

一些著名的任务—特征方法，包括临界特质分析，由 Lopez 于 20 世纪 70 年代早期所开发；关键事件方法，由 Flanagan 于 20 世纪 50 年代开发作为评估和培训的工具；假设任务分析已经完成的弗莱门工作分析问卷，以及工作构成问卷（Job Components Inventory)，它对低层次的工作很有用。所有这些方法，都是制作工作任务清单，衡量特征，然后评价工作。

在产生任务清单、特征清单和数据分析的时候，要考虑的第二个维度是问卷或专家的使用。两种方法提到了广泛地使用问卷：职位分析问卷（在美国很有名）和工作构成问卷（在英国很有名)。虽然几乎所有的方法都提供了表格作为指导，但它们都要求与每个职位相关的广泛的专家意见。以问卷为基础的方法提供了标准的数据库和快速的分析能力。

关键术语

任意雇佣
审定的薪酬范围
标杆工作
宽带薪酬
公务员
公务员制度委员会
工作职责
工作评价
工作因素系统
工作任务
横向进入
绩效

职系
封闭的人事系统
基本职能
外部公平
个人公平
工作分析
工作分类
工作描述
职位分类系统
职位描述
职位管理系统
职位等级
人员等级
职族
开放的人事系统
恩赐官职制
工资计划
《彭德尔顿法》
零散的人事系统
因素评分法
职位
分肥原则 151
不晋升就离开的哲学
整体工作分析
整体工作评价

应用练习

课堂讨论

1. 检查全班，看是否有班级成员曾经参与重新分类或组织范围的工作评价。发生了什么？成功还是不成功？

2. 询问班级里那些现在或曾经在公共部门工作的人，他们经历的职位管理的挑战是什么。

3. 就需求的重大矛盾（导论）而言，可能没有比职位管理更好的例子了。谈论并寻找解决矛盾的路径以及在各种职位管理技术中发现的次要矛盾。

小组活动

4. 职位管理职能是帮助还是阻碍了解决本书开头所介绍的孪生矛盾？

5. 分析一个公共部门组织的分类系统。确定职位、类别和工资计划的数目。选举、任命和绩效评估制人员的数量是多少？这个系统“起作用”了吗？对那些使用该系统的人来说，方盘格式排序有意义吗？

6. 一个正处于发展中的大县决定在另一个城市设置一个新的服务中心。现有的雇员都不愿意转移工作地点。此外，还有一些担心是，许多办公室为顾客传递服务使用的是过时的技术和老式的方法。比如，与建筑许可、执照、土地记录和税务评估相关的服务分布在县所在地的许多座大楼里。顾客服务的新模式建议为相关服务设立一个单独的长服务柜台，雇员是受过综合培训的。另外，几乎所有的工作描述都至少有 10 年那么老（有的是 25 年），而且几乎所有的“培训”都是在岗培训。那么，一个工作分析研究怎样才可能有用？特别是，什么职能可能被这样的研究所支持？以及怎样支持？

7. 在班级中找出现在受雇于公共部门的成员，然后选择几个在小组中对他们进行访谈。小组将撰写工作描述。被访谈的人不能参与撰写，也不能对使用的格式提出建议。在班级中比较结果并互相提出改进的建议。

8. 你是一名经理，你最好的员工已经“到顶”了；也就是说，这个雇员位于她的工资等级的顶端。此外，她的工作是被合理地分类的。不幸的是，你们俩所工作的政府组织的大部分职位的薪水都低于市场的 20%至 30%。你知道如果情况不改变，此人将会很快离开。你可以分配几个人给她，以证明重新分类和加
152 薪是合理的，尽管这在职能上并没多大意义（示例 0—3）。你会怎么做？各小组比较，并证明各自的建议是合理的。

个人作业

9. 公务员改革在未来的几十年里将会是重要的讨论和辩论对象。佐治亚州的公务员改革努力的含义是什么？你认为用行政部门人事机构代替独立的公务员制度委员会的行动是好的吗？你认为工作所有权应该在所有公共部门系统中废除吗？任意雇佣系统的广泛使用会像它们在 19 世纪那样重新导致庇护网问题吗？

10. 宽带薪酬和人员等级系统的相似点和不同点是什么？

11. 如果你是阅读附录 A（设备操作员 2）中的职位重新分类请求的分析家，肯定和否定的意见是什么？你会同意这个请求吗？

注释

[1] 职位管理和职位分类是相关但并不相同的概念。职位分类主要指在一套理性原则指导下将职位分门别类。职位管理一般指出于预算的目的对职位进行配置。职位分类系统是职位管理系统要素之一，但是职位分类系统也可以没有预算的目的，如工作的基本分割和整合、选拔、培训和绩效评估。职位管理也有不直接与分类相关的内容，如预算批准、预算“封顶”、规模缩减、私有化、签约外包、工作分担等。

[2] 世袭制在过去很常见，并且在今天仍然存在，甚至在一些发达民主政体内。

[3] 这种类型包括大部分的城市议会成员、学校董事会成员、区理事、董事会和地方选举的委员会以及一些县镇的镇长及其他。

[4] 也称作 rank-in-position。

[5] 在任意雇佣的工作上，在职者必须证明他或她是因非法的理由而被调离工作，比如种族、年龄或性别歧视。这将举证的责任交给了在职者，因此缩小了上诉的范围。就大多数公务员职位来说，雇主必须提供终止雇佣的“理由”；也就是说，在职者必须被记录不称职，显示出不恰当的或违法行为，以及/或者不愿意改变玩忽职守或不恰当的行为。

[6] 当前的版本被称作 O* NET，代表职业信息网络系统（Occupational Informational Network）；它是一个在线电子数据库，由美国劳工部汇编。它将职业列表统一到 1 200 个条目下，这些条目比原来旧的 DOT 有了更充分的分析。尽管今天权威的资源是在线的 O* NET，一些人也可以选择使用 O* NET 职业名称词典（O* NET DOT），它包括了所有的职业，但是相对精简了有关这些工作的信息。

[7] 1978 年的《公务员改革法》规定：(a) 公务员制度委员会的大多数日常工作由人事管理局——一个行政机构进行管理；(b) 设立的功绩制保护委员会（MSPB）是雇员权利的看护者；(c) 一个改组后的联邦劳动关系署；(d) 设立高级文官系列（SES），一个类似以分类为基础的系列，比以前的超级等级（等级 16—18）更灵活和更机动；(e) GS① 等级 13—15 实行绩效评估和奖 153
金工资制；(f) 要求在各个机构实施绩效评估系统。

[8] 职系和职业系列可以交换使用。都是指雇员可以遵循的标准连续的模式，有时候按罗马数字规定（秘书Ⅰ、Ⅱ、Ⅲ），有时候按传统的管理系列规定（工人领导、工头、主管、经理）。

[9] 任务这个词的使用非常多样化。这里的任务意指广义的活动，比如（这是一个薪资文员的例子）处理工作时间记录卡，打印薪水册，以及扣除适当的支出（比如税款）。任务的另一个常见的用法（参见示例 5—8）是作为“执行的行为”的同义词。比如，支付薪水税款要求使用不同的免税、区分薪水和退款，以及控制一个单独的税款账户并从中支出。这些子任务在这里被称作“工作要素”。

[10] 根据职位和个人，这些体力的、手工的或特殊要求可能需要提供恰当的便利。

[11] 因为薪酬在市场上存在一个范围，因此组织必须决定想在这个范围的中间、顶端还是底端。这通常被称作“达到、领导或落后”的问题（第 6 章）。因为大部分政府是劳动成本密集型，因此在费用方面小的差别也很重要。

[12] 这些是著名的海氏薪酬系统（Hay system）的一般分类。

[13] 另一方面，在较大的组织，单个的职类或职系的工作评价通常是连续的。这有助于保持更新，但由于长期缺乏定期的工资研究以使整个系统合理化，因此通常会导致矛盾和不协调。

---

① 美国公务员中的一般行政类。——译者注

参考文献

Chi, K. S. (1998). State civil service systems. In S. E. Condrey (Ed.), *Handbook of human resource management in government* (pp. 35-55). San Francisco: Jossey-Bass.

Cipolla, F. (1999, July 15). Time for the classification system to go. *Federal Times*, p. 15.

Condrey, S. E. (1998). Toward strategic human resource management. In S. E. Condrey (Ed.), *Handbook of human resource management in government* (pp. 1-14). San Francisco: Jossey-Bass.

Crandall, F. N., & Wallace, M. J. (1998). *Work and rewards in the virtual workplace*. New York: AMACOM.

De Leon, L., & Denhardt, R. B. (2000). The political theory of reinvention. *Public Administration Review*, *60* (2), 89-97.

DeSoto, W., & Castillo, R. (1995). Police civil service in Texas. *Review of Public Personnel Administration*, *15* (1), 98-104.

Ewoh, A. I. E., & Elliott, E. (1997). End of an era? Affirmative action and reaction in the 1990s. *Review of Public Personnel Administration*, *17* (4), 38-51.

Farnham, D. (1997). Employment flexibilities in western European public services. *Review of Public Personnel Administration*, *17* (3), 5-17.

Foster, M. R. (1998). Effective job analysis methods. In S. E. Condrey (Ed.), *Handbook of human resource management in government* (pp. 322-348). San Francisco: Jossey-Bass.

Gael, S. (Ed.). (1988). *The job analysis handbook for business, industry, and government*. New York: Wiley.

Grady, D., & Tax, P. C. (1996). Entrepreneurial bureaucrats and democratic accountability: Experience at the state government level. *Review of Public Personnel Administration*, *16* (4), 5-14.

Hamilton, D. K. (1999). The continuing judicial assault on patronage. *Public Administration Review*, *59* (1), 54-62.

Hays, S. W., & Kearney, R. C. (1999). Saving the civil service. *Review of Public Personnel Administration*, *19* (1), 77-78.

Isfahani, N. (1998). The debate over tenure. *Review of Public Personnel Administration*, *18* (1), 80-86.

Kearney, R. C., & Hays, S. W. (1998). Reinventing government, the new public management and civil service systems: A critical assessment of dubious deductions and hidden agendas. *Review of Public Personnel Administration*, *18* (4), 38-54.

Kettl, D. F., Ingraham, P. W., Sanders, R. P., & Horner, C. (1996). *Civil service reform: Building a government that works*. Washington, DC: Brookings.

Leavitt, W. M., & Johnson, G. (1998). Employee discipline and the post-bureaucratic public organization: A challenge in the change process. *Review of Public Personnel Administration*, *18*(2), 73-81.

Levine, C. H., & Kleeman, R. S. (1986). *The quiet crisis of the civil service: The federal personnel system at the crossroads*. Washington, DC: National Academy of Public Administration.

Markowitz, J. (1987). Managing the job analysis process. *Training and Development Journal*, *41*(8), 64-66.

Marshall, G. S. (1998, May/June). Whither(or wither)OPM? *Public Administration Review*, *58*, 280-282.

Mosher, F. C. (1982). *Democracy and the public service*(2nd ed.). New York: Oxford University Press.

Pollack, L. J., Simons, C., Romero, H., & Hausser, D. (2002). A common language for classifying and describing occupations: The development, structure, and application of the Standard Occupational Classification. *Human Resource Management*, *41*(3), 297-307.

Radin, B. A. (1998). The Government Performance and Results Act(GPRA): Hydra-headed monster or flexible management tool. *Public Administration Review*, *58*(4), 307-316.

Sayre, W. (1948, Spring). The triumph of techniques over purpose. *Public Administration Review*, *8*, 134-137.

Siegel, G. B. (1998a). Designing and creating an effective compensation plan. In S. E. Condrey (Ed.), *Handbook of human resource management in government* (pp. 608-626). San Francisco: Jossey-Bass.

Siegel, G. B. (1998b). Work management and job evaluation systems in a government environment. In S. E. Condrey (Ed.), *Handbook of human resource management in government* (pp. 586-607). San Francisco: Jossey-Bass.

Somma, M., & Fox, C. J. (1997). It's not civil service, but leadership and communication: Response to DeSoto and Castillo. *Review of Public Personnel Administration*, *17*(1), 84-91.

U. S. Department of Labor. (1991). *Dictionary of occupational titles*(4th ed.). Washington, DC: Author. (http://www.oalj.dol.gov/libdot.htm)

U. S. General Accounting Office. (2003). Preliminary observations on DOD's proposed civilian personnel reforms(Testimony # 03-7171). Washington, DC: Author.

U. S. Merit Systems Protection Board. (1999). *Federal supervisors and poor performers*. Washington, DC: Author.

U. S. Merit Systems Protection Board. (2002). *Making the public service work: Recommendations for change*. Washington, DC: Author.

Van Riper, P. P. (1958). *History of the United States civil service*. New York: Harper & Row.

Van Wart, M. (1998). *Changing public sector values*. New York: Garland.

Van Wart, M. (1999). Is making any fundamental change in the civil service dangerous? *Review of Public Personnel Administration*, *19*(1), 71-76.

West, J., & Bowman, J. (2004). Stakeholder analysis of civil service reform in Florida: A descriptive, instrumental, normative human resource perspective. *State and Local Government Review*, *16*(1), 20-34.

Yergin, D. A., & Stanislaw, J. (1998). *The commanding heights: The battle between government and the marketplace that is remaking the modern world*. New York: Simon & Schuster.

第 6 章

薪酬管理

我可能不值得高度赞扬,但至少如此低的薪水 155
与我辛勤的工作不相符合。

——一个官员的抱怨

学习目标

通过学习本章，你应该能够：

- 了解目前世界上不存在确定薪酬水平的绝对标准
- 组织不能够根据职员的价值而付给他们应得的报酬，这是因为组织并不清楚其职员的价值
- 明确为什么薪酬管理是人力资源管理的一个重要方面
- 理解薪酬制度是法律、政策、劳动力市场、工作评价和个人贡献综合作用的结果
- 分析薪酬体系中的关键元素
- 设计薪酬调查方案中的关键组成要素
- 基于未来的发展趋势，能够对理想的薪酬体系的标准进行评价和批评

如果说职位分类界定了个人和组织之间的关系（第5章），那么薪酬管理则是对这种关系进行了量化。收入的多少不仅从经济上，而且从社会上和心理上会对一个人产生影响。因为收入的多少是衡量职员的价值、购买力、社会声望，甚至是个人自尊心的具体指标。而且，薪酬支付是组织的一项重要投资，通常占用了组织预算的一大部分。例如，在美国国防部和国家邮政局及不考虑管辖权的其他大部分机构中，人力成本通常占机构总支出的80%以上。

因此，薪酬制度应该努力将个人和组织的目标联系起来。一个理想的制度可能很难建立起来，因为许多民选的官员，通常有着在保险公司、房地产公司、法律机构或其他小企业工作的背景，缺乏管理大型公共组织的经验。[1]然而，在薪
156 酬管理过程中，这种进退两难的困境是难以避免的。管理绩效问责制和裁员的趋势表明，问题的解决取决于管理者、职员及人力资源管理专家的共同努力。在这里人力资源管理专家应该作为咨询人员而非管理人员，这样人们将不再责备人力资源部门作出的有争议的决定。

组织有权利期望职员尽可能地提高劳动生产率，而个人也有权利要求获得公平的报酬。因此，一个增值的薪酬制度应该通过为组织和它的职员创造价值，而在组织约束和职员期望之间实现最优的平衡。薪酬方案的目标包括吸引新职员，奖励和留住在职职员，提供公平、控制预算及支持机构旨在创建的组织文化。在组织中，薪酬制度的设计和维持是复杂而又重要的；人力资源管理的其他环节对于一些职员而言是重要的，但是钱对于现实中每一个人都是至关重要的。

公共组织怎样运用薪水和福利政策是重要的（对于个人的生计和组织的信用来说），是明显可见的（职员的薪水和组织的薪水手册是有案可查的），也是恶性的（组织中实际上的或想象中的薪酬不平等的情况，将导致职员之间的摩擦和矛盾）。能力和绩效可能很难衡量（第9章），但是工资和福利却是明显可见的。例如，联邦破产法官，因为没有得到其他法官所享有的餐饮和交通补贴，就感觉自己像是“二等公民”。

尽管，或者可能因为它的重要性，无论是在公共部门还是在私人部门，人力资源管理中的薪酬功能都是其职员感到最不满意的一项（“Many workers dissatisfied,” 2001）。至少有三个原因导致了不满意。第一个原因是人们将自己与他人——那些在同一个机构中从事同样的工作、在同一个机构中承担不同的工作、在不同机构中从事类似工作的人——进行比较。通过比较，不可避免地会感觉到自己与他人之间存在的薪酬差距，于是不满意的情绪也就随之而来了。

第二个原因是薪酬支付通常是出于政治上而非经济上的考虑。里舍和费伊(1997)认为，“政府的薪酬方案不能体现为一种管理制度是十分荒谬的”(p. 14)。民选的官员往往关注人力成本，薪酬政策变成了寻求政治优势的一种

抵押物。提高税收、削减公共服务或者重新分配预算以提高工资的做法，在政治上难行得通。因此随着时间的流逝，工资更多的是受政治投机主义的影响，而并不取决于客观的绩效——这种事情导致人们很难对薪酬政策产生信任。

第三个相关的原因可能是，尽管很多纳税人认为，公务员的薪酬水平过高而工作过于轻松，但实际上公务员的薪酬是没有竞争力的，而他们的工作量却由于机构精简而日益增加。正如里舍和费伊（1997）观察到的，“一些人总是认为公共部门薪酬水平过高，但是可以坦白地说，他们的这种观点是基于他们自己的生活所做的一种脱离事实的主观臆断”。换句话说，任何薪酬改革的效果必然要受到创造它们的文化环境的制约。这三个原因——个人之间的比较、政治权宜和公众的观念——趋向于互相加强，从而进一步激化不满。其实一切原因的根源是绝大多数组织希望花最少的钱而得到最高的生产率，而绝大多数职员则希望干最少的活而拿最多的薪酬。简而言之，薪酬管理对于职员、政策制定者以及纳税人而言都是至关重要的。强调市场数据、绩效薪酬、工资带和管理判断力的薪酬管理新模式已经出现了，这种新模式是对陈旧的和易于导致分裂的现有薪酬模式的批评的一种回应（U. S. Office of Personnel Management，2002）。

下文提出并分析了影响薪酬的因素：政策和法律、劳动力市场、工作评价和个人贡献。分析是以公平理论为架构，由一些有争议的薪酬管理元素来阐释。这 157
些有争议的元素包括工资带、可比价值以及资历工资、绩效工资、技能工资和收益共享工资。在诊断出薪酬方案中的问题后，本章将为一个“理想的”方案开出药方，并且展望了未来的发展趋势。

6.1　公平理论

公平理论——在个人的贡献和组织给予的奖励之间实现平衡——是绝大多数薪酬方案的基础。不幸的是，可以获得的数据显示，无论是“管理联邦薪酬制度的人、使用这一制度的管理者，[还是] 职员自己”（Wamsley，1998，p. 30），都没有对公平理论给予足够的重视，更不用说理解公平理论的重要性、在贡献和报酬之间进行权衡、考虑这种平衡的基础和本质了。公平理论的基础是绩效和工资之间假定的联系，而且它动态的表现为如何（或是否）使绩效与工资之间的联系得以实现。基于个人感知对行为决定所起的作用，期望理论（Vroom，1964）为人们作出选择提供了一个视角。

期望理论的原则是一个三通因果链：

1. 价值（“效价”）：职员将其与一种渴望的结果（如更高的工资）联系

起来。

2. 个人的信念：报酬实际上是对高绩效的奖励（“手段”）。

3. 信念（“期望”）：个人能够完成任务的概率，如果完成任务将取得报酬。

换句话说，期望理论认为，人们将根据他们的行动能够取得成功的概率（期望）和他们所重视（效价）的结果实现（手段）的可能性而采取行动。

如果因果链三个因素中的任何一个薄弱的话，那么“绩效薪酬”就会受到怀疑。例如，假设在联邦纠正示范项目部门工作的假释监督员有权利向社会工作者提供生产力奖金。只要这些社会工作者能够增加对获假释人的访谈次数，他们即可得到奖励。这些假释官员希望社会工作者能够明白，奖金（效价）是与绩效联系在一起的。如果他们能够实现改进目标的话，他们就将获得奖金（手段）。然而社会工作者关注（期望）的仅仅是增加与他们的假释对象联系的次数，而不是减少待处理案件的总体数量，这将导致一种表面的访谈。他们并不确信这个方案是合意的（因为它使得深入信息收集的可能性最小化了），或是可行的［加班工作（对于获得奖金而言）起不到任何作用］。因此，公共安全将处于危险之中，而且社会工作者的热情也被消耗殆尽。在这个案例中，几乎没有人积极工作以争取奖金。

考虑一种更为普遍的情况。虽然绝大多数人珍爱金钱（效价），但通常对于获取更多的奖励也给予了严格限制。例如，地方、州或国家的立法机构通常会提出薪酬的上线，以防薪酬过分上涨，这时，薪酬的激励作用就会大打折扣（低于通货膨胀率的一再的加薪实际上导致了工资的降低）。假使取消这种限制，提供足够的奖金的话，那么职员就一定会相信，绩效评估系统（手段）确实公正、准确地分配了薪酬。但是由于某些原因（将在第9章中阐述），这种信心
158 并不总是应得的。最后，尽管许多美国人相信，努力工作就会有回报（期望），但是聪明工作同样有价值。因此，如果不能提供培训、可接受的工作条件和/或最新的机器设备，那么在现有条件下更加努力的工作可能并不会产生任何增值。

正如上述例子所表明的那样，期望理论是一个有效的判断工具，用来保证人力资源管理系统是按照效价、手段和期望之间建立起来的前后一致的连接方式进行管理的。判断时需要了解：

● 职员重视那些可以获得的薪酬吗？

● 职员能够看到在薪酬和他们的绩效之间存在的联系吗？

● 职员是否相信，基于他们的背景和组织的环境，他们的任务是可以完成的？

换句话说，公平和期望理论要求政策制定者不仅要关注用来资助公共服务的

资金的绝对数量，他们也必须重视薪酬的相对数量及这些钱是如何分配的。如果薪酬不能与生产力指标相连的话，那么绩效差的职员将继续保持现有的绩效，而高绩效的职员因为不能受到应有的重视和奖励而离开。讽刺的是，这样做不仅没有降低人力成本，总体的薪酬成本反而上升了，因为需要更多的职员来完成组织的工作，而只有极少数认真尽责的人能够完成分配给他们的任务。

决策

带着这些理论上的——而且确实符合实情的考虑，影响薪酬决定的因素正在爆发。在薪酬管理的过程中需要作出两类决策：薪酬水平和薪酬调整。任何薪酬制度都是下列因素作用的结果：

- 薪酬哲学，正如有关法律或政策中体现出来的。
- 劳动力市场（外部竞争力）的驱动，反映劳动力的供给和需求变化。
- 工作内容（内部一致性），通过工作评价进行评估。
- 个人贡献，受到资历、绩效、技术和团队工资的影响（图 6—1）。

关于薪酬水平的决策在很大程度上受到薪酬哲学、劳动力市场和工作评价的影响，而薪酬调整则强调职员在薪酬结构中的位置。通盘考虑，如果能够将公共部门的利益和职员的利益结合起来的话，将会作出更好的决策。

哲学

组织的薪酬政策可能领先、匹配或落后于其他组织的薪酬政策（示例 6—1）。与其他许多先进的民主机构的薪酬战略形成鲜明的对比，政府部门的方法是将职员候选人的范围限制在那些愿意接受非竞争性薪水的人群中。薪酬管理并不被视为一个可以实现组织目标的战略工具，而仅仅是一项管理上的成本。至少自 1883 年《彭德尔顿法》（第 1 章）颁布以来，公务员，而且通常是那些面临挑战甚至是唯一存在的部门（如环境保护、司法审判、教育、外交关系、征税）的公务员已经被预期，将作出薪酬上的牺牲来换取为公民服务的机会。然而，无论过去还是现在，自我满足都是服务的目的。不同于政党分肥制，公共组织力图建立一支职业化员工队伍，通过保证工作安全、职业发展和合理的福利/工作条件来使其与政治阴谋绝缘。但是常任公务员只是劳动力队伍中一个很小的组成部分（在 1990 年少于 1%）的事实，同样值得关注。他们既没有成立工会的权利，也没有罢工的权利（第 10 章）。

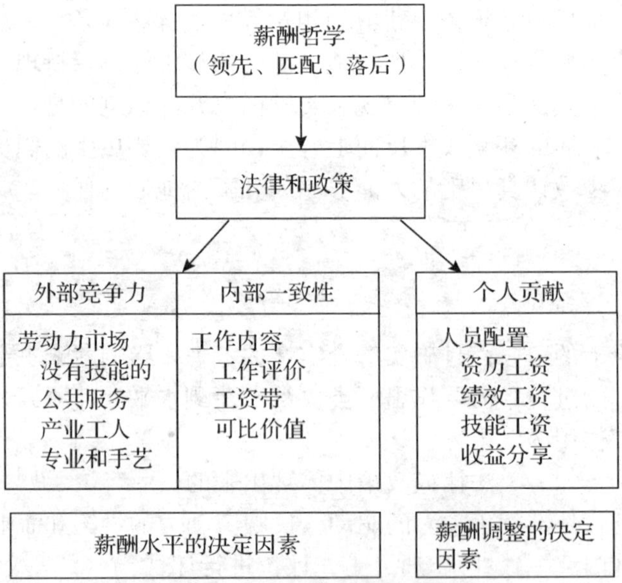

图 6—1　补偿金的决定性因素

示例 6—1　　薪酬政策：领先、匹配或滞后？

无论是在贫穷还是在富裕的影响之下，工人和他们的工作同样地会倾向于变坏。

——柏拉图

需求的矛盾（导论）表明，组织和个人的目标可能并不一致。理想的情况是，组织的战略、人力资源管理的哲学和薪酬管理的目标能够统一起来，同时满足组织和职员的双重需要。

第一，工资领先的方法反映了这样一种信念，即认为通过聪明工作建立一支高品质和令人满意的劳动力队伍是一种符合成本收益原则的、省钱的战略。也就是说，总的劳动力成本与劳动生产率是不一致的。如果一个高薪的但是高效的劳动力队伍能够使得每单位产品耗用的成本降低，那么一个相对小规模的劳动力队伍就可能达到比现在更高的生产力水平，而使总成本降低。但是这个方案看上去可能与目前的现实情况并不相符，而且对于大多数受到预算限制的公共和非营利组织而言，这个方案在短期内很难实行。

第二，"有竞争力的薪酬政策"实际上抑制了作为人力资源管理一个组成部分的薪酬管理的作用。工资竞争政策通过公平付薪和突出非货币的生活福利设施来提高竞争力，以吸引和保留职员。这些非货币性福利设施包括那些因为有着悠久的历史而备受尊重的技术，如"销售环境"（或组织的环境），这一技术或者使职员相信组织是"家庭友好型"的，或者使职员认为由于在公共组织工作，而在政治大厦的权利地位
160 中拥有一席之地（"波多马克热"）。这些策略通常被那些薪酬水平低于或高于市场平均薪酬水平的组织所使用。尽管如此，匹配政策也并不是一定会使组织在市场竞争中处于劣势地位。

第三，由于某些职业独一无二的特性（军事、外交）、认为服务是不以赚钱为目的的信念（救世军）、一个地区的高失业率、短视效应或是仅把薪酬管理当做追求精简高效的一种方法的信念——通过尽可能少的而又报酬低的工人的努力工作而获得更高的生产力（尽管可能会产生不利的后果，如导致士气低下、离职成本和培训成本增加），组织就将采用"工资跟随政策"。尽管低于市场的薪酬政策可以被那些所需工作技能较低的零售组织如沃尔玛所采用，但是很显然，对于那些需要专业技术人员的组织来说，这是一种"捡了芝麻，丢了西瓜"的战略。例如，美国证券交易委员会和联邦调查局在招募和保留优秀人才的时候存在困难，因为他们提供的薪水仅仅是其他单位提供的薪水的一小部分。

在制定薪酬政策的过程中会涉及一系列复杂的因素，包括所需工作技能的类型、工作市场的特征、组织的支付能力、期望的组织形象、对职员态度的假定及组织的意识形态等。选择的战略可能会竞争性地使得组织存在于或者超越他所在的经济部门。因此在公共领域，如与州政府的薪酬政策相比，佛罗里达州的一些市或县至少采用的是薪酬领先政策。联邦政府的薪酬政策通常是优于许多州的，但是不及主要的大公司所采用的薪酬方案。在同一个组织中可能存在着不同的薪酬策略。例如，提供公共服务的文职人员的薪酬可能比一些小企业中的文职人员的要高，但是对于同一组织（公共或非营利组织）中的绝大多数的领导者而言，这种薪酬领先的政策正好是相反的，他们的薪酬常常低于市场平均水平，是薪酬落后政策的产物。

只要基本的经济和非经济的需要能够得到满足，需求的矛盾就可以通过职员自选薪酬方案的方式加以解决。然而公平理论指出，如果人们认为他们得到的报酬与他们作出的贡献不匹配的话，他们就会通过降低生产率、滥用组织资源或在组织内外寻求薪酬更高的工作的办法来转嫁他们的不满。

只要机构仍然在设计一种用来精减人员的薪酬政策，这些趋势就会继续存在。除此之外，证据表明人们不太重视薪酬水平的竞争力，而是更多地关注组织的支付能力，并且试图采用激励薪酬方案，使工资成本与固定费用相比更加灵活多样。最后，组织通常能够得到他们付出薪水所想获得的东西。

到了 20 世纪 60 年代，公共部门的薪酬管理水平日益落后。公共职员的数量大幅度增加，而且他们赢得了组建工会的权利。1962 年的《联邦薪水改革法案》（Federal Salary Reform Act）试图确立联邦工资与私人部门的工资相匹配的原则。1970 年的《联邦薪酬比较法案》（Federal Pay Comparability Act） 161
要求组建一个机构，通过对比公—私部门的薪酬水平来制定每年的薪酬调整方案，除非总统另有指示——实际上自法案颁布 20 年来，总统每年都作出指示。

在 1989 年，关注公共服务的第一国家委员会（沃尔克委员会）要求提高薪酬；1990 年通过的《联邦职员薪酬比较法案》（Federal Employees Pay Comparability Act）规定，截至 20 世纪末，要将公—私部门之间 30%的薪酬差距[2]逐渐缩小。但是根据 2003 年第二届沃克委员会的调查，公—私部门的薪酬差距不仅没有缩小，还比从前扩大了。原因在于行政管理部门一再声称面临"严峻的经济状况"而拒绝职员的加薪要求，而不管国家实际的经济发展状况如何。虽然不同机构的情况有所不同，但是现在许多州政府或地方政府正经历联邦政府曾面临的困难。

上文所讨论的问题，在不同程度上，是绝大多数公共组织独特的薪酬制度中存在的问题的反映。这些独特的薪酬制度包括：针对政治任命人的主管人员薪酬分类表，针对职业化职员的一般职位薪酬分类表，以及在联邦政府部门，针对蓝领工人的工资级别分类表（通过法律实行，与当地的主要利率相匹配）以及各种各样的按人定级制度（第 5 章）。大部分联邦白领职员的薪酬级别遵循普通计划表（General Schedule），普通计划表包括 15 个等级，每个等级又包括 10 个按时间定级的薪酬层次；许多地方政府使用不同的薪酬结构，这些薪酬结构之间可以相互比较，不加区别的一概而论是危险的。但是美国国家总审计长大卫·沃尔克认为，在政府部门，新进职员的薪酬低于市场平均水平，中层职员的薪酬有时会高于市场平均水平，而升到高层后，薪酬水平又会低于市场平均水平（Harris，1999，p. 7；see also www. opm. gov/strategiccomp/whtpaper. txt）。众所周知，在公私部门的比较中，领导者、专业管理职位的薪酬差距最大，入门级的管理工作的薪酬差距较小；然而人们也可能发现，在一定的机构或者在一些选定的职业，这种薪酬差距可能并不存在，在另一些工作中，这种差距可能还恰好相反。但总的说来，“对于联邦职员而言，薪酬低于市场平均水平的工作在整个联邦机构中所占的比重越来越大”（U. S. Congressional Budget Office，2002，p. 9）。

根据有效工资理论，低于市场平均水平的薪酬是不可能符合成本收益原则的。低薪的好处很可能被低下的士气，差的公民服务，低的工作满意度和大量的招聘、培训、训练和离职成本所抵消。简而言之，当支付高额的薪酬以保证生产力、服务和质量提高的时候，支付的薪酬越高，可能消耗的总成本越少。无论如何，很难发现一个依靠被授权的高素质的职员的有效组织，在低薪的情况下能够兴旺发达起来。

再回顾一下示例 6—1，薪酬制度不仅反映法律和政策的要求，而且（a）体现不同组织中类似工作之间薪酬水平的比较，这种比较是通过薪酬调查得知的（外部竞争力）；（b）反映借助于职位评价技术得出的，机构中不同工作之间的薪酬水平的比较；（c）反映同一组织中同类工作的职员之间薪酬的比较，这种比较借助于资历、绩效、技能和团队薪酬（个人贡献）来衡量。正如每一个要在下面探究的公平因素一样，注意到“没有衡量工作价值的绝对标准……如同对空气和重量的测量……仪器得出的结果既是可信的又是鲜明的。而工作的价值充其量只能进行一种相对的或比较意义上的测量”（Risher & Wise，1997，p. 99）。然而，大多数组织的混合薪酬制度与公平薪酬标准并不相符。被所有形式的公平理论所共享的一个隐含的、起支配作用的假设，是这些组织含蓄地秉持的是一个工作时间模型；正如案例6—2所揭示的，劳动力被商品化了，无论买还是卖都可以通过时间单位（小时、天、周、月、年）轻易地进行测量。时间就是金钱——或者说时间是金钱吗？

162

示例6—2　　你欠组织多少时间？

时间不是金钱，金钱就是金钱。

——匿名者

在大萧条期间，为了限制剥削的工作制度，创造更多的工作职位，1938年《公平劳动标准法案》（FLSA）规定每周工作五天，每周的工作时间不得超过40个小时。这是继参议院通过的每周工作时间不超过30个小时的议案后出台的一项折中措施。从那时起，经济领域（重心从工业转到服务业）、劳动力队伍的组成（从白人男性占统治地位到各色女性进入到劳动力队伍中来）和生活方式（从丈夫和一个家庭主妇及孩子组成家庭到单身、单身父母、结婚及未婚的双职工家庭）都发生了巨大的变化。然而绝大多数的组织仍然自顾自地规定工作时间，好像这期间几十年来什么都没有发生过一样，这种状况激化了需求的矛盾（导论）。

当然这并不是说，组织对于这些变化没有丝毫的回应。许多组织已经在20世纪下半叶实行弹性工作制——“弹性的快乐”。[1]变化几乎是无穷无尽的（如压缩的工作时间），但是最古老和最普遍的弹性时间表是由一个特定的时间段组成的。比如，办公室（周一到周五从早上6：00到晚上8：00）开门工作，核心工作时间可能从上午10：00到下午2：00，围绕核心工作时间，职员可以自由地安排他们的8小时工作日。因此，早起的人可以早上班，在下午3点就可以下班，晚起的人可以在上午9：00上班，下午晚点离开。一般来说，每个人都能完成他们的工作时间表。实行弹性工作制可能会使职员每天的工作时间更长，而且会减少散漫和缺勤的现象，组织也会从中获益。

弹性工作制的优势是十分明显的：当职员想工作的时候他们就开始工作，这种情况可以使个人和组织都获益。但其本身也存在着两种类型的弊端：固有的和实践的。有一些工作是结构性的，以至于不能够采用弹性工作制。此外有些组织虽然建立了弹性工作制，但是或者是因为记录工作变得过于繁重，或是因为经理们感觉失去了对下属的控制，弹性工作制没有得到有效地执行。

通常，结果可能会有好有坏。但是弹性工作制确实提高了组织的生产力，而更多的是提高了职员的工作生活质量。**赫茨伯格的激励理论**（Herzberg，Mauser，& Snoplerman，1959）对这一发现作出了解释。弹性工作制是一种“工作环境”因素（这些外在的因素集中在政策、监督和工作条件等方面），当缺失的时候，将会导致职员对工作的不满意。然而，当这些因素按照人们期望的形式得到的时候，人们通常认为这是理所当然的，而并不会增加满意感。考虑一下大学里停车的例子吧：如果很便利，它也不会产生工作的满意感；然而，如果总是为此产生持续激战的话，就将产生在职职员的严重的道德问题。其实真正能够影响生产力的因素是“工作内容”（这些内在的因素强调挑战性的工作、责任感、成就感等；参见Thomas，2000）。弹性工作制与工作的实质无关。

这是一切形式的弹性工作制的固有缺陷，即使这种制度被很好地贯彻执行，这一缺陷仍将存在。在功能理性模式中，弹性工作制假定，工作一定是时间的函数，而不是实际上要完成的任务的函数。而获得《公平劳动标准法案》豁免权的绝大多数过去[2]或现在的专业人员（管理者、外科医生、圣职者、军人、办公室职员）可以一直工作到任务完成为

163 止，而不受工作时间的限制。他们并不是按照工作时间而是依据对组织所作的贡献来获取报酬的。

认为所有的工作能够——或者应该——按照一种实质理性的方式进行重新界定的观念，无须继续保持下去。机构应该寻找一种能够将理论和实际结合起来的方法，而不是一味地关注工作时间量。实现这一目标的方法是建立一个年度工作时间计划，通过组织与职员之间的协商，确定一年中所需要的工作时间量，然后以日程表的形式设计出来。

注释：

1. 的确，由于众多的理由，弹性的工作时间在稳定地增长。虽然雇佣者在他们的部门中有机会享受弹性工作制，但是许多职员并没有参与进来，因为他们不知道他们也可以享受弹性工作制；他们一旦知道了，绝大多数的人都将会选择这样一种工作方式。(www. familiesandwork. org)

2. 日本武士阶级，他们拒绝接触钱，甚至不知道，作为对专长、纪律和忠诚的补偿的金钱应该怎样使用。他们享有封建封地的遗产，作为当时日本的“工薪阶层/上班族”(salaryman)，武士们通常是让他们的妻子来管理家庭财务。

6.2 劳动力市场驱动与外部竞争力

古典经济学理论坚持应该由“自由市场”中特定工作的供给和需求状况来决定薪酬。这种理论忽略了一个明显的事实，那就是工资不是空想的、纯真的、抽象的自由市场的函数，而且这种完全自由的市场本身就是不存在的。更确切地说，在各种劳动力市场上的任何一种职业都不是自由的。供给和需求受到公共和私人的政治干涉的影响：对于没有技能的劳动力（国会颁布法律规定其最低的工资）、公共服务（由联邦、州或地方立法机构设定的）、产业工人（劳动管理组织进行集体的讨价还价）、专业和需要技能的职业（利益集团有时为了获得行政许可证而对议员进行游说）。

结果，在绝大多数组织中，薪酬水平以组织发起的自我薪水调查得出的数据和/或美国劳工统计局、州政府机构、产业协会和咨询公司公布的统计数据为基准。但是这种方式仅是简单地询问其他组织付给他们的职员多少钱。例如，在同一个学术讨论会或地区的大学可以定期调查彼此的薪酬情况，他们彼此之间或者是互相模仿，也有可能在反托拉斯法下进行非法的共谋。此外，这种薪酬调查在识别可以进行比较的关键工作和相关组织方面，以及如何计算福利等方面还存在重要的技术难题。但是即使是有缺陷的调查——缺少更好的数据——也还是能够提供有用的信息（示例 6—3）。[3]

示例 6—3　　调研项目：薪酬调查 164

这个薪酬调查方案的设计是用来帮助生产线管理人员确定工资水平的（一个类似的程序——已经在因特网上通过网站如 www. salary. com，www. salary source. com，www. lib. gsu. edu/collections/govdocus. stats. htm 实行——可以供求职者使用）。这个程序包括三个步骤：（a）确认关键或基准工作；（b）选择能够用来进行比较的组织；（c）收集数据。每一步都可能充满了问题：（a）含混不清的工作分类（尤其是那些以团队为单位的组织）；（b）如何对从竞争对手处得来的信息进行解释说明（这些工作真的是能够进行比较的吗？如何知道它们是能够比较的呢?）；（c）怎样（是通过电子邮件、电话还是通过访谈）和从哪里（联邦或州的政府机构、职业协会还是咨询公司）收集数据。

知道其他组织是如何支付薪酬是必要的，但并不是充分的。知道这些职权部门从他们所投资的职员那里得到了什么样的回报，也是非常重要的。甚至与收集数据相比，如何解读这些数据是一个更加困难的工作，因为这些数据中包含服务质量、职员素质、公民满意和当地人口/职员比率等隐性因素。福利也是重要的，但是在不同的职权部门之间要对福利进行准确的比较，同样是困难的。

考虑到这些问题，从一个小地区的城市经理助理的角度出发，在没有人力资源管理专家指导的情况下，需要完成以下工作：

1. 与城市经理和附近的较大城市的薪酬管理专家讨论上面所列举的三个步骤。
2. 浏览 the World at Work 网站：薪酬、福利和总报酬职业协会（www. worldatwork. org），一个收集薪酬数据的私人公司（www. mnemplassoc. com/surveys/index/html），和/或国际人事管理协会（www. ipma-hr. org），去获取更多的信息。
3. 基于第一步和第二步收集到的信息，略述你将怎样为你所在的部门设计一个薪酬调查方案。

虽然薪水是绝大多数职员薪酬的基础，但是如果想要对外部公平作出准确的评价，就不能仅仅关注有关薪水的数据。**福利**，第二次世界大战之前在大多数组织中都不受重视，处于边缘的位置，现在已经平均上涨了 41%，占到职员薪酬总额的 29%。这种增长在很大程度上归功于税收政策（无论是组织还是职员都认识到一定形式的福利能够带来税收上的好处）和保健及退休费用的上涨。[4] 然而，在这一过程中存在着一个有趣的悖论，即：随着福利的增加，职员的满意度下降（参见示例 6—4 及后面的章节）。此外，在实现组织目标方面，福利的作用是有限的，因为福利是发放给所有职员的而不考虑职员的工作绩效。

示例 6—4　　没有益处的福利 165

组织通常需要决定职员所需要的福利，设计出一个所有职员都满意的福利方案。但是，尤其是在一个多样化的职员队伍中，个体之间在年龄、性别、婚姻状况、供养人数之间的差异是十分明显的。

福利制度僵化、覆盖面上的空白以及将成本转嫁到职员头上，已经导致职员对组织福利方案的不满。这些不满包括：

- 必须参加的标准项目，无论这种福利是否是职员需要的（一个双职工家庭的双份保险）或想要得到的（便宜的——但是不适当的——集体的人身和伤残保险）。
- 条款中大量冗长的规定使得参加人不厌其烦（如眼睛和牙齿的治疗、长期治疗政策、法律援助、儿童和老年人保健、配偶保险）。
- 医疗保健上的成本控制策略（在多大程度上保险费能够抵消加薪）及退休计划的成本控制策略（由组织负担的“福利”项目转变为组织和职员共同承担的“界定为贡献”的项目）。

目前流行的是具有灵活性的福利方案或“自助餐”计划，这些方案或计划设立与职员应得的福利数额等值的职员福利账户或福利菜单。每一个职员可以自由选择适当的福利组合。在这些方案中可能会存在行政壁垒，但是这些壁垒是能够被克服的（如福利可以被捆绑进一个选定包中，以保证均衡的效用）。这些方案能够解决组织和个人之间的冲突，因为组织不再提供职员不想要的福利——而且组织和个人都可以节省税款。但是应该指出的是，弹性的福利项目很容易使得组织将增加的成本转移给职员，因为是否增加或减少福利的覆盖面是由职员个人决定的。

比弹性福利计划更为激进的方案是将福利转化为现金和税款发放给职员，因此废止了上述所有方案。毕竟由组织发起的福利计划在很大程度上是历史事件作用的结果；第二次世界大战期间，政府对工资与薪水进行控制，组织为了留住职员，以防他们跳槽的唯一办法就是增加职员的福利，因为福利不受法律条款的限制。而且现在，职员通过参加许多没有组织的团队项目也可以获得期望的保险额。即使这样，难道公共组织就应该终止福利方案了吗，还是应该提供更多的也可能更便宜的福利方案，这种选择权应该由卖主决定。

从历史上来看，公共部门低的薪水已经部分地通过福利得到了补偿（这些福利通常无须缴税或可以缓缴税）。因为福利的成本经常能够被立法者掩饰过去，与薪水的增加相比，对于选民来说，公共职员福利的增加是不容易发现的。公共部门的福利项目因为比私人部门搞得好而闻名，因为公共部门的职员有时有更多种类的福利计划可供选择。但是当政府部门的职员与其他大型公司的白领职员相比的时候，这种福利上的优势就荡然无存了。

尤其是因为公司高管的额外补贴（如优先认股权、费用报销单、免费保险、无成本的财务及法律咨询、乡村俱乐部会员资格、圣诞节奖金、搬家费、服装津贴、头等舱旅游、配备汽车、优厚的解雇费、不动产计划）在公共部门是不可能有的。[5]的确，政府和非营利组织的福利通常比大公司少。而且公共部门的这种“高福利/低工资”的薪酬方案的优势，也正在被不断增加的职员成本和逐渐缩小的覆盖面所腐蚀。

总之，关于外部公平的薪酬决策应该认识到，传统自由市场的供给与需求理论，对于劳动力市场的阐释，隐藏的东西要比揭露的多；薪酬调查本身是存在问题的，但同时也是富有价值的。福利计划，尽管很难去衡量和比较，构成了薪酬体系中一个重要的又常常饱受争议的部分。

6.3 工作内容与内部一致性

薪酬决策通常是在薪酬结构的框架之中作出的：工作**评价**方法被用来系统地评估工作的价值，根据价值的不同将工作划分到不同的薪酬级别中，并由此构成了一系列的薪酬层级。这种薪酬决策基于工作之间的比较，界定了组织内部工作的价值层级。这种比较是建立在不同工作对组织目标的贡献不同的基础上的。**内部公平**即同等价值的工作付给同样的报酬；不同价值的工作，根据一系列可接受的差别，付给不同的报酬。

所有的工作评价制度——其中使用最广泛的是因素计点法（第 5 章）——都假定需要确定工作价值的相对标准（如责任感、工作条件、技能）；然后按照上述标准将工作划分到不同层级中去。尽管它的客观性消失了（而且产生了弊端），工作评价依然是表面效度的衡量方法，因此依然是绝大多数组织中内部公平性的基础。尽管薪酬决策中这个传统的、保守的和神秘的部分，已经成为许多试验和争议的主题，但是这类试验和争议在未来的几年还将继续下去。

改革的方案已经集中在一个被称为工资带的技术上（也被称作宽带薪酬或等级薪酬），工资带因缩小规模和减少薪酬层级而闻名，许多机构的改组也以此为特点（World at Work，2002）。这一方案使得工资结构更加灵活，它将众多的工资层级组合起来分成少数几个工资大类，或将相关工作合并起来，分在一个工资带中。这一技术为在宽带的工资级别中定薪提供了相当大的自由裁量权。

在工资带中，（联邦）机构将 15 级的普通工资计划表压缩为较少的工资级或 166
工资带。例如，一个联邦机构将其压缩为 4 级，包括 GS1-5、GS6-11、GS12-13 和 GS14-15。依据今天的工资标准，处于第二级工资带的管理人员可以获得的薪酬的范围为 128 253～60 405 美元。工资带个数的确定和用来分配工资带的定级方式的选择，应该支持组织的使命、价值观和文化。

一旦工资带被确定下来，机构就需要决定如何将职员移入或移出一个工资带。普通日程表（GS）制度按照年资（按年定级）和质量的高低［激励工资］确定一个职员的薪酬级别，而且绩效的改进将导致薪酬级别的提高。而在工资带薪酬制度下，一级工资带中的增资，依据的是职员的技能和能力、工作绩效、贡献或其他类似的衡量标准。在普通日程表制度中，原本用于支付资历工资增长、普通增资和质量提高增资的拨款，在工资带制度中可能会变成具有风险性和灵活性的激励工资。一个高绩效的职员可以获得一级工资带中的最高工资，这一增资的速度远远快于在普通日程表（GS）体系下工资增长的速度。这种弹性使得机构可以通过奖励有价值的行为而更好地管理它的职员（“Pay banding，” 2003，p. 3）。

这一技术使得调资变得相对容易，但是对于解决工资的基本问题（公共组织一旦成立，常常被要求“预算中立”）却无能为力。另外，至少在国家层面上，没有证据表明，它已经经济有效地替代了现有的等级体系（Blair，2003）。的确，工资带增加了工资总成本，减少了晋升的机会，而且如果一个工资带中增资的方法和标准没有明确被列示出来的话，很可能使组织受到违反《公平工资法》（示例 6—5）的控诉。

虽然工资带意味着，在未来，职位评价将不再重要，但是众多辩论的主题之一——可比价值却表明职位评价将变得更加重要。更确切地说，职位评价提供了一种方法，不仅仅使得同工同酬，而且也可以使得组织中具有相同价值的不同工作获得同等报酬（参见示例 6—5）。虽然各种针对以工作为基础的薪酬方案（和它所体现的内部公平性）的试验和争议广泛存在，但是这些方案还会继续得到应用，因为现实中根本就不存在其他的替代方案。

167 **示例 6—5　　职位评价和可比价值**

如果一个人的工资与他是否理解某一问题无关，那么他将很难真正理解这一问题。

——阿泊顿·辛克莱尔（Upton Sinclair）

职位评价制度是基于组织中不同工作之间的比较而建立的一个内部公平等级；基于职位评价的薪酬制度假设，在设定工资标准之前，组织应评估每一个职位对组织的贡献。它遵循同工同酬的原则；实际上这是 1963 年《公平薪酬法案》所规定的（这部法案并非总能得到贯彻执行，见 www. aflcio. org/women）。然而，职位评价同样提供了一种使内容不同的工作的价值等同的方法。可比价值，或工资的公平性，要求对同等价值的工作支付同样的报酬。从概念上来说，可比价值在性别上是中立的。事实上，由于从事同等价值工作的女性的工资通常低于男性，因此职位评价的受益者更多的是女性。[1]

尽管貌似客观，但是职位评价的客观性仍会由于，诸如评价要素的选择、评价要素的界定方式和如何为这些评价要素分配基点（第 5 章）而受到削弱。一种薪酬制度若按照不同的基点给监狱中的守卫付工资，医院中场地管理员的工资高于护士，县里警犬看护人员的工资高于儿童护理人员，那么这一制度至少在表面上就缺乏合理性。

虽然《公平薪酬法案》和 1964 年《民权法案》第七条款解决了公平付薪和性别歧视的问题。但是由于现存法律，并未对职位评价的方法作出明确规定，也并非意在废除市场规则，和（或）只有在出现蓄意歧视的情况下，才会与法律的规定直接相关，致使对可比价值的赔偿要求，始终得不到法院的接受和支持。

美国最高法院尚未审理一宗涉及可比价值的案件。然而可比价值的观念已经在州和地方政府，通过立法、劳资谈判及更有效和更可靠的评估因素的提出而得到贯彻。几乎一半的州和超过 1 500 个地方政府，或是提出了法定的薪酬公平性要求，或是改变了他们的职位评价和薪酬惯例，以此来体现可比价值原则。

由于几乎没有人对于薪酬公平的可取之处提出质疑（超过 100 个国家已经批准了联合

国国际劳工组织关于可比价值的公约，而美国没有)，大部分争议集中在其可行性上。支持者认为，如果恰当地利用职位评价工具的话，将推进薪酬公平；反对者认为，这些技术忽视了自由市场。提倡者反驳道，市场几乎很少能够有效地运行（如性别和种族歧视）；批评者认为职位评价技术本质上是武断的。尽管这些 20 世纪 80 年代的争论已经平息下来（在组织规模缩减时期，人们对职位安全的考虑优于薪酬公平)，但是许多和薪酬公平性有关的问题仍未得到解决（至少在其法律界定上如此)。事实上，1999 年克林顿总统的联邦国情咨文演说，2001 年提议的薪酬公平法案，及相对于国会来说，女性立法者人数是男性的两倍的政府立法机关的主动倡议，都再一次激起了人们对这一问题的关注。人们对可比价值问题的关注，在今后的一些年内似乎不可能消失。

注释：

1. 2001 年，臭名昭著的男女“工资差距”是 76 美分。即男职员每赚得 1 美元，女职员只赚得 76 美分。这个数字大概比 1980 年高出 14 美分，并且从 1990 年起几乎没有发生任何变化（美国人口局，2001)。两个原因可以同等程度地解释这种工资的不平等——结构化因素（如不同的经验、教育水平、年龄和职业选择）和性别歧视。因此，康奈尔大学经济学者弗兰西恩·布洛（Francine Blau）发现，与男性具有同样经验、教育水平、职业及工会地位的女性的工资却是男性工资的 88%（通常认为在公共服务领域要大大好于商业领域)。这种差距正在慢慢缩小，但是明显的是，即使面临法律诉讼时，文化态度仍然很难转变。

6.4 人员套级与个人贡献

一旦通过职位评价建立了薪酬结构，并为每一等级确定了相应的薪酬范围，注意力就从机构内部公平转移至个人公平，即决定每一个职员在薪酬体系内的工资水平，并由此决定随后工资调整的基准。这要求薪酬应公平地发放给那些做同样工作的职员。在此，我们考察了一些相关方法：资历工资（包括依据生活费用的薪酬调整)、绩效和技能工资以及收益共享计划（示例 6—1)。

资历工资

资历工资或工龄工资是基于职员对组织的价值而支付的：由于接受持续的培训和开发，职员对组织的价值随着时间的增加而增长。发生这种情况时，资历工资与绩效工资和技能工资是兼容的。如果某个部门不能使其职员的价值随着工龄的增长而增加，那么资历工资就会变得迟钝，按年加薪也就成为一种不劳而获的权利。资历，在任何情况下都是工资级别的一个主要决定因素，甚至在企业的激励性薪酬方案中也是如此。

虽然在理念上截然不同，但是**依据生活费用的薪酬调整**（COLAs)，同资历 168

工资一样，每年根据生活费用进行薪酬调整也能够保持外部公平性。二者明确的区别在于，依据生活费用的薪酬调整仅仅是保持薪酬体系与外部经济状况的相对平衡，相对来说并没有增加工资。但是应该认识到，如果不依据生活费用的变化而调整工资的话，实际上就是一种减资行为了。因此，许多职员的收入在经过通货膨胀调整之后，还没有他们之前得到的收入多。总的说来，资历工资和通货膨胀调资的吸引力就在于它的简洁性、客观性、可预测性和感觉上的公平性，而且能够保持劳动力队伍的稳定。

然而许多组织认为，绩效是应该得到奖励的，而且宣称他们采用的是某种形式的绩效薪酬，采用激励的或浮动的薪酬计划。这些计划依赖于产出、人事以及组织的偶发事件（参见示例6—6），而且在和谐的劳动关系的环境中能发挥最大的效用。所谓和谐的劳动关系，是指存在易于理解的支出，高昂的士气，而且还有充足的预算来提供奖励。既然职员认识到在工资和绩效之间存在联系，那么他们的工作必须按照客观的标准和/或他们信赖的主观标准来评价。激励工资也必须明确区分常规工资和依据生活费用的薪酬调整。

169 **示例6—6　　绩效薪酬：是现实还是幻想？**

我希望钱就留在这里；我确信能够使用一些。

——匿名者

近期，一项由哈佛大学两位研究人员进行的关于经济、管理和社会心理的研究分析表明，理论上的绩效薪酬在现实中很少能够实现。绩效薪酬成功实施的条件：(1) 生产的结果，(2) 工作的职员，(3) 所在的组织。“这些条件在私人部门通常都不能得到满足，更不用提在公共部门了”(Bohnet & Eaton，2003，p. 241)。

第一，根据绩效付薪只有在以下条件下才能运行良好。(a) 职员需要完成的任务是明确的；(b) 产出具有可测量性；(c) 结果能够完全归因于个人的努力。这些交叉并且相互依赖的条件是很难达到的。大多数的白领职员面临多重任务的问题，很难测量工作成果，并且在倾向于开展团队工作的环境下，这些因素都不能很好地激励职员个人。

第二，对于人的本质和工作动机的假设，是绩效薪酬计划的关键。如果职员主要是为了金钱，并且他们关心绝对工资水平，那么绩效薪酬计划也许会奏效。但是，人们并不仅仅是对钱感兴趣，他们也很重视工作满意度、工作挑战性等一些与绩效薪酬无关的因素。大多数研究也确实表明人们不认为他们仅仅是为了钱而工作，尤其对公务员的调查，更是证明了这个判断是正确的。如果用明显的金钱激励来动员职员，使他们看上去好像是被金钱所操纵，那么你会惹怒他们。

进一步说，与相对的比较薪酬相比，职员们更少关注绝对薪酬。这些相对的比较薪酬的参照因素包括其他组织的薪酬标准、预算权限或者国家的经济发展水平等，这些考虑通常都与绩效薪酬没有密切的关系。实际上，每个人都想成为一个赢家，而激励计划通常意味着这是不可能的。这个结果就是“银牌综合征，导源于奥运冠军，这表明大多数处于失望状态的人都是那些得第二的人”(Bohnet & Eaton，2003，p. 248)。使大多数人都成为失败者的薪酬制度绝对不是一个有效的激励工具。

第三，制度上的因素影响绩效薪酬方案。只有当职员知道应该做什么以及为谁服务的时候，制度才能最好地运行。然而，关于组织目标的知识，并不因为等级和文档的存在而变得明确。缺乏明确的组织目标是由多重目标，或由具有不同目标的领导者的频繁变动引起的，这个被称为“多重代理”的问题，在政府中尤其明显。因为政府职员服务于多个对象：主要执行官、立法者、政治任命人员、法官和高级执行事务官。

哈佛大学的研究者认为，即使能够满足绩效薪酬成功的条件，激励也不一定会奏效，并且他们认为，现实中理想的条件很少能得到满足（Bohnet & Eaton，2003，p. 251）。他们支持了这样一种信念，即对各种不同的激励计划的重视程度，是同不断变化的社会、政治、经济发展状况有很大关系的，而不是依据日益积累的关于这些计划如何能够奏效的科学证据（Blinder，as cited in Bohnet & Eaton，p. 241）。然而，出于控制成本的动机，大多数管理者相信绩效应该在薪酬管理中占有重要的地位：调查了接近 1 000 家私人企业，超过 80%的企业都表示他们采用“绩效薪酬制度”，尽管通常只是对少数职员使用绩效薪酬方案（Hewitt Associates，2003）。由 39 个在私人部门实行的实证研究构成的荟萃研究发现，货币激励同绩效不存在相关性（Jenkins，Mitra Gupta，& Shaw，1998）。

简而言之，绩效薪酬项目，原则上来说会运行良好，但是联邦普通日程表（general 170
pay schedule）和 20 世纪 70、80、90 年代及本世纪第一个 10 年所试图进行的改革等这些过去的经验却证明，绩效薪酬很难运作。第一，嘉杰（Gage）和凯利（Kelly）（2003）指出，实际上基于绩效的联邦普通日程表，从未得到正确地贯彻和执行。由于没有足够的资金支持，管理者并未利用可以采取的激励措施，然而，当这个传统方案被修改以强调激励工资的时候，它不得不因无法执行而被废止。第二，正如里舍（Risher）（2002）阐明的，由 1978 年的《公务员改革法》和 1984 年的《绩效管理识别法案》开始，试行针对管理者的绩效薪酬制度。但是试验的结果如此糟糕，以至于［上述两部法律］实际上都被废止，绩效管理的观点只能被遗忘（p. 318）。

第三，1996 年联邦航空局执行了绩效薪酬制度，但是截止到 2004 年，这一制度被称为是“一个失败”，它导致了不公平和士气低落（Kaufman，2004）。最终，美国审计总署大张旗鼓地进行了广泛的改革计划。据报道，在 2005 年尽管 20%高管人员得到了 1 000 美元的税前年终奖金，但实际上几乎所有职员的工资在新的基于绩效的薪酬制度下都得到了增加（“GAO Gives Bonuses，” 2005，p. 3）。在被提议的国土安全部的绩效薪酬管理规定出台之前，关于该规定的评论是“完全消极的”，这并不出乎意料。

然而，超出经验的对成功的期望，使得更多的联邦机构正在寻求对实行未经检验的弹性薪酬制度的正式批准，正如国会给予国土安全部和国防部的批准一样。包括州政府在内的管理圈中，绩效管理仍同以前一样受到欢迎。实际上，美国人事管理局局长凯·詹姆斯（Kay James）说“没有进一步验证和推迟的必要”。最好的情况是，如果未来主动的行动能够克服这些激励方案所固有的问题，则绩效薪酬方案可能仍会存在。甚至哈沃德·里舍（2004），对于绩效薪酬评价甚高的人，也认为这个技术“有充分理由证明，是任何组织试图进行的变革中最难的一个”。然而海斯（Hays）（2004）关于州和地方政府的职能部门绩效管理的两个案例的报告却证明了这种方法显然起了作用。

“由于存在严重的绩效问题，所以绩效管理实际上可能对组织不仅没有益处，反而是有害的”（Perry，2003，p. 150）。如果不能得到良好的执行，可能会产生一支士气低落的、受挫的、动机不明的劳动力队伍。根据联邦激励薪酬专家的话，想要进行改革的管理者应该清楚机构的文化、机构所从事的工作的类型和开展一个新计划所需的资源。“而不是说‘我们想要采用绩效薪酬是因为其他的机构都在使用绩效薪酬’，

他们应该问问自己，‘我们试图要实现的目标是什么？’”（Hewitt Associates，2003，p. 6）

资料来源：Bohnet and Eaton（2003）；GAO gives bonuses（2005）；Hays（2004）；Hewitt Associates（2003）；Jenkins，Mitra，Gupta，and Shaw（1998）；Kauffman（2004，2005）；Kellough and Selden（1997）；Perry（2003）；Risher（2002，2004）；Zeller（2004）.

相比之下，绩效工资过分单纯的主张否定资历的概念，倾向于颠覆传统的关于公平和忠诚的观念，而且谴责资历工资的管理者可能夸大了一个中立的、完全客观的奖励发放标准的好处以及持续培训和经验积累的优势。但是，如果说一个管理人员的下属不能够随着工作年限的增加而提高他们的绩效的话，管理人员就应该下台，这样的说法是有争议的。如果能够恰当地使用，资历工资是一种防止专断和偏袒行为的方法。

绩效工资

像资历工资一样，**绩效加薪**是对基本薪酬的年增加量，只要职员一直在组织中工作，这种加薪就存在。但是它与按年定级的方法不同，毕竟绩效工资是基于成就付薪的。绩效工资难以反驳，因为它受到领导激励理论（经济、需要、期望）和传统智慧的支持。传统智慧认为：激励能够促进绩效的改进。

公共和私人部门给予绩效工资极高的评价，这是不足为奇的；公务员更是对其推崇备至。实际上，在理论和现实之间存在着张力，如“绩效工资并不像公众认为的那样——是令人渴望的、容易实施和广泛使用的”（Fisher，Schoenfeldt，& Shaw，1996，p. 573）。在政府部门，结果也只能是令人失望的（Kellough & Lu，1993）。最主要的悖论在于绩效工资是一个强有力的文化象征和帮助管理者控制职员的手段，但是管理者都不愿意使用它。

为了理解为什么会发生这种情况，绩效工资的前提——对管理的信任、有效的职位评价体系、明确的绩效评价因素、有意义的和持续不断的经费及准确的人事评价（第 9 章）——必须存在。即使这些前提都存在，绩效薪酬也可能会过分地：(a) 关注短期目标而牺牲长期目标；(b) 通过限制期望的标准而鼓励平庸；(c) 破坏团队工作，因为它强调个人成就的独立性；(d) 产生反作用，使得职员之间为了争取绩效奖金而进行零和博弈。职员可能“最后会把绩效工资当做一种惩罚”（Gabris & Ihrke，2004，p. 540）。

在理论上，绩效工资有产生高绩效的潜力，但是在实践中，很难按照职员认为公平的方式对绩效薪酬进行管理，正如下面的例子所要阐释的那样。

> 当一个地方政府受到政治压力，需要实施绩效薪酬计划的时候，城市经理和专业人员与一个薪酬管理顾问签订了契约，由顾问设计出一个一等的、符合书本理论的，技术上先进的薪酬计划……这个新的制度本应该运行良好。最初，这个制度将可以获得的全部资金分为两份，其中 60%用于依据生 171
> 活费用进行的薪酬调整和工资的自动增加，另外的 40%作为绩效工资。当民选官员知道这个方案后，他们将分配的比例变为，75%作为绩效工资，25%用作依据生活费用的增加而进行的增资。这些政治官员显然是希望向职员传达一个强有力的绩效信息。
>
> 这个城市的公共职员抵制这个激进的绩效薪酬策略，而且在同一年，警察部门拒绝实行这个绩效方案。在经过了冷静的思考和作出大量的妥协之后，绩效薪酬的分配比例几乎又回到了最初的六四分的的比例。为什么绩效薪酬的分配方案对于普通职员如此重要？绩效薪酬承诺，只要工作出色，职员即可获得可观的增加的薪酬，那么他们为什么不愿意增加绩效薪酬在薪酬总额中所占的比例？
>
> 基本上，这些职员与其他公共部门的职员一样，比起个人公平来，他们更为关注外部和内部的公平。绩效增资，尽管对于增资可能会有所助益，但是通常不能使公共机构的基本薪酬达到市场平均标准。市场上目前按照技能的高低和经验的多少，支付基本薪酬。与此相比，职员们发现实行绩效工资后他们的基本工资被压缩了。如果一个职员长期在同一个岗位工作，那么这种工资压缩的现象就会发生。多年工作的结果是基本薪酬的少量增加，以及绩效工资的周期性增加。不可避免的是，这些职员发现新来的职员的基本工资，与他们的相比并不低多少，而且甚至在一些情况下，由于绩效薪酬的缘故，新来的职员的薪酬总额可能比他们的还要高（Gabris，1998，p. 649；黑体字部分）。

甚至像里舍和费伊这样的企业模式的推崇者也总结道：“尽管政策声明使得个人绩效变得重要，但是薪酬已经以止步不前的方式进行管理……最有进取心的企业的薪酬方案，也几乎没有给卓越的职员以足够的赏识。隐含的绩效哲学是不可动摇的……但是典型的私人部门的职员能够期望每年加薪，这种期望能够实现的可能性几乎与公共部门职员加薪的期望实现的可能性一样大。”（pp. 3，43）

换句话说，绩效方案几乎不能提供足够的资金来奖励那些例外的职员。简而言之，对于一个组织来说，持续地对动机和生产力进行再评估，确定绩效增加的程度以保证对高绩效职员的独特重视，以及提供那些以公平和时间为基础的激励措施，是对组织行政管理能力的一个重要挑战。绩效薪酬从来都不应该作为治疗组织所有问题的万能药，如果使用绩效薪酬，也只能将其作为整个薪酬制度的一部分（Gabris & Ihrke，2004，p. 506）。为什么更为简单的、“建立它然后忘记它”的薪酬制度的应用如此广泛，也就变得是可理解的了。

尽管——或可能因为——存在这些问题，没有迹象显示，政策制定者已经准备抛弃绩效薪酬[6]，抛弃绩效薪酬的观点已被证明是一种愚蠢的想法。美国人事管理局，关注公共服务的第二国家委员会（沃尔克委员会Ⅱ）及国家行政学院（http://federaltimes. com/index. php? S=577698）最近已经批准一个在联邦政府范围内使用的新的薪酬管理制度，这一制度与国土安全部使用的薪酬制度类似。[7]公务员们通常都不情愿承认错误，而且管理者倾向于使用绩效奖金去奖励绩效之外的东西（参见下文和第 9 章）。绩效薪酬仅仅是一个社会的神话，过于宏大以至于不能全部否决；对其进行否决是为了表明个人之间并不存在不同。嘉布里斯（Gabris）（1998）建议：因为绩效计划关注个人公平，所以应该竭尽全力保证，总的薪酬制度能够将个人的、内部的和外部的公平统一起
172 来，实现平衡。这种平衡必须包括两个关注：既要关注人们得到多少（分配的公正），也要关注决定薪酬水平的过程（过程的公正）。不这样做，薪酬的恶性的、明显的和重要的特征将被恶化，正如作为一个话题，很少有人能对其持中性态度。

技能工资

对于绩效薪酬的批评引发了人们对**技能**（知识、能力）工资的兴趣。这些方案分析了一个胜任的职员需要具备的工作知识，如新的技能：（a）正在学习的；（b）正在使用的；（c）已经产生结果的。拥有这些知识和技能使得职员有了加薪的资格。

技能工资是符合资历和绩效薪酬的原则的，而且也与工资带的要求相一致，因为职员认识到在一个宽的工作带中可以获得额外的能力。但是应该注意的是技能工资是以人为中心的，而不像职位评价是以工作为中心的。技能工资关注的是职员个人如何能够更好地工作，而不是如何更好地界定工作。

这一技术承诺能够提高生产力，因为它强调一个高绩效的职员所应具备的能力，而不仅仅关注最低的任职资格。通过这样做，它详细说明了组织的需要（建立一支有能力的和具备灵活性的职员队伍）和个人的期望（对薪酬的控制和实现工作成功）。作为一项附加的福利，它同样帮助组织和职员解决了一个让人头疼的传统的绩效评价的问题，因为个人要么增进了技能水平，要么没有，这很容易判断。

虽然几乎没有研究证明，以技能为基础的薪酬制度是有效的，但是技能工资愈来愈受欢迎，尤其是在那些重视参与管理和团队工作的组织中。例如，科罗拉多州的恩格伍德市（Englewood）已经制定了以技能为基础的薪酬制度，并以此来更新所有的工作说明，核实每个岗位的现行工资，而且阐明了职业生涯发展规划。这个战略发展了一个新的工资线（确定每一个工作的基本技能要求，并且为每一级技能确定可得到的货币价值），为职员建立个性化的职业发展规划，而且允许职员选择是否参与该计划。这个方案已经产生了较高的个人满意度，个人和组织的目标更加明确，增加了对职员的授权，而且是符合成本收益原则的（Leonard，1995）。

然而弗吉尼亚州运输部的薪酬方案失败了，因为它缺少管理者或联盟的支持，强迫所有职员参加（参加者紧接着向立法者抱怨），而且忽视了重新设计人力资源管理系统的需要以支持薪酬制度的变化（如分类和评价）。一个重要的原因是它聘用了商业咨询部门，商业咨询部门根本不了解机构运行中敏感的政治环境（Shareef，2002）。处于恩格伍德和弗吉尼亚的改革之间的有老兵福利管理局、联邦航空局和北卡罗来纳州交通厅。这三个部门都不得不进行了大量的改变，以使得以技能为基础的薪酬管理系统能够生效（Thompson & LeHew，2002）。

因为下面的两个原因，这些方案也并不是万能的。第一是内在原因，既包括由于新获得的技能无法使用，或者是由于职员已经升到了技能系统的顶端而不可能进一步加薪所带来的挫折，也包括复杂的官僚步骤，这些步骤用来监视和证明职员的进步。第二是外在的影响，包括互补的人力资源管理功能之间的相互影响 173
（短期的培训和长期的薪酬总成本的增加[8]）和动态的政治氛围（选举周期、职员投票、工会、一般成员的工资对比管理者的工资）。在这种薪酬制度下外部公平性更难实现。

收益共享

在**收益共享**型的薪酬方案里，组织和它的职员分享了通过提高劳动生产率和/或降低成本所带来的高于预期的收益；通常，结余的一半记入机构的普通基金账户，剩余的部分在涉及的职员中间平均分配。这一方案存在几个有趣的变化：在科罗拉多州的拉夫兰市（Loveland），提供给该市公务员的奖金取决于对公民满意感的调查及预算中剩余资金的数量；在弗吉尼亚州的布莱克斯伯格市（Blackburg），年末的剩余基金是不分享的，但是公务员有权决定如何使用这笔钱以改进业务；北卡罗来纳州的夏洛特市（Charlotte）实行了一个“基于竞争的方案”，这个方案或是将资金分给那些参与竞争性投标并中标的职员，或是分给那些所在的部门的绩效超过基准绩效标准的职员（Jurkiewicz & Bowman，2002）。

简而言之，收益共享旨在实现与个人激励同样的目标：将奖励与绩效挂钩。不同之处是绩效是用来测量团队工作的成果的，因此增加了团队的凝聚力，提倡解决问题的文化，而且减少了内部不公平感。个人激励或组织激励并不互相排斥，通过关注符合收益共享原则的个人行为（如对团队工作的贡献），能够将二者统一起来。这一技术需要对组织的高度信任以及广泛的信息共享。集中于对职员的授权和质量的改进，国防部从 20 世纪 80 年代开始，开展的一系列薪酬试验都取得了不同程度的成功。

虽然这一方案尚没有在公共部门得到广泛应用，但是它却具有真正的潜力，能够创造一支富有弹性的、积极的、以解决问题为目的的劳动力队伍（Masternak，2003）。然而同时它也是理论与现实存在张力的众多区域之一。桑德斯（Sanders）（1998）慨叹地指出立法者可能认为“官僚们在有效率地使用公共基金方面已经得到了应得的报酬（可能还得到了过多的报酬），无论如何，不应该因为他们做分内应做之事而提供给他们更多的钱”（p. 239）。

无须惊讶，当尝试诸如收益共享或奖金等激励方案的时候，因为产生了大量的结余，所以机构的工资总额可能会随之减少（参见示例 6—7）。成功的方案需要文化上的改变，以克服弥漫在激励方案中的怀疑主义和冷嘲热讽。然而，这些方案，当作为其他方案的部分或全部的替代的时候，与其他产生个人公平的方案相比，对大多数职员来说意味着得到的钱更少了。

174 **示例 6—7** **职员奖金**

花费了太多的钱。

——Ralph Waldo Emerson

薪酬管理过程中，一种增长的趋势是使用奖金，有时一次性的奖金取代了更加昂贵的永久性薪水的增长。为了鼓励高绩效，这种奖励必须显著，至少为4%～5%，因为再少的话可能会挫伤职员的积极性，而且可能会产生相反的结果。对于组织来说，这一技术提供了一种控制薪酬支出的、经济的、灵活的方法，但是仍然需要奖励职员。对于个人来说，把钱攒在一起发放看上去似乎比在一年内分散发放要多。至少在短期内，奖金似乎解决了组织和个人之间需求上的矛盾。

不幸的是，奖金的发放受到政治的干涉和影响，以至于把它作为一种政治化的报酬而使它受到破坏，政治化的结果导致对项目的资助不足。管理者面临着两种没有吸引力的选择：要么将奖金发放给少数几个人，而其他人得不到任何奖励；要么把奖金发给许多人，每个人都得到少量的奖励。在联邦层面上，2/3 的公共职员能够得到占平均工资 1.6%的奖金，而且绝大多数的职员认为他们机构的薪酬制度没有达到提高激励工资以奖励绩效的目的（Lee & Straus，2004）。类似的情况也可以在州政府的层面上发现，正如下面的案例阐释的那样：

一些政客热衷于恫吓，要让政府“像企业一样”运作，他们总是呆板地把公共职员看做无所作为的官僚。所以当政府真的"像企业一样"运作的时候，人们可以想象，这将使那些政客无比开心。

1994 年佛罗里达州税务局使得州立法委员面临一个挑战。立法机关通过了一部法律，允许对那些表现优异，或出色地完成了自己的职责，而且对为州政府节省了资金的职员给予货币奖励的。结果，州税务局为佛罗里达州的纳税人节省了9 000 000美元。

在实现了这一成果之后，机构负责人拉里·福斯（Larry Fuchs）请求立法机关能够拨出足够的奖金给予他认为值得奖励的职员每人 100 美元的奖励。节省了9 000 000美元，奖励 250 000 美元。但是，此时政客们一贯地巧舌如簧、虚伪的本质又暴露出来了——参议院拒绝发放奖金。

一些立法者说，不能因为州政府的职员仅仅是完成了自己的分内之事而给他们额外的奖励。另一些立法者质疑税务局是否达到了绩效标准，但是福斯说，他并没有被告知参议院拒绝付给奖金的原因。如果参议院不想对州政府职员达到更高的工作标准的行为提供财政激励的话，它就会发表上述言论。但是政府领导人有责任信守诺言，支付这 100 美元的奖金。

不久前，也是在佛罗里达州，许多部门对合格的职员给予同样数量的奖金（如 371 美元，虽然对于少数职员来说奖金支出的范围为 76～2 000 美元）（Cotterell，2004）。由于种种原因，绝大多数职员——无论是得到奖金还是没得到的——认为这种奖励会挫伤职员的士气。在怀俄明州，支付给州政府职员的每年 400 美元的绩效奖金被分到 12 个月中，每月一次分期支付。在一些部门，奖金发放给少数几个人，他们或者再将奖金分发给其他的人，或者召开一个晚会，或者干脆拒绝接受奖金；在另一些部门，职员们通过抓阄的方式决定谁获得奖金（Behn，2000，p. 4）。

资料来源：Behn（2000）；Cotterell，B.（2004，p. 1B）；Lee and Straus（2004）；《州政府应该信守诺言》，*Tallahassee Democrat*（12 月 13 日，1996），p. 10A. © Copyright 1996 by *Tallahassee Democrat*，经许可可转载。

6.5　启示

这个讨论已经详细考察了资历工资、绩效工资、技能工资和收益共享方案之间的相似之处和不同点。最终，相似性吞没了差异。无论是采用哪种薪酬方案，任何合理的薪酬增长都成为一个象征性的发光棒，备受批评。结果，可获得的资源通常是如此微不足道，以至于管理者别无选择，只能将其分解为小块的增量，以抵消每位职员受到的通货膨胀的影响。

这是十分明显的，生活费津贴不仅被用做激励工资的替代物，而且是依据生 175
活费用的薪酬调整。仅仅是为了"防止全体职员"免受通货膨胀的影响，真正的意图并不是加薪（像资历工资、绩效工资、技能工资或收益共享所作的那样），而是关注薪酬减少的数量。荒谬的是，当经济好转的时候，许多立法者，似乎看不到应该加薪的理由——绝口不提应该上调职员的工资，使其"赶上"经济发展的速度[9]。而且他们总是争辩说，不加薪是为了抑制通货膨胀。

这种策略被看做民选官员的“韧性”和对纳税人负责的标志。因此，公平——外部的、内部的、个人的——很容易被今后几年中购买力损失的数量所替代。组织和个人的目标之间的两难选择难以调和并愈加明显了：职员期望能够被公平对待，同时公共组织的薪酬制度又总是拒绝这种需求。深层次的难题在1999年得到了阐释。除了付给老兵足够的薪酬，以使他们离开公共服务的队伍外，征募新兵的薪酬标准再次降低，而且一些民选官员鼓吹要恢复军事协议。[10]对外公开这一难题的价值是有限的：处在不公平环境里的职员，根据公平理论，会通过降低绩效、工作散漫、旷工或直接辞职，以减少不公平感。

虽然这也许是真实的：相对较低的薪酬水平不会使政府破产，但是这更是一个不争的事实：这种非竞争性的薪酬结构已经对公共服务产生了实实在在的影响。它被视为雇用外部劳动力——低工资的、常常是没有经受过培训的、兼职的职员、临时工，甚至是志愿者[11]——的推动力，但是这些外部劳动力一旦找到一份全职工作，他们就会离开。它也被视为是私有化的推动力，私有化——功能上相当于公共部门的停业——有时可能会使纳税人付出更高的成本。

在本章中，有关薪酬改革方案的辩论，尽管存在理论上的趣味，但实际上辩论的意义是有限的，因为他们忽视了一个基本点：对于所有职员——女人、男人、黑人、褐色人、黄种人、红种人及白种人——来说，薪水过低。实际的问题并不是采用何种类型的薪酬方案的问题，而真正的、合理的问题是薪水的数量。因此，技术上的变革通常不能达到预期的目标。例如，国会往往不情愿地把成功的薪酬示范项目推广到全国范围的政府部门；他们推广这些项目的那一刻即注定了失败。

本章小结

工资政策和方案是一个重要的——也是有问题的——管理工具（Zingheim & Schuster，2000）。作为雇佣关系的关键，薪酬决策能够同时满足个人和组织的目标。因为薪酬是组织整体价值观的一个强有力的象征，通过薪酬，职员们可以了解组织的利益及他们自己的利益所在。但是如果缺乏组织目标和个人利益的正确理解，薪酬就会变成与工作有关的各种各样问题的根源。

本章主要研究影响薪酬决策的因素。存在于外部竞争力（劳动力市场）、内部一致性（工作评价，包括工资带试验和可比价值争论）和个人贡献（资历、绩效、技能和收益共享薪酬）的公平性受到政策（领先、匹配、滞后）和法律（如1963年的《公平薪酬法案》和1990年的《联邦职员待遇比较法案》）的检查。

在这个重要的人力资源管理领域中的争议主要集中在薪酬不满意、公共和私人部门的薪酬差距、时间和金钱及福利等方面。隐含在字里行间的关键原则勾勒出了这个重要的、明显的和恶性的主题：(a) 与其他人力资源管理环节相比，薪酬管理可能更是一个与人有关的问题；(b)虽然薪酬本身没有语言，但的确是一种大声的和有力的沟通方式；(c) 中肯的薪酬策略要考虑组织的文化和视野——不存在放之四海而皆准的薪酬制度；(d) 薪酬制度要能够支持组织的战略，并且与组织的其他方面保持一致；(e) 薪酬决策的制定过程与其说是一门科学，不如说是一门艺术（也可以参见 Flannery，Hofrichter，& Platten，2002)。 176

比起企业，公共和非营利组织的"老板们"更需要证明他们的薪酬体系是被有效管理的，而且能够公平地对待每一个职员。以政治权宜之计为名义的法律和政策所导致的竞争性薪酬的失效，无助于增强信任和推进民主进程，无法实现较高的生产力。

一个组织的成功或是失败必须得到薪酬制度的支持。幸运的是，正如本章所概述的，有许多薪酬管理制度能够起到这种支持作用。不幸的是，他们中没有一个像他们表面上看起来的那么完美。从纯技术的视角来看，最愚蠢的莫过于认为存在普遍适用的薪酬制度。然而，最终的错误是政治意愿的失败。这种政治意愿认为应提供适当的薪水，以使公众能够得到忠诚而高尚的服务。

换句话说，不存在根据协议决定薪酬的情况；没有任何工作含有内在经济价值，这仅仅是因为人类现实是一种社会的构建。根本就不存在所谓的自由市场。然而，提出一个理想薪酬制度的标准还是很有可能的。尽管这些标准既不是互相排斥的也不是详尽的，但是他们确实提出了一个起点。从这个起点出发，任何一个计划就都可以被评估。

努力把组织和职员的目标结合在一起的标准，应该包括以下几个方面：

1. 利害关系人参与薪酬体系的设计和重新评估。因为利害关系人对于薪酬有着更为深刻的认识，所有利害关系人——纳税人、民选官员、非营利组织的贡献者、管理者和职员——对政策都可以提出有意义的建议，这是非常重要的。例如，堪萨斯州委托开展了一项薪酬管理调查，在 16 个重要组织中随机任选职员进行访谈，并且对其他组织的 3 000 名职员的薪酬也进行了调查，同时召开由立法者和中层管理者参加的小组会议，对现行的薪酬管理方案进行讨论。毫无疑问，这是一个困难的过程，但是任何一个负责任的民主政府都需要这么做。

2. 基本薪酬简洁化和激励工资多样化。作为绝大多数职员的薪酬制度的基础，基薪的结构，必须是竞争性的，应该能被所有职员轻易理解（如在 1998 年，怀俄明州将 37 级的薪酬等级压缩为 11 级的薪酬宽带）。尽管福利也应该符合清晰的原则，但是考虑到21世纪劳动力队伍的多样性，福利应该存在着多样化的选择。这种选择权的提供必须在一定的方式下进行：在这种方式下，没有任何人能够获得优势或遭遇劣势，它是在统一的福利方案下进行的。

3．薪酬的增加必须与持续的绩效改进联系在一起。无论是根据资历或是根据绩效、技能或收益共享方案支付薪酬，当职员对于组织的价值增加的时候，他们就应该得到奖励。这些薪酬制度，单独的或是混合的，如果设计、执行和资助不当，那么或者（a）依据生活费用的薪酬调整（COLAs），以公平为名义，应该被视为组织运行的自动成本。或者（b）工作的时间应该减少（如马萨诸塞和北卡罗来纳州的公共职员每周只需工作37.5个小时）。否则，职员们将寻求奖励的机会和/或从事第二份工作以增加收入。

177 4．工作安全。正因为薪酬管理是重要的、明显的和恶性的，所以在面对政治压力的时候，与生产力相连的一定形式的工作安全，对于保证公共职员能够有效地为公众服务是十分必要的。正如温斯顿·丘吉尔1940年6月18日对下议院做的演讲中所指出的那样，职员必须要知道“他们不会受到威胁——今天还在这工作，明天就会被辞退”。愈来愈多的组织，期望职员能够提出创造性的观点并能够解决难题，愈来愈少的管理者认为，他们能够用辞退——组织形式的死刑——的威胁来管理职员。为了能将组织的目标与个人的目标统一起来，管理者必须是人力资源的开发者——而非死刑执行人。

理想的情况是，一个薪酬管理制度能够实现外部、内部和职员个人的公平。通过这样做，可以培养能够自我管理的职员，奖励革新，而且使得组织能够集中精力提供公共服务。上述标准（一些已经是名存实亡，另一些正在受到攻击）并不能够保证每一个矛盾都能得到解决。同时，对这些标准的诋毁或忽视，也使得建立一个公平的制度是不可能的。

新世纪伊始，在基本薪酬、薪水增长和福利等方面的一系列薪酬管理的发展趋势日益明显。为了使得基本薪酬更具吸引力，至少在短期内，工资带的试验可能还会继续。自动增资的情况将逐渐减少，倾向于使用个人或团队的薪酬激励制度。2000年，公共部门最高管理者薪酬的加倍［达到400 000美元，与企业主要执行人员的平均工资（超过13 000 000美元）相比，处于中等水平］将使得提高那些适用于联邦机构执行者和国会官员的工资上限在政治上变得更加容易。最后，尽管越来越多的福利（尤其是在健康和家庭方面的）可能在未来会变成强制式的，但是，职员渐渐地不仅可以自由选择福利项目，而且也为他们选择的福利的成本负责，这样的福利制度似乎正在发展。

总之，低薪预算反映了一种普遍的对薪酬进行成本牵制的趋势，这种趋势源于工作领域的全球竞争，技术进步对职员的替代作用及使用临时工的增多。工作上的传统社会契约——对努力工作的行为给予的适当薪酬是用来交换工作安全和忠诚的——已经受到严重的腐蚀，因为越来越多的组织希望，对职员所负的责任越少越好。这预示着在未来几年，对于组织、职员和社会而言，将面临一个复杂无序的环境。

关键术语

弹性工作制度
福利
奖金
可比价值
依据生活费用的薪酬调整
《公平薪酬法案》
外部公平
1938 年《公平劳动标准法》
1990 年《联邦职员薪酬比较法案》
收益共享
赫茨伯格的激励理论
个人公平
内部公平
工作评价
劳动力市场
绩效薪酬
工资带/薪酬带
工资压缩
工资的公平性
因素计点法
资历工资/工龄工资
技能工资

应用练习

课堂练习 *178*

1. “我们需要根据人们对于组织及国家的增值的贡献来付给人们一定的薪酬。”应用达·芬奇的“降落伞”（导论）进行讨论。

2. 如果团队工作、过程改进和公民服务是质量管理的特点，那么讨论：对于一个追求质量的机构而言，最合适的薪酬管理制度是什么。

3. 在多大程度上，弹性福利计划能够解决个人和组织之间在薪酬上存在的两难困境？废止全部福利（示例 6—6）是否会更好？如果是的，那么确定发生这种情况的条件。

4. 本章在最后部分建议，为了实现职员的公平，应该缩短工作时间。实际上，欧洲经济学家一直在声称，随着工作时间的缩短，生产力将得到提高（参见 Saltzman，1997）。讨论怎样才能使得“更少（的工作时间）会得到更多（的收益）”。

小组活动

5．一直宣称薪酬管理是重要的，因为在组织中它是重要的、明显的和恶性的。分为几个小组，从需求的矛盾（导论）的视角出发分析，至少提出三种能够同时保证外部公平、内部公平和个人公平的策略。

6．辩论：“如果人力资源管理中的人员招募和人员配置环节开展得很好，那么激励性的薪酬方案就会没有价值——甚至可能是有害的。”并分为正反两方对这一观点展开讨论。

7．一个小组从职员的角度出发，另一个小组从组织的角度出发，分析福利的重要性以及针对福利本身存在的争议。如果一些政府使用福利方案来吸引和保留职员，这是符合理性的吗？

8．管理者在增加职员薪酬方面通常缺乏灵活性（除了绩效评价的有限内容而外，第 9 章），取而代之的是他们可能会寻找一定的方法来提高工作的级别（第 5 章）。讨论：这一策略的道德诉求以及工资带是否是解决政府部门低薪问题的一个真正有效的办法。

个人作业

9．人力资源管理的薪酬管理功能存在许多自相矛盾的地方。至少确定三种解决矛盾的方法。在多大程度上，这些矛盾与导论中讨论的基本矛盾相关联？

10．你所在的部门被选定为示范单位，需要建立一个能够保证个人公平的工资领先方案。高层管理部门已经成立了一个职员建议委员会，为这个方案如何最好地建立和实行出谋划策。作为委员会的主席，在委员会的第一次讨论会上，你将推荐哪些策略？为什么？

11．讨论下列矛盾：与上一代相比，美国现在的公共职员的工作时间明显延长，而且他们的工作时间比其他发达国家的公共职员的工作时间都长，然而在发达国家中，美国的公共职员得到的保护却是最少的，而且通常薪酬很低。他们的工资水平与企业中“工作绩效差”的职员的工资水平相当，实际上在政府部门工作所得到的工资并不能使他们脱离贫困。

179 12．可比价值是按工作定级的职位分类制度的一个重要因素。为什么它与按人定级制度（第 5 章）不相关？

13．在薪酬决定过程中，分配公正和程序公正起着重要的作用，考虑这个观点：“我们应该用严格的训练去学习怎样谋生，而不是如何生活。”

注释

[1] 而且，他们的任期时间可能短于许多职业职员。因此，制定决策的视野也很可能不同，而且民选官员有牺牲长期目标而最大化短期目标的倾向。当涉及薪酬政策的时候，这种倾向是最明显的。考虑到用于支付薪酬的基金，可以预料的是，薪酬管理可能是政府制定的政策中最需要深思熟虑的问题之一。

[2] 对公务员薪酬差距的评估受到了各种技术上的批评。参见联邦会计总署（1995）和考夫曼(Kauffman)（2000）。

[3] 应该清楚多数政府部门，尽管通过法律认可外部公平，但实际上在招募职员的时候往往强调的还是内部劳动力市场战略。也就是说，除入门级的职位以外，绝大多数的职位空缺都是通过调配组织内部职员进行填充的，只有在找不到合适的内部候选人的时候，才到外部市场去招聘。想要获得公共服务部门的薪酬数据，可以查看 www.govexec.com/careers。

[4] 这些福利的重要性体现在对职员的招募和保持上。一些职员应聘，正是因为该组织能够提供广泛的健康保险和明确的退休计划。福利的提供减少了令人沮丧的跳槽的可能性，因此也为组织节省了对新进职员的培训成本（第 8 章）。最好的例子是美国军队的职员，他们从“社会医疗保险”中获益，而且能够在 40 岁的时候退休，退休后可以拿到的工资是在职薪酬的一半。实际上，与私人组织提供的健康医疗制度相比，接近 1/2 的美国人更喜欢参加由政府提供的国家健康医疗保险。

[5] 然而，应该知道立法者，尤其是在国家和州的层面上的立法者，通常为自己设计了慷慨的福利方案，而且使得他们自己可以获得大量的临时津贴和活动经费。

[6] 据说，愚蠢的定义就是，当期望获得不同结果的时候，却一遍又一遍地做着相同的事情。

[7] 一个在绩效薪酬示范项目中工作了 5 年的联邦政府职员声称“（国土安全部实施的）新的薪酬制度的激励工资是一个笑话，因为激励工资的数额是如此之少。绩效薪酬是一种零和博弈，但是在绩效薪酬示范项目中，能够作为激励工资的资金如此之少，以至于原本是对少数人的奖励，也被平均分发给组织中的每一个人，而不考虑他们的绩效如何”（Kauffman & Ziegler，2004，p. 4）。一家人力资源咨询公司中的绝大多数专家建议，职员年薪的增长率至少要达到 5%，这对于随后实施的计划是有必要的（p. 4）。讽刺的是，如果将国土安全部的薪酬方案推广到所有政府部门的话，“职员的收入可能与目前的制度下能够获得的薪酬不相上下”。

[8] 通过采用一系列的技能工资，这些弊端可以被缓和，因为一次性的、以技术为基础的奖金不会导致基本工资的持续增加。

[9] 第二次世界大战后，工作领域中不再存在稳定的社会契约。毋庸置疑，提供福利的全职工作在今日的美国是珍贵的商品。如果私人部门的逻辑是“生意很好——你被雇用了”，那么公共部门的逻辑就是“不要有任何期望——你可能是下一个被裁掉的人”（参见 Bowman，2002）。

[10] 2004 年，数以千计的士兵在合同期满时被禁止退伍。由于伊拉克战争使得军队的人数减 180
少，禁止退伍是为了制止军队士兵的进一步流失。一些专家指出，这些“停止流失”的命令是与自愿服兵役的原则不符的。

[11] 佛罗里达州高速公路巡警，在 20 世纪 90 年代由于受到经费的限制，以至于没有钱雇用外部的劳动力。于是，他们购买了百货商店的人体模特，为模特穿上制服，并把他们安置在停在路边的巡警车上。尽管这些模特可能会起到一些威慑作用，但是在这个高犯罪率的州，这种行为不能被认为是一种有效的执法行为。

参考文献

Akst, D. (2003, November 2). Why do employers pay for health insurance anyway? *New York Times*, p. 4BU.

Behn, R. (2000). Performance, people, and pay. *Bob Behn's Public Management Report*, 1-6. Retrieved January 13, 2005, from www. ksg. harvard. edu/The Behn Report/Performance People And Pay. pdf.

Blair, B. (2003, August 18). Experts debate pay rules for a new personnel system. *Federal Times*, p. 8.

Bohnet, I., & Eaton, S. (2003). Does performance pay perform? Conditions for success in the public sector. In J. Donahue & J. Nye, Jr. (Eds.), *For the people: Can we fix the public service?* (pp. 238-254). Washington, DC: Brookings.

Bowman, J. (2002, Fall). At-Will employment in Florida government: A naked formula to corrupt public service. *Working USA*, pp. 90-102.

Cotterell, B. (2004, July 26). Money talks when handing out bonuses, *Tallahassee Democrat*, p. 1B.

Fisher, C. D., Schoenfeldt, L. F., & Shaw, J. B. (1996). *Human resource management*. Boston: Houghton Mifflin.

Flannery, T. P., Hofrichter, D. A., & Platten, P. E. (2002). *People, performance, and pay: Dynamic compensation for changing organizations*. New York: Free Press.

Gabris, G. T. (1998). Merit pay mania. In S. E. Condrey (Ed.), *Handbook of human resource management in government* (pp. 627-657). San Francisco: Jossey-Bass.

Gabris, G., & Ihrke, D. (2004). Merit pay and employee performance. In M. Holzer & S. Lee (Eds.), *Public productivity handbook* (pp. 499-514). New York: Dekker.

Gage, J., & Kelly, C. (2003, November 10). Unions support smart performance pay for Homeland. *Federal Times*, p. 21.

GAO gives bonuses under merit pay system. (2005, January 3). *Federal Times*, p. 3.

Harris, C. (1999, April 5). Top pay "way under market". *Federal Times*, p. 7.

Hays. S. (2004, September). Trends and best practices in state and local human resource management: Lessons to be learned? *Review of Public Personnel Administration*, 256-275.

Herzberg, F., Mauser, B., & Snoplerman, B. (1959). *Motivation to work*. New York: Wiley.

Hewitt Associates. (2003, September 15). OPM official: Performance pay has staying power.

Federal Times, p. 6.

Hogler, R. (2004). *Employment relations in the United States: Law, policy and practice*. Thousand Oaks, CA: Sage.

Jenkins, C., Jr., Mitra, A., Gupta, N., & Shaw, J. (1998). Are financial incentives related to performance? A meta-analytical review of empirical research. *Journal of Applied Psychology 83*, 777-787.

Jurkiewicz, C., & Bowman, J. (2002, Fail). Charlotte: A model for market-driven public service management. *State and Local Government Review*, 205-213.

Kauffman, T. (2000, April 3). Studies delay pay locality reform. *Federal Times*, pp. 1, 18.

Kauffman, T. (2004, December 13). Pay reform failure: How FAA's bold experiment led to inequity, poor morale. *Federal Times*, p. 1.

Kauffman, T. (2005, January 3). OMB to push performance pay governmentwide in 2005. *Federal* 181
Times, p. 11.

Kauffman, T., & Ziegler, M. (2004, May 2). National Academy of Public Administration: Pay reform for all. *Federal Times*, pp. 1, 4-5.

Kellough, J., & Lu, H. (1993, Spring). The paradox of merit pay. *Review of Public Personnel Administration*, 45-63.

Kellough, J., & Selden, S. (1997, Winter). Pay for performance systems in state government: Perceptions of state agency personnel managers. *Review of Public Personnel Administration*, 5-21.

Lee, C., & Straus, H. (2004, May 17). Two thirds of federal workers get bonus. *Washington Post*, p. A1.

Leonard, B. (1995, February). Creating opportunities to excel. *HRMagazine*, 47-51.

Many workers dissatisfied with pay. (2001, June 30). *HRMazazine*, 37.

Masternak, R. (2003). *Gainsharing: A team-based approach to driving organizational change*. Phoenix, AZ: World at Work.

Pay banding in the federal government. (2003, February). *Issues of Merit*. U. S. Merit Systems Protection Board, Office of Policy and Evaluation. Retrieved December 20, 2004, from http://www.mspb.gov/studies/newsletters/03febnws.html.

Perry, P. (2003). Compensation, merit pay, and motivation. In S. Hays & R. Kearney (Eds.), *Public personnel administration: Problems and prospects* (pp. 143-153). Englewood Cliffs, NJ: Prentice Hall.

Risher, H. (2002, Fall). Pay for performance: The key to making it work. *Public Personnel Management*, 317-332.

Risher, H. (2004). *Pay for performance: A guide for federal managers*. Washington, DC: IBM Center for the Business of Government.

Risher, H., & Fay, C. (Eds.). (1997). *New strategies for public pay*. San Francisco: Jossey-Bass.

Risher, H. , & Wise, L. R. (1997). Job evaluation: The search for internal equity. In H. Risher & C. Fay(Eds.), *New strategies for public pay*(pp. 98-124). San Francisco: Jossey-Bass.

Saltzman, A. (1997, October 25). When less is more. *U. S. News*, 78-84.

Sanders, R. P. (1998). Gainsharing in government. In S. E. Condrey(Ed.), *Handbook of human resource management in government*(pp. 231-252). San Francisco: Jossey-Bass.

Shareef, R. (2002). The sad demise of skill-based pay in the Virginia Department Of Transportation. *Review of Public Personnel Administration*, *22*(3), 233-240.

State should keep promise. (1996, December 12). *Tallahassee Democrat*, p. 10A.

Thomas, K. W. (2000). *Intrinsic motivation at work*. Williston, UT: Berrett-Kohler.

Thompson, J. R. , & LeHew, C. W. (2002). Skill-based pay as an organizational innovation. *Review of Public Personnel Administration*, 20(1), 20-40.

U. S. Census Bureau. (2001). *Statistical abstract of the United States*(121st ed.). Washington, DC: U. S. Government Printing Office.

U. S. Congressional Budget Office. (2002, November). *Measuring differences between federal and private pay*(CBO Paper). Washington, DC: Author.

U. S. General Accounting Office. (1995). *Federal/private pay comparisons*(OCE-95-1, pp. 231-252). Washington, DC: U. S. Government Printing Office.

U. S. Office of Personnel Management. (2002). *A white paper: A fresh start for federal pay: The case for modernization*. Washington, DC: Author.

Vroom, V. H. (1964). *Work motivation*. New York: Wiley.

Wamsley, B. S. (1998). Are current programs working? In S. E. Condrey(Ed.), *Handbook of human resource management in government*(pp. 25-39). San Francisco: Jossey-Bass.

World at work. (2002). *Best of broadbanding*. Phoenix, AZ: Author.

Zeller, S. (2004, September 8). Union's opposition to pay-for-performance systems unrelenting. Retrieved January 12, 2005, from www. govexec. com/dailyfed/0904/090804szl. htm.

Zingheim, P. K. , & Shuster, J. R. (2000). *Pay people right!* San Francisco: Jossey-Bass.

第 7 章

组织与家庭之间的和谐管理

作为一种资产，人的价值可以通过投资得到强化。 183

——大卫·沃尔克

学习目标

通过学习本章，你应该能够：

- 理解人力资源的构成情况和职员响应计划的发展趋势
- 确定不同的职员亲情行动及其应用
- 确定工作与家庭冲突解决方案的相对价值
- 在公共组织中开发一套可供使用的远程办公协议
- 评估和谐管理政策对各机构及其职员的影响
- 认识有关矛盾

前劳工部长罗伯特·B·瑞奇在其论文集《困于内阁》中讨论了工作/家庭压力问题。其中有四段话对本章主题的确立有很大的启迪。

- 1992年，在考虑是否接受总统邀请加入内阁服务时，他认真地思考了这样一个问题："工作在一个如此充满风险的重要团队中，有可能同时做一个称职的父亲和丈夫吗?"（p. 10）
- 关于他的工作如何影响他妻子的家庭生活，以及在职妇女如何肩负双重责任的问题时，他写道："她被大量的家庭责任所困，这些责任以前是由我们共同承担的。全美国有数以百万计的妇女正在尝试独力照顾她们的孩子，同时还要应付一份全职的工作……这种压力实在太巨大了，连孩子们也不可避免地感受到了这种压力。"
- 184 关于错过与家人团聚的时间，书中写道："我怎么能既从事这项工作又能和他们在一起呢？我因他们而感到孤单，但是却被这份工作深深迷住了。"
- 最后，他写了自己离开行政部门时的感受："离开内阁的决定……是令人痛苦的，因为这意味着放弃部分的职业生命。然而，我的孩子只有十几岁，他们在家里再待不了几年时间了，我不能忍受有放弃和他们在一起的宝贵时间的想法。"

布什政府的另外一名内阁官员保罗·奥尼尔也对平衡工作与生活的困难表示了类似的关注（Suskind，2004）。许多情况与瑞奇和奥尼尔的困境类似，这只是公共部门普遍存在的问题之一（见 Dobel，2003）：我们希望做我们的工作，避免放弃我们的职业生涯，同时又能做一个好配偶和好家长，和家人一起共度美好时光。组织可以提供帮助，但它们很少提供亲职员政策，即使它们做了，职员们也可能很难运用这些政策。

像瑞奇一样，人们试图恰当地平衡工作与家庭生活之间的关系。这不是一件容易的事情。工作需要常常与个人生活压力相互冲突，调整两者关系的工作也存在潜在的麻烦。[1]工作/生活平衡对许多人来讲都是职业生涯中需要优先考虑的事情：根据斯菲瑞恩（Spherion）、公司的调查结果，受调查的3 278名美国工人中有73%的人对"我乐于为我的家人抽出时间而将工作置于次要位置"表示"强烈认同"（Kleiman，2003，p. 3E）。为了响应职员期望，一些组织已经引进了**和谐管理**政策来降低工作/生活冲突，以帮助他们更好地实现工作与家庭之间的平衡。他们希望这种投资可以通过职员生产率的提高得到回报。批评者们则认为，并没有证据表明这种组织行为的正确性和公平性，在一个资源枯竭的时代采取这种政策无疑是一种浪费。

和谐管理政策流行（时髦而又顺应未来趋势）、灵活（可以通过修改来满足一个变化着的职员群体的独特需要）而又有变化性（不墨守成规而是根据经济形势的需要进行变动）。例如，在由政府赞助的美国联邦国民抵押贷款协会（Fannie Mae，即 Federal National Mortgage Association），正在给职员提供陪产假假期。这项政策允许父亲们获得最多达四周的有薪假期来照顾他们刚刚出生的婴儿。随着经济低迷期的到来，这种政策的实用性可能会受到影响。

员工响应计划包括一系列主动满足职员需要和提高组织收益的措施。当组织引进工作进度表和福利计划来适应职员不同年龄和人生阶段特点时，个人需要会受到关注。如果职员绩效最后得到改善，或者招聘工作得到提高，那么组织利益就得到了实现。然而实践表明，双赢的结果并非轻易就能获得。仔细考虑绪论中提到的需求矛盾，组织绩效目标（见第 11 章）可能与职员获得支持性工作环境的目标相冲突。例如，弹性时间对某些人来讲可能是一种福利，使他们能够照顾年幼的孩子或者生病的父母，但这实际上可能制造办公室人员不足和项目不能按时完工等问题。

这种矛盾和其他矛盾一起向人们解释了组织为何在保证实施此类大规模项目前会犹豫不决，以及为什么**和谐管理**政策可能存在于纸上，但在人们试图运用它们时却缺乏高层管理者的支持。组织可能不信任那些远离工作环境进行工作的职 185
员，或者他们可能在抵制那些减少一线职员和重新定义管理规则的变化。这也有助于解释为什么人们会为**员工响应计划**进行游说，但一旦计划可以实施了却未将其充分利用的问题。这可能是由管理方面未能在**和谐管理**政策上说到做到所引起的。作为一种选择，人们可能希望这种政策存在，例如婴儿护理、老年人看护、**身心健康计划**（**wellness programs**）和远程办公，而不管他们此时是否用得上。职员们往往会担心利用弹性工作的权利给他们的监督者这样一种信号：他们并不把自己的工作放在心上。

与人力资源管理和人事管理的区别相一致，本章从关注整个人的视角出发，对**和谐管理**政策的特点和运用进行了分析，并对将可能导致**和谐管理**政策流行的社会趋势进行了总结。这种趋势及其引起的挑战得到了组织的回应，也引起了相关的探究。一整套的家庭/工作行动、身心健康计划、灵活的福利计划和员工重置援助也被纳入考虑范围。这些计划对员工和组织绩效的影响是同执行问题一起讨论的。最后，本章明确了那些在计划具体实施时可能遇到的矛盾。

7.1 人力资源和工作环境的变化趋势

美国劳动力正在变化着的特征已经受到了广泛的讨论（Families and Work Institute，1997；Wooldridge & Maddox，1995）。预测表明，在今后的数十年里，无论在公共还是私营部门，都将会有更多的妇女、老年职员、临时工、少数民族和移民进入从业队伍（Guy & Newman，1998；West，2005）。[2]例如，拥有 6 岁以下孩子的妇女中，有 63.7%加入了劳工大军，拥有 6～17 岁孩子的妇女群体中这个比例达到了 78%（Bureau of Labor Statistics，2002；Ezra & Deckman，1996）。劳动力的女性化已经在家庭和工作生活方面引起了连锁反应。劳动力结构在其他方面同样发生了变化。

- 10 个全职工作的丈夫中有 7 个人的妻子在工作。
- 从事全职或兼职工作的美国职员超过 1/8 的人需要照顾老人。
- 根据**民族联盟**（National Alliance）对**看护问题**（Caregiving）的研究（1997），大约 2/3（64%；52%为全职，12%为兼职）的看护提供者受雇于人。
- 尽管需要照顾单亲家庭的女性 5 倍于相同情况的男性，但需要为孩子负责的父亲的人数增长速度远快于负有相同责任的母亲。

双职工家庭和非传统家庭数量的增长，考虑兼顾工作和照顾尚未独立的儿童的需要，以及年龄的增长加重了他们来自家庭和职业的压力。

186 随着劳动力的多样化，职员所受的压力将因为那些为他们量身定做的政策而被强化。这样一来，组织对日托和老年看护责任的援助将会优先考虑"三明治一代"（那些对孩子和老年父母都有责任的人），弹性工作制和产假计划也是如此。对于那些技术熟练的 X 一代（60 至 80 年代出生的人）来讲，远程办公可能会有特殊的吸引力。而来自非传统家庭（包括男性同性恋和女性同性恋者）的人则将对家庭伴侣津贴有特殊的兴趣。

弹性工作制和"自助餐"计划（允许员工选择福利来最大限度地适应他们的需要）对那些希望在工作与家庭生活之间寻求平衡的职员来讲是有吸引力的，他们的利益偏好可能会转变其生活方式。一项调查表明，2/3 的州和地方政府提供弹性福利方案（Hunt，1997）。那些正在**"调低速档"**（压制他们在职业上的雄心来把更多的时间和精力放在家庭和私人需要上）的员工将发现选择兼职或者轮流工作是有吸引力的。那些因为缩编（例如政府减员、境外采购零配件和基地关闭等）而失去工作的员工将会为获得重新安置补偿而对组织施加压力。

在工作环境中，这些趋势将会遭遇对抗性的压力。随着劳动力规模的下降

(相对于那些已经退休和尚未工作的人来讲)，组织需要考虑采取亲职员政策来吸引和保留员工。这将帮助公共部门的组织保持对企业的竞争力，因为企业可能会提供多样化的办公环境来供职员选择。从某种意义上来讲，政府机构继续面临资源不足、竞争以及纳税人对其精练、平凡和高生产率要求的困扰，它们将避免最重要计划之外的所有冒险。实际上，因为公共组织正在变得让人满意、更加敏捷和更加自动化，同时它们也在进行减员和雇用更多的临时工和承包人。这种趋势将会导致人力资本投资的降低。[3] **员工响应政策**的建议在这种氛围下将很难被人接受，尤其在缺少强有力的证据来表明这种政策收益所在的情况下。

政府官员和经理们需要对这种带有竞争性，又常常有些吹毛求疵的需求作出反应，这些需求的主要对象是那些处于精心设计的政策之中的劳动力和劳动环境。这个可用来提升员工支持性关系的选择菜单显著、诱人，并且充满了可能性；然而，这种选择可能很昂贵，并且还可能面临员工不满的风险。下面将要讨论的三个部分包括以下几种可能的方案：家庭/工作计划、身心健康计划和弹性工作安排。

7.2　家庭与工作计划

对于职员来讲，了解潜在的工作/家庭冲突和如何解决它们是很重要的。而对于组织来讲，问题在于提供怎样的方案（如果有的话）以及如何将其付诸实施。本部分将从职员和组织两个角度来审视这些问题。

那些家中有未成年孩子或老人的职员关注他们的家庭。他们想知道组织能够提供哪些支持和福利。组织需要决定如何最好地应对工作/家庭冲突，以及是否 187
需要机构资助的一揽子服务计划或者变通福利项目。

5 项计划可以应对这些劳资双方的关注点：

- 儿童看护服务
- 老年保健
- 产假或兵役假
- 收养援助
- 家庭伴侣津贴（Domestic partners coverage）

这些方案类型将与随后讨论的其他类型一起说明：一项活动，如儿童看护服务，只代表了“全盘”管理员工响应政策宏大过程的一小步。这里的每一项行动都将在后面得到讨论。

儿童看护服务

美国前议员帕特·施罗德谈到她与在议会工作时的一个同事的一次谈话。当她被问到作为一个母亲和立法者，如何平衡两种责任关系时，她答道："我既有大脑也有子宫，它们都有自己的工作。"（Schroeder，1998，p.128）许多妇女（包括男性）与施罗德女士感同身受，他们都希望能够发挥自己的精神和生理天赋，既当个好母（父）亲又做名好职员。这大大突出了一个令人痛苦和需要更多讨论的问题，即家长如何在工作的同时照顾未成年的儿童。

这个问题对大多人来讲都会或多或少地涉及。注意以下两个事实：

- 在美国 2 180 万名 6 岁以下的儿童中，超过一半（1 280 万名）因父母都在上班而需要日常照料。
- 根据 2000 年普查的数据，有 1.8 万名学龄前儿童和 3.8 万名学前班儿童需要日托（U. S. Bureau of the Census [U. S. Census]，2003）。

大部分家长已经陆续遭遇了因安排照料孩子导致工作被影响的难题。工作散漫、旷工和生产率都受到了影响。即使职员们按时到岗并工作了一整天，那些家长们也可能被"3 点综合征"影响，因为他们会开始考虑孩子已经准备好放学回家而使工作注意力分散。组织可以通过提供儿童看护福利来使这种破坏和分心造成的影响最小化。

组织可以向工作的父母提供的福利类型是多样化的。已经有一小部分组织提供了现场或接近现场的托儿所。通过财政资助来提供场外服务的比例要大得多，另外还有更多的组织提供资料和转介服务。矛盾的是，尽管多数联邦机构为儿童看护提供现场的、接近现场的或转介服务，但符合条件的职员中利用这种服务的比例却非常小。根据家庭与生活研究所的一项调查，通过对比发现，被调查的大中型企业中提供现场或接近现场的托儿设施的只占 9%（Daniel，1999）。具体来讲，示例 7—1 报告指出，无论在私人企业还是州和地方政府当中，全职职员的家庭都是受益者。

188

示例 7—1　　全职员工获得特定家庭福利的资格条件

具体福利	私营部门（2000）（%）	州政府部门（1998）（%）	地方政府部门（1998）（%）
儿童看护组织补助	5	20	3
组织支付资金	2	4	1
儿童现场看护	2	9	2
儿童场外看护	1	10	1

长期护理保险	8	20	8
带薪事假	无效	10	2
无薪事假	无效	97	94
收养援助	6	5	0.5
健康计划	21	57	23
健身中心	10	27	12
职员援助计划	无效	86	64

资料来源：美国劳工统计局（Bureau of Labor Statistics）（2000）。

在州政府，符合这些福利条件要求的职员既多于私人企业也超过地方政府。总统乔治·布什在 2001 年签署了一项法案（P. L. 197－67），该法案批准拨款来为联邦文职职员提供儿童看护服务（示例 7—1 确定了几种由组织赞助的儿童看护服务供选方案）。

来自地方政府的两个案例为儿童看护服务提供了创造性的途径。科罗拉多州威斯敏斯特市和其他地区组织创立了一种公私伙伴关系来为职员提供儿童看护。当地的学区和私人企业都是联营伙伴中的成员。它为生病的儿童提供上门服务的支持性照顾，还资助学校假期项目和提供儿童看护资源及转介服务。经过谈判，一位开发者同意建立由该机构所有的日托设施，在此基础上南佛罗里达水资源管理区为员工提供了免费的儿童看护服务。开发者以象征性的租金从该区租得土地（1 美元/年，共 25 年），并把设施租给一家托儿所。这些设施将在 25 年之后移交管理区，届时日托经营者将会为使用设施支付租金。

示例 7—2　由组织赞助的儿童看护服务供选方案 189

1. 儿童看护设施
   - 现场或接近现场
   - 合作中心（consortium center）
   - 家庭或网络式日托（family day care home or network）
   - 地方分支中心（expansion of local centers）
2. 财政资助
   - 儿童看护补助金
   - 未成年儿童看护援助计划
3. 儿童看护资源及转介服务计划
   - 为家长提供转介服务
   - 质量改进
4. 轻症、紧急或特殊性儿童看护服务
   - 儿童看护计划中的“康复”之家（“get well” rooms）

- 卫星家庭（satellite family）日托家园
- 家访计划
- 轻症儿童专用计划
- 学校假期支援性看护

5. 灵活福利
   - 弹性时间或兼职工作
   - 弹性工作地点
   - 工作分享
   - 自愿减少工作时间
6. 产假
7. 社区资源投资
   - 创造新的供给
   - 资助供应商培训计划

老年保健

照顾老年家属耗时、昂贵而又容易引发压力，这个难题正变得越来越普遍。美国联邦人事管理局（U. S. OPM，2002）通过对 1 472 名职员调查发现，其中有 21.7%的人有照顾老人的责任，并且还有 42.9%的人预计在接下来的三年中将担负起这种责任。根据联邦人事管理局的数据，有 2 580 万美国人平均每周要花费 18 个小时时间来照顾自己的亲戚。美国大都会保险公司（MetLife）进行的一项研究显示，全国生产力中与看护工作相关的部分每年达1 114亿美元。这些职员已经减少了休闲活动（如业余爱好和休假），他们也更容易出现身体或精神健康问题。

这个问题普遍存在，对企业造成的代价是巨大的。需要照顾老人的职员有 2/3 是全职或兼职工作者。他们中 1/10 的人选择了跳槽，数量差不多的人选择
190 以事假离开，有 6/10 偶尔会在工作时间去照顾老人。日益增长的旷工，缩短的工作日，下降的生产率以及因照顾需要供养的老人而造成的过高的人事变动率都增加了组织必须忍受的成本（Levine，1997）。示例 7—1 表明了在私人企业、州和地方政府的全职工作者中符合长期医疗保险条件的人数比例。数据再一次表明，在州政府中工作的职员比地方政府和私营部门更可能符合条件。

老年保健计划向职员和组织表明，为了降低工作和家庭之间的冲突，他们需要从下列项目中选择组合方案提供给员工：社会工作咨询、财政援助、补贴服务供应者、休假政策、信息及资源转介、支持小组和/或其他援助形式。在美国，

有超过一半城市和 1/3 的私人组织制定了包含这些服务或福利的计划（Mercer，1996；West & Berman，1996）。随着美国劳动力的持续老龄化，对这些计划的需求也会随之增长（West，2005）。其中的一项计划是建议为照顾老年家属的职员提供一项工资替代计划。给家长准假也是满足他们需要的一种方式。实际上，只有区区 0.1%的职员使用了由 10 家联邦机构为老年保健和儿童看护提供的资源及转介服务（Daniel，1999）。

产假和兵役假

1993 年《联邦家庭医疗休假法案》（FMLA）为符合条件的职工进行生育或收养、照顾儿童、老年父母或严重患病的配偶以及治疗个人疾病提供了 12 个月内最高 12 周的无薪假期。FMLA 法案覆盖了 2/3 的美国受雇劳动力，既包括私人也包括公共部门的职员（U. S. Department of Labor [U. S. DOL]，2003）。因此，在本节的五项计划中，产假政策在美国国内政府和私人组织中受到的讨论最多。来自就业政策基金会的评估（2000）显示，自 1993 年以来，已经有 2 400 万美国人利用了该方案。示例 7—1 显示，带薪和无薪假期对州政府全职职员的有效性要高于对地方政府。带薪假期（产假和陪产假）相比而言则不太普遍。国际城市/县管理协会（ICMA）调查指出，19%的城市提供了带薪产假，然而提供带薪陪产假的城市不足 9%。在那些提供了带薪产假和陪产假政策的地方，城市一般将其提供给所有员工。

管理产假和探亲假计划在不同阶段涉及一系列类型的费用：

- 假前（旷工和生产率影响）
- 计划过程中（确定和培训潜在的替代者）
- 休假期间（失去工作能力支付和股东影响）
- 提供人员时（临时职员或替代者成本，加班）
- 休假后（重新培训和可能的人员流动成本）

马蒂尼兹（1993）通过对五项调查进行分析发现，与产假和探亲假相关的估计成本大多在年薪的 11%至 20%之间。在职员从弹性工作安排和支持中获得利益的同时，还必须权衡组织补贴产假计划的成本。

那些在军队中服役的人同时还受到联邦和州法律的保护。1994 年颁布的 191
《服兵役人员就业与再就业权利法案》禁止对服役军人和预备役军人进行歧视。因职员在武装部队或预备役中服役而对其采取不利的招聘行动是被禁止的。此外，组织还被要求恢复那些离职服役人员的工作，只要他们符合一定条件（例如预先通知、时间限制和荣誉证书等）。再次，大多数联邦法律提供了额外措施来保护那些在州民兵组织或国民警卫队中服役的人员免受歧视（NOLO，2003a）。

收养援助

收养援助包括从休假到报销收养儿童后的费用等各种福利。虽然生育儿童的职员一般更乐于接受带薪假和医疗保险，但对于那些收养儿童的人来讲却未必如此。收养费用可能是巨大的，从 0 到 30 000 美元之间不等（如医疗费、律师费、旅费等）（http://costs.adoption.com/）。组织开始意识到，养父母需要得到援助。三个核心问题需要考虑：资格条件、休假时间和报销。与资格条件相关的因素包括受雇时间，孩子的年龄，保险是否包括了继子（女）或寄养的儿童等。关于假期问题，需要考虑的问题包括：多少时间可用于无薪假期，可使用的病假、年假或职员休假的限度，以及休假人员是否得到休假结束后恢复职务的保证。报销问题涉及律师费和医疗保险费用。

据调查（Mercer，1996），提供收养援助的私人组织比例从 15%到 32%不等。例如，美国陶氏化学（Dow Chemicals USA）、温蒂国际（Wendy's International）和康宝浓汤（Campbell Soups）就提供了收养援助计划。费城在公共部门中率先提供了此项福利。根据国家收养中心（the National Adoption Center）的数据，私营部门用于收养援助的平均报销费用为 4 000 美元（Price & Price，1997）。不管是与私营部门还是州政府相比，地方政府职员都较难符合援助条件的要求（见示例 7—1）。组织提供这些服务的根本点是公平：如果生父母有权获得这些福利，那么有什么理由不给那些养父母这些权利呢？另外两条理由非常重要：成本因素（收养援助因应用很少而成本不高）和利益相关者的忠诚（支持养父母可以增强忠诚、士气和持久力）。相似的公平、成本和忠诚问题在家庭伴侣津贴方面同样存在。

家庭伴侣津贴

家庭伴侣津贴涉及职员的配偶，包括诸如健康保险、病假和丧假一类的福利，这些福利可由职员的配偶享有。这种政策的涵盖范围可能比社会公众对同居伴侣的承认稍多一些，更多的相关计划包括为员工配偶提供的牙科/眼科福利，职员援助计划和合同解除福利。最近几年来，随着美国家庭和工作环境变化的不断出现，福利成为总体薪酬组合中的关键性部分，加上社会在防止同性恋歧视方面所做的努力，人们对这些福利的需求已经得到提升。根据 2000 年人口普查，
192 有 550 万对未婚的男女居住在一起，490 万对为居住在一起的异性伴侣。1/9

（594 000）的人是同性伴侣住在一起（U. S. Census，2003）。

许多公共和私营部门已经将这些变化纳入了考虑范围，同时还通过调整福利计划加强了政策的灵活性。在2003年和2004年两年时间里，为同性恋者提供健康保险的组织数量增长了16%（"Study：Gays，Lesbians Gain，"2003）。根据人权活动基金会（the Human Rights Campaign Foundation）（2003）的说法，提供家庭伴侣健康福利的5 805①个组织包括：

- 州政府　（n=10）
- 地方政府　162
- 世界财富500强企业　198
- 私营公司　5 247
- 高校　187

纽约市为职员中的家庭伴侣提供了福利，旧金山市在这方面走得更远，该市向与其签有合同的私营组织作出了提供此类福利的要求。作为回应，众议院拒绝向某些城市提供联邦住房补贴金，因为它们要求与自己有业务往来的组织向其职员中的同性家庭伴侣提供福利。迪斯尼（Disney）和救济会（the Salvation Army）（见示例7—3）的经验表明，无论私营还是非营利部门，批准家庭伴侣福利都是有争议的：它讨好了利益相关者，同时也激怒了其他人。家庭伴侣福利的其他障碍来自基本医疗保险成本的上升和企业不情愿对那些未知的风险投保。随着劳动力多样化的继续，这些福利带来的压力将会增长。2004年佛蒙特州处理"同性联合会"（civil unions）问题的经验和马萨诸塞州法院裁决同性恋婚姻的判决实例证明了此类问题的显著增长。

本节讨论的这五项工作/家庭计划，每一项对不同的职员群体吸引力可能不同。提供**自助餐式的服务**将会是回应多样化的劳动力市场的最主要方式。一些政策可能广受欢迎，另一些则只对小范围人群有吸引力。在员工忠诚和生产率方面的潜在收益可能会为这些领域的投资提供理论支持。下一章将会论及的**身心健康计划**在人力资本投资方面就有着相似的回报。

家庭友好还是单身歧视

一些单身职员对那些专为他们的已婚同事设计的政策心存不满。当组织希望他们弥补那些不在的同事的工作时，这些人被给予"特殊照顾"去处理与配偶或子女相关的事务，他们可能会感觉受到了亏欠，或者承担了过多的责任。兰迪·

① 原书如此。——译者注

科恩（Randy Cohen）是著名的《纽约时报》伦理学家专栏的作者，一个持这种观点的例子就出现在一封写给他的公开信上。写信者向他请教，自己组织提供带薪的“家庭节日”，是否对单身者构成了歧视（Cohen，2002）。单身或没有子女的员工因为不符合相关要求而较少地得到福利，如果他们还要被期待比其他人承担更多责任，矛盾将可能被激化。为了谋求工作与生活的平衡，设计包容、灵活和可供员工选择的“友好生活方式”（lifestyle-friendly）政策对于组织是很重要的（Cannon，1998；Kirkpatrick，1997；Lynem，2001）。

193 **示例 7—3　救济会的突变（Flip-Flops）**

2001 年 11 月，救济会西区分会宣布它将向同性伴侣职员提供健康福利。这项新政策涉及西部 13 州以及关岛、密克罗尼西亚和马歇尔岛。他们声称将依照旧金山市划时代性的 1998 年《公平福利条例》（1998 Equal Benefits Ordinance）采取行动。之前救济会已经因为不服从该条例而在合同中被处以 350 万美元的罚款。据救济会西部联合体（the Salvation Army's Western Corporation）首席秘书古尔梅·菲利普·尼达姆（Colonel Phillip Needham）所讲，这次行动“反映了我们对职员和他们切身利益的关注”，它建立在强有力的伦理和道德基础之上，这些伦理道德反映了近年来家庭结构的戏剧性变化（quoted in People for the American Way [PFAW]，2001）。

这项行动反应强烈，救济会在全国的办公机构收到了进行抗议的 10 000 封电子邮件和 1 500 个电话。一些组织，如美国家庭协会（the American Family Association）、爱家协会（Focus on the Family）、忧国妇女同盟（Concerned Women for America）、传统价值联合会（the Traditional Values Coalition）和家庭研究会（the Family Research Council）等组织都对行动表示了强烈谴责并开始进行抗议。强烈的负面反应也出现在信奉基督教的广播电视上和新教派的救济会当中。

在公告发布两周后，这项政策被救济会全国委员会（the national Salvation Army's Commissioners Conference）废除，该委员会声称：“我们将不会再和政府签订任何合同，也不会签署任何包含家庭伴侣福利要求的捐赠协议（quoted in Gordon，2001）。”

同性恋者亲友会（Parents，Families and Friends of Lesbians and Gays，PFLAG）对此作出反应，他们抗议取消上述政策的决定。据一家网站透露，反对废除这项政策的人还在救济会的捐款收集箱里投放了假币（五美元面值的假钞）。反对者宣称，他们这样做更主要的是发出信号而不是造成伤害。救济会坚持认为，抗议不会影响他们收集捐款的努力。

这个问题显示，家庭伴侣计划的执行工作引发了复杂、持久的政治与社会问题。全国性的支持或反对与更加广泛的同性恋者权益问题密不可分.

资料来源：Gordon（2001）；Heredia（2001a，2002b）；King（2001）；PFAW（2001）；Price（2001）.

7.3　健康、安全与保健计划

随着社会保健意识的提高，职员对其组织在促进健康方面的努力越来越感兴趣。人们的关注点主要在保健计划的可获性、相关行动的范围、成本分担安排

(cost-sharing arrangements)、便利性和隐私权保护上。组织倾向于关注那些计划需求和投资回报之间的关系，任何投放的资金都应当在生产率上有所回报。四种有关的主动措施包括减压计划、保健计划、安全措施和职员援助计划。

减压计划

工作中压力产生的原因和导致的后果已经得到广泛讨论，人力资源管理在其中的影响非常重要。虽然过多的压力会影响个人和组织绩效，但过小的压力同样达不到预期目标。管理者面临的挑战在于如何创造一种最佳水平的压力，在避免降低绩效的慢性心理或生理问题的同时促进员工的福祉。那些负面的压力常常以高水平的旷工率和员工流动率表现出来。据估计，全国有超过 1 000 万的劳动力在经受压力带来的痛苦，一些组织已经开始以减压计划来进行回应，这并不奇怪。 *194*

对负面压力进行预防、检测和管理，无论对职员还是组织都是有利的。下面是与人力资源管理功能有关的降低压力的方法：

- 用有效的检测设备作为补充来保证一个与人员适配的良好环境；
- 通过把合适的工作交给合适的人来避免选择过程中个人与组织的不匹配；
- 通过各种方式使员工确定方向以降低工作期望与工作实际之间落差的影响；
- 提供评估、观察资料、反馈、咨询服务以及职业规划与发展方面的指导；
- 提供员工支持系统来鼓励员工之间的友爱；
- 建立危机干预机制来向处于困境的员工提供包括精神支持和问题解决战略在内的咨询服务；
- 通过组织的压力指示来确定问题所在；
- 训练职员的行为自我控制技能来提高在工作上进行放松的能力；
- 通过训练员工认知和解决问题的技能来促进问题的解决；
- 组织专题研讨会和提供时间管理的短期培训来降低压力。

减压计划的部分甚至大部分战略包含在大多数地方政府（64%）和私营部门（52%）的已知战略当中（Mercer，1996；West & Berman，1996）。示例 7—4 为管理者和职员提供了更多的减压战略。

保健计划

保健计划的目标是改变不健康的个人习惯和生活方式，同时促进有助于身心健康的行为。组织提供如下服务：健康评估（急救和紧急情况处理）、风险评估、检查（测量血压、血糖和胆固醇）、注射（过敏症及免疫）、提供健康和营养学教育及忠告等。他们可能提供健身设备和设施，向俱乐部谈判折扣事宜，或者对参加者进行补贴。健康促进行动常聚焦于健身、减肥、戒烟和保健常识等内容。活动可以着重于午餐会或福利公平的保持。生理和心理健康方面的福利以及由此导致的保险费的减少已经从参与计划的职员处得到了报告。提高的士气、组织承诺、归属感、员工招聘和保留工作的改进、生产率提高等，对强调福利的组织来讲，都是潜在的收益。

在州政府中（比例达 92%），计划的可用性要高于地方政府（65%）和私营部门（46%）（Council of State Governments［CSG］，1997；Mercer，1996；West & Berman，1996），然而符合福利条件的全职组织的数字要低于示例 7—1 中所提到的数字。科罗拉多州洛弗兰德市有一项叫做“健康分步走”（Healthsteps）的创新性健康计划。该计划提供奖金点数给那些拥有良好病史记录和生活方式健康的人。根据职员所得的健康点数，他们有资格分配到的补助数额最高

195 **示例 7—4　　就降低工作压力的方法对管理者和职员的建议**

组织可以做什么？

- 保持前后一致的管理风格
- 避免采取可能腐蚀职员能力和信心的行动
- 公平对待每一位职员
- 在任何适合的情况下给予正面反馈
- 支持灵活的工作时间和进行工作分享
- 澄清目标并将其传达给职员
- 建立现实而又富有挑战性的绩效目标
- 确保任务设计合理且责任明确
- 对过于单调和乏味的工作进行多样化
- 建立良好的双向沟通
- 提高工作自主度
- 避免工作超载或工作欠载
- 降低任务冲突和模糊不清
- 促进职业生涯发展和职业安全
- 发展工作内容来避免缺乏外在含义的工作内容过窄或支离破碎
- 完善参与和控制机制
- 避免晋升过慢或过度晋升

职员在工作中可以做什么？

- 切合实际地确定时间表
- 杜绝不切实际的自我期望
- 一次只做一件事
- 不要依赖记忆来追踪所有工作任务
- 不要理睬那些你无法控制的局势
- 午餐时间离开办公桌

- 确定压力的来源
- 在大脑中预演令人紧迫的情境
- 在旅行时留出额外的时间
- 重新审视对你优先的事情和你的生活方式

职员在家可以做什么？

- 按时锻炼
- 寻找可以降低照顾家人与开展工作之间冲突的方法
- 利用社群支援网络
- 在时间表中安排娱乐时间
- 公开表达你的情感
- 准备好等待
- 开始使你的生活摆脱混乱
- 每天抽出时间进行放松性活动
- 拨出时间从容地去吃营养均衡的一餐

可达保健计划年费用的50%。只要按照规则参加每年的保健计划并接受测试，职员就可以获得相应的健康点数。如果职员的测试结果达到了血压、体重和胆固醇的指标，或者他们参加了各种各样的健身活动，如步行、慢跑和跑步，也 196
可以获得健康点数。健康点数（medical points）可以通过各种津贴形式支付给职员以及他们的家庭（在保险金货币价值的基础上减去点数）。他们永远不会因为过度使用卫生保健而受到处罚，因为总点数不会降至0以下。其他一些城市也进行了类似建立在动机基础之上的开创性实践活动。

减压和保健计划推动了健康的生活方式，也降低了发生严重疾病的可能性。这些预防性的行动可能得到职员援助计划的支持，当与健康有关的问题发生时，这些有针对性的计划将被启用。

安全计划

职员受到联邦和州法律的保护而免受不安全工作环境的侵害。《职业安全与健康法》规定了职员在工作环境中面临不安全的环境或工作时享有的几项权利（见示例7—5）。在这一点上，州法律与联邦立法是基本一致的。

职员援助计划

设有职员援助计划的组织运用它们来改善职员健康状况和帮助他们应付问题，如工作/家庭冲突导致的困难。此类计划主要向那些有着酗酒、吸毒、个人债务、家庭暴力或其他影响工作绩效问题的职员提供忠告或转介服务。职员援助计划的目的在于提高职员的能力、改善绩效和促进福祉。示例 7—1 已经对州和地方政府中适用这一计划的条件做了说明。

示例 7—5　依据《职业安全与健康法》，职工在工作环境中应享有的安全权利

职工享有以下权利：

- 从组织处获得法律授权的健康和安全标准方面的培训
- 从组织处得到关于职员可能面对的任何危险化学物品以及可使职员保护自己免受伤害的方法方面的培训
- 从组织处获得有关工作环境中任何健康和安全风险（如施工危害、血液传播疾病）的培训
- 获取根据美国劳工部职业安全卫生管理局（OSHA）标准中有关劳工伤害和疾病、工作风险和劳工权益的信息
- 向组织直接请求解除任何危险或违反 OSHA 标准的行为
- 向 OSHA 进行投诉
- 请求 OSHA 检查工作环境
- 查看 OSHA 的检查结果
- 在组织对维护合法权益的职员进行报复的情况下向 OSHA 进行投诉
- 要求联邦政府调查工作环境可能存在的安全隐患

资料来源：NOLO（2003b）。

197 一个完整的计划大致包括以下几项内容：

- 为职员及其家庭提供忠告或推荐转介
- 拥有员工可靠的临床背景和转介服务提供者的有关知识
- 广义健康福利待遇（含心理健康）
- 通过让员工熟悉福利待遇来确保福利供应者提供了所有福利项目
- 秘密服务（confidential services）
- 为职员、监督者和管理者提供的培训模块
- 对所有服务供应者做背景调查

许多地方政府，如加利福尼亚州文图拉县、密苏里州切斯特菲尔德和罗得岛州米德尔顿，都有反映这里的某些“理想”特征的职员援助计划。给职员和管理者一项法律忠告：他们应当明白，在员工援助会议过程中收集来的信息可能属于

组织而非职员。

组织在健康和福利计划中拥有的赞助者地位告诉个人，组织关心的是他们的心理安适。机构也关注通过提供更加灵活的工作安排解决劳动力多样化问题，这是下一部分将涉及的内容。

7.4　弹性工作安排

弹性政策在降低工作/家庭冲突方面已经走过了很长一段路。对职员的调查显示，压倒多数的人支持弹性工作时间、工作分享及远程办公的实践（Goodman，2003）。职员们对在工作上可利用的选择范围抱有兴趣，因为这可能使他们在家中遇到的困难最小化：他们有权支配工作时间和选择工作环境吗？除了从周一到周五终年8点钟离家，6点钟回家之外，有没有其他选择？是否可以在家工作？可否选择自己的福利？可否就全职工作的选择进行谈判？是否允许安排工作分担和假期分享？这些都是管理上需要考虑的重要问题。组织们感兴趣的则是工作任务是否能够完成。在这些选择对大量职员生效之前，他们需要权衡弹性工作安排的利弊。本部分主要考虑七种可替换的工作安排：

- 弹性选择
- 远程办公
- 兼职工作
- 自愿减少工作时间
- 临时工作
- 假期分享与集中
- 工作分享

弹性选择

弹性时间涉及灵活的工作时间表，它允许不同的上下班时间，但会指定特定时段内职员需要在岗的时数。根据美国劳工统计局（the Bureau of Labor Statistics）（2001）的数据，大约2 900万拿全职工资和薪水的职工（28.8%）有弹性时间表；这些人中有1/3（占总数的11.1%）按弹性工作时间表工作，这是由组织发起的正式弹性工作安排的一部分。在私营部门中，33.3%的服务生产业从业者和23.1%的物品生产业从业者存在此类计划。公共部门的可比数字如下：联 198
邦为34%，州为29.7%，地方政府则为14%。在公共部门中，正式的弹性工作安排较之私营企业要更加受欢迎：有弹性时间表的公共部门职员中超过一半的人有正式的计划。有弹性时间的联邦职员中将近3/4的人参加了正式的计划，而私营部门中这一数字为1/3。

另外一种弹性选择是压缩工作周（compressed workweek），这种方案将工作时数压缩到少数几天当中。例如，职员有一套每月工作160小时的工作时间表，但他们可以通过每天超过8小时和每周少于5天工作日的方式在少于20天的时间内完成工作进度。根据OPM（2003a）的数据，有357 326名联邦职员使用压缩工作周。压缩工作周可以使组织扩展业务时间，同时又使职员可以降低通勤成本和获得更多的闲暇时间。然而，这也可能导致组织监管难度加大以及职员疲劳的问题。这两种弹性选择在第6章（见示例6—4）中有所讨论，此处不再赘述。

组织更倾向于为职员提供弹性工作安排而不是压缩工作周的选择。

92%的联邦机构提供弹性时间表；有1/3的联邦工作人员使用了压缩时间表和弹性时间表。14%的州，包括加利福尼亚、伊利诺伊、缅因、马萨诸塞、明尼苏达、密苏里和田纳西，另外还有79%的联邦机构和60%的公司提供压缩工作周的选择方案。在美国劳工部，有8/10的职员按照弹性时间表工作（Daniel，1999）。在加利福尼亚，《空气质量条例》推动许多地方政府尝试可选择的时间表，将此作为一种降低污染和缓解交通拥挤的途径。在全国范围内，向部分职员提供弹性时间的城市刚过半数（52%）。弹性时间可能以多种形式出现：

- 核心时间（要求在岗）
- 弹性时间幅度（一般在一天的工作开始或结束的时候）
- 可用的午餐时间
- 变化的时间表（每日、每周或每月在工作开始或结束时间的变化）
- 积累时间（bank time）（可变的工作日长度；将长工作日的时间可以放入短工作日中）

很明显，当弹性组合方案可供选择时，弹性特征表现最明显。

当职员希望进行团队工作，工会监督者抵制向弹性时间改革，或者法律（如最长工作时间和加班需要）造成复杂因素时，执行问题便可能出现。在非核心时间也要确保足够的劳动力，这一点应该引起注意。在较小的政府当中，压缩时间表的应用可能相对不那么容易成功，因为在这里为请假员工提供的福利保障可能不够。对州政府的弹性选择计划进行的研究表明，弹性工作时间促成了旷工率和离职率的降低，减少了工作迟缓现象的发生，同时提升了职员士气（Lord & King，1991）。远程办公是另外一种形式的弹性福利。

远程办公

远程办公者是指那些在传统工作场所以外工作的人，例如，在家中，卫星覆盖地点（satellite locations）或者在路上。据估计，在美国有 1 300 万到 1 960 万职员远程办公,并且这个数字仍在不断增长。OPM 的一项调查（2003b）发 199
现，在 77 家机构中有超过 90 000 名联邦职员在远程办公：35%的劳动力符合相关条件，符合条件的职员中又有 14.4%远程办公。有关法律（P. L. 106-346）要求每个执行机构都要建立一套政策，按照这种政策，在不影响绩效的前提下允许符合条件的职员最大可能地参与远程办公。2002 年，四个内阁部门报告称，100%的工人符合远程办公的条件，但符合条件的员工中实际远程办公的比例，教育部为 31%，劳工部 18%，能源部 8%，国务院 1%（Dembeck，2003）。一些国会议员已经考虑发起立法来对那些不肯积极建立有效的远程办公计划的机构进行经济惩罚，但是布什政府认为尚不必采取这样的行动（Barr，2004）。

根据国际城市/县管理协会在 1995 年做的一项调查，大约有 128 个城市向员工通报了它们的远程办公安排。在加利福尼亚州帕洛阿尔托，一系列职位中有大约 25 名职员在进行远程办公。伊利诺伊州兰波市通过规定远程办公的条件来照顾那些受伤或生病的员工，或者给予他们伤害补偿。里士满和华盛顿市的远程办公实践告诉我们，最适合在家里完成的工作包括写作、阅读、接听电话、数据分析与录入、计算机编程和文字处理。

多数州（56%）允许部分职员进行远程办公，近半数公司法人（49%）也提供了相同的选择。1995 年，坎普（Kemp）对 50 个州进行的一项调查表明，大多数州没有正式的远程办公计划，但是在民选机构中经常会有非正式的安排。亚利桑那、加利福尼亚、夏威夷、科罗拉多、艾奥瓦、明尼苏达和犹他等州都有远程办公，这些信息在它们的网站上有所展示。在亚利桑那州，每个机构都被赋予实施该州计划的任务，确保马里科帕县 20%的州政府职员积极地参与，目前，在马里科帕县的州职员中有 3 300 人（15.5%）在远程办公（ADOA，2003）。远程办公计划的优点包括更高的生产率和灵活性，更加经济和令人满意。它的缺点和不足在于缺乏管理控制、不适用的技术、缺乏政策指导、股东阻挠、对顾客抱怨的关注、办公室执勤的保证、时间表问题以及资金的缺乏（见本章结尾处的附录 A）。本章后面的部分将对远程办公的实施进行更加详细的说明。

兼职工作

一些职员可能更喜欢在一段较长时间内使自己的工作时数低于传统的周工作时间。联邦政府把兼职雇佣定义为每周工作时间短于 35 小时的雇佣行为。美国的兼职雇佣比例为 13%，在日本该比例为 24%。根据有关法律（5 U. S. C. 3402），几乎每个联邦机构都被要求拥有一项兼职雇佣计划。据联邦人事局（2003a）提供的报告，92%的联邦机构施行兼职雇佣，但丹尼尔（Daniel）（1999）报告显示：实际选用兼职雇佣员工的机构只有 3%。在佛罗里达州，有 1/5 的州政府劳动力由兼职职员组成。这对于少数刚刚做了父母的人来讲是个极富吸引力的选择，他们希望做临时的兼职工作，以此作为探亲假和全职工作间的过渡。

自愿缩短工作时间

200 作为降低劳动力成本的一种方法，一些组织选择部分愿意缩短工作时间和减少收入的全职员工，向他们提供这种选择方案。通常，缩短后工作时间在每周数小时到 20 小时之间不等。组织还会象征性地给他们提供医疗保险。自愿缩短工作时间（V-time）有利于家长应付照顾孩子的责任，提供选择性的离岗或兼职，以及帮助临时工（phase workers）退休。这些安排经常需要通过谈判来决定。

临时工作

临时劳动力（contingent workforce）的增长与组织对灵活性的需要有关，也和职员对可变的工作时间和灵活的雇佣关系的需求相联系。对个人来讲，临时雇佣可以使他们承担家庭责任，完成教育或培训，掌握新技能，或者为他们竞争全职岗位提供帮助。对组织而言，临时职工满足了他们对某些特殊技能的一次性需要，在预算变动时为考虑核心员工发展提供了空间，这还有利于通过将固定费用转为可变的开支来控制劳动力成本。2002 年第一季度，在全国范围内平均每天被雇佣的临时工数量达到 2 100 000 人（“Staffing Stabilized,” 2003）。

临时工的雇佣已经成为商业领域紧缩产生的一种常见的“副产品”，在强制性节约发生时，这种情况在政府中表现更加明显。例如，得克萨斯州已经通过立法确定全职岗位数量的最高限度来控制人事成本。该限制不涵盖临时职员和“外来工人”（outside workers）。1997 年，在得克萨斯州政府工作的顾问、承包商和临时工数量已经超过 20 000 人，这与 10 年前相比增长了 300%。这支“隐藏的劳动力大军”在 1997 年耗费了 4 100 万美元，其中有 2 400 万花在了临时员工身上（Camino，1997）。不管在公共还是私营部门，从全职的长期职员向临时工变化的趋势有可能会持续下去，这可能有利于绩效水平的提高。最后需要指出的是，使用者采取弹性计划前应对采用计划之后的收益与采用前的效率损失进行仔细的衡量。

假期分享和集中

假期分享与集中是存在于职员之间的一种工作福利模式，它允许健康员工将病假或其他福利让渡给处于困境中的同事。与私营部门中常见的一些亲职员政策有所不同的是，假期分享和集中经常出现在政府当中。例如，全国只有 8%的公司提供此类分享计划，而联邦政府、2/3 的州政府以及许多市辖区和公立学校允许假期分享和集中（CSG，1997；Suttle，1998）。尽管可用，但只有 1%的联邦职员使用它（Daniel，1999）。

华盛顿州允许职员共用和分享假期。超过 60 种不同机构提供假期分享计划，这些机构雇用了 99%的州职员。1997 年，有超过 800 名职员使用了他们的同事提供的时间。在这一年，假期分享计划花费了 300 万美元。在身体状况上使用假期分享的合格条件是暂时性的：职员需要证明疾病是严重的或危及生命。以塔科马校区为例，它进一步要求每名员工在 12 个月中让渡的假期不得超过 6 天，同时规定员工不能将本人的病假时间减少至 60 天以下。对于病假的让渡者来讲，此类项目是他们向同事提供支持和表达关心的一种途径。对于接受者而言，它可 201
以用来填补保险盲区，应付紧急医疗事故以及降低经济压力（Suttle，1998）。总之，当组织提供诸如自愿缩短工作时间等假期分享计划时，塔科马校区是一个很好的满足复杂性要求的参考案例。

工作分享

工作分享使两个职员可以分担全职岗位的责任、工作时间和薪水，常常还包括福利。1997 年，一份给总统的关于联邦机构家庭友好行动的状态报告指出，63%的联邦机构提供工作分享。马萨诸塞州政府人力资源处在 1999 年进行的一项研究发现：29 个州有工作分享计划。该机构对 88 家州立机构调查后确认，在总量为 3 000 个的兼职工作岗位中有 344 个是工作分享的岗位。稍早的研究对某些州（密歇根州和马萨诸塞州）令人赞许的经验进行了报告，另外一些州则运用有限（科罗拉多州、明尼苏达州和田纳西州），此外，到目前为止，仍然有一些州禁止工作分享（Lord & King，1991）。科罗拉多州政府网站宣称，他们自 1977 年以来一直在实施工作分享。成功部分得益于精心设计的计划、受到监管的培训和士气高昂的员工；存在的问题一方面与监管的阻力有关，另一方面则涉及州政府强加给该项目的一些限制。目前，可以使用工作分享的岗位包括看护、社会工作、法律和心理卫生工作。工作分享可以使职员在平衡家庭和工作责任，赚取专业工资以及在工作时间削减时维持事业等方面获得利益（Lord & King，1991）。

在地方政府中，工作分享被当做一种福利受到报告的情况并不多（比例为 11%），尽管没有报告的政府可能愿意批准这种安排来回应具体的提议。华盛顿州雷蒙德市运用它来满足秘书工作、街道维护、财政分析和康乐协调员职位的需要。各机构已经看到了工作分享的潜在价值，尤其当它们面对严重的财政制约，可能的停工或者职业母亲的需要时更是如此。组织可能也把它看做一种降低旷工和离职率，提高生产效率的重要方法。然而，在这种安排下，在福利水平、推广意义和资历等方面仍然存在困难。

总的来看，到目前为止，关于员工友好和弹性政策有两个因素受到人们的关注：组织态度和"同事力量（the power of peers）"，它们都是工作/家庭冲突重要的决定性因素，也是使用这些福利的重要原因。一项研究表明组织态度的重要性非常显著，该研究显示：在那些将工作放在第一位、忽视员工友好和不愿提供弹性福利的监督者领导下的职员，面临的工作/家庭冲突更加明显。另一项研究则显示，当职员所在的同事群体已经使用过这些福利时，他们会更经常地使用弹性时间表，这有力地证明了"同事力量"的重要意义（Clay，1998）。批评者宣称，鼓励个人运用亲职员政策将会腐蚀职员的献身精神和忠诚；与之相反，家庭与工作学会（the Families and Work Institute）提取了来自全国各地的 2 887 名职员作为样本，通过研究发现，正如弹性工作安排和家庭友好政策所证明的那样，来自组织的支持是工作满意的最重要因素（Clay，1998）。很明显，雇佣环境是至关重要的。

作为组织态度和同事压力的补充，成本的考虑也很重要。尽管成本可能通过职员，由灵活性和支持中得到的收益来弥补，但数目可能相当大。这导致了两种主要问题：首先，与私营部门不同，公共组织不能将成本转嫁给市场；其次，除部分例外情况外，管理者通常没有批准这些计划的权力，计划必须得到领导团体
202 的通过。这通常意味着它们会成为总体薪酬、额外福利和工作制度谈判的一部分。

计划批准、资金筹措和计划实施的复杂性需要认真考虑。更进一步，行动可能造成政治混乱（如家庭伴侣计划），因此建议在考虑有形成本的基础上考虑无形成本的影响。

前面部分已经强调了管理者可用于最小化家庭/工作冲突和促进职员良好状态的不同战略。组织在职员需要和组织要求之间寻求最优方案时，通过实验来探究这些计划的适当组合是很有必要的（见示例 7—6）。1999 年，美国人事管理局组建了一个新的家庭友好工作环境促进办公室（Family-Friendly Workplace Advocacy Office）来鼓励这些计划。资源不足可能使选择的范围受到管辖权和机构的限制，但是劳动力的多样性将会为推动改革提供平衡这些限制的力量。如果计划的变革适合迫切的需要并且回报显著的话，管辖权将更有可能作出反应。这些问题在下一部分将会谈到。

7.5　执行、评估和评价

努力帮助职员的组织变得更加有效，它们与那些和工作环境建立了良好关系的职员拥有更加一致的目标。诀窍是设计一个可以同时满足组织和职员要求的计划，避免先前所描述的自相矛盾的方案。在着手选择弹性工作安排，或对员工响应政策（employee-responsive）进行混合使用时，组织应当先做需求评估。本章结尾处的附录 B 列举了一些组织在对其机构需求进行评估时应当考虑的问题。至少，数据应该在劳动人口统计学的基础上收集，包括现有计划的范围和利用情况、职员认为的问题存在的领域、满意度水平和计划偏好等（数据来源包括职员个人档案、调查、访谈和重点小组）。示例 7—7 是提供的工具，可以用来帮助选择满足特定需要的适当计划，示例 7—8 则提供了相关网站。一旦需求、资源、价值和问题明确，行动或不行动的收益和风险就需要得到评估。示例 7—9 为评估工作提供了帮助。人力资源办公室的专业人员是进行选择、分析和解释相关数据以及向官员提供建议的最可能人选。

执行职员响应政策（employee-responsive）的有关行动和阶段（Collins & Magid，1990；Hall，1990；Mikalachki & Mikalachki，1991；Stanger，1993）可以做如下分组：

- 为计划设定政策和价值（任务推动和咨询委员会，价值澄清，设定观点，需求和资源评估，政策的明确表达和采用，计划管理）
- 确定选择或模型（人事政策，福利计划，工作重构，信息和提交，家长培训与忠告，直接服务，职业通道，家属看护）
- 清晰地说明计划目标（目标，期望，适用条件，福利，参与水平，优势，

外部因素，计划评估）

- 做好执行计划（核心股东的加入，引领和分段计划，变革的宽度和深度，改变工作环境，成本，时间表，联络系统，场地支持，克服阻力，培训）
- 详细说明结果和收益（成本收益计划，对核心指标的影响，负面影响）
- 测量和评价（数据来源，结果跟踪，职员调查，凝聚团队，成本计算，项目评价，数据分析和使用）

203 示例 7—6　　地方政府亲职员政策案例

伊利诺伊州杜培基县：弹性时间表。这里没有合适的正式弹性时间表。每一个改变工作时间的决定由部门首长逐个进行操作。但在一些案例中，时间表的改变可能影响整个部门。对于电脑操作部门来讲，职员们要工作三个 12 小时的工作日。因为保持周末有人值班常常存在困难，县康复中心实施了类似的时间表来帮助护士的副手。在部门首长批准的情况下，任何职员都可以调整他（她）的工作时间表（前提是时间表的调整必须确保不会对服务的交付造成负面影响）。

威斯康星州丹麦人县：远程办公。每周大约有 12 名职员被允许进行数天远程办公。远程办公不是一项系统政策，事实证明：那些很少与公众发生关系的管理类职工受到了限制。但在特殊环境下，远程办公也是被允许的。例如，一个严重患病的系主任接受的化学疗法治疗使她容易受到疾病的影响。为使她减少在病菌下暴露的机会，可以允许她在家工作。

大多数职员为他们自己的家庭办公室提供设备（计算机和调试解调器），但是在一个信息系统从业员工的案例中，县政府向其提供了特殊的电脑来保证他为该县的 911 系统服务。对于那些已拥有个人电脑设备的职员来讲，他们也可以使用县政府提供的手提电脑。对于这些职员的监督并不是问题，因为他们大部分都是专业或管理类职员，并且他们的绩效是通过工作结果来判定的。

阿拉巴马州伯明翰市：工作分享和婴儿看护补贴。在某些领域工作分享的使用上受了限制，这在最初使用该计划的图书馆职员身上得到了体现。因为图书馆的工作时段与其他城市部门不同，且时间相对更长。为了获得福利资格，使用工作分享的职员的工作时间必须达到规定标准的 3/4，否则他们将失去获得健康保险、病假或休假的资格。他们获得的休假时间建立在工作时间占规定时间的比例基础上（如果工作了 75%的规定时间，他们可以获得 75%的休假时间）。他们可以购买医疗保险，但是不能获得奖金。

该市也为那些孩子生病的职员提供儿童看护费用补助。一个职员离开岗位并花费一天或数天来照顾生病儿童的情况并不少见。城市与其失去一名职员，还不如鼓励职员将孩子带到拥有训练有素的医务人员的日常看护中心。该市随后为那些支付了儿童看护费用的职员提供了补偿。据评估，项目年耗资约 10 000 美元，但生产率也确实得到了提高。

密歇根州卡拉马祖市：激励计划。该市向职员提供赚取额外收入的机会。如果某个城市职员的配偶在其他组织工作，他（她）可以依照其配偶享有的健康保险政策获得福利，城市将为职员失去城市保障而向其提供 1 500 美元的补偿。这项政策提供给职员额外的现金，同时也降低了城市的健康保险支出。

资料来源：Adapted from International City/County Management Association，*Employee Benefits in Local Government*（special date issue），pp. 5，7.

204

示例 7—7　**基于机构需求的工作/生活选择计划**

结果	弹性工作时间表	身心健康计划	远程办公	护理员计划
改进生产率	可使生产率倍增	明显的改进	尤其适用于需要集中时间的工作	降低有碍生产率的职员压力
改进招聘	最受欢迎的工作/生活计划	不适用	尤其适用于信息技术工作	适用于需要看护老年人/儿童的员工
减少摩擦	可使摩擦减半	更低的离职率	有助于提高员工保持率	适用于需要看护老年人/儿童的员工
降低旷工率	可使旷工率减半	明显降低	可使旷工率减半	降低意外的旷工率水平
降低设备成本	不适用	不适用	可减少 30%～50%的成本	不适用
降低加班、招聘、员工补偿、出差、重置的成本	降低加班、招聘、员工补偿和出差的成本	不适用	降低出差、招聘和重置的成本	降低为替代那些需要照顾老人和儿童的职员重新招聘的成本
改进客服	扩展工作时数	不适用	允许使用成本节约技术	不适用

资料来源：Adapted from National Academy of Public Administration，*Work/life Programs：Helping Managers，Helping Employees*，p. 4. © Copyright 1998 by the National Academy of Public Administration. Evidence for generalizations made in cell entries is summarized in this NAPA publication.

205

示例 7—8　**网　站**

劳动统计局	www. bls. gov
国家事务出版公司	www. bna. com
家庭和工作研究会	www. familiesandwork. org
人力资源世界	www. hrworld. com
政府中的职位	www. jobsingovernment. com
地方政府研究会	lgi. org
全美公民联盟	www. ncl. org
全美城市联盟	www. nlc. org
美国劳工部	www. dol. gov
美国平等就业机会委员会	www. eeoc. gov
美国政府	www. fedworld. gov
工作索引	www. workindex. com

麦克柯迪（McCurdy）、纽曼（Newman）和罗夫利奇（Lovrich）对华盛顿州地方政府进行的一项关于亲职员政策的研究注意到测量和评价努力并不多。2001 年，罗伯茨（Roberts）对新泽西州地方政府的研究发现再次说明了这一问

题。巴塞拉（Becerra）、古登（Gooden）、亨德森（Henderson）和威特腓德（Whitfield）（2002，p. 315）也强调了评估"不同社会团体的职员在工作生活需要上的变化"的必要性。

7.6 避免和应对工作中的矛盾

管理者面临的另外一个挑战是开发和实施一套解决工作环境中的对抗的计划。为了努力建立一个亲员工的环境，为员工心理安适解决威胁是必要的。这包括降低各种威胁、折磨和暴力发生的可能性。第 2 章从法律要求的角度讨论了阻止性骚扰行为的问题，第 9 章示例 9—1 则调查了工作环境的暴力问题（尤其是原因和预防战略）。这里有一点需要强调，那就是忠于亲职员政策的管理者和官员需要考虑避免和应对对抗的方式。如果做不到这一点就有可能引起分裂，破坏员工的生活和健康，以及造成生产率损失。布莱夫曼（Braverman）（1999）提供了一个分为七个步骤的方案来预防暴力，其中的六个步骤也可以用来指导性骚扰的预防工作。

- 获得和展示高层的支持。向人们展示最高层领导（管理层和工会）致力于变革文化，希望精心设计一套政策并共同将其付诸实施。

206 **示例 7—9　决策制定的要素**

收益	风险
实施	
● 提高员工士气	● 启动成本
● 改善生产率	● 运行成本
● 降低旷工率	● 可能对工作质量或数量产生负面影响
● 减少摩擦	● 媒体或司法机关潜在的、令人不快的注意
● 改进招聘	● 职员将计划看做自己的权利，一旦环境改变可能产生问题
● 降低成本	
● 改善客服	● 糟糕的计划管理可能导致生产率的下降
不实施	
● 为其他行动节省资金	● 当计划不能满足需要时，会对职员士气产生负面影响
● 节省全体职员建立计划的时间	
● 当未来不确定时保持选择的开放性	● 因士气低落导致的生产率持续下降
	● 当职员转投提供此类计划的其他组织时，摩擦增多
	● 由于缺乏可以帮助职员满足个人需要的计划而导致的持续的高旷工率

资料来源：Adapted from National Academy of Public Administration, *Work/life Programs: Helping Managers, Helping Employees*, p. 46. © Copyright 1998 by the National Academy of Public Administration.

- 委任团队。核心股东应当在人力资源、劳工关系、职员援助计划、工会和管理等方面发挥作用并参加培训会议。
- 对暴力和性骚扰风险进行核查。风险结果的报告应当包括职员态度，之前在性骚扰、暴力和分裂方面的经历，以及现有的政策和程序。
- 设计政策和程序。详细说明可疑对抗的含义（工作环境暴力和性骚扰），建立“决不容忍”标准和详细说明对违反行为的制裁措施，略述报告通道，以及为那些报告违反行为的人员提供保护。
- 进行政策和程序培训。帮助管理者和职员提早察觉敌意、骚扰、冲突和威胁性行为的预警信号，并帮助他们向有关当事人进行报告。
- 为职员提供向有关医疗保健和心理健康专家求助的通道。维持随时可用的专家，保证职员在进行程序评估时心情舒畅，并且以迅捷、合法的渠道向组织提供有关冲突、骚扰和威胁行为的信息。

第七步尽管对每个组织都有判断力，但以工作环境暴力为主要对象： 207

- 开发切合实际的停工/解雇政策和程序。在有关暴力的大量报告中的许多例子与事业或“职员对失业方式的感受”有关（Braverman，1999，p. 130）。

在工作时进行反暴力和性骚扰活动是有困难的：许多组织在这些问题上已有政策，人们对于何种行为构成骚扰和恐吓/暴力行为是有广泛共识的，并且工作中存在着太多这样的行为——尽管报告中违反规定的案例数量较低（Braverman，1999；Reese & Lindenberg，1997）。执行上面的七个步骤可以解决这种困境，其中特别要注意对那些举报者进行保护。一旦危险事件发生，关于威胁、骚扰和分裂性的危险行为的清晰政策以及可以参照的清晰明确的程序将可降低对抗的风险，还有助于相关问题的解决（ICMA，1994）。[4]防止工作环境的暴力、性骚扰和其他形式的敌意与建立一个亲员工工作环境的行动是一致的。

7.7　最佳工作环境

最近，联邦政府已经在进行旨在确定模范工作环境的努力。2002 年，美国联邦人事局 2002 年度人力资本调查从超过 10 万名联邦职员处收集了数据（www.bestplacetowork.org）。全体职员根据机构被分为 10 种类别来进行排列。其中有两类是工作/生活平衡和家庭友好文化与福利。示例 7—10 展示了这种排列。在两项排列中，同时入选的四家机构都在前五之列：美国国家航空航天局（NASA）（第一名，第一名）、国家总务管理局（General Services Administration）（第二名，第三名）、能源部（Department of Energy）（第三名，第五名）以及人事管理局（第五名，第二名）。

本章小结

管理时尚变化不定。家庭或亲职员政策也会成为另一个短暂流行和政治正确的潮流吗？这不是一个容易回答的问题。本章的副标题已经谈及亲员工政策流行、灵活和变幻无常的特点。读者或许会有这样一种印象，大部分权限通过“时髦”的政策来响应劳动力的变化，这些政策旨在减少工作/家庭冲突，改善职员健康和福利，在工作环境引入弹性政策和帮助职员调整岗位。一些公共部门的工作环境被人们描述为非家庭友好或非员工友好，这些部门并不向它们的员工提供这里讨论的福利类型和计划。相反，管理权限的增强更加显而易见。其中的许多做法是非正式的，被限制在屈指可数的区域内，所涉职员数量也很小，并且可能随着预算的升降有无不定。

尽管还不完全如此，但越来越多的证据表明，亲职员政策可以导致重要的积极成果。工作满意度、生产率、士气和忠诚度的提高，旷工率的下降，招聘的改进和员工保持率的提升等，这种“完美”可能会引起公共组织的关注。另一方面，一些研究显示此类政策的影响可以忽略不计，导致这些结果的原因在于政策执行不彻底或者未能对参加的群体产生有益影响（Bruce & Reed，1994；Shuey，1998）。此类矛盾俯拾皆是，被要求承诺此类政策的组织不应漠然置之，作

208 **示例 7—10　　2004 年联邦政府最佳工作环境**

机构	工作/生活平衡排序	家庭友好文化和福利排序
美国国家航空航天局	1	1
国家总务管理局	2	3
能源部	3	5
国家科学基金	4	16
人事管理局	5	2
卫生与公共服务部	6	9
美国环保局	7（并列）	6
美国空军	7（并列）	17
商务部	9	11（并列）
陆军部	10	21（并列）
教育部	11	4
劳工部	12	10
海军部	13	18（并列）
农业部	14	7

机构	工作/生活平衡排序	家庭友好文化和福利排序
内务部	15	15
国务院	16	27
国防部	17	11（并列）
财政部	18（并列）	8
美国海军陆战队	18（并列）	24
交通部	20	18（并列）
预算与管理办公室	21	28
小型企业总署	22	14
住房与城市发展部	23	13
退伍军人事务部	24	21（并列）
国际开发署	25	25
联邦应急管理局	26	23
司法部	27	26
社会安全部	28	18（并列）

资料来源：改编自 www. bestplacestowork. org。

注释：排序依据美国联邦人事局 2002 年收集的调查数据得出。联邦政府最佳工作环境排序于 2004 年发表。

为政策推动者的职员也应当提起注意。关键问题在于，即使被采用，计划可能并 209 不会启用。当寻求新计划的行动受到限制时（这种情况在现实中并不少见），有关方面必须向心存怀疑的预算批准者提供有说服力的证据来说明投资将会得到可观的回报。

将此牢记在心非常重要，然而，亲职员政策需要采取大范围的行动来支持，当评估计划的价值和影响时，整体观是十分必要的。单个政策的失败或不足不应减弱其他政策的价值。有些计划可能只是针对或与相对较少部分的员工有关，如远程办公、家庭伴侣福利、收养援助、假期分享、工作分享、配偶雇佣援助和离职服务等。另外一些计划涉及的对象则要多得多，如儿童/老人看护、产假、福利、**工作减压**（stress reduction）、职员援助计划、弹性选择、自助餐式计划以及全职工作之外的其他选择。一些计划是由内部提供的，但其他许多计划则经常从私人和第三方提供者处购买，如员工援助服务。进一步讲，选定计划的使用根据组织规模和服务要求有所不同，如弹性时间计划。为此，较之小型组织，那些不需要应付大量自行送修服务（walk-in service requests）的大型组织的管理更具灵活性。它们可以更好地处理休假造成的离职问题，较之其他组织也可以更容易地接受弹性时间计划。

规模巨大、资源丰富的创新型组织更有能力提供宽幅和窄幅的员工响应计划。不幸的是，美国的大部分权力机构并不具备这些特征，它们大多是中小规模的传统组织，并且财力有限。对于这些计划，它们或许有能力提供其中几项，却无力支持一套完整的体系。然而，员工希望得到帮助来缓和工作/家庭冲突，同时满足个人和组织义务的要求，组织需要在方法上进行探索来帮助他们得偿所愿。

附录 A
关于远程办公安排与组织和职员的有关问题

- 是否有试点计划实施？
- 试点项目的结果如何？
- 哪些人符合远程办公的条件？
- 如果远程办公不适合职员需要，他们可否重回办公室上班？
- 如果计划中止，职员可否重回办公室工作？
- 如果职员绩效水平下降，他（她）是否会被要求回到办公室上班？
- 薪水、工作责任以及福利会因为职员参与计划而改变吗？
- 在计划中，工作总时数会否有所变化？
- 职员如何对工作时间负责？
- 职员可以根据个人偏好变动他们的工作时数吗？
- 组织如何确保知晓职员在工作时间内的情况？
- 职员可以分配在工作环境和在家工作的时间吗？
- 当工作需要时，职员会被按照要求召回办公室吗？
- 组织是否提供工作所需的设备？
- 组织是否保留提供给远程办公者的财产的所有权？
- 由谁来承担计划执行期间电话安装和使用费用？
- 谁来担负空调和装修等与家庭相关的费用？
- 当职员回到办公室时，职员上下班的日常差旅费用由谁支付？
- 谁来负责办公必需品的供应？
- 谁来提供设备不被盗窃、损坏和误用的安全保证？
- 机密材料和财产如何保护？
- 组织是否有权通过访问来确认职员的家是否满足健康和安全标准？
- 组织会帮助确保家庭工作区域的适用性和安全度吗？

- 组织对居家工作行为直接导致的伤害是否承担法律责任？
- 211 远程办公被看做**家属抚养**（dependent care）的替代品吗？
- 组织会向那些维持家庭办公区的职员提供所得税咨询吗？

资料来源：Adapted from “Generic Telecommuter Agreement” from Gil Gordon Associates，Telecommuting/Teleworking Site（www. gilgordon. com）. © Copyright 1998 by Gil Gordon Associates.

注释：上述条款仅为建议，实际的安排应适合每个组织和职员的双重需要。

附录 B
关于亲职员政策执行的有关问题

● 女性职员的比例是多少? 212

● 组织规模大小如何?

● 员工年龄结构是怎样的?

● 可用于招募和培训员工的资源丰富程度如何?

● 合格员工需要达到什么样的受教育程度?

● 目前的家属看护工作安排、花费和满意度如何?

● 职员面临哪些特别的工作/家庭问题?

● 有多少职员在抚养幼儿，他们因照顾患病儿童而离岗的工作日有多少?

● 有多少职员有老年家属需要照看，他们为此离岗多少个工作日?

● 当前多大比例的员工参与了各种形式的福利行动?

● 哪些职员更倾向于选择弹性工作时间?

● 哪些职员更喜欢进行远程办公?

● 在所有职员当中，认为自己正在承受来自工作的巨大压力的人员所占比例是多少?

● 工作压力的主要来源有哪些?

● 在所有职员当中，有多大比例的人有养子女的?

● 多大比例的职员与未结婚的家庭伴侣共同居住?

● 对当前职员福利范围心存不满的员工比例多大?

● 作为缩编的结果，多大比例的职员将被转移?

213 关键术语

压缩工作周
家庭伴侣津贴
“调低速档”
缩编
职员援助计划
《联邦家庭医疗休假法》
弹性时间
X 一代
工作分享
假期分享
非传统家庭
产假
三明治一代
远程办公者
3 点综合征
自愿缩短工作时间
健康计划

应用练习

课堂讨论

1. 观察投影仪或黑板上的两个专栏：“政府成功的行话”和“理想的友谊和家庭生活”。对两个栏目分别进行集体讨论。比较和讨论每个栏目中的用词。讨论左右两栏用词存在明显差异的原因。

2. 成立小组并让每个小组选择一项本章讨论过的家庭友好政策。讨论下列问题：(a) 优点，(b) 缺点，(c) 判断计划成功与否时你将使用的结果指标，(d) 你预计执行计划时将会遇到的障碍，(e) 最可能从计划中获益的员工类型。以小组报告形式向同学们展示各组的结论。

3. 回顾本章讨论过的亲职员政策的案例。尽可能多地确认与这些政策有关的矛盾并准备讨论解决方法。

小组活动

4. 分成四或五组，每组在本章涉及的亲职员政策中选择三到五项。每个组员应访问一名上述计划的使用者，通过他们的观点了解这些政策的利弊。写下自己的访问情况（不要超过两页打印纸），然后将其汇编为两组完整的报告提交给老师。

5. 每个组员应创造一个假设的职员概况，通过确定以下几方面的个人特征信息：年龄、性别、受抚子女、婚姻状况、性偏好、工作距离、健康状况、情绪健康状况、压力水平和工作安全感。随后，学生应选择三项对假定职员有帮助的亲职员政策并作出解释。根据学生提供的报告，以小组为单位汇编个人概况分析，添加小组分析部分后，归纳对于特定类型职员哪些政策最有吸引力。

课外作业 214

6. 从本章提到的亲职员政策中任选一项，从公共部门经理和监督者的个人观点中概括六个阶段中每一阶段最重要的执行步骤。将你的结果整理成一份 4 页的报告并提交给你的老师。

7. 确定本章提到的每一个矛盾点，考虑解决每个矛盾点的各种途径。你能否确定其他与这些话题有关的矛盾？

8. 为了寻找有关这一题目的进一步信息，选择一项本章讨论的计划并从示例 7—10中列出的网站中选择一家进行访问。与班上同学分享你获得的信息。

9. 回顾附录 A 为远程就业者提供的问题，从 a 或 b 中选择一项进行回答。

a. 为某个组织开发一份书面形式的远程就业协定，用于组织和职员之间协议的签署。确保协议充分满足附录 A 中列出的每一个问题。

b. 获取一份某组织使用的书面远程就业协议，写一份摘要报告来展示该协议是如何对附录 A 中提到的每一个问题作出响应的。

注释

[1] 本章以“亲职员政策”而非“家庭友好政策”为题是因为这样做既可以满足单身者的需要，又可适用于传统和非传统家庭成员的需要（见 Hoyman & Duer，2004)。

[2] 尽管本章主要关注劳动力在性别方面的变化，但是需要指出的是，除了这里涉及的问题外，文化多元化还导致了其他一些不同问题的产生。例如，性别呆板化和家庭关系随着文化的差异而变化，并且对劳动力有重要意义。在过去的 40 年里，对于欧洲裔的中产阶级白人家庭而言，广义家庭的内涵可能产生了显著变化，但对于具有其他不同文化特点和社会经济地位的人群来讲，情况并非如此。

[3] 人力资本与塑造劳动力的知识、技巧和能力（KSAs）有关。人力资本投资（如培训和开发）被寄予改进绩效以及为员工个人和组织提供竞争优势的希望。相反，人力资源在传统上主要被看做一种需要最小化的成本，而不是投资带来的有价值的产出。投资被用于购买土地、资本和原材

料等其他资产（见 Carnevale，1996；West & Berman，1996）。

[4] 下面是一些拥有创新性的工作环境反暴力计划的地方政府，它们包括亚利桑那州菲尼克斯市、佛罗里达州布劳沃德县、伊利诺伊州埃文斯顿市、加利福尼亚州温图拉市以及北卡罗来纳州凯瑞市。

参考文献

ADOA. (2003). *Partnering to make a difference*. Retrieved January 10, 2005, from www. teleworkari zona. com/telefiles/program. htm.

Barr, S. (2004, July 9). Congressmen plan to rev up telecommuting. *Washington Post*. p. B2.

Becerra, R., Gooden, S., Dong, W., Henderson, T., & Whitfield, C. (2002). Child care needs and worklife implications. *Review of Public Personnel Administration*, 22(4), 295-319.

Braverman, M. (1999). *Preventing workplace violence*. Thousand Oaks, CA: Sage.

Bruce, W., & Reed, C. (1994). Preparing supervisors for the future work force: The dual-income couple and the work-family dichotomy. *Public Administration Review*, 54(1), 36-43.

Bureau of Labor Statistics. (2000). *National compensation survey*. Retrieved January 10, 2005, from http://www. bls. gov/ncs/home. htm.

Bureau of Labor Statistics. (2001). *Workers on flexible and shift schedules in 2001*. Retrieved January 10, 2005, from http://www. bls. gov/news. release/flex. nr0. htm.

Bureau of Labor Statistics. (2002). *Workforce and workplace trends*. Retrieved January 10, 2005, from http://www. bls. gov/bls/newsrels. htm.

Carnevale, D. (1996). The human capital challenge in government. *Review of Public Personnel Administration*, 16(3), 5-13.

Clay, R. (1998, July). Many managers frown on use of flexible work options. *APA Monitor*, p. 29.

Cohen, R. (2002, September 8). The ethicist. *New York Times Magazine*, pp. 29-30.

Collins, R., & Magid, R. (1990). Work and family: How managers can make a difference. *Personnel*, 67(7), 14-19.

Council of State Governments. (1997). *The book of the states*. Lexington, KY: Author.

Daniel, L. (1999, April). Feds and families. *Government Executive*, 41-46.

Dembeck, C. (2003, March 24). Managers accept telecommuting—slowly. *Federal Times*, pp. 16-17.

Dobel, P. (2003). The odyssey of senior public service: What memoirs can teach us. *Public Administration Review*, 63(1), 16-29.

Employment Policy Foundation. (2000). *Should the U. S. follow Europe's Work-family policies?* Retrieved April 18, 2000, from http://www. hr. com/

Ezra, M., & Deckman, M. (1996). Balancing Work and family responsibilities: Flextime and child care in the federal government. *Public Administration Review*. *56*(2),174－179.

Families and Work Institute. (1997). *National study of the changing workforce*. New York: Author.

Gamino, D. (1997, December 28). State makes use of "temps" despite job cap. *Austin American-Statesman*. Retrieved January 10, 2005, from http://www.austin360.com/news/12dec/28/temps28.html.

Gannon, J. (1998, June 19). Single and childless workers say they're not getting fair share of benefits. *Pittsburgh Post-Gazette*. Retrieved January 10, 2005, from http://www.post-gazette.com/business news/19980619bbenefits1.asp.

Gil Gordon Associates. (1998). Telecommuting/teleworking site. *Generic telecommuter agreement*. Retrieved January 10, 2005, from www.golgordon.com/downloads/agreement.txt.

Goodman, C. (2003, July 30). New work priority: Flex time. *Miami Herald*, pp. 1C, 8C.

Gordon, R. (2001, November 2). Salvation Army OKs partner benefits: Charity's reversal to allow ties with S. F. *San Francisco Chronicle*. Retrieved January 10, 2005, from http://sfgate.com/cgi-bin/article.cgi? file=/chronicle/archive/2001/11/02/MN128788.DTL.

Guy, M. E., & Newman, M. (1998). Toward diversity in the workplace. In S. Condrey (Ed.), *Handbook of human resource management in government* (pp. 75－92). San Francisco: Jossey-Bass.

Hall, D. (1990). Promoting work/family balance: An organization change approach. *Organizational Dynamics*, *18*(3), 5－18.

Heredia, C. (2001a, November 14). Salvation Army says no benefits for partners: National panel overturns regional OK. *San Francisco Chronicle*. Retrieved January 10, 2005, from http://sfgate.com/cgi-bin/article.cgi? file=/chronicle/archive/2001/11/14/MN143620.DTL. *216*

Heredia, C. (2001b, December 22). Gays spurning Salvation Army: Rights groups protesting benefits policy. *San Francisco Chronicle*. Retrieved January 10, 2005, from http://sfgate.com/cgi-bin/article.cgi? file=/chronicle/archive/2001/12/22/MN200149.DTL.

Hoyman, M., & Duer, H. (2004). A typology of workplace policies: Worker friendly vs. family friendly? *Review of Public Personnel Administration*. 24(2), 113－132.

Human Resources Division. (1999). *Job sharing information packet*. Alternative Work Options Program, Commonwealth of Massachusetts.

Human Rights Campaign Foundation. (2003). Retrieved January 10, 2005, from http://www.hrc.org/content/contentgroups/publications1/state.of.the.family/SoTF.pdf.

Hunt, K. (1997). Survey finds flexible benefits on the rise, particularly among public employers. *Government Finance Review*, *13*(4), 54－55.

International City/County Management Association. (1994). Focus on violence. *HR Report*, *2*(8), 3－6.

International City/County Management Association. (1995). *Employee benefits in local government* (Special Data Issue). Washington, DC: Author.

Kemp, D. R. (1995). Telecommuting in the public sector: An overview and a survey of the states. *Review of Public Personnel Administration*. *15*(3). 5－14.

King, M. (2001, November 3). Salvation Army allows health-care access for domestic partners. *Seattle Times*. Retrieved January 10, 2005, from http://archives. seattletimes. nwsource. com/cgi-bin/texis. cgi/web/vortex/display? slug＝salvation03m&date＝20011103&query＝%22Salvation＋Army%22.

Kirkpatrick, D. (1997, April 2). Child-free employees see another side of equation. *Wall Street Journal Interactive Edition*. Retrieved January 10, 2005, from http://lexisnexis. com/

Kleiman, C. (2003, October 8). Workers Willing to put family ahead of career advancement. *Tallahassee Democrat*, p. 3E.

Leonard, B. (1996). Dual-income families fast becoming the norm. *HRMagazine*. *41*(8), 8.

Levine, S. (1997, March 24). One in four U. S. families cares for aging relatives. *Washington Post*, p. A13.

Lord, M., & King, M. (1991). *The state reference guide to work-family programs for state employees*. New York: Family and Work Institute.

Lynem, J. (2001, May 13). Family-friendly or single-hostile? Unwed employees feel shortchanged by policies aimed at helping parents. *San Francisco Chronicle*. Retrieved January 10, 2005, from http://sfgate. com/cgi-bin/article. cgi? file＝/chronicle/archive/2001/05/13/AW152151. DTL.

Martinez, M. (1993). Family support makes business sense. *HRMagazine*, *38*(1), 38.

McCurdy, A., Newman, M., & Lovrich, N. (2002). Family-friendly workplace policy adoption in general and special purpose local governments. *Review of Public Personnel Administration*, *22*(1), 27－51.

Mercer, W. M. (1996). *Mercer work/life and diversity initiatives*. Retrieved July 30, 2001, from www. dcclifecare. com/mercer/mercer-1. html/

Mikalachki, A., & Mikalachki, D. (1991). Work-family issues: You had better address them! *Business Quarterly*, 55(4), 49－52.

National Academy of Public Administration. (1998). *Work/life programs: Helping managers, helping employees*. Washington, DC: Author.

National Alliance for Caregiving. (1997). *Family caregiving in the United States: Findings from a national survey*. Retrieved January 10, 2005, from www. caregiving. org/finalreport. pdf.

NOLO. (2003a). *Military Leave*. Retrieved January 10, 2005, from www. nolo. com/lawcenter/ency/article. cfm/ObjectID/8077364D-A7D1-4E44-8E88F9B97B187DFB/catID/40338C48-92FD-49FA-93CB1BF16195D519.

NOLO. (2003b). *Health and Safety FAQ*. Retrieved January 10, 2005, from www. nolo. com/lawcenter/ency/article. cfm/ObjectID/1710112D-A8C2-4DBC-97A3E271E3C8A169/catID/0A323459-4B09-4D32-BB8CD8E6058BE1CF.

217 People for the American Way. (2001). Salvation Army rescinds domestic partner benefits after

right-wing backlash. *Civil Rights and Equal Rights*. Retrieved January 10, 2005, from www. pfaw. org/pfaw/general/default. aspx? oid=4162.

Peterson, M. (1998, July 18). The short end of long hours. *New York Times*, pp. B1-B2.

Price, J. (2001, December 10). P-FLAG targets Salvation Army: Drops fake money in kettles over repeal of "partner" perks. *Washington Times*, p. A6.

Price, S., & Price, T. (1997, July 27). Working parents: Raising issues surrounding adoption could get good results with employer. *Orange County Register*, p. E3.

Reese, L., & Lindenberg, K. (1997). "Victimhood" and the implementation of sexual harassment policy. *Review of Public Personnel Administration*, *17*(1), 37-57.

Reich, R. (1998). *Locked in the cabinet*. New York: Vintage.

Roberts, G. (2001). New Jersey local government benefits practices survey. *Review of Public Personnel Administration*, *21*(4), 284-307.

Schroeder. P. (1998). *24 years of housework and the place is still a mess*. Kansas City, MO: Andrews & McMeel.

Shuey, P. (1998, October 19). Few use flexible benefits. *Federal Times*, pp. 1, 4.

Staffing stabilized in 2002. (2003, March 10). *staffing today*. net. Retrieved January 10, 2005, from www. staffingtoday. net/staffstats/release03-10-03. htm.

Stanger, J. (1993). How to do a work/family needs assessment. *Employment Relations Today*, *20*(2), 197.

Study: Gays, lesbians gain in workplace. (2003, May 17). *Tallahassee Democrat*, p. 5B.

Suskind, R. (2004). *The price of loyalty*. New York: Simon & Schuster.

Suttle, G. (1998, March 8). Solidarity in sickness. *News Tribune*, p. F1.

U. S. Bureau of the Census. (2003, February). *Married-couple and unmarried-partner households: 2000*. Washington, DC: U. S. Department of Commerce.

U. S. Department of Labor. (2003). *Families and employers in a changing economy*. Retrieved January 10, 2005, from http://www. dol. gov/esa/whd/fmla/index. htm.

U. S. Office of Personnel Management. (2002, March). *Elder care responsibilities of federal employees and agency programs*. Washington, DC: Author.

U. S. Office of Personnel Management. (2003a). *Part-time employment and job-sharing guide*. Retrieved January 10, 2005, from http://www. opm. gov/pt. employ/pt09. htm.

U. S. Office of Personnel Management. (2003b). *The status of telework in the federal government*. Retrieved January 10, 2005, from http://www. opm. gov/telework/documents/tw _ rpt04/rpt. pdf.

West, J. P. (2005). Managing an aging workforce: Trends, issues, and strategies. In S. Condrey (Ed.), *Handbook of human resource management in government* (2nd ed., pp. 164-188). San Francisco: Jossey-Bass.

West, J. P., & Berman, E. M. (1996). Managerial responses to an aging municipal workforce: A national survey. *Review of Public Personnel Administration*, *16*(3), 38-58.

Wooldridge, B., & Maddox, B. (1995). Demographic changes and diversity in personnel: Implications for public administrators. In J. Rabin, T. Vocino, W. Hildreth, & G. Miller(Eds.), *Handbook of public personnel administration*(pp. 183-215). New York: Dekker.

第 8 章

培训与开发

卓越是行为训练和习惯的结果。

——亚里士多德

学习目标

通过学习本章，你应该能够：

- 理解培训和开发的近期发展趋势
- 熟悉培训在组织人力资源管理职能中的作用
- 运用成人学习理论提升培训与开发活动
- 明确 7 种相关培训开发战略及其实用性
- 开发培训效果评估的技术及方法

员工在开始新工作时，总是期望他们能够获得足够的培训和信息来学会操作与规定，从而能够很快成为新组织中工作既成功且高效率的员工之一。如果他们运气好，事实上很多人正是如此，他们会得到新同事的帮助，而且组织一般也会提供这种培训。然而，一些新员工仍可能感觉得不到充分的正规指导或帮助，而不得不通过试错或挫折来掌握他们的工作。为什么组织机构给他们的新成员那么少的指导呢?

本章对于组织中的培训与开发的探讨，不仅适用于新进员工，也适用于原有的员工，他们一样必须不断增强自己的适应性与工作能力，因为学习和技能开发都是无止境的。

培训就是为了增加员工和管理者的知识、技能和能力所进行的一系列活动，以便他们能够更好地胜任工作。新员工往往需要通过培训来帮助他们理解任务、技术和组织中特有的程序，从而能够正确地执行这些规则和规章制度。现有的人员也需要定期获得新的技能，这才是真正意义上的"终身学习"。比如说，他们需要学会使用新的信息技术，了解影响工作绩效的规章制度、绩效评价的标准以及与组织沟通的方式等。

然而，培训着眼于促进当前工作绩效的提高，开发是通过提供随后工作中所需要的技能来促进未来工作的绩效的提高。开发和组织战略紧密联系，它增加员工的潜能，帮助他们成功规划，确保员工拥有组织需要的相关工作技能。培训和
220 开发之间的区别可能有点不确切，因为许多开发活动也能立刻看到作用。例如，员工的领导力培训通常被看做一种开发性的活动，但员工从中获得了团队士气和团队合作的新知识和观念，因此这一技能很可能也改进员工的团队工作。

培训与开发所处的现实组织环境却呈现出与它们的重要性相矛盾的现象。首先，从总裁和管理大师到店面管事和部门主管，几乎每个人都强调培训和开发的重要性，并认同组织缺乏培训和开发的事实。确保员工掌握充足的工作技能的意义从未如此重要过，正如许多员工极力通过交叉培训来做多重工作，这显然有助于他们工作技能的增加。但大部分的观察者认为许多组织长期缺乏培训的投入。举例来说，几年前冬季委员会（州和地方公务员全国委员会，1993）要求联邦和地方政府在培训和开发上的投入要达到薪水的3%～5%。继上述报告，有人估计，目前投入的联邦费用只有1.3%（Kettl & DiIulio，1995）。一项根据2005年度预算的估计显示，也是一个相近的比例（大约1.4%）。简而言之，培训和开发是常被遗忘的预算项目。

思考这个矛盾现象产生的原因是有意思的。一是虽然培训和开发非常重要，但和其他预算项目的需求相比又有点不紧迫（薪水必须要支付，项目必须实施）。第二个原因就是我们很难测量任何一项具体的培训和开发活动的投资回报。培训

模块是必需的，但如果它的影响不能被测量，组织就容易削减培训费用给一些看上去必须投入的项目（例如确保喷气式飞机的新修理项目一样，或监狱囚犯管理）。第三个原因就是许多组织不愿给那些被视为流动性较强的员工（在培训方面）投资，后文将对这些问题进行探讨（Selden & Moynihan，2000）。

第二个矛盾之处在于虽然培训和开发对组织来讲变得更加重要，但是组织却把开展培训和开发的责任转移在员工个人、主管和业务单元身上，也就是说，培训集中度的问题。公司内大范围培训的时期已经结束。现在部门和员工们必须明确、努力获取和满足他们自身的培训需求。集中统一的培训模式并不能适用于整个组织。许多组织已经削减甚至取消人力资源部门的培训人员来减少成本并充分利用咨询顾问的特殊知识。培训常常外包出去。在这种情形下，人力资源部门不再提供这种业务指导。

第三个矛盾的现象就是随着责任的增加，员工们关注培训的时间会减少。他们可能认识到他们需要增加知识、技能和能力（KSAs），并开始抱怨没有获得足够的培训和开发，但这并不意味着员工们有时间和能力去获取它们。许多人加班工作，其中大部分人又有一些例外的工作任务。他们能做的只有这些。不过，并不是所有的人都是这样。敬业的员工和管理者确实会花费时间去获取职业开发以达到更高的职业水准，虽然许多组织并没有回报他们所做的，但有些组织还是注意到了这点。这些组织会邀请或甚至要求员工和管理者去和高级主管协商制定一个“职业开发计划”，其中包含一些职业开发项目。

这些矛盾现象反映了目前对培训和开发产生推动和阻碍影响的背后的力量：吃紧的预算、迅猛发展的技术、交叉培训、员工流动性和超工作负荷的员工。组织对这些矛盾力量的反馈是不同的。一些组织认识到这些挑战，确信培训和开发应是战略计划中的一部分，阐明组织将如何满足新的和紧迫的培训与开发需求。221
但其他一些组织常常因为解决直接管理问题占用资金和精力而不能满足培训和开发的需求。示例 8—1 反映了一位经理对培训的观点：

示例 8—1　　培训和开发的观点

对人们来说，只做分配的任务是不够的。

——阿尔·彼得拉桑塔，经理人

以下内容来自与海奥·沃勒尔博士的一次面谈，他是奥兰多一橙子郡快递机构（机构简称为 OOCEA，佛罗里达）的首席执行官，该机构获得地区公路运输收费的授权。OOCEA 负责 80 英里公路的收费，每年获利超过 1 亿美元，以及 10 亿美元的外部公债。

我认为决定人们工作成功的因素有两点：工作的热情和工作的能力。第一，很有可能重新设计一份工作使得它变得更有趣，例如采用工作扩大化，工作丰富化，或者工作共享等手段，但对工作的热情最终还是取决于员工本身，你只能提供激发他们工作热情的环境。第二，培训和开发是确保员工们有能力完成工作的有效手段，其中包含的内容有技术专长、工作知识、代理知识以及团队合作的能力。

管理者需要考虑不同的培训和开发方法。在职培训也许是员工获得完成具体工作任务的专业知识的一种非常重要的方法。没有什么比在工作岗位上干上一阵来学习更好的办法了。我们也会采用内部专题讨论的形式来帮助员工们学习组织内工作涉及的"技术知识"，例如计算机技术、任务分析等。正规培训在理解规章制度方面也是非常重要的，比如平等就业机会（EEO）、公民权利、性骚扰等。上述培训主题需要采取一种正规的方式。也许培训效果发挥最好的一个地方是在人际能力、团队建设和帮助人们相互认识方面。

我是一个热衷于使用宽广的大学教育领域的人，诸如数学、经济学、管理原理等类似领域的教育，你不能从内部专题讨论和培训中获得更宽广的观点。大学也为员工们提供更多的学习状态（"我已经完成三个学分学时"听着比"我只得到了一个证书"要好），它激励员工们认识：他们在大学环境中也能取得成功。

同时我认为当员工是自愿参加时，培训和开发是最成功的，虽然有些培训必须强制参加而非自愿。受到激励的员工可以充分利用培训机会，而那些没有受到激励的员工可能就不会。机构里一些最好的经理是那些受到激励并充分利用我提供给他们的培训和开发机会的人，我也会留意哪些员工参与了培训。我们的机构有一个非常开明的费用补偿机制，只针对投入培训时间的员工。当培训是被迫的，参与的员工有精神压力时，培训的效果往往最差，因此大量的资金就被浪费在强制培训中。

我不可能花费大量的时间来评价我们培训花费的有效性。我要求经理们检查培训和开发如何能使每一个员工都受益，并且员工参与培训活动是和他们每年的绩效评价挂钩的。决定每一个部门需要的适当的培训次数（数量）是困难的，这需要根据员工自身对培训和开发的需求情况来确定。就这一点来说，我认为我们需要在培训需求评估中做得更好些，而管理者和主管与每位员工讨论确定他们的培训需求也是非常重要的。

222 这一章从分析培训的战略角色开始。然后讨论具体的培训和开发活动以及成人学习理论。最后，探讨分析技术在培训需求评估、培训许可项目和培训效果评价中的运用。

8.1 培训和开发的战略

组织为什么要提供培训和开发活动？大部分的组织和经理都有不同的评论观点，但都认为培训和开发是重要的人力资源管理模块，它们有利于：

1. 帮助新员工最快适应每一个组织独特的工作流程、设备或标准；
2. 帮助现有员工在职位提升、工作重组或其他工作重新分配之后适应新的工作任务；
3. 确保员工们掌握与组织、环境或工作相关的法律、程序或知识；

4. 确保那些关系到组织绩效的关键员工的工作（这些工作一旦失误会造成组织的高昂损失）能够令人满意地完成（一种风险管理）；

5. 将培训和开发作为一种挽留有工作热情的员工和经理的手段，使他们继续忠诚服务于组织；

6. 确保每个人具有组织所需要的知识、技能和能力，帮助组织前进（发展规划）。

以上列举的重要性是可以看得到的。例如，许多执法机构已经加强了对恐怖主义的关注。培训和开发是帮助员工们获得这些新知识、技能和能力的一种成本收益大的和有效的方式。这时培训顾问们可以介入，这一方式也使得来自不同执法机构的员工在一起工作、交流信息。培训可以专注于风险管理。事实上，强化这些执法机构的新知识已经促成了无数的、超百万美元的培训项目。

那么组织如何完成这一核心的人力资源管理模块呢？请注意上述列举出的重要性，第 1、2、3 条显示出了组织有广泛的培训和开发的需求（所有员工都有培训需求，特别是新进员工、新提升的员工，或者那些需要学习新技术和程序的员工）。由于考虑到培训和开发需求的广泛性和多样性，现在越来越多的员工和直接主管开始评估自身的工作不足。不同的工作需要不同的知识、技能和能力，那些正在做或负责监管工作的人更了解培训的需求是什么。举例来说，还有谁比计算机维修主管或者计算机维修人员更了解这一工作的培训需求吗？当然不是人力资源专家、城市管理者、市长或国会议员、固体废物主管、健康主管，除非那些人正好接受过相关培训或有过相关工作经历。

通过高级管理，组织可以做很多工作，以确保这些低水平的培训需求评估真正地执行。首先，主管可以为每一位员工制定一个培训计划，这也可以作为评价过程的一部分。这一计划包括员工欠缺的技能，以及如何获得这些技能的计划。伯曼和韦斯特（2003a）报告在那些建立了非正式、共同的理解、相互的期望和归属的员工和监督者中，其中有 39%是有关培训和开发的预期。当然，即使没有那些需求，主管常常也可以自由地和他们的员工进行协商，但有点代理和直接的承担作用。示例 8—2 检验了管理培训和组织卓越战略的关系。

示例 8—2　　培训能带来卓越吗？ 223

培训能够使平凡的员工和管理者变成优秀的吗？仅靠培训本身可能不行，但它是策略的一部分。伯曼和韦斯特（2003b）在他们的文章《解决管理平庸的问题：走向卓越》中提到，培训常常被用来达到更高的工作预期和确保管理者掌握所需的技能。但卓越需要的不仅仅是知识、技能和能力，它还需要高级管理者确定组织更高的绩效标准，支持员工们实现那些标准，并为此埋单。

> 培训显然是达成卓越的必不可少的策略。在他们的研究中，伯曼和韦斯特发现81.5%的实现了卓越管理的组织都要求员工不断地提高他们的专业技能水平。通过对比发现，在那些管理平庸的组织中的百分比只有26.6%。并且在实现卓越管理的组织中，有57.4%的组织通过项目评估等为管理者提供培训。相反，在管理平庸的组织中的比例只有20.0%。这些数据令读者觉得培训确实是组织和管理者为实现卓越绩效所采取的具有转折性意义的管理策略的一部分。

通过高层次管理，组织可以做很多工作确保较低管理层次的培训需求评估得到真正地执行。首先，主管可以为每一位员工制定一个培训计划，这也可以作为每年培训评估流程的一部分。这一计划包括员工欠缺的技能，以及如何获得这些技能等方面的内容。伯曼和韦斯特（2003a）研究认为，在当主管和员工之间通过非正式的交互沟通理解了各自的期望和工作贡献时，培训和开发能满足这一预期的39%的水平。当然，即使没有那些需求，主管常常也可以自由地和他们的员工进行协商，但事先明确员工技能的不足会加强培训项目的实用性。示例8—2检验了管理培训和组织卓越战略的关系。

第二，组织会预留款项或要求更低层次的组织单元为他们自己在培训和开发的花费埋单。有时这类情况的报道占到1%～2%，并且这笔花费通常需要与一些将会受到特别审核的项目挂起钩来，这些项目表明了这些花费如何支持组织不同的战略目标。员工被要求为某些培训付费，或是制订工作计划以说明培训结果如何应用到工作中。

第三，高层次的管理能够安排横跨不同领域的培训项目，比如：(1) 对新管理者的一般管理培训；(2) 与员工有关的法律和工作场所事务的培训（比如性骚扰和歧视专题等）；(3) 员工利益专题（比如退休计划、健康照顾费用的知识培训）等。通常人力资源部门负责确保这些跨领域培训项目的实施（International City/County Management Association［ICMA］，2002；Reese & Lindenburg，2003；Ugori，1997）。

前述第4、5和第6条款项（见p.220）反映出在实践中常常还有例外的特殊需求。这些领域对高层管理者是重要的，它包括：风险管理、关键人事管理和组织的发展。正如前面提到的，自2001年9月11日的恐怖袭击后，恐怖主义成为新的且日益扩大化的管理关注点。许多当地社区开始大力加强威胁安全饮水问题的管理。
224 针对炸弹威胁的建筑保护措施也变得更加重要。这些新的风险管理挑战让许多高层管理者把他们的员工送去参加此类主题的培训研讨会。最初，这些举动明显属于非日常管理工作的事情，但新的和看不见的威胁正使它成为悄悄发展的议题。

直线经理需要知道什么地点和什么时间他们和他们的员工能获得新的KSAs，这些是处理紧急的、战略的和特殊的问题所必需的知识和技能，直线经理们在这方面所担负的责任越来越强。培训和开发通常是实施战略的重要组成部分，有时在评估和理解战略中的地位也是如此。管理者不能依靠其他人告诉他们在哪能获得这些 KSAs。这也是管理者常常去参加专业会议，从而更好地接触和学习在哪能够获得知识和技能的动机之一。大约 75%的当地政府高层管理者报告他们都参加过年度专业组织会议（Berman，1999），他们出席会议也对自己个人事业发展有所帮助。

最后，一方面实施培训和开发有着十分宽广的目的作用，而另一方面又伴随着日益吃紧的预算需求，这样迫使组织去追求更加经济化的、有效分配培训资源的方法，以及更好的评估培训有效性的方法。但对成本经济且有效的培训方案的寻求没有任何新意，并且管理者并不期望能得到简单的答案。例如，不存在最理想的培训和开发投入百分比，较多的投入并不一定能造就更具有工作效率的组织。相反，重要的是在培训和开发上的努力反映了组织的战略需求、优势以及并不匹配的“最佳实践”，这将在下一部分谈到（Bjornberg，2002）。

8.2 学习的一般规律

学习理论为成功的培训和开发提供了理论基础，其理论基础在于认知心理学、行为主义和社会学习理论，这些理论关注信息和理解，反馈和刺激，以及角色模型和任务（Van Wart，Cayer，& Cook，1993）。学习的**基本规律**主要来源于**成人学习理论**。该理论强调成人广泛的实践经历，自我强化和问题解决的兴趣，以及主动参与的偏爱和学习中的一些控制练习。接下来要讨论的规律有动机理论、相关性和转移理论、重复理论、任务承担理论，以及反馈和正强化理论。

动机理论

培训和开发成功的关键规律是，当人们期望获得新的 KSAs，并寻找应用机会，且不会因为一些障碍变得沮丧时，他们会学习得更好。基于这一原因，应首先确保培训动机。至少，管理者应该解释培训的原因，比如满足变革的需求，为掌握新技术，或适应一个更有效提供服务的方法等（ICMA，2003）。

员工常常考虑如何将新方法运用到实践中，他们是否有机会根据具体条件和原因的不同而使用或调整培训，以及培训会如何影响他们的工作或工作安全。新的程序将影响他们的弹性时间安排和职业升迁的机会吗？因为人们有不同的考虑 225
和兴趣，培训者和管理者常常在培训前鼓励员工公开讨论这些问题，这些都是与培训相关的问题。一些主管也常发起一对一的讨论，这样员工能够私下表达他们的看法。当然，这么做都是为了创造机会使组织的培训需求和员工的需求更好地匹配，从而确保员工们很好地被激励，将培训成果付诸实践，并且在环境无论如何变换时都能从容地应付工作。

相关性和转化理论

当培训是为解决具体的工作问题时，就能加强培训的相关性和有效性。培训师必须解释教授的培训信息和技能与具体工作是如何关联的，并且员工们怎样才能运用并完成工作。基于此，培训师征求员工和主管参与培训项目的设计具有重要意义。当新知识和技能转化到工作中时，培训有效性得到进一步的增强。在非工作环境中进行培训可能会产生知识转移的问题。举例来说，关于顾客和员工关系的课堂演讲培训绝不可能和真实的工作环境吻合。培训需要有具体的演示案例。将复杂事物分解成较小单元来阐释，常常有助于学习知识的转换。例如，对雇佣法的理解，最好的方法是花时间把诸如招募、歧视、评价和结果等问题解释清楚。每个培训项目应该包括多个不同的案例，这样可以帮助员工将学到的知识和他们工作中的问题联系起来。

重复和积极参与

大部分人不能立刻记住复杂的信息和使用新的技能。**三次规律**（the rule of three）揭示了人们听事情时只有说三次之后才能记下。**七次规律**（the rule of seven）揭示了人们必须实践某事七次后才能掌握它。部分原因就在于成人学习的速度不同。重复（Repetition）通过允许个人根据他们自己的方式来掌握学习信息，从而有助于推进学习的过程。人们也常常经历学习高原期，或者他们必须首先完全吸收和消化材料以后才能学得更多的时期。每个人对于不同类型的培训材料容易理解的程度的感受也不同。而重复帮助解决这一问题，并使那些容易掌握知识的人们进一步磨炼和强化他们学到的东西。

大部分成人是参与型的学习者，他们更喜欢通过参与学习过程来学习。成人喜欢参与讨论有关概念的含义和如何正确地使用，而不是消极被动地坐在教室里听。特别是若有课堂之外的培训应用，或将培训设计成不同阶段，这样能检验他们所学的知识时，重复和多重案例的设计就能增加主动参与的机会。

超额学习是指对材料充分吸收，以至于把它甚至变成个人的“第二本性”（second nature），也就是说，把新学的 KSAs 完全变成个人的技能和本领。当需要掌握高水平的业绩时，超额学习是培训重要的手段。熟能生巧，超额学习就是通过过量的重复学习，把技能和知识深深地印在头脑中。当出错的代价是昂贵的或危险的，超额学习显得尤其重要，一旦时间有限或在存在潜在心理压力的情况 226
下，它能帮助今后的业绩。

基本原理

基本原理帮助员工应对他们以前没有遇到的情况。虽然在一些情况里，直接目标是简单的（也许就是如何更换一件办公室文具里的墨盒），但更多的学习情境是需要回顾基本原理，例如基本假定、自然法则、法律理论等。计算机安全、顾客关系和道德行为这些事情通常也需要对产生具体的交换规则和程序的规律有一个明确的理解。这些规律不仅帮助员工理解事情运行的原因，也为之后想出新做法提供了背景。

反馈和正强化

培训效果可以通过直接且快速的反馈得到加强，这样可以帮助减少错误，提高激励，并增加对培训标准的关注。一般地，积极的反馈通常会强化行为，相反消极负面的反馈会限制行为。虽然负面的反馈是重要的（举例来说，指出一个不正确的做法或错误结果），但它在本质上必须是建设性的，是为达到成功而提出的。对许多员工来说，负面的反馈必须和正强化相平衡，以防尖锐的评价减弱激励和对成功的期望。正强化对确保员工接受学习内容是非常关键的手段，它包括口头肯定、赞赏的评语或者新的任务。

正如俗语所说，"所测即所得"。一些员工将收到的反馈的内容和性质用于衡量组织的**承诺**。不容置疑，有效培训常常要求组织对培训完成或是培训后的工作实践有明确的承诺，可以采取规律性的反馈或其他一些方式，比如把培训应用作为管理目标的一部分，或者询问培训参加者接受的培训是如何令他们在工作领域中受益的。

总之，以上规律为确保培训和开发的有效性提供了重要的参考点。培训参与者需要学习的激励，并能应用所学，对申请进行指导，并且关注参与者的关注点。培训材料应该和他们的工作相关，可以通过多种案例来演示以及在实践或实际运用中有用。参与者必须学会理解具体的操作技能知识，同时也要掌握在将来运用时相关的基础性规律。最后，组织相应对员工在工作中正确运用培训所学给予恰当的反馈和鼓励。

8.3 培训方法

本部分讨论培训方法：在职培训（OJT）、职业辅导、内部专题讨论、模拟和角色扮演、网络学习、交叉培训和正规教育。

在职培训

227 **在职培训**是最基本的技术，最常应用于对新员工的培训。它的内容定制为或是间断或是连续的工作指导，包括详细的辅导和对基本技能快速增强的反馈。这种方法包括学会当前任务所需的常规知识、惯例和其他一般规律的应用，还包括获取和特殊工作联系的独特信息，比如包含技术系统、惯例和机构程序。质量在职培训需要给受训者安排一个或多个教练。在职培训不是“学好或学坏全靠自己”（sink or swim），举例来说，如果遇到难题，就会给员工一个手册和一个高级主管的名片，让他们去联系以获取帮助。甚至于，在职培训趋向于成为工作的同时来学习工作技能的一种深刻的、有指导意义的方法，并且它常常有额外的正式指导。虽然它和员工给定的新岗位相联系，但当员工面临工作责任变化或新技术带来的岗位的改变时仍然可以使用这种培训方法（Barron，Black，& Berger，1997；Wu & Rocheleau，2001）。

因为这种培训方法涉及的知识与具体工作岗位紧密联系，所以在职培训被认为是满足新员工履行当前或近期岗位工作的最好办法。在职辅导培训（coaching）指的是配置一名熟练员工去帮助其他员工掌握他们的工作。在职培训采用一对一的、师生互动的方式，这种方式关注帮助工作者将理论应用于实践，通常在具体工作环境中实现。在这种方法中，教练需明确所有需要新技能或知识的相关工作岗位和可能的问题，提供应用机会，并且当员工学习后要提供正面的反馈意见。这种方法通常被认为是一种划算的能把核心工作技能和知识转移的方法，事实上它很少需要一个单独的预算。对现有员工而言，他们提供在职辅导培训只是履行一个临时的、额外的责任。

在职培训有潜力能满足有效学习的多种原则：新员工通常有较高的热情，知识与工作相关，知识转移通常不成问题，有必要的话也有充足的工作操作例子可以重复执行，员工也有机会接受反馈。但在职培训获得成功仍受到一些威胁。它严重依赖“作为老师的管理者”的诚信，同时也依赖于他们转化工作中具体知识、技能和能力给“作为学生的员工”的能力。在职培训最好由那些组织中能力

（包括传授的能力）得到认可的员工提供。另外，“学生”必须被激发和有能力学习，并且在职培训不是常规培训的替代品。当学生们缺乏常规知识，比如必要的算术能力或信息技术技能，在职培训就不会成功，因为“老师们”不能传授关键的基础知识。同样地，在员工并非自愿转到新岗位时，他们有时也无学习培训的热情。

虽然管理者可以通过仔细选拔和培训有经验的员工充当指导者的角色来增加在职培训的有效性，但实际中往往并不是这样做。内行的员工并不总是成为内行的在职培训教练，因此送一些员工或在职培训教练参加“培养培训者”课程的办法是非常有用的，在那里可以学习到传授的方法。培训学员或许要求更多的案例以帮助他们学习，并且管理者要确保他们的“老师们”有充足时间来正确地培训员工。主管必须制定实际的时间表来获得工作技能，并形成关于员工正确完成任务的能力的实际期望。在职培训的成功与否最终是通过员工在最低程度的监督下完成新工作的能力来判断。 228

职业辅导

职业辅导是一种不断发展的方法，主要是一种不熟练的员工通过持续的或定期的与高级管理者对话并获得指导的方式，来学习和开发他们的职业潜能的一种开发方法（Olivero & Bane，1997）。在职培训解决的通常是技术性的和现实工作中存在的培训问题，而职业辅导解决的是实现培训的长期目标、复杂的技能开发和职业社会化的问题。非常典型的情况是，职业导师和员工的关系既是个人的又是职业上的关系。许多员工认为职业导师是他们职业成功的关键，因此，组织非常鼓励员工和管理新手寻找和确定自己的职业导师。职业导师帮助他们设计职业生涯，避免可能出现的困难，广开机会的大门以扩展职业发展网络。妇女和少数民族认为，选择那些对他们的职业生涯有益的导师同样也是非常有用的，因为这些人能够很好满足员工的需求。许多人倾向于自己选择职业导师，或者至少要能影响到对职业导师的选择。

和在职培训相似，职业辅导符合成人学习的规律。职业导师和教练为员工提供了大量的案例（例如，安排正确的职业调整或设计工作面谈等），并且讨论常常聚焦于这些案例的实用性和相关性。对绩效的反馈通常强化了重要的学习规律，并且辅导者和教练认为，员工是有意识地提高他们的职业和工作技能。但职业开发和专业发展的问题比起通过在职培训来获取知识和技能（KSAs）更为抽象化，因此需要通过实践和试错获得更多的反应、澄清和反馈的机会。

施行职业辅导的主要障碍是员工无法与更有经验的管理人员建立良好的联系。个人更需要主动寻求职业导师而不是待其出现。认识到这个问题，一些组织采用了一种具有挑战性的方法，如要求高级主管自愿担任职业导师。举个例子，在一些医疗机构里，护士们要过渡到管理工作岗位前，是由一些高级管理者来担任职业导师进行辅导的。但很少有组织在配备职业导师上是积极主动的，而是由员工们努力找寻自己的职业导师。示例 8—3 讨论了在管理培训中好的职业辅导是十分重要的。

229 **示例 8—3　　管理培训**

员工经常由于他们的技术业绩、服务时间和与其他同事的协作能力被提升到主管岗位。然而，这些资格和条件没有一项能够提供成功管理所需的技能和知识。很少组织在他们的经理和主管提升之前提供培训，只有少数的人能够并愿意帮助新主管掌握管理和监督控制的方法。对这种级别主管的提升常常是一种像“触地跑步”一样的做法。

主管所关注的挑战主要有：(a) 具备一种让员工高效率完成工作的能力；(b) 对员工纪律的处理，冲突管理和其他人事事务；(c) 推行不同的政策（例如，推动工作丰富化）；(d) 培育一种团队意识和团队努力以推动团队前进；(e) 学习如何编制预算；(f) 确保工作场所的安全和整洁；(g) 确保充分的信息和其他技术；(h) 确保充分的员工培训和开发；(i) 开发处理员工纪律的行政和法律的技能。最后，他们必须不断开发发展人际关系的能力。

组织可以通过提供方向指导来帮助新任主管。问题是，尽管意图是好的，但他们身处每天繁忙的工作中，那些使用手册可能就没有读过或被遗忘。主管们需要学会如何从员工反馈中学习。一些组织也提供一到两天的关于监管和领导力的专题讨论。虽然这些专题讨论提供和强化了一些重要的信息，但受培训者对于向级别相似的主管透露自己在这方面的无知是犹豫不决的。被选到的部门派遣新任主管参加工作场所之外的专题讨论，虽然面对其他组织选派的陌生的培训者保证了自己情况的匿名性，但工作场所外的培训项目可能得不到有效执行。

也许更有效的策略是使用导师。通过这种方法，新任主管可以要求确认一位导师，既可以是组织内的，也可以在组织外选择，只要导师能够符合培训的基本要求。主管们可以从那些曾经做过同样工作的导师那里得到反馈和建议。导师们能够帮助处理一系列挑战，他们也帮助主管对员工的反馈有所反应，并准备发挥自身更大的作用。通过导师制，新任主管得到即时的反馈，这帮助他们在学习过程中取得很快的进步。

内部专题讨论

内部专题讨论和演讲广泛地应用于员工群体内的信息沟通，比如新的发展、期望或者规则和政策等信息。当限制到小规模的员工团体时，专题讨论常常是澄清、应用和反馈的机会。事实上，一个重要的趋势是专题讨论更适合小型的工作单元，而不是有大量听众规模的团队。

但是，以信息为基础的专题讨论可能缺乏重要的有效学习要素。当专题讨论是命令性时，员工是不可能受到激励的。讨论会上获得的常常是一般性的信息，而不是具体的与工作相关的信息，这时员工也许要费尽心思才能明白这些信息与具体工作的相关性。这是因为专题讨论常常是短时间的，极少重复和缺乏实践操作。正是这些原因，专题讨论有时除了被认为是一种严格意义上的管理者与员工沟通的方法外，并不被视为一种恰当的培训方法。一旦主管们不能参与和确保信息是有用的时候，专题讨论的效果更是受到质疑的。

然而，内部专题讨论的有效性是可以增强的。例如，管理者可以事先估计员工的兴趣和关注点，并在专题讨论内容里体现出来。演讲可以采用最小的时间规模，因此就能预留出培训参与者讨论培训材料的时间。逐渐地，这种培训方法强调开发的视角、对规律的理解和寻求新应用的创造性（Lucas，2003；Newstrom，Scannell，& Nilson，1998）。也许最重要的是培训者和管理者提供培训跟进和培训应用的措施。培训者可以和员工群体一起工作来协助培训的应用，并且管理者应确保培训的应用是充分的。示例 8—4 和 8—5 给出了演讲和提高写作技能的一些建议。

示例 8—4　　有效的演讲 230

有效的口头演讲是内部专题讨论的关键，管理者也经常在专业场合中做演讲。以下行动准则可以确保成功的口头演讲：

（1）演讲主题为什么是重要的，它如何使员工受益；
（2）提供一个简明的内容摘要；
（3）针对管理的主题进行适当的讨论；
（4）使用短句来提醒听众必须看哪些材料（而不是逐字的阅读）；
（5）提供与新概念或程序相关的多种案例和实践应用；
（6）在适当的间隙激发讨论，并提供所需要的说明；
（7）把一些不直接相干的评论放到主题讨论结束的时候；
（8）考虑使用小规模小组的形式讨论问题或得出结论；
（9）练习在尽可能短的时间内清晰地表述；
（10）总结主要的观点，讨论合适的实施方案并执行。

专题讨论日益采用投影的方式（比如幻灯片）和印刷的培训材料，这些都是专业性的表现，它使信息的交流和吸收更加便利。分发的材料可以帮助被培训者把注意力集中在演讲上，把做笔记的需求降到最低。此外，分发的材料在演讲结束后也能补充之前演讲未涉及的内容。印制的材料也可以帮助员工在专题讨论结束很长时间后还能对讨论涉及的信息进行吸收和掌握（Van Kavelaar，1998）。

231 **示例 8—5　　基本技能研讨会**

培训和开发主要是为员工和组织更新他们的技能，但这并不总包括先进的技能。许多组织关注基本技能的培训和开发，近年来尤其关注员工和管理者的写作能力。写作一半是艺术，一半是科学，是完成很多事情的关键，例如，授权性的或建议性内容的写作。下面这些诀窍能够帮助提高写作技巧：

（1）使读者头脑中对写作的内容有一个清晰的勾画；

（2）了解读者喜欢的习作风格，并使用这种风格；

（3）提炼出主要的观点；

（4）明确读者的关注点并把它们体现出来；

（5）尽可能使用第三者和积极主动的语气；

（6）写作清楚和简洁，使它容易被人们接受；

（7）以专业的方式阐述主要观点；

（8）选用最熟悉和精通的语法；

（9）每一句话都有价值；

（10）引用，但不能抄袭。

研讨会是向员工和经理重复介绍这些基本观点的有用场合，但只有实践才能做得更好。之前总结的学习规律，像内容的相关性、充足的案例、重复和提供反馈的机会，在此都是有效的。有效的培训建议应该鼓励员工写下现实工作生活的信件和备忘录，把这些事例分享，这样培训参与者能够获得新思想和更多改进的建议。培训也需要确保改进的发生并在实践中得到强化。对一些员工来说，写作显然是一项重要的技能，对于许多雇主来说，这是即将工作的准员工的一项竞争优势。

模仿和角色扮演

模仿允许管理者和员工在没有扰乱工作进展的情况下去重复工作经验。当通过在职培训学习可能导致难以接受的结果时，它是最合适的。举例来说，飞行员使用飞行模拟器去训练他们的技能和练习困难的飞行演习。美国国家航空航天局的宇航员模拟完成整个宇航任务，消防人员在模拟的环境下练习火势控制，因为他们不能冒险在实际的火灾消防中学习。反恐训练也是在非真的恐怖事件环境下进行。模拟也常常帮助技师学习新工具和程序。职前训练就是使用隔离的区域，让工人在没有打乱所从事工作活动的情况下练习技能和程序。预算分析模拟可能出现的财政问题来预测财政不足，计算机模拟也常应用在解决一系列操作和程序控制问题上。最后，管理者可以通过模拟实际工作的案例来测试员工。举例来说，军事上模拟进攻，并没有通知参与模拟人员这实际上是一场演习。这些做法将帮助管理者评估员工在真实工作情境下的绩效（Gillespie，2002）。

模拟能帮助员工获得和完善技能，特别是那些通过在职培训或专题讨论不易获得的技能。然而，模拟的成本花费处于中间水平。很明显，飞行员模拟是昂贵的，角色扮演的成本也不例外。七次规律指出培训者必须有充足的实践机会，并且如果他们想取得进步就必须得到及时的反馈。那样的话，模拟常常需要员工离开工作岗位一段时间。模拟受转化能力的影响，也就是说模拟环境对真实环境的反映程度。总之，模拟需要模仿真实工作生活环境，给予被培训者充分的时间获得新技能，并用在工作中。

模拟和角色扮演较为广泛地应用在有关顾客服务和员工关系的培训中。在顾客导向培训中，员工被赋予了新的期望，并给予机会来讨论他们如何才能够更好地处理其所面临的顾客服务挑战。角色扮演和模拟只是培训方法的一部分。典型的训练还包括处理极愤怒的顾客和违背顾客期望的意外事故。以监狱的人事管理为例，可能会遇到需要向囚犯家庭成员解释为什么不能在探视时间访问亲人。当极为接近或超过现实情况中的行为和情绪时，角色扮演是有用的。有经验的培训者常常扮演这些顾客角色，而不是充当工作人员，因为员工不可能像对待具有攻击性的客户那样对待同事。视频录像也是有用的，以使被培训者能够观察，并从他们自己的反应中学习。通过反复的练习，直到他们能够正确处理，那么员工在模拟的情境下提高了他们的技能，不用冒着在真实工作场所中一旦处理不当而产生负面结果的风险。

网络学习

网络教育（或叫分散学习）是一种越来越流行的员工培训的方法。通常，它的信息量比较丰富，包括各种各样的信息发布和信息共享的技术和手段。典型的网络学习，包括员工和管理者，通过内容模块工作并能和其他资源或网站链接起来，常常利用视频点击和可下载文件等资源。这种学习方式包括导师和其学生的在线交谈，在电子公告板上不定期的回复，以及学生和导师之间的私人电子邮件。后一方式使信息传递、信息交换和个人反应更加快捷。 232

这种方法有许多重要的好处，例如可远程接触和培训时间的便利，但它也有本身的限制，这表明它应该与其他培训方法结合起来用。网络学习不能提供手把手的学习和经验，除了通过一些模拟的方式。反馈主要根据信息交流而不是直接观察。所进行的讨论常常延迟，除非在真实的时间和员工团队中进行。近来，开发和施行这种方法也是比较昂贵的。然而，它还是很快成为一种很好的信息传播的方式，它的用途有望不断扩大。据一项研究显示，大约 40%的地方政府使用计算机或网络培训的方式（Berman & West，2001）。另一项报告显示，军队通过分布式学习能够改进外语培训的效果（U. S. General Accounting Office，2003）。

交叉培训

交叉培训指的是培训员工完成多样工作，以便他们能更好地服务顾客。它协助员工学习组织直接需要的新知识、技能和能力。交叉培训是“一站式”培训的核心，减少工作分配耗费的时间，这是一种资源的延误，伴随着无效沟通和错误的发生。这种方法也要求组织更好地调整组织构架、休假和高峰的需求。它也帮助人们明白如何能融入组织，通过员工对于不同职位的需求和挑战难度的理解来提高团队工作的效率。基于这些原因，作为一种高效率培训改进的工具，交叉培训近几年已成为普遍接受的方法（Berman，1998）。

交叉培训通常把工作轮换、专题讨论和在职培训结合起来进行。工作轮换是把员工安排在不同的岗位实践，进而帮助他们获得不同的工作技能。例如，计算机分析员会要求在计算机求助服务台工作，以便更好地理解和正确评价使用者的问题。在履行新任务前，分析员对于服务台的服务代表所从事的工作责任和程序应有全貌的认识。这主要通过专题讨论的方式，或至少是通过写好的手册来认识。一旦进入岗位，他们接受在职培训，并从一个熟练的服务代表那里得到指导。然而一些业务单元需要所有员工对不同的工作都是精通的（尤其面临新的综合工作时），其他业务单元不要求那么精通，这样有需要时每个人就都能投入工作。

交叉培训有时在组织重构时使用。有一个案例就是，在一个中等海滨城市中将救生员和海滩巡逻职责合并的培训。海滩巡逻需要学会营救操作，而救生员需
233 要学会公共安全的方法。这一交叉培训的难度在于，一些海滩巡逻员工需提高他们的身体素质以达到水中营救的标准。此外，救生员的工作文化有别于海滩巡逻人员的准军事背景。一些救生员拒绝携带武器。虽然实施交叉学习，选择的人员也是追求改变的，并且他们也能够在两个领域获得新的技能，但由于两组人员士气恶化，整体表现为工作效率下滑。

也有相当多的交叉培训成功的案例。通常，这些成功案例是建立在员工参与工作重新设计和培训的基础上的。员工喜欢通过假设工作责任而带来的自主性的增加，并把它看做提升的机会。然而，员工们（员工协会）有时把交叉培训看做组织极力获得的毫无意义的东西。成功的关键是员工和员工协会能明确组织的承诺和组织的意图，并将培训和开发视为重要的。管理者必须提供充分的在职培训，并为那些在多样任务的交叉培训中取得成功的人提供肯定的反馈和奖励。

教育：超越培训

高级学术学位正成为进入管理岗位的前提要求，所以许多员工重返大学学习。教育为人们的未来做准备。不同于培训关注于工作的技术细节，教育关注的是宽广的知识和实践。培训使人们更相近，因为他们学习同样的技能。教育使人们更加差异化，因为它包括自我发现；它不仅强调信息，也强调塑造。这包括更好地理解与个人选择有关的环境，对人们事务的观察，以及什么是重要的观点——一种生活得更好的热情。公共管理硕士就是可选择的学位，它可以为学生提供学习的内容，包括民主化机构的作用、公共预算和人事系统的结构、领导力的作用以及许多其他的关键主题。获得 MPA 学位的员工被视为拥有了很快适应工作要求的合适背景。通过远程教育和教育扩建（分校，教学点），教育已变得触手可及，同时包括一系列研究生和本科生课程的学术教育项目也呈现增长的态势。

作为一种培训和开发方法，对教育作用的认识至少存在两种相对的观点。一些组织将教育收益视为过于昂贵和不确定的回报。目前在私立大学里研究生的学费从每学分几百到1 200多美元不等，而员工接受教育通常只需付学费账单的一部分。组织不能完全确定教育如何使他们的组织受益，正如一些员工不能得到提升和其他人选择离开一样。为避免后者的发生，一些组织要求员工在项目（MPA）结束后的三年内必须继续为组织服务。其他一些组织将教育视为一种吸引和保留高学历员工的有效手段。受到激励的员工很可能为了完成长时间的教育项目留下来（通常采取业余时间接受学校教育许多年）。并且即使这些人要求提高竞争力的市场工资水平时，组织也把留住这些人继续接受教育作为第一选择。这也激励员工认识到组织提供教育福利，因而为创造有利工作的氛围发挥作用。示例 8—6 介绍了学习的高级形式。

示例 8—6　　学习的高级形式 234

虽然本章讨论的许多培训方法集中在基本和非间接的知识、技能和能力，但各种高级形式的学习对诸如解决新的和复杂的问题，重构整个过程和系统，从完全不同的角度重新分析一项工作，或者为适应环境变革而进行的组织再设计等问题特别有效。学习的高级形式包括分享式学习、比较式学习、系统思考、竞争和消除不信任等。

比较学习是一种科学的学习方法。在对过去的经验（个人或组织的）进行系统分析，仔细分析其他人的经验（一般称作基准点）和实践后进行比较学习。通过对过去经验的严格审视可以帮助员工密切关注他们哪些做得好，哪些做得不好，从而保持和提升标准，运用他们的经验就像实验室的发明一样。可以从一群人员范围中选择多样性的典范作为比较基准点，或者仅仅观察最好的表现者。

系统思考的学习方法是对于闭关自守、视野狭窄、头绪混乱以及组织功能过于专门化等问题的一种很好的矫正手段。从根本上来说，系统思考的学习方法是同期的管理新措施［如全面质量管理（TQM）和业务再造（reengineering）］的基础。根据雇主和相关人士的观点，系统化的审视这些管理新措施的过程，管理者能够很好地理解不同参与者的需求。

竞争的学习方法能引导个人通过以下方式学习：要求他们确定他们想完成的事情，督促他们朝着目标或卓越的水平前进，激发成功的欲望或避免胡乱做事的想法。竞争学习涉及的问题有目标设定、努力进取或失败。竞争式学习倾向于创造难度更高但又很实际的目标，在经验和小范围试验的基础上设计合适的工作任务，愿意为了追求真正的大成功而出现一点小失败。

学习暂缓的学习方法是一种最难的和最精巧的技术，需要具有推迟做新工作的能力，或采用其他新方式来做，从而选择正确做事方式的能力，正确评价事情或事情本质的方式。对创造力来说，这是关键的。许多人认为，由于数十年强调一成不变的流程、等级制度和过去的实践，公共部门的创造力已经被榨取干净。

最后，学习的高级形式不能替代基本形式，它们互为补充。标准信息和知识的传送基本上是通过标准的学习指导方法完成的，然而专业化的形成和新知识的产生不能仅仅依靠基本方法。当代的组织需要学会如何完成以上两者。评估学习需求和评估学习效果的方法将在下一节中给出。

8.4 评估和评价

需求评估指系统化的工程用于鉴别组织和个人的优势和劣势。虽然有些评估比即兴的管理断言好不了多少（“我们需要什么样的员工”），下面我们将讨论系统的评估方法。许多管理者了解实施标准评估的重要性，但矛盾的是，很少有人真正使用它们。比如，仅仅27%的州组织针对它们60%的或更多的培训项目进行需求评估（Gray，Hall，Miller，& Shasky，1997）。收集培训需求数据的其
235 他方法有：员工问卷调查（39%的州组织使用过）、高层管理者研讨（31%）、主管面谈（13%）。然而，评估是事先的工作，而评价是事后的工作，用于明确培训活动是否达到了培训目标。培训评价不仅用来判定当前的培训，也有利于为今后培训项目投入提供有用的信息。

需求评估

需求评估为的是确定培训的需求，它包括：（1）组织和团队范围的需求；（2）改进具体工作流程相关的需求；（3）关注员工个人的培训需求（Brown，2002；Clardy，1997；Jacobson，Rubin，& Selden，2002）。在组织水平上，评

估可以反映一系列不同的目的，从中能够推断出培训和开发的需求。范·沃特（2004）认为有七种组织目的：（1）道德评估；（2）使命、价值观、洞察力和计划重温；（3）顾客和公民评估；（4）员工评估；（5）业绩回顾；（6）基准点；（7）质量评估。这些领域可以显示不同的员工培训需求。即使组织进行了全部的评估，它们进行评估的程度也是不同的。某种程度上，有些评估也就比在高管领导会议上讨论的方式好一点点（“我已经听到一些员工的抱怨。有人认为培训能有帮助吗?”）。其他组织以一个更系统的方式来讨论（例如覆盖组织不同层面的焦点小组的方式）。

许多组织现在也通过系统和有效的方式开展员工调查。这种调查非常容易理解，包括50～100个条目来表述诸如工作环境，管理监督关系和掌控情况，获取技术、政策、流程的渠道，薪水和福利，培训和开发的实用性，以及其他一些领域的问题。为确保调查的机密性，员工可以匿名完成这些调查，调查数据请组织外部的咨询师来分析，此外在合法前提下，分析完成后，调查问卷将被销毁。示例8—7给出了一个调查的例子。其中若某一调查项目评价较低，那么它明显会受到关注，可能会引发未来的培训需求，或许也会促成未来的培训。虽然地方政府并不总是使用调查的方法，州和联邦组织却常常一年一次或两年一次使用调查的办法。员工调查的开发和实施通常由人力资源管理人员主导，调查结果呈递给管理者，并通过后续的会议通知员工。

示例8—7　　需求评估的选择调查问题 236

请给出你对下列说法的同意程度，使用以下字母代码：

SA＝非常同意
A＝同意
DK/CS＝不知道或说不清楚
D＝不同意
SD＝非常不同意。

A. 规章制度
我熟悉有关工作环境歧视的法律和政策。
我熟悉有关工作场所骚扰的法律和政策。
我熟悉工作假期政策。
我熟悉我的福利选择。
我熟悉我的工作单元的工作场所安全准则。
我熟悉道德要求和期望。

B. 工作关系
我的团队需要提高团队合作能力。
我的主管考虑事情相当周到，且很支持我。
我能够和我的主管讨论任何和工作相关的话题。
在我们团队中，大家都以道德的方式处世。
同事之间相互支持并承担各自的责任。

C. 培训需求
我愿意学习更多的关于冲突管理的技能。
我愿意改进电子制表的技能。
我愿意学习如何更好地使用幻灯片来表述。
我愿意提升我的报告写作能力。
我愿意提升我的演讲能力。
我愿意提升我的时间管理能力。
我愿意提升我的基本的计算机操作能力。
我愿意学习如何使用以下设备：请指出________。
我愿意学习新技术以使我能完成更多的工作任务。
D. 绩效管理
我知道我们部门的憧憬和使命。
我保持高标准的顾客满意度。
我们有规律地调查顾客的需求。
我们有规律地把我们的绩效和相似组织的绩效进行比较。
我们有规律地测评和讨论过我们的绩效。
我的主管告诉我对我的期望是什么。
我的主管提供充分的和持续的对于我的绩效的反馈。
同事们讨论新的或更好的改进操作的方法。
我的合作伙伴是可靠的专家。

此外，需求评估应在多个工作单元或甚至整个组织的范围内来确定需求（例如性骚扰、信息安全、劳动力多元化等）。人力资源主管定期询问团队和他们的管理者有关他们的需求，或者他们在招聘服务、广告、甄别和测试等方面的要求。许多人力资源部门目前组织了一个范围很宽广的强制培训活动，包括员工关系、合法权利和责任、预算和会计程序的升级以及新技术等。

其次，需求评估在工作开始之前进行。近年来，许多组织已经重新设计了他们的服务系统，以更加人本化，并且更好地利用新的高科技。高层管理者有时要求低层次的业务单元通过收集绩效数据去严格地评估他们的绩效，或通过评价他们自己的服务流程来发现缺点和瓶颈。此外，他们也要求提高团队绩效，如此可能会要求员工掌握原先没有的技能。

237 最后，一些管理者要求员工有规律地提出他们的培训需求。这体现了对员工的承诺，并且培训和开发活动很可能增加员工对组织目标的贡献。当然，一些员工可能不会为提高技能而要求培训的机会，而另外一些员工则要求只接受与工作任务相关的培训。因此，管理者需让培训开发计划与当前和未来的组织需求相关。这种方法对组织留住员工特别有用，因为这是表明主管和组织关心员工的明显信号。一般来说，这会增加一些成本负担，也增加个人成本，然而一些（虽然不是全部！）公共组织有着十分充裕的培训和开发预算，可为员工提供更多的教育机会。

正如以上讨论的内容，培训和开发的正当理由总是跟在需求评估之后：员工和管理者的普遍关注，抱怨和其他问题的突出和上升，实施新的处理程序的需求，或者帮助员工开发新技能的需求等。培训的合理性可以通过以下强调高效率的分析技术得到：比较培训与招募新员工或请咨询顾问的成本，继续使用过时技术的成本，处理由此导致错误的成本。管理者也应比较不同培训方法的成本，以进一步选择更合理的培训方法。以上的分析可以进一步支持培训使用的案例（Fitz-Enz&Davison，2001）。

评价

可以根据实施评价过程的特征和信息收集类型的不同来区分出不同的评价方法。这些方法有：(a) 控制下的前控制和后评价；(b) 对培训专题讨论的主观评价（培训项目实施后立刻完成）；(c) 后续对于在职业绩提高的评估（在培训项目实施一定时期后完成，通常是 1 到 3 个月）。

人们认为评价应该采取一种小心控制下的科学的方法。理想的状态是，管理者在培训后评估员工技能水平，然后将培训前和培训后的分数与另外一组没有接受过培训的对比组进行比较。有时，组织的实际需求与标准的试验设计模型是有一些偏离的，因为很少能保证控制组和参照组同样是随机产生的。也不能肯定某些员工是从培训中受益的，甚至在没有使用控制组时，培训前和培训后的评价结果也不能完全证明技能的增加是由培训带来的，也可能是受到了其他学习因素的影响，而不是正规培训的影响。然而，培训前后的测评维护了培训有效性的争论，尽管控制组缺乏随机性，但数据统计技术会考虑到这一影响。

培训结束后，一般就可以立刻获得员工们对培训的看法。示例 8—8 给出了一个适应组织需要的评价工具样例。这种形式有时也被人力资源部门用来征求其他部门关于需要他们投入哪些服务的建议。其好处是比较容易获得学员的观点。虽然低水平的满意指数表明培训没有满足员工们的需求，但高满意水平不一定暗示培训是有益的。管理者可能不追查原因，从而成为培训知识迁移性的问题并会阻碍培训应用。而且，在某些情境下，员工一般都会给培训师肯定的评价，由此会减少这种方法的有效性。最后的问题是一些评价过于关注实施方式而不是其中材料及信息的内容和有用性，这些信息对培训师比对管理者更有用。

238 **示例 8—8　　评价培训专题研讨的问题**

请标出您对以下陈述的赞成程度，使用下面的 5 分量表：

5＝非常赞成
4＝赞成
3＝不知道或说不清楚
2＝不赞成
1＝非常不赞成

培训实现了所说的目标。［　］
培训是有用的。［　］
困难的水平是透明的。［　］
培训以一种方便学习的方式提供材料。［　］
培训包括实践案例。［　］
培训材料是最新的。［　］
培训师尽力满足我们的需求。［　］
培训师是富有方法的。［　］
补充材料是相关的和有用的。［　］
综上，我满意我接受的培训。［　］

……请同时回答下列问题：
您今天学到的最有帮助的东西是什么？

您还期望后续的研讨会吗？如果愿意，您何时方便参与？

对改进研讨会您有什么建议？

当员工有机会实践培训结果时，培训评价也同时进行了。这时的评价强调工作行为的改变，同时也强调培训的结果（Kirkpatrick，1998）。举例来说，安全培训的材料应该包括与安全操作相关的行为，例如，对化学危险物品知识的培训也应该包括安全操作行为的培训，诸如如何使用安全保护设备，或者查阅小册子以更好地熟悉化学制剂的特性。对此的评价也应包括实施的效果。结果评估可能关注事故本身和近来发生事故的数量。这种评估方式的主要要素有：首先是对员工管理的评价；其次，评价内容是否既包括主观观察，又包括客观的数据，它客观地体现了工作效率的提高（Paddock，1997）。通过调查相关人士对培训结果的看法可以得到一个广泛和中立的观点。

239 现代的发展趋势支持受培训者投入到培训评价的调查设计和评价的实施中。受培训员工的投入也会强化评价结果的有效性，反过来又能用于对将来的培训和开发项目的建议上。这也可以增强评价项目的相关性。实施员工参与的评价的步骤如下：

- 决定应该评价的培训活动；
- 明确过去和现在的项目参与者；

• 分发一个草拟的调查方法，并邀请员工参加（确保这能够迎合员工的关注和兴趣）；

• 讨论评价过程（如数据收集和分析），明确讨论评价结果的日期；

• 请求对评价结果和投入的解释。

这种评价实施方式得出的结果很可能提高员工达成有效培训的许诺和对新培训需求的建议。

许多例子表明如何使评价用于改进培训做法和效果。其中一个例子就是，一个郡监狱主管面临着来自囚犯家庭对于囚犯探视和释放流程的抱怨。推测部分问题是由于不充分的顾客培训。在实施客户服务培训前，对囚犯家庭成员进行了客户满意度调查，此后不久又进行了第二次调查。通过两次调查分数的比较，就可以根据客户满意度度确定培训的效果。第二个实例有关在一个州社会服务组织中使用职业导师。几个月后，新员工接受关于职业导师项目效果的调查，这样就能识别它的有效性。这些案例显示了培训评价如何帮助培训项目的确定和制定，以及改进未来的培训项目（Fitz-Enz & Davison，2001；Green，2000；Phillips，1997）。

本章小结

培训和开发帮助人们接受和维持最新的技术和组织流程的知识。培训和开发活动正变得越来越集中化，并鼓励管理者开发战略重点，与培训和开发相关的就是团队的目标和战略。虽然管理者能够经常依赖人力资源管理人员来集中提供一般性培训（如文字处理系统或 ADA），但他们必须开发自己的培训资源来满足他们团队的需求。

随着新世纪的开始，有关培训的几个发展趋势变得明显化。第一，基本技能的需求一直是重要的，例如那些和写作相关的技能、公开演讲、和同事合作以及信息技术。第二，伴随着劳动力变得越来越多样化，组织管理多元化员工的问题值得关注。第三，生产力和质量的信念、顾客服务、流程改进、员工技能强化，这些必须在培训项目中体现出来，它们仍是组织优先考虑的问题。第四，远程学习、视频培训、计算机媒体技术等的兴起（Schreiber & Berge，1999）很可能在今后几年影响到员工的培训和开发。第五，正如法律环境不断变化有时变得更加复杂化（见第 2 章），管理者和员工关于法律知识、法规、标准和流程的培训仍是重要的。 240

有效的培训和开发建立在成人学习规律上，包括：要确保参与者的主动性，对于手头要处理的问题和工作环境来说，培训材料的设计应该是相关性强的并可转化到工作上；其次，培训应包括大量的案例和实践的机会，无论用什么样的培训材料，培训都应满足一些根本的有效培训原则；最后，参与者能够获得充足的反馈，从而鼓励他们正确实施和使用培训材料。这些原则可以用于指导如何使用不同的培训方法，例如在职培训、专题研讨、交叉培训、模拟、职业辅导、网络学习和教育。

管理者必须评估培训和开发的需求。这些评估强调组织和团队的需求，具体的实施过程和程序，以及员工和管理者的发展需求。评估应是系统化的，比如采用调查和深入分析具体实施中所需的技能，或者非正式的，依赖管理者和员工的直觉的预感判断的评估。相似的，培训和开发的评价常常依赖于培训参与者和管理者的直觉。

最后，我们期望员工和管理者在确定自己的培训和开发的需求里发挥到积极作用。组织通过邀请培训者参与设计、提供培训资源和环境来帮助员工持续地提升职业发展。公共服务越来越基于员工现有的知识。传统的满足需求的趋势将为培训和开发所替代，这样培育出的人员能更好地服务于公众。

关键术语

成人学习理论
学习的高级形式
教练
交叉培训
培训集中度
开发
教育
评价
学习高原期
职业辅导
培训动机
需求评估
在职培训
超量学习
正面强化
学习规律
七次规则
三次规则
专题讨论和演讲
情景模拟
战略重点
调查
培训
培训相关性
迁移性

应用练习

分组讨论

1. 讨论学习规律如何应用到一个培训项目中来提高其有效性：（1）培训师；

（2）一线顾客服务的人员；（3）主管。

2. 有多少组织需要主管为员工个人开发一个技能开发规划？这些组织如何做这项工作，其中包括哪些要素？ 241

3. 检验本书介绍的困惑和趋势如何在当今就业组织中出现？

4. “你总是找一些爱斯基摩人来指导刚果人如何处理热浪”，讨论这句话。

小组活动

5. 确定一个新警官培训项目的三个目标。聚焦参与者能够完成的事情。在职培训、室内专题研讨、交叉培训、情景模拟和正规教育都强调什么？为什么？

6. 为新主管分析一个培训项目。确定和超量学习相关的一些内容。开发一个需求评估。

7. 许多员工抱怨缺乏正面强化。设计一个培训项目来增加这一结果。为什么管理者不使用正面的强化，在项目中如何体现这一问题？

8. “我们不想在培训中投资，因为当员工离职时，它是一种损失”。解释这句陈述中的矛盾。

9. 考虑这句话的矛盾之处，“永远不要让你的组织掌握你的职业发展”。

个人作业

10. 明确你的组织需要提供的相关工作技能和知识。你的组织帮助你获得这些技能的可能性如何？如果不能获得这些技能和知识，将如何影响你的工作业绩和职业发展？为获得这些知识、技能和能力，你应做些什么？

11. 考虑小型组织和大型组织采用的培训方法的差异性。考虑针对不同类型员工采用的培训方法的差异性。比如年龄大的员工和年轻员工，技术型的和管理型的员工，主管和高级管理者等的区别。

12. 你已经被任命为一个州立大学的培训主管来开发和实施员工人事管理项目。令人困惑的是，这个项目没有预算，能够解决这个两难问题吗？如何去做？

13. 为你自己开发一个技能需求规划。确定你喜欢获得的具体技能，和在以后的一年中什么时候获得。尽量每 6 个月确定一个额外的技能。

参考文献

Barron, J., Black, D., & Berger, M. (1997). *On-the job training*. Kalamazoo, MI: Upjohn.

Berman, E. (1998). *Productivity in public and nonprofit organizations: Strategies and tech-*

niques. Thousand Oaks, CA: Sage.

Berman, E. (1999). Professionalism among public and nonprofit managers. *American Review of Public Administration*, 29(2), 149-166.

Berman, E., & West, J. (2001). From traditional to virtual HR. *Review of Public Personnel Administration*, 21(1), 38-64.

Berman, E., & West, J. (2003a). Psychological contracts in local government. *Review of Public Personnel Administration*, 24(4), 267-285.

Berman, E., & West, J. (2003b). Solutions to the problem of managerial mediocrity: Moving up to excellence. *Public Performance & Management Review*, 27(2), 28-50.

Bjornberg, L. (2002). Training and development: Best practices. *Public Personnel Management*, *31*(4), 507-516.

Brown, J. (2002). Training needs assessment: A must for developing an effective training program. *Public Personnel Management*, *31*(4), 569-578.

Clardy, A. (1997). *Studying your workforce: Applied research methods and tools for the training and development practitioner*. Thousand Oaks, CA: Sage.

Fitz-Enz, J., & Davison, B. (2001). *How to measure human resource management* (3rd ed.). New York: McGraw-Hill.

Gillespie, G. (2002). High tech training for military air traffic control. *Summit* *5*(4), 25.

Gray, G., Hall, M., Miller, M., & Shasky, C. (1997). Training practices in state governments. *Public Personnel Management*, 26(2), 187-203.

Green, P. (2000). *Building robust competencies*. San Francisco: Jossey-Bass.

International City/County Management Association. (2002). *Supervisory skills for improving employee performance* (training package). Washington, DC: Author.

International City/County Management Association. (2003). *So, now you're a trainer!* Washington, DC: Author. Complete text available at http://bookstore.icma.org/freedocs/Now YoureATrainer.pdf.

Jacobson, W., Rubin, E., & Selden, S. (2002). Examining training in large municipalities: Linking individual and organizational training needs. *Public Personnel Management*, *31*(4), 485-506.

Kettl, D., & DiIulio, J. (1995). *Inside the reinvention machine: Appraising governmental re-*
242 *form*. Washington, DC: Brookings.

Kirkpatrick, D. (1998). *Evaluating training programs: The four levels*. San Francisco: Berrett-Koehler.

Lucas, R. (2003). *The creative training idea book: Inspired tips and techniques for engaging and effective learning*. New York: AMACOM.

National Commission on the State and Local Government Public Service (Winter Commission). (1993). *Hard truths/tough choices: An agenda for state and local reform*. Albany, NY: Rockefeller Institute of Government.

Newstrom, J. , Scannell, E. , & Nilson, C. (1998). *The complete games trainers play; Vol. 1*. New York: McGraw-Hill.

Olivero, G. , & Bane, D. (1997). Executive coaching as a transfer of training tool. *Public Personnel Management*, 26(4), 461-470.

Paddock, S. (1997). Administrative benchmarks in management training. *Public Productivity & Management Review*, 21(2), 192-202.

Phillips, J. (1997). *Handbook of training evaluation and measurement methods*. Houston: Gulf.

Reese, L. , & Lindenburg, K. (2003). The importance of training on sexual harassment policy outcomes. *Review of Public Personnel Administration*, *24*(3), 175-191.

Schreiber, D. A. , & Berge, Z. L. (Eds.). (1999). *Distance training*. San Francisco: Jossey-Bass.

Selden, S. , & Moynihan, D. (2000). A model of voluntary turnover in state government. *Review of Public Personnel Administration*, *20*(2), 63-74.

Ugori, U. (1997). Career-impending supervisory behaviors. *Public Administration Review*, *57*(3), 250-255.

U. S. General Accounting Office. (2003). *Strategic planning and distributive learning could benefit the special operations forces foreign language program*. Washington, DC: Author.

Van Kavelaar, E. (1998). *Conducting training workshops: A crash course for beginners*. San Francisco: Jossey-Bass.

Van Wart, M. (2004). Organizational investment in employee development. In S. Condrey(Ed.), *Handbook of human resource management in government*(2nd ed.). San Francisco: Jossey-Bass.

Van Wart, M. , Cayer, N. , & Cook, S. (1993). *Handbook of training and development for the public sector*. San Francisco: Jossey-Bass.

Wu, L. , & Rocheleau, B. (2001). Formal versus informal end user training in public and private organizations. *Public Performance & Management Review*, *24*(4), 312-321.

第 9 章

绩效考评

245 如果谁能解决绩效考评问题，那么他就有资格在同一年中获得诺贝尔、普利策和黑斯曼奖。

——美国联邦人事官员

学习目标

通过学习本章，你应该能够：

- 了解为什么绩效考评的重要性众说纷纭
- 权衡几种绩效考评方式的优、缺点
- 评价为什么绩效考评的根本问题本质上不在于技术
- 在练习中演示和运用面试考评技术
- 思考一些改善绩效考评过程的方法
- 评估约束员工的其他方法
- 通过实地考察，根据“法律诉讼证据”的寻找过程特点评价绩效考评体系
- 探究这个领域未来的发展趋势

在受聘、定级、定薪及培训一段时间后，员工便会检查自己做过的工作以评估个人和集体需要的一致程度或冲突程度。这个评估过程可以由员工自己完成，原因在于这个过程受内、外因的影响。内因是员工对自己的效率最为清楚，而外因则在于员工对自身的价值认可和奖励多少也很在意。因为许多决策都是取决于这些评估等级，因此，这一评估过程就成为人力资源管理的中心环节。由于在员工认可、绩效提高和制度认可方面发挥关键作用，绩效考评成为加强组织价值观的有效机制；它们为员工招聘、岗位管理、培训和薪酬支付提供数据。缺少了这种评估反馈，管理者很难了解别的管理体系的运作情况。同样，在管理领域如果以绩效为中心的决策想建立在理性的基础上，也需要对个体行为进行绩效评估。

显而易见，员工绩效考评是一个主要管理职能。同时它也是一个复杂的话 246
题，包括管理决策（比如薪酬）、开发性建议（比如培训）、技术问题（比如制度设计）和人际交往技巧（比如上下级之间的面试评估）。尽管一个设计精良的管理程序有利于组织机构的发展，但创造、运作和维持这个程序却绝非易事。在现实中，服务于多元目标的程序可能一个目标也实现不了。

人类情感很复杂，它的模糊性使其难以琢磨，大多数组织对此尚无好的解决办法。在商业领域，例如2004年的一个调查发现：仅1/3的员工认为绩效考评实现了预期目标（http://www.watsonwyatt.com）；此外，只有不到10%的组织认为他们的绩效考评体系是有效的（Grensing-Pophal，2001）。正如下面的讨论，没有理由相信这种情形在政府中会有什么不同。的确，只有20%的联邦雇员认为绩效考评体系能激励他们更好地工作（美国功绩制保护委员会，2003）。作为联邦高级行政主管制度创立人之一的杜奈·比切尔认为，“以具体期望相衡量，无论是在提供有益的反馈方面，在鼓舞员工参与方面，还是在提高员工的满意度等方面，绩效管理鲜有成效”。

总之，员工绩效考评是管理者所面临的最为困难的问题之一，确切地说，是因为它既重要又问题重重。很少有其他管理职能像员工绩效考评那样吸引这么多管理者的注意力，同样很少有其他管理职能像员工绩效考评那样难以解决（Halachmi，1995，p.322）。评估时一旦出现问题，这种基于绩效评估的员工奖惩制度就会受到削弱。这些广为使用而又为人们所深恶痛绝的体制表明人员绩效考评不仅解决不了问题，而且往往会产生问题，并且在实际运作中一直受到排斥。事实上，许多权威人士都一致认为人员绩效考评会导致“安然式”腐败（Meisler，2003；Spector，2003）和（或）工作暴力（见示例9—1）。

示例 9—1　　阻止找到解决“最终”绩效考评的方法

近年来，工作场所越来越严酷，传统社会中雇主和员工之间的契约关系已经被打破：组织精简，管理大变样，员工考虑自己是否会沦为“下一个”精减对象，工资水平停滞不前，受益所付代价更高，计算机监控着人类的工作（见本章后面的讨论部分）。蓝领雇员起始于20世纪70年代而历经80年代，一直是工作场所的主体，而到了90年代，白领雇员取而代之。组织不再把员工看成有价值的资产，而是看成可以压榨的可变成本。结果，可能绝非偶然，工作场所暴力事件在近年来成为一个重要问题。[1]

工作中的暴力事件半数发生在员工之间（另一半则为坐办公室的市民或家庭成员），有1/4的员工受到过骚扰、威胁和攻击。对职业女性来说，他杀是导致其死亡的主要原因，而对职业男性的死亡原因来说，他杀则位居次席。对个人福利、组织生产率以及美国社会三位一体的滥用成本是巨大的，可以用咨询费、营业额、诉讼费、安全措施费用、保险金以及社会结构相衡量。尽管很多员工感觉工作场所很安全（这种感觉其实不正确），但是办公室、法院、学校和医院不再是安全的港湾了；职业暴力成为严重被低估的公众健康问题。的确，诸如否认事实存在这样的防卫机制（“在这儿不可
247 能发生”）往往让员工置身于一个危险的环境中，从而阻碍预防性措施的实施。

管理政策，包括员工的普遍做法，既能够引起组织暴力也能帮助预防组织中的暴力。一些因素，如工作设计乏味、工作空间不足、设备过时、时间表苛刻、工作量大以及人际交往技巧的缺乏，都可能导致攻击行为。例如，绩效评估就是一个引发危险的至关重要的因素，因为绩效评估的结果往往是严密监督、下岗和合同终止。

在业已紧张的工作氛围中，所使用的绩效考评方法、使用过程以及让人们了解其结果的方式都会引起震惊、悲痛和愤怒。例如不久前，在南方某个州的议会里，一位新当选的发言人在12月24日那天，给所有议会员工赠送圣诞卡片。如果某个员工收到绿色信封，他就可以继续在议会工作；如果收到的是红色信封，他就必须在下午5点以前收拾自己的东西离开。同样地（虽然没有圣诞节的欢呼），一家民营公司先打电话叫来警察保护自己的财产，然后要求200位员工去礼堂。这些员工须交出办公室的钥匙并远离公司财产。值得庆幸的是，以上两个案例都没有导致进一步的暴力，但是数月或数年后，那些被裁员工有时返回原工作单位实施报复。

尽管在美国文化背景下不可能完全防止暴力，但在组织中采取以下措施可以降低发生暴力的可能性：

- 组建暴力预防团队进行需求评估，其中包括人力资源管理招聘、培训和绩效考评，以及员工辅助计划（见第7章）。
- 制定一套规章制度。包括组织对工作场所暴力所采取的政策，对违反规定的惩罚制度，事故通报机制及员工培训制度（解决诸如如何应对压力，如何解决难题，如何谈判等问题）。
- 建立危机管理团队，在需要时能够马上启动。在诸如员工沟通（如设立处理谣言的热线电话）、与外界媒体的关系、咨询这样的关键领域，团队有一套明确的执行程序和角色定位（See，e. g. Minor，1995）。

正如一家保安公司的官员所说，“成文的计划可能起不了作用，但不成文的计划永远都起不了作用”。

那么一种精心设计的方法可以使人果断行动解决问题，而不是以一种火上浇油的方式去处理问题，并导致问题雪上加霜。可是暴力预防问题在许多组织中仍然不为人所重视，因为“多数雇主仍然对工作场所的暴力问题毫无准备”（Grossman，2002，p. 36）。

近年来，工作中的精神创伤有着徒增无减的趋势，这既与具体管理有关，也与员

工的经历有关。可是和街头上的暴力控制相比，有效的人力资源管理使组织更容易制止暴力。组织的责任就是提供安全的工作环境，《美国残疾人法案》（第二章）规定：为那些因压力（有明显症状）而可能会导致攻击行为的人提供合乎情理的便利。在你管辖范围内这个义务是否在执行呢？

注释：

1. 与大众的感觉恰恰相反，美国邮政服务局——该组织规模庞大、层级分明、工作压力大——事故发生率却不比其他地方高。事实上，近年来它有一套有效的预防机制而减少了大量暴力的发生（Trimble，1998，p. 12）。

因此，绩效考评中出现重重问题也是纯属正常。与绩效考评前相比，绩效考评后人们对自己的立场更不确定。在部门中职位越高，收到反馈的质量可能会越低，大多数员工认为绩效与薪酬之间几乎毫无联系（Daley，1992）。尽管（或许因为）绩效考评本质上令人烦恼、难以捉摸，但是这种“做表面工作”的政治压力还是相当大的。尽管公众从自身的工作经历中大体了解到绩效考评中出现的种种问题，但是他们却作出荒谬的假设：由于绩效考评在某些地方的商业机构中取得了成功，那么政府机构更要进行绩效考评。对于这一人力资源管理职能来说，神话不仅仅比现实更为重要，而且，它似乎就是现实。 248

本章始于绩效考评功能的演化（这个开端可能让人不习惯）。然后探讨几种常见的绩效考评类型，研究哪些人执行绩效考评工作，考评中常见的典型错误有哪些。这部分内容重点讨论造成这些问题的根本原因和虚假原因。接着探讨了设计和提高绩效考评的方法。随后就对能够经得起法律检验的考评体制特点进行了详细说明。本章结尾勾画出绩效考评的未来发展趋势。本章的总体目的是描述绩效考评过程、考评过程中出现的问题和矛盾，也批判性地评述了许多绩效考评体系建立的前提条件。

9.1　绩效考评的演变

评估自身相互矛盾的本质起源于分赃制，那时官员的言行很少一致（第 1 章）。当人们对政治分赃时代司空见惯的烧杀掠夺和腐败行为震惊不已时，政府中的一些正派人士便以科学的管理技术（如工作分析）（第 5 章）去寻求政府雇员的能力免受政治因素的影响。改革者随后建立绩效评估制度，由无政治派别的公务员制度委员会密切监督。随着制度演变，绩效评估制度的重点也转移到了招聘贤能之人（第 3 章）并防止其卷入党派纷争中。然而很少有人设计方法去评估雇员的工作；毕竟，绩效评估制度的首要使命在于招聘贤能之士。

见怪不怪的是，尽管对绩效评估已经关注很长时间（国会早在 1842 年就要求评估），然而几十年来，学术界和企业界对这个问题仍然很轻视，仅仅把它看成干儿子。在“大萧条”和第二次世界大战期间，政府规模急剧膨胀，然而，由于绩效考评给政府带来了巨大的利益，因此，20 世纪 50 年代，许多机构纷纷采用。

时代的特点是，相信科学可以控制、引导和测量人员绩效，这些虽然未必都使人们不断去寻找尽善尽美的考评方案，但至少使他们不断寻求可以改进现存技术的方法。因此，早期基于员工特征的考评制度因为无法区别出员工间的绩效差别而受到广泛的批评。实际上，最后的评估结果都一样，大家得到的都是“满意”的等级。

为了纠正这个问题，1978 年的《公务员改革法》要求员工绩效考评不要以主观特点作为衡量标准，而应以客观的、与工作相关的绩效为标准。然而这种要求也产生了自身的问题，因此 1993 年国家绩效评估委员会宣布这种评估方式不完善，对政府项目的成功完成很不利。国家绩效评估委员会要求简化的、分权化的、
249 基于团队的绩效考评，它不再强调结果导向的绩效考评；正如下面所讨论的那样，这种绩效考评方法的效果在政府和在企业没什么两样。

今天看来，绩效考评一直是人力资源管理研究领域最具争议的问题，看起来人们能够忍受它的原因仅仅在于在现实生活中还没有出现广为使用的其他选择。然而摒弃整个评估并不能真正解决问题，因为人们总是通过正式或非正式方式考评别人。挑战在于决定如何去评估以满足组织和个人双方的需要。具有讽刺意味的是，“管理者面临的最根本的问题与其说是不知道谁表现得最好，倒不如说不知道如何测评和记录绩效差异”（Perry，2003，p. 147；italics original）。

9.2 几种常见的绩效考评体系

因为大多数工作都因缺乏全面、明确而客观的测量标准而需人为的判断，因此，最广为使用的评估方法在本质上也是判断性的。[1]这些方法所不同的地方就在于判断过程中所涉及的主观性差异程度不同。这些评估方法总体上可分为基于特性、基于行为和基于结果的三类体系。然而要认识到，在目前还是有相当多的技术可供利用。这些考评技术不仅经常混合使用，而且不同的考评体系可能被用于测评不同类型的员工。[2]我们在此只探讨最为熟悉的技术，即便就是这些技术，也因为其使用程度不同，而导致评估结果或者有缺陷（没有考虑到所有相关的因素），或者被污染（考虑了不相关的因素）。

基于特质的绩效考评体系

基于特质的绩效考评体系是对某人做好某项工作所必需的某些理想个性特点作出判断的过程（见示例 9—2）。尽管这种考评方式内在主观性很强，但不妨碍人们继续使用，因为在日常生活中人们经常对别人进行特质考评。这种方法虽然常常不是以测量为基准作出评估，但结果还是让人感觉合情合理。

各式各样图示评定量表都是基于所选择的个性特点、定义及其数量种类来编制的。然而没有一个有效、可靠。由于界定人的个性特征很困难（界定一个人在多大程度上有这种个性特征就更不用说了），在这种情况下，下属即使不心怀怨恨也会心存疑虑，尤其是因为这种技术对于绩效提高的意义不大。毕竟人类的特性是个人素质中相对稳定的一部分。

但这并不是说个性特点对工作绩效不重要，缺少了它们，个人很难产生绩效。人们之所以常常判断彼此的特性，因为这是一种强有力的描述方式——从某人所作所为就足可以看出此人的个性。的确，使用主观灵活的评估标准不可避免，特别是对于模棱两可的管理工作而言更是如此。问题在于绩效考评的有效性。在评估中，若辅以精确的工作描述和经过培训的评估者，评定量表则更为可靠。即使考评的素质与工作相关（比如与工作相关的知识，依赖性等），然而，仍有观点（*Brito v. Zia*，1973）旗帜鲜明地批评了它们的主观性，认为这样的绩效考评结果与实际工作行为关联不大。[3]

示例 9—2　　基于特质的绩效考评、行为锚定等级量表和目标管理例证 250

基于特性的绩效考评

	很好	好	一般	差	很差
忠诚					
举止行为					
态度					
动机					
适应性					
知识					
果断性					

行为锚定等级量表

范围：沟通技巧

远远超过要求	和上帝对话
超出要求	和天使对话

达到要求	和自己对话
需要提高	和自己争论
达不到最低要求	迷失自己

目标管理*

考评阶段绩效目标	目前工作	目前职位	绩效考评类型	达到结果	等级
目标 1					
目标 2					
目标 3					

员工签名　　　　主管签名

*：超出目标；符合目标；没有达到目标

正如不可能只单单使用特性评定量表那样，也不可能只单单使用描述性短文技术。事实上，评估表中常常包括种种形式的书面描述。因为人人都是很独特的个体，一份翔实的绩效评价可以提供更为详尽的个人信息。好的书面评价往往涵盖员工的优点、缺点、发展需求和潜力挖掘。这种方法的前提是需要实事求是的评价，这种评价的效用至少不逊于复杂的评估技术，或许不及技术的效用。

这些短文技术“随你怎么样都行”的本质会使得它们受到绩效考评人个人偏
251 好、主观性和流行心理的影响。考评人时而风趣时而模棱两可的语言（“说到自我提高方面，凡·威斯曼有很大潜力”）使评估时实际无法做比较。由于受评估人自身所犯种种错误的影响（见后面的讨论部分），描述性短文技术常常在考评中显得乏力，常常会受到污染，因此效力低、不可靠。尽管对于员工而言有一定的价值，但这种评估方式对所有人而言用得都不多。而那种纯粹的描述性短文技术在绩效考评中几乎很少用。

基于行为的绩效考评体系

和基于特质的绩效考评体系（强调一个人是什么）不同，基于行为的绩效考评体系试图区分人们实际做了什么。由于后者相对客观、易于理解，和个性量表相比，其操作过程更易于以法律为依据。事实上，20 世纪 60、70 年代的民权立法运动致使人们开发出一系列以行为数据为基础的工具，我们在这里只讨论其中的两个工具。

关键事件技术法（CIT）用于记录人们的行为，这些行为在现实生活中或者非常好或者非常差。这种方法灵活、易于感知。经过培训的管理者在不同时期、不同时间内可以把更多精力放在绩效考评中最异乎寻常的事件上（Halachmi，1995，p. 326）。关键事件日志可能有助于其他绩效考评方法的使用。

然而，它的重大缺陷在于它“微观管理”的一些特点：管理者用一本“书”记录人们的行为，他们更喜欢记录人们所犯的错误而不是所取得的成就，因为管理者认为员工都具备胜任工作的能力。另外一点在于员工都喜欢去做那些易于记录的工作，而去掩盖错误忽略那些不易观察的任务。此外，那些稳定而有价值的员工因为一般都不参与特别的事件，因此他们在这种评估中可能会被忽略。哈拉契米（Halachmi，1995，p. 326）也注意到这种记录可能不完整、不可靠，因为要受到绩效考评者所掌握知识和被考评者所从事工作性质双层因素的影响。任何一个因素都会使个人之间的比较非常困难。总之，这种趣事逸闻性的考评方法优缺点兼顾。

行为锚定绩效考评法（BARS）是建立在前面所提到的关键事件法和图示测量量表的基础之上。它用行为术语描述评估对象，用关键事件锚定或描述不同的绩效水平（见示例 9—2）。当这种方法在 20 世纪 60 年代首次引进时，人们认为是考评技术上的突破。因为考评者可以直接把观察对象与量表相对照，而无须再去主观判断观察对象到底如何（Halachmi，1995，p. 330）。因为这些量表都来源于员工现实工作经验，使用者可能很容易接受。因为这种方法与工作相关性强，所以在法律意义上相对严密。

然而这种方法常常并不实用，因为每一工种都要求有自己的行为锚定绩效考评法（BARS），或者因为经济上的原因或者因为某一具体职位员工缺乏，这种方法常常无法使用。其次，戈梅兹-梅嘉、巴尔金和卡迪（Gomez-Mejia，Balkin，and Cardy，2004，p. 230）说，如果基于个人特质的绩效考评是更加自然的方式，那么要求主管使用行为锚定绩效考评法（或者是任何跟个人特性无关的技术）就仅仅是一种导致心理测量谬误的戏法（将在后面的章节讨论）。的确，他们引用研究结果证明雇主和雇员都选择基于特质的评价体系。另外一些研究证明经理和人事部门没有过多区分行为锚定绩效考评法（BARS）和基于特质的绩效考评体系。几乎没有证据证明这个方法优越于其他方法，这也不足为奇（Borman，1991）。

最后，多数专家却没有发现使用 BARS 时实质上保证了所投资的时间和资源。因此，这种方法在部门使用中的地位往往不被看重，仅仅局限于少量的工种或是人员绩效考评的开发功能。总之，无论基于素质还是基于行为的绩效考评体系，都不能回答员工要完成哪些工作这一问题。 252

基于结果的绩效考评体系

由于既不考评人员特性也不考评员工行为，那么基于结果的绩效考评或者说

结果导向的考评方法都试图测评个人对组织成功所作的贡献。尽管“结果”一直是管理者的利益所在，但**基于目标的管理**（MBO）[4]承诺实现真正意义上的组织—个人目标的一致。20世纪50年代引入的目标管理绩效考评方法首先建立组织目标，接着把目标层层分解给每个部门、每位经理、每位员工。这些体系要求具体、现实、彼此一致的目标，灵活的中间过程评估，评估期结束时理想目标与现实结果之间的比较（见示例9—2）。

尽管目标管理有它的合理性和有效性（Rogers&Hunter，1991），但是与其他方法一样，这种绩效考评方法也有其严重的缺陷：

- 虽然建立目标可能不像行为锚定绩效考评法那样有那么高的技术要求，然而这种评估过程须耗费大量时间，有效地完成一个项目需要3～5年时间（相应地，很少有机构会采取正式的层级式考评过程来确保组织—部门—经理—员工之间的联系）。
- 可能存在相互冲突的目标，人们对目标合理性有不同的看法，在多大程度上对目标及目标的实现达成统一意见也有不同的观点。
- 因为它关注短期目标，那种强制性的“结果就是一切”的思维方式往往会导致可预见性的质量和道德问题，因为其他妨碍目标实现的因素都会被搁置一旁（而无论在公共组织还是在私营组织，工作的完成方式和工作结果都一样重要）。
- 不仅建构对所有人同样有挑战性的目标十分困难，而且随着人们期望值的不断提高（由目标管理所引发的“踏车”现象，人们骑车时总是越踏越快），使用者能否接受它也成为问题。
- 这种技术扼杀了员工的创造性。因为员工很可能狭隘地看待自己所做的工作，导致一些问题无法被发现和解决。
- 如果个人以牺牲同事协作关系为代价实现个人目标（他们会达成目标但不是理想的合作者），团队往往陷入困境。
- 这种方法可能无助于员工自我开发，因为绩效考评结果并没有说如何改变绩效。

253 总之，结果导向的绩效考评方法因易于受“污染”而导致考评结果出现错误（当结果受不可控的因素影响时）和效力不足（当强调结果时，因组织责任感而引发的重要行为可能受到负面影响），管理者一定会投入很大的精力去设计基于结果的绩效考评方案，结果就会引起下面这样的言论，正如一位联邦官员所言：“现在我根本没有时间去做评估，那么我怎么才会有时间去做评估呢?”（Ziegler，2004，p.6）。然而，目标管理仍然是一个非常流行的、用于评估管理者的技术，因为管理者的角色通常含混不清。它真正提供了一种对预定目标完成状况进行检测的工具。

评论：谋事在人，成事在天

示例 9—3 概括了三类绩效考评在承诺、存在的问题和前景方面的情况。尽管基于特质的绩效考评的直观魅力非常大，但是它也易于导致污染和评估不足；由于其主观性太强以及经不住法律的挑战，这样就相应地限制了基于特质的绩效考评未来的发展潜力，使其在评估中只能充当辅助角色。基于行为的绩效考评体系因为与工作相关（许多法官最期望看到的）而发展前景广阔，在未来，它在考评过程中还会扮演重要角色，然而，可能由于它易于因评估不充分而导致错误，对于这种评估方式而言，高技术要求也限制了其应用。与其他方法一样，基于结果的绩效评估虽然有表面效度，但经常会存在一系列的评估不足和评估执行问题。然而一直以来，由于这种方式强调实际成效，和前两种方式相比，它能够免遭起诉。

示例 9—3　　承诺、问题和以人为中心的绩效考评体系的前景

体系	承诺	问题特征	前景
基于特质	高 （直观魅力）	高 （污点和效率谬误）	低 （辅助角色）
基于行为	高 （工作相关性）	平均 （易于导致评估不足谬误）	平均 （高技能需求）
基于结果	高 （表面效度）	平均 （缺乏评估导致的问题）	平均 （强调成效）

尽管组合技术可能优势更大，但目前的研究还没有对诸种方法作出明确的选择（e. g.，Wanguri，1995）。因为每种方法都有自己的优点和不足，选择一个方法去解决问题可能会引发新问题；没有十全十美的方法。我们也要注意这三种绩效考评方法看起来都缺乏前瞻性。因为缺乏系统的、持续的改进过程，当它们改变组织现状时，往往会弄巧成拙。令人感到不解的是，传统绩效考评做得越好，这个组织的现状越有可能会维持不变。豪塞尔和费伊（Hauser and Fay，1997，p. 193）睿智地指出：寻找最完美的评估工具——这个目标已经困惑了工业心理学家 50 多年——在很大程度上徒劳无功。相反，他们认为，与其每次新官上任时都去开发一种貌似更好的评估形式，不如努力去完善评估过程，因为这样有可能获得更多益处。 254

然而，矛盾的是，在人员绩效考评中，使用的技术不是具有决定性作用的中心问题，因为不同类型的工具之间看起来差别不大（Cardy & Dobbins，1994）。一份国家研究委员会的报告发现还没有决定性的证据证实基于特质的绩效考评与基于行为的绩效考评之间有何不同。从心理学角度来看，管理者的视野会影响对实际工作行为的评估。没有数据证实基于具体工作因素的绩效考评体系与基于一般视角的绩效考评体系效果有何不同（Milkorich & Wigdor，1991）。

也就是说，现有证据表明，绩效考评未必一定要精确地与结果相联系（Murphy & Cleveland，1995），因为这些决定都依赖于认知能力（往往会作出错误的判断）。因此，员工往往对管理者有效执行绩效考评的能力毫无信心，相比之下，工具选择就次要得多了。例如国家绩效评估委员会发现（1993，p. 32），“绩效考评的结果分布不均匀，会受到等级、性别、职位、地理位置、种族和机构等因素的影响”（没有提到是否会受到脚的大小所影响）。也就是说，精湛的技术和设计（Gabris & Ihrke，2000）、精良的绩效考评体系不是在真空中运作，组织文化、领导者威信、雇主与员工关系和信任程度都会影响绩效考评过程的效能。换句话说，确保组织和个人的绩效目标协调一致很重要（Riccucci & Lurie，2001）。与建立一个目标导向的组织从中使人们对工作和彼此都有积极的态度相比较，所使用的具体评估方法就显得很次要（Palguta，2001）。

然而目前开发出的绩效考评软件仍然能够：(a) 使管理者选择适合自己组织的（或设计出适合自己组织的）考评形式；(b) 协助管理者使其顺利完成工作（包括建议和提示，提供预先设计好的词语和提示，甚至在评估到来时有人加以提醒）；(c) 确保管理者的工作在数理、逻辑上一致，能够经得起法律的检验，这样才能作出一份专业的报告。使用这些绩效考评的管理者都认为这些只不过是商贩们玩的“小把戏”。然而总的说来，格罗特（1996）指出，在管理过程中若不知道组织文化、工作标准或者个人绩效这些问题——在实际工作环境中可能会出现更多问题。的确，他们设计的程序过于简单了，管理者应该真正地去思考绩效考评问题，而不是简单地圈圈点点。这些绩效考评软件对于绩效考评中最重要的部分：管理者—员工之间的评估（将在后面的章节讨论）意义不大。

9.3 考评主体

假如一般的考评方法在性质上是判断性的，那么一个重要的问题就是“谁来评判”，传统的答案只有一个：下属的顶头上司。其他可知的信息源包括被考评人、同级、计算机和局外人。

自我考评是基于这样一种理念，即员工对于工作应该如何去做最为了解。特别当管理者和员工共同去设定目标时，自我考评能够提供有价值的数据。然而，这种绩效考评往往会主观地被扭曲，要么高估自己，要么低估自己（发生的可能性较小）。例如，很多人把绩效好归功于自己的努力，而把绩效差归咎为其他因素，这是大家所公认的了。如果存在客观标准并定期把真实的信息反馈给被考评人，这样的偏见就会少得多。然而，因为这些绩效考评主要关注个人成长和动机，所以最好是用于组织开发而不是管理。 255

在一些组织中，当一系列固定工作由一个人完成转变为由团队完成并且工作目标经常变化时，同级和团队绩效考评就十分合适。在一个机构中，文化信任度高，同事构建绩效考评体系和获得相关信息也就更容易一些，这样绩效考评可能会更准确一些。缺乏这些条件的话，管理者可能不愿意放弃控制，在这种情况下，下属常常亲眼目睹这些技术成为破坏竞争的因素，很容易被仁慈的绩效考评制度所破坏或转变为一种“赶时尚的竞赛（指只做表面工作，没有认真对待考评)”。因此，这种方法常常在匿名评估以及为了员工开发时最为有用。

电子监控的目的是为了提高生产率、改善质量和降低成本。往往通过持续收集绩效数据、发现问题和提供快速反馈来实现这个目的。当这种监控被客观地考评时，员工的满意度和士气便会上升。如今，计算机统计数据是成千上万员工绩效考评的基础，这些员工多数从事文员类的重复性工作，所以未来的工作领域肯定会扩大搜集和使用这些信息。的确，随着考评软件的不断完善，很多职业（例如医药、工程、会计等）都有可能使用电子监控。当这些工具缺乏合理性的防护时（比如，员工可以接触到数据，有权质询错误记录，基于电子信息和非电子信息综合所作出的评估结果），可能会导致“电子血汗工厂”这样一种环境而破坏员工的创造性、士气和健康。如果员工感觉到很无助，有被操纵和利用的感觉，那么多数技术最终会被抛弃。[5]

最后，**全方位**或**360°绩效考评体系**——从下级、同级和公众中收集的信息——根据定义，这种方法比其他方法会提供更多数据。数据越多所搜集的信息可能就越可靠，但未必越有效。考评系统在行政上的复杂性和耗时性又掺和了不同信息来源而导致缺乏有效集中这种状况。也就是说，管理者会面临一些看似彼此冲突的观点，所有这些观点对他们来说可能都是正确的。然而，确保对参与者匿名评估和鼓励参与者承担责任的体系无疑提供了一些改善管理过程和促进员工发展的有用的反馈。人们对于这种技术价值的认识在不断提高。总之，顶头上司在绩效考评过程中发挥着十分重要的作用，来自其他方面的反馈也逐渐被看做全面认识绩效考评的途径（人力资源管理协会，2000)，美国 1/3 的组织都使用全方位考评体系。有效的考评体系是参与式的、实验性的，能够给管理者和员工提供充分的培训。迄今为止，人们尚未对 360°绩效考评体系进行批评（DeNisi & Kluger，2001)。

9.4 考评误差

绩效考评时，人们的假定往往是很幼稚的，认为工作绩效的界定清晰，可以
256 直接使用不同的方式考评员工——并且认为评价人客观、准确。然而不管使用哪种绩效考评工具，在绩效考评中仍然存在大量偏差。这是由于：（a）认知有限；（b）有意操控；（c）组织影响。一旦这些因素发生——很难预防——不仅考评者的判断出现问题，而且绩效考评结果也会导致被考评人不能准确判断自己的工作绩效。

当面对大量信息时，人们通常会寻求方法对它们加以简化。**认知信息加工理论**认为，绩效考评是一项复杂的记忆性任务，包括数据获取、存储、整理和分析。为了加工数据，人们进行主观分类，随之而来会出现很多问题。因而，很容易出现**兼容性**（相似性或相像性）**错误**，因为兼容性和绩效考评问题都与人分不开。事实上，多数员工认为管理者对自己的喜好会影响绩效考评结果（Cardy & Dobbins，1994）。[6]然而这种错误在很大程度上可能被弱化而导致管理者喜欢绩效好的员工（也就是说，评估中的错误能够展现"真正的"绩效水平，抛开诸如此类的错误可能提高不了评估的精确度！）（Hauenstein，1998）。

另外一个由心理因素导致的评估错误叫做**溢出效应**（晕轮效应或**黑标效应**），就是说，如果被考评人某件工作做得特别好（晕轮）或特别差（黑标），那么这一行为就会有失公平地影响他们所做的所有事情。第三种情况是**近因效应**，在评估中，前一个主要事件对人们的影响掩盖了所有其他事情所造成的影响。当人们进行绩效考评时是以前后相关联的人互为参照（而不是以绩效标准进行绩效考评）就会出现对比错误。最后，作为行动者的下属经常把绩效差归功于外部因素，而作为观察者的管理者常常把绩效差归咎于员工自身，这种现象称为**行动者/观察者偏见**。

绩效考评问题产生的第二个来源在于很多组织与其说把绩效考评看做一种理性行为不如说看做一种政治把戏。考评结果或多或少地被人操控，而不是员工水平真正的体现。评估目标不在于评估是否精确，而在于管理者的自由裁量权和组织效果，正如一位专家所说，"不把绩效考评看做一个政治过程实属天真。精确的绩效考评未必总是评估者的目标，在很多情况下，不精确的绩效考评数据也能实现有效的管理"（Hauenstein，1998，p. 428）。

相应地，**宽容或友善错误**（"圣诞老人"效应）是一种因出于维持良好的工作关系这种意愿而导致的结果，包括扩大绩效奖励的范围、激励最差的员工、同情那些受私人问题困扰的员工、避免与争强好胜的员工发生正面冲突等。[7]相反，**严重性错误**（"牛角"效应）指给绩效好的人传递一个信息以告知他/她某些

方面尚需提高，或是敦促一位绩效平平的员工去努力提高绩效。在一项调查中显示，70%的经理由于这个原因有意夸大或贬低绩效考评结果。

要注意到，管理者在绩效考评中所体现出的内在利益冲突是一个强大的政治性原因，使宽容效应的影响超过了其他心理效应。也就是说，如果所有的（或者多数）下属绩效考评结果被夸大，那么他的上级看起来就像是一位有效的管理者，如果绩效考评的结果被贬低，那么他/她的管理能力就要遭到怀疑。[8]然而，雇主有责任认真对待绩效考评，当一个绩效差的员工在绩效考评中得到一个满意的结果时，雇主就没有负起责任，此时应终止这种绩效考评。

这使得人们去审视一系列影响组织的因素，这些因素至少导致下列 4 个问题。一是绩效考评中缺乏管理责任心。绩效考评的困难在于存在各种各样的考评方案、对考评持怀疑主义态度、考评给人一种徒劳无功的感觉、甚至对考评能否进行产生怀疑（Nigro & Nigro，2000，pp. 124-126）。对绩效考评体系投资过多 *257*
未必对管理者产生重大影响。商业的压力使得考评被管理者看做一种外围责任，而不是核心责任；考评不仅常常孤立于所从事的工作而且不被列入组织规划和预算战略之内。管理者尚未出台一些激励措施——有时反而对绩效考评进行贬抑——把其作为一种管理工具。管理者仅仅为考评而考评；在管理中把考评当做一种无关痛痒、一年一度让人讨厌的表面工作，一旦走了过场就会完全忘记。这样考评工作很快被人们看做“组织的墙纸”而存在组织幕后，不期望它能够带来多少价值。

这种态度导致居中趋势错误（不是宽容错误），所有员工的绩效考评结果都是令人满意的——否则考评中的高分或低分都需要用文件来证明，这需要耗费很多的时间。资金缺乏因素加重了这种“错误”——也就是说，没有足够的资金用来发给员工，或者说没有足够的资金用来使所有参与评估的员工都得到奖励（见第 6 章）。

总之，认知、政治和组织局限性有助于解释绩效考评错误存在的原因。尽管培训可以解决部分问题，但还是有一种根深蒂固的原因植根于绩效考评的难题之中：人性。具体体现在规避风险、模糊个性理论、角色期望冲突和人员抵制。

第一，规避风险。因为法院为自己辩护并不是一件好事，在绩效考评过程中，管理者通过认识所有的陷阱以降低风险就是自然而然的事情了。然而，矛盾就出现了，宽容的绩效考核因为无法区分出绩效好的员工与绩效差的员工而遭遇合法性问题的质询（Halachmi，1995，p. 325）。

第二，模糊个性理论指人们通常根据有限的信息对“整个人”作出判断（基于第一印象或者溢出效应作出判断）；绩效考评通常全面衡量这些信息，而不是精确的测量绩效。三是角色期望冲突，它是绩效考评过程中固有的，因为考评人既是一位辅助教练又是一位公正的法官。在扮演这些角色时，事实上，管理者也在自我评估。人的本性表明，如果员工在评估中绩效差可能就会对管理者自身技术引起怀疑，这时他们往往要求使用更好的绩效评估方法。

最后，可想而知的是，绩效考评过程中出现的不愉快使绩效考评体系更加复杂。由于任何判断都不是绝对正确的，当管理者负起责任判断他人的价值时，"几乎是对一个人正直品行的一种背叛"（McGregor，1957，p. 90）。当特别涉及人员绩效考评有效性和可靠性时，大多数人都不愿评判他人，正如不愿评判自己一样。换而言之，"和上帝作对"可没有好果子吃。

这句格言或多或少地表达出了许多人的情感："考评就是那些不想考评的人对不想参加考评的被考评人做出考评。"更正式的说法就是，"员工和管理者都对每年年终的绩效考评感到恐惧，那段时间内生产效率下降，原本就不满的员工就会演变成满怀怨恨。这种既伤自尊又降低生产率的书面工作实在是不值得去做"（Beecher，2003，p. 464）。为了防止人们认为由于人性的多样性使得人员绩效考评变得毫无希望，一位老练的县（人力资源处）经理对人力资源管理功能进行了全面辩护（见示例 9—4 以及 McElveen，2000）。

258

示例 9—4　　一位经理眼中的绩效考评：实践中的理论

玛利·玛奎尔，弗吉尼亚州劳顿县消防与安全公共信息服务部门行政官员

在市政府与县政府有过 25 年的工作经历，我总结出一系列的绩效考评方法，从早期的以貌取人到现代的根据对组织贡献大小进行的绩效考评，各有其优点。现在使用的绩效考评体系看起来最适合我们，这是一个综合性很强的工具，目的在于提高每个员工的实际绩效。希望通过有效使用这个体系，经理和主管都会被较好地武装起来以帮助提高、激励和留住员工（本县最有价值的资源），同时也实现组织目标。

从一个新员工进门时的那一刻起，他们就关注绩效考评所带来的好处，都要进行指导。通过专门课程和书面指导，对于管理人员和下级而言，下列技能对成功至关重要：

- 绩效规划
- 指导
- 咨询
- 记录保存员工信息
- 承认/激励员工
- 管理绩效差的员工
- 绩效考评

尽管每一项内容都十分重要，人们往往关注第一点和最后一点：规划与绩效考评。这就是说，"因材适用"，或换句话说，员工知道只要努力就有回报。作为其中一种管理工具，对于组织而言，规划与绩效考评为组织提供了一个机会向其成员表明组织对其员工负责，同时承认他们的贡献。所设计的考评体系保证参与各方都知道组织期望自己所达到的标准。其他技能——指导、咨询、记录保存员工信息、承认和激励员工，管理绩效差的员工——则又给管理者提供了引导和评估员工的工具。通过有效勾画出员工的期望、管理者和下级之间坦诚沟通、使员工知道自己的进步并且在必要时积极引导他们提高自我，在年终绩效考评时，每个人都会知道组织对自己的期望。

虽然这些在纸面上看似不错，但如何操作？每年员工都要勾画出与部门使命以及同本县使命相关的目标。然后基于相对重要性程度对这些目标进行衡量。员工和管理者合作起草并签署考评计划，计划随着个人职责的变化而不断修正。这种考评方法循环进行，不足为奇。

到年终，下级进行自评的同时，上级也开发员工绩效考评方法。评估时他们之间开诚布公的谈话使员工明确上司关心所在。如果大家意见达成一致并且员工完成了目标，他们就会获得绩效奖励 。如果员工绩效超出大家的期望，他们会被提名获得绩效奖金。 259

在会议期间，来年计划又开始起草，尽管这个过程相当耗时、冗赘，却很有效。当我真正开始比较这个过程和常见的绩效考评过程缺陷时，我有点失望。因为每次努力都是为了克服考评中所存在的缺陷。我发现很多例子中还是存在考评缺陷。例如，所设计的体系目的不在于就考评而考评，尽管付出很多努力去克服考评中的缺陷，仍发现许多部门在年终处理考评文字工作时晕头转向。此外，尽管系统设计的初衷是可以随时修正，但事实上并非如此。员工总是发现组织以过时的目标考评自己，管理者还是不断地促使员工之间相互竞争，无论结果是好是坏，都给每位员工打分相同。结果员工和管理者会毫无例外成为晕轮效应的牺牲品。员工可能在一个小项目中做得不错，但是由于组织常常认为那是他们的分内之事，而员工认为自己在所有方面已经远远超出组织的期望，这就使他们在绩效考评阶段大失所望。

此外，经济衰退时，员工一般得不到什么奖励。超额绩效奖金也被用于填补税款。员工薪水很少增加或者根本就不增加，远远满足不了生活需要，这也与员工的绩效不成比例。因此，一些成绩特别突出的员工所得的收入却与那些绩效刚刚合格的一般员工水平相当。这样就缺乏把工作做好的激励措施，甚至更糟糕的是，组织的核心价值观之一——员工是提供公共服务的主要来源也被扭曲，结果，整个考评过程就让人怀疑。

尽管存在缺陷，但考评过程还是带来了好处。它为未来的绩效指引了方向，有利于进一步开发员工潜能。各个层次的人员都参与这个考评过程的设计。此外，它在个人开发规划方面发挥了重要作用。以过往的绩效为基础，这种考评方法更为有效、可靠。此外，评估标准常常是以本县既定的标准为参照。例如，在采购方面有专门的规则，如果达到标准，员工成功地完成工作，如果能提前完成采购工作而降低成本，员工绩效就被视为超出既定标准。也应该给管理者提供足够的时间来实施考评，对管理者要进行培训以便评估工作做得更好。最后，绩效考评过程能够持续提供反馈，再辅以恰当的记录，因而更能经受法律检验。尽管不完善，绩效考评体系仍然能够克服许多主观绩效考评方法的缺点。既然绩效考评有这么多问题，为什么我们还要不厌其烦地去用它呢？因为恰当的考评会提供给我们一个承认和奖励员工的有效机制，同时也提供必要的证据来证明组织成功地实现目标。

概括地说，因为很多工作都不容易进行客观评估和量化，考评也受非绩效因素的影响，原因上面已经讨论过了。当这种现象发生时，它自然就会导致违背人力资源管理领域最受推崇的规则：绩效考评是用于考评绩效，而不是人。[9]可能性是现实的反映。当此种事情发生时，法律和责任问题就随之而来（见示例 9—5 中主要法律原则以及与绩效考评的关系）。对于在人员绩效考评中涉及的典型问题，可采用下列建议：

260

骚扰或建议性解雇	要求员工随时注意雇主在工作、工作绩效或者评估方面的一举一动（例如，管理者偏见或不当行为），一旦发现雇主有严重问题，员工就要立即要求其停止这种做法。设立程序并依其进行调查，消除一切雇主或员工违规行为，避免其他人员认为组织默认骚扰这种行为。
年龄歧视	对管理者进行培训，避免在绩效考评中出现口头或书面的与年龄有关的评论。随着技术变化不断更新绩效标准，尽量避免以缺乏技术为借口使年龄大的员工下岗。
歧视残疾人	检察那些有明显歧视的建议和评估结果（有“看做……”这种字句）。确保评估的主要功能能够实施，对管理者进行培训使其能够不定期地解决绩效标准和考评程序中出现的问题。
诽谤或谣言	设立程序去控制或避免虚假的考评信息（无论是有利的还是不利的）。
疏忽	如果员工绩效差，就要不断地提醒他们，避免他们说自己的绩效本来可以提高但由于错误的考评过程没有提高，组织不能以此为借口解雇他们。

资料来源：Adapted from Smither（1998，p. 78）.

如果这些能够成功解决，考评与惩戒过程能够改造，那么它就更具有现实性并能采取措施减少潜在问题，而不是完全取消对员工的考评。

9.5 提高考评认同度

绩效考评体系的设计不但要求建立政策和程序，而且要得到全部员工和工会的支持。高层官员必须投入足够的资源和树立恰当的行为以公开支持绩效考评。然后再让管理者相信这个考评体系是合适的、可操作的。员工同样认为考核与自己的利益休戚相关，因而会慎重对待。这个由不同的利益集团构成的任务框架通过收集不同机构档案和员工态度数据，进行需求评估。然后根据所收集的资料修改现存的绩效考评系统（或者创建一个新的考评系统），并在运用中检验。可以为某些机构量身定做考评体系并在其在管辖权内进行（例如大部分州政府），或者把其作为政府资助试点工程的一部分。当然，它也可能完全忽略正式要求。

261

示例 9—5　　部分同绩效考评相关的法定原则与法律

法定原则或法律	概括	与考评、雇佣的关系
不受限制的雇佣关系	在这种情况下，员工或组织随时可以终止雇佣关系	允许组织在决定是否或如何考评上有很大自由度
默认契约	这种契约因其含蓄性而影响雇佣关系的某些方面	可能限制雇主使用考评结果（例如，能阻止契约终止）

续前表

法定原则或法律	概括	与考评、雇佣的关系
违反公共政策	行为决定与公共利益相悖，因而明令禁止	可能限制员工使用考评结果（例如，可能阻止雇主因员工报告其非法行为而加以报复）
玩忽职守	绩效考评时没有承担责任	潜在责任可能要求雇主通知绩效差的员工并给其提供改进的机会
诽谤	揭发那些有损员工名誉的虚假信息	潜在责任可能约束组织随意提供负面信息
误传	揭发那些有害于他人的虚假绩效信息	潜在责任可能约束雇主提供以前员工的信息，哪怕是绩效较佳的信息
《公平》劳动标准法案	强制给那些加班的非管理人员付加班费	员工绩效考评可能会影响员工充当管理者的角色，因此这种考评给予免除
家庭和医疗许可法案	承诺保证员工休假后仍回到与原岗位相似的岗位	当员工回来时，对其进行更严格的绩效考评意味着员工可能得不到与原岗位相同的工作岗位

资料来源：节选自J. W. 斯密塞：《绩效考评：实践中的技术水平》，San Francisco：Jossey-Bass，1998，p. 52.

在大医院的一个主要职能部门内，魅力型的部门领导决定一切，他会在全面质量管理（TQM）的基础上管理他的部门。他总是先于医院每年令人乏味的绩效考评演练，把手下的员工召集在一起检讨医院所做不妥的地方，然后告知员工：他们应该开始提高自己的技术了。 262

他向手下提出这个问题："假如这种最基本的考评形式能够执行，那么一方面我们能解决困扰我们的人事问题，另一方面我们也能从中受益，那么我们应该如何做呢？"他每周组织一次聚会，并要求员工回答提出的问题，每个人的热情都很高（Grote，1996，p. 351）。

一个完整的改革应该清晰阐明绩效考评标准，并且设定出大多数员工所承担的工作。格利，国家乡村电力公司的一个经理，坚持认为只有少部分人不知道如何去工作。

改良这个考评体系效果往往更快、更有弹性和更有效率。

体系改良的内容主要包括大量的关键性技术问题，许多技术在这之前已经讨论过了，根据考评目标、实际和成本，选择最有用的考评工具和绩效考评人。培训是不可缺少的，以减少前面提到过的各种各样的考评错误。然而，仅仅意识到这些问题的存在一般不会影响考评人的行为还不够，相反，考评人要参与角色扮演、模仿和录像训练，以获得反馈信息。对考评人还要做人际关系技巧方面的培训，以更加有效地进行绩效考评。

在计划批准和正式绩效考评期间的绩效监控期，应包括基于绩效（而不是个人）的正面（矫正）反馈。当绩效考评认真监控时，那么考评结果就如我们所愿。[10]换句话说，绩效管理过程是一个连续过程，包括培训、开发、树立责任和考评。

最后，绩效考评过程集中体现于考评面试中。在准备面试前，员工必须做一个自我考评，管理者应该收集必要信息以完善考评工具。尽管管理者和下属合作解决问题的方法很有效，然而大多数管理者都用一种直销技术，告诉下属他们是如何进行考评以及考核结果是公正的（Wexley，1986）。无论哪种方法，管理者应该借此支持整套考评体系相关政策和实践，学会设定目标、沟通技巧和积极的巩固。

因而，在面试前，管理者要经常与下级沟通，接受关于面试方面的培训以及使用解决问题的方法。在评估期间，根据绩效（而不是个性）作出评判，做一位积极的倾听者，尽量避免做破坏人际关系性的批评，并且设定相互认可的未来目标。此后，针对目标分阶段地进行考评，根据绩效的优劣进行奖赏（Cascio，2003，p. 358）。尽管好的面试需要很多技术和大量努力，但管理者认为开诚布公的交流才是整个考评过程中最难的部分。很多人不愿这样做（Pickett，2001），而开展上下级交流的管理者几乎在面试中看不到任何好处（London，1995）。

正如绩效考评那样，员工纪律和劳动关系终结（下一个要讨论的问题）可能遭遇尴尬和困难。相应地，考评目标应该尽量减少负面影响，必要时应该使其易于实施。

9.6 考评结果应用：处分

263 一般而言，员工都遵守大众接受的规则，因为这样做是合情合理的。然而所犯错误也须注意，检验一个运作良好的机构的标准“不在于解决多少员工问题，而在于如何有效地解决”（Wise，Clemow，Murray，Boston，& Bingham，2005，p. 181）。在处分过程中，管理者需要使用最好的、最专业的做法，利用雇佣责任保险保障其生活及其职业生涯。

“处分”这个术语可以理解为在工作中通过自我控制、遵守组织的规则而有序地工作。当绩效问题（未能圆满完成分配任务）或行为事件发生（不服从命令、伪造文件、游手好闲、粗心大意、打架和吸毒）时，就可以利用员工绩效评估和（或者）处分措施去提高绩效。在使用这些体系时，应该考虑一些因素，主要包括问题严重性、持续的时间、外部环境、组织政策、员工培训、机构过去实践以及管理层的支持。

就所涉及的问题本质而言，付诸行动是员工富有成效的保证。然而，矛盾的是，由于缺乏对管理机构规则和文件的理解以及高层管理人士的支持，人事部门官员不得不容忍那些绩效差的人，更不用说处理那些令人头疼的员工牢骚和解决对歧视性行为的诬告等诸如此类的事情（U. S. MSPB，1995）。的确，管理者可以把惩戒措施搁置一旁，写出令绩效差的员工都能接受的考评记录以避免不愉快，如果因为持续绩效差而将员工解雇，可能会使他们工作时心神不宁。

仅仅要求管理者采取“强硬手段”并不有效。因为“一个在解雇员工方面非常有效的管理者在选择优秀员工或者在激励效率较低的员工提高效率方面可能没有效率”（“Firing Poor Performers，” 2003）。评论家也忽略了需要在一个大的范围内解决绩效差的问题，包括社会和组织文化、薪酬水平和培训。那些认为辞退员工是一件难事的人，往往忽略了现有惩戒程序的效用——每年在联邦政府中解雇 10 000 多人，不包括主动辞职和下岗的人数。

为了维护个人和组织利益，考评规则和处分规则应该是公正合理的。为了确保公正地实施，所有行为必须按规定办事。这些考评与惩戒必须以教育为目标而不是以惩罚为目标，是基于行为的考核而非人的个性的考核，必须是及时的、持续的考核与处分，必须以所存在的问题为中心。作为考评与惩戒中重要基石的员工信息记录保存，要和自始至终的调查考核相配套使用。员工信息记录包括：日期、地点、事件的基本情况；对组织的影响、组织和个人以前的行为；已制定的决策、期望提高之处和员工的反应等。

累进性惩罚和积极的惩罚是组织常用的两种方法。因为要想有成效，员工必须要弄清问题所在，组织期望什么变化，不作为的结果是什么等。两者都是为了更有效率，工人知道问题是什么，期望怎样的变化等目的。最常见的策略是累进性惩罚，它是随着问题的严重性程度而增加强制性执行惩罚措施、非正式咨询、口头警告/谴责、书面警告/谴责、处分、停职以及解雇。

由于这些会导致独裁、冲突和威胁，基于成人能够对其行为负责这一前
提，一些管区应开始用积极的、非惩罚性措施取而代之。而不是以“越来越糟 264
的方式对待员工，以期他们做得越来越好”。肯定性的惩戒措施主要在于提醒而不是警告人们，更多关注的是参与而不是惩罚，所使用技术包括以下几个步骤：

● 召开会议发现解决问题的方法，并达成口头上的协议去改进；

● 再次召开会议，如果改进还未完成，那么就去寻找所达成的协议为什么不起作用，然后作出书面记录：提出解决问题的办法是雇佣的条件之一；

● 带薪休假（“决策制定日”），如果情况不变并且组织希望员工第二天回到工作单位，那么员工只需要写书面承诺或决定即可；

● 简而言之，决策制定者是员工，而不是雇主。

这两种方法中潜在的原则就是评估标准要“公正合理”：调查研究做的合理吗？员工知道违反规则了吗？考评标准合情合理吗？正在考虑的规则违反考评原则吗？在考评中，什么样的环境需要考虑？有可比较的案例吗？如何解决这些案例？前提就是需要一个公正合理的程序以利于公正结果的产生。

人员绩效考评和惩戒体系的目的不是为了赢得考评工作的胜利，而是为了给员工提供反馈和培训，以培育有责任心的员工。在惩戒过程中许多经理经历的问题经过培训、建立清晰的工作原则、按程序办事以及记录所采取的行为后（DelPo & Guerin，2003；Guffey & Helms，2001），可以大大减少。关键是要理解个人的职责范围，考评和惩戒的重点要放在行为上而不是个人上，避免在道听途说的基础上做决策，要使用恰当的惩戒措施，根据所作出的判断实施惩戒。

虽然人员绩效考核和惩戒体系的目的是为了确保员工的开发与安置，所提供的记录可以用来作为终止合同决定的依据。不同于大多数私营部门——无论员工是否违反法律都可以随意被解雇——公务员可以根据宪法规定，有权要求了解这个过程。尽管存在解雇的充足理由（绩效差或行为不端，如偷窃），但是如果不能很好地处理这个过程，管理者仍然会制造出严重的事端（Wise et al.，2005）。的确，大约2/3私营部门的工人因为被解雇而把雇主告上法庭（Bowman，2002）。因此，所有的管理者都必须与人力资源管理部门协商，按照已有的程序办事以减少失误，否则会使组织背负责任，无助于保护员工权利。

解雇对于个人和组织而言，都是一件很痛苦的事，必须要深思熟虑和小心地处理。这就意味着解雇过程需要人性化、值得信赖、专业化、公正、可靠。处理解雇问题可以借鉴以前发生过的相似案例。尤其是，对于员工而言，合同终止时和雇主见面应该是以一种简洁、宽容的态度，避免对过去的行为进行争论；向被解雇员工解释并帮其谋取新的工作岗位，包括帮其提供推荐资料以及最后工资的支付（Coleman，2001）。当公平对待员工时，失误的解雇就可能不会被诉诸法律。[11]解雇员工是管理者工作的一部分：这一部分工作能够做好就有利于提高人力资源管理其他功能，如招聘和培训等。

本章小结

概括起来，人员绩效考评体系应该使员工和雇主双方都满意，应该能经得起合法性检验，然而，正如讨论的那样，人力资源管理职能的实施中充满着矛盾，实际上，在机构管理权限内，可以依据下面的标准去考评： 265

1. 绩效考评的工具应该是简单的，而不是复杂的，源自工作分析（第 5 章）。

2. 对所有人员进行培训，使其了解考评体系，管理者在考评中也要参加培训。

3. 绩效考评是基于精确的工作描述，是基于可观察的绩效。

4. 绩效考评是在标准的环境中完成，避免受到负面的影响（第 2 章）。

5. 初步的结果应与被考评者分享。

6. 一些较高水平的考评形式，包括上诉过程，避免单个管理者掌握一个员工的命运。

7. 存在绩效咨询和正确的服务引导机制。

尽管许多考评体系达不到这些标准，但是要明白绩效考评问题的要点不在于系统设计。因为绩效考评是人为所作出的一种判断，难题在于如何使用这些人为制定出来的计划和所产生的信息。有效绩效考评的典型障碍包括组织缺乏信任、管理者缺乏培训、缺少高层管理者的支持、考评者缺乏责任感和克服绩效考评系统自身的问题（Roberts，2003）。克服这些障碍的方法是提供建设性的、无威胁的反馈和培训；避免数字化的考评等级量表限制员工的视野和在彼此之间制造冲突，保证通过同事的考评积累多种来源的数据，同时使用团队绩效考评方式。

多年来，人们一直在寻求最好的“真实的赝品”这种技术，尽管苦寻无果而心情郁闷，但人们仍坚持不懈。回顾一个世纪之前，人员绩效考评或多或少变得更加复杂。如果以人为中心的绩效考评仍长期存在，那么组织精简和劳动力不断变化将使绩效考评更复杂，虚拟工作场所的特点——不受时间和空间的限制——很有可能加剧这种状况。

裁员有很大冲击力。人事部门在不断缩减，把责任更多交给了一线经理；同时，管理者的数量大幅度地减少使其需要评估更多的下属，结果这个体系设计和执行的潜在问题也大大增加。

劳动力构成的变化也意味着绩效考评体系面临更多挑战。员工越来越多样化。评估各种肤色和文化的人员肯定要比评估单一文化、单一肤色的人员要复杂得多。劳动人口增长的最快部分是额外人员——临时工作人员、短期合同工人、志愿者——这些人群，在一定程度上意味着对绩效考评的挑战。

266 **示例 9—6　考评组织，而不是个人**

身体随音乐摇摆，在闪亮的灯光下，我们怎样才能从舞蹈中了解跳舞人呢？

——威廉姆·巴特勒·叶芝，《学童之间》

正如本章所显示的那样，个人绩效考评是一个很复杂的问题。即使小心翼翼，都有可能对组织或个人产生不利影响。虽然不可能因为考评系统不完整就加以抛弃，但是改革政府运动（第 1 章）提供了一个重新检验传统人事绩效考评的机会。

以组织为中心的评估，其前提是组织能够提供高质量服务，并能够发挥良好绩效考评作用的体系。体系的构成包括人员、政策、技术、供给、社会政治环境的把握。注意所涉及的相关参数不在绩效考评控制范围之内。的确，组织自身雇用、任用、培训员工。换句话说，如果考评目标涉及所有绩效影响因素，那么仅仅考评个人是不够的。在一个精良的管理体系中，实际上所有的人都会好好工作，一个低劣的管理体系会束缚所有人，甚至最优秀的人。

传统上，以个人为中心的绩效考评方法是基于有缺点的、不现实的设想基础上：每个员工都要对这个复杂考评体系的结果承担责任。因为组织是一群人一起协作，以达成共同目标，管理者的角色在于培养团队合作，如果结果不理想，那是管理者的责任——与别人无关。

从系统的角度看，绩效好或绩效差的原因会蔓延在组织和绩效考评过程中。在工作环境中产生的许多结果都是受外界因素影响，90%以上的绩效问题都是缘于管理体系（Deming，1992），保持低绩效的唯一的方法就是逃避责任，好的绩效不是产生于员工本身而在于领导人所神化的组织。

由于在整个组织体系中，员工没有权威，相关的绩效考评应该提供两种反馈：

- 绩效数据产生于统计过程控制中
- 个人绩效数据——主要用于开发目的——源自匿名的 360°绩效考评（集中在诸如团队协作、顾客满意、及时沟通技巧以及参与人员这些因素上）

关键在于倾听顾客反应和关注绩效持续提高。尽可能使考评体系透明，重点关注工作分析和员工对这些过程的贡献。这样的考评方法具备组织有效、容易被社会接受、管理方便的特点——对于任何绩效考评方法而言，这些都是关键标准。这种考评方式从员工和雇主之间相互对立转为相互合作。

反映美国个人主义[1]，人力资源管理研究领域集中在人而不是制度，因此，在政治
267 上不可能以组织考评替代个人考评（事实上，绩效考评在加利福尼亚州的一个著名的州政府示范项目中已经废除了，这个项目之所以终止是因为效率提高了）。大量公共部门（如国家海洋气象管理局，美国国内税务局，社会保障管理局）和私营部门（如摩托罗拉，宝洁公司等）已经不断修正考评体系。为了更好反映系统观点，他们把团队合作、公民/顾客反馈以及绩效考评过程提高融入考评过程中。

一个更加完整的改革应该能清楚地阐明绩效标准，假定多数员工能够胜任工作。格雷格·波德罗克斯（1994），国家乡村电力公司的一位经理，老是说有少数人不干事，“调查其中的原因，有些需要进一步培训或者管理咨询，有些可能的确存在问题。但是要一件一件地解决这些问题，而不是通过一个笼统的员工绩效考评体制来解决”（p. 24；also see Eckes，1994）。

实际上，这里所说的方法，部分与最近风行一时的绩效考评相一致：绩效管理（Cedarblom & Permerl，2002）。这种战略强调管理绩效（不仅是绩效考评，而且是责任、薪酬和培训）是组织目标设定的关键。因此，绩效管理是一个连续的循环，包括目标设定、培训、开发和考评。然而从系统的角度看，这恰恰印证了“错误问题的问题”。可是它仍然试图通过个人而不是组织去解决这个错误问题，360°绩效考评也招致了类似的批评，在本章的前面已经讨论过。

注释：

1. 在这个领域中，神话可能比谎话更加危险，美国西部孤独的拓荒者和不法歹徒——大多都是好莱坞的素材——要比那些住在小镇上种植谷物的农场主和店主要次要得多。神话也无法解释在现代生活中狂热流行的团队运动。

相应地，组织应该把绩效考评由以个人为中心转向以**组织为中心**或以过程为中心，个人绩效考评在多年以前可能要简单得多，或者可能都被废除了（见示例9—6；Coens & Jenkins，2000）。例如，一个组织不再实施传统的自上而下的绩效考评体系，而启用新的年度白皮书。这一页纸从头到尾概括了日常工作反馈（没有分数和未来目标），主要集中在关于管理者怎样能帮助员工轻松地完成工作、完成工作需要克服哪些障碍等。21 世纪，无论人员绩效考评工作多么困难，但只要它是管理系统的中心环节，只要它有助于机构和个人的全面发展，就值得去做。

关键术语

行为/观测者偏见	认知信息加工理论
行为锚定等级量表	兼容性或相似误差
基于行为的绩效考评体系	黑标评估
黑标效应	对比错误
关键事件技术	积极惩戒
缺乏考评	累积处罚
电子监控	近因效应
趋中误差	基于结果的绩效考评体系
暗示人格理论	自我考评
宽容错误（圣诞老人错误）	严重误差
目标管理	（溢出）晕轮效应
非金钱影响因素	360°或全方位考评
以组织为中心的评估	基于特质的绩效考评体系
同级评估	

268

应用练习

班级讨论

1. 对于中层管理者的评定而言，哪种工具最合适？员工辅助？网络？远程沟通？为什么？

2. 考察一家地方机构，弄清楚为什么、如何和由谁进行绩效考评？分析所使用的考评方式。这种考评方式合法吗？在班上报告自己的研究结果。

3. 在理论上，员工绩效考评可以提供全过程反馈，包括选择员工、岗位管理、培训、薪酬。鉴于绩效考评中出现了很多问题而无相关解释，因此，绩效考评在人力资源管理中往往被认为“断链”，试评论这个观点。

团队活动

4. 分正反两组辩论“绩效考评几乎不能提高绩效”。

5. 用“25 in 10 ”技术（示例 0—3）讨论这个观点：“绩效考评的根本问题本质上不在于技术。”

6. 戴维是一位绩效非常好（明星员工）的员工，为此经常惹怒他的同事和上级，这个城市绩效考评包括人际关系指标，他的上司在这个指标上以及别的指标上给他打的分数很低，请根据自由和需求之间的矛盾对此加以讨论。

7. 传统绩效考评是推动还是阻碍了人力资源管理其他功能的发展？是有助于解决人力资源管理其他功能之间的矛盾还是加深了它们之间的矛盾？

作业

8. 找出最难解决的三种考评错误，如何解决这些问题？

9. 以最近的一次测验为例，讨论使用绩效考评的原因及其局限性。

269 10. 思考绩效考评中的面试问题，当你上次参加考评面试时，对你（经理或者员工）有帮助吗？

11. 在变化纷繁的未来中，构想一下人员绩效考评的前景。

注释

[1] 这种决定是否应该相关（基于员工之间的比较）还是孤立（基于绩效标准），这个问题很

大程度上已经解决。因为顺序确定并不是员工绩效考评，也就是说，相关判断并不能表明员工的实际绩效。因而，它们不能和工作联系在一起。1978年美国通过了《公务员改革法》，结果不允许使用区分等级的方法（例如，简单区分等级方法、强制区分技术）考评政府员工。然而，相关性方法可以用在其他地方，比如与行政管理有关的事务如晋升、薪酬和失业。传统上，多数辖区将这些评判与每年财政预算联系在一起，尽管很多非正式的与项目完成有关的考评是很有意义的。

[2] 因此，人家都既不可能也不愿意讨论这些工具，只有去推广这种理念：绩效测量问题仅仅是一种技术手段。

[3] 尽管有那么多的问题，这些技术手段都有明显的直觉特征，因为特性仅仅是描述个人行为的一种方式。这也许说明为什么心理学家坚持认为，不仅个性考评有一定的有效性和可靠性，而且更容易被考评者接受（Cascio，1998）。

[4] 就像人们知道在商业中的"肥肠障碍"一样，用批评的观点来看，如此庞大的官僚机构却从不为纳税人工作。

[5] 早期的案例包括：(a) 进入人员的信息：谁、何时、何地考评、什么时间接到人事部门电话；(b) 电话是由谁来管理、期望什么时间、在指定时间内完成的证据，谁来应付那些麻烦的人等。国家职业健康安全研究机构估计，大约2/3媒体被电力企业所操控（Ambrose，Alder，& Noel，1998，p. 70）。美国经理联合会最近发现3/4私人公司是用传统方式控制员工的行为，这个数字是1997年的两倍。

[6] 几个综合性的研究发现，在绩效考评中，种族和性别歧视曾经是普遍存在的，但现在不是很普遍（Pulakos，Oppler，White，Borman，1989；Waldman & Avolio，1991）。

[7] 根据伯纳J、库克和维拉诺瓦的研究（2000），与那些作为责任心的特征（很好、高绩效、困难的目标）的指标相比，绩效考评者对于"惬意"指标（信任、同情、合作、礼貌）更加宽松。

宽容（也被认为是等级膨胀）在学术意义上是"像成年人一样表现的教职员的拒绝，也就是说，就像有足够的正直品质的人对于其他人感到失望一样。这就是专家认为的，每个人都想当第一，但谁也不会去做"（Carter，1996，p. 79）。

[8] 谚语用在这里很合适，"当你用一个指头指我的时候，你的其他的指头是指向你自己的"。

[9] 这个问题在本章中普遍存在是因为，人们使用的是"人事测评"这个术语，而不是"绩效考评"。

[10] 在私人部门，公司常常强调超额绩效部分，这些不在预算和生产效率测量之内（Campell & Garfinkel，1996）。

[11] 公平地对待员工包括，避免企图：(a) 建设性的解除（故意创造让人难以忍受的恶劣工作环境使员工被迫辞职）；(b) 报复性的解除［当他们依据员工保护法（如1964年的《人权法案》）实现自身权利时，采取反对人事管理的行为如降级、反对增加薪酬等措施］。

参考文献

Ambrose, M. L., Alder, G. S., & Noel, T. W. (1998). Electronic performance monitoring: A consideration of rights. In M. Schminke (Ed.), *Managerial ethics: Moral management of people and processes* (pp. 61-80). Mahwah, NJ: Lawrence Erlbaum.

Arthur, D. (1997). *The complete human resources writing grade*. New York: AMACOM.

Beecher, D. (2003, Winter). The next wave of civil service reform. *Public Personnel Management*, 457-474.

Bernardin, L., Cooke, M., & Villanova, P. (2000). Conscientiousness and agreeableness as predictors of rater leniency. *Journal of Applied Psychology*, *85*, 232-234.

Borman, W. C. (1991). Job behavior, performance, and effectiveness. In M. D. Dennette & L. M. Hough (Eds.), *Handbook of industrial and organizational psychology* (Vol. 2, pp. 271-326). Palo Alto, CA: Consulting Psychologists.

Boudreaux, G. (1994, May/June). What TQM says about performance appraisal. *Compensation and Benefits Review*, 20-24.

Bowman, J. (2002, Fall). At-will employment in Florida government: A naked formula to corrupt public service. *WorkingUSA*, 90-102.

Campbell, R. B., & Garfinkel, L. M. (1996, June). Strategies for success in measuring performance. *HRMagazine*, 98-104.

Cardy, R. L., & Dobbins, G. H. (1994). *Performance appraisal: Alternative perspectives*. Cincinnati, OH: South-Western.

Carter, S. (1996). *Integrity*. New York: Basic Books.

Cascio, W. F. (1998). *Applied psychology in human resource management* (5th ed.). Upper Saddle River, NJ: Prentice Hall.

Cascio, W. F. (2003). *Managing human resources* (6th ed.). Boston: Irwin.

Cederblom, D., & Permerl, D. (2002). From performance appraisal to performance management: One agency's experience. *Public Personnel Management*, *31* (2), 131-140.

Chappell, D., & DiMartino, V. (2000). Violence at work (2nd ed.). Washington, DC: Brookings.

Coens, T., & Jenkins, M. (2000). *Abolishing performance appraisals: Why they backfire and what to do instead*. San Francisco: Berrett-Koehler.

Coleman, F. (2001). *Ending the employment relationship without ending up in court*. Alexandria, VA: Society for Human Resource Management.

Daley, D. (1992). *Performance appraisal in the public sector: Techniques and applications*. Westport, CT: Quorum/Greenwood.

DelPo, A., & Guerin, L. (2003). *Dealing with problem employees: A legal guide*. Berkeley, CA: Nolo Press.

Deming, W. E. (1992). *The new economics*. Cambridge: MIT/CAES.

DeNisi, A., & Kluger, A. (2001). Feedback effectiveness: Can 360 appraisals be improved? *Academy of Management Executive*, *14*, 14-150.

Eckes, G. (1994, November). Practical alternatives to performance appraisal. *Quality Progress*,

57-60.

Fernandez, L. (1999, May 10). Pass-fail appraisal system deserves another look. *Federal Times*, p. 15.

Firing poor performers. (2003, June). *Issues of Merit*, p. 4.

Gabris, G., & Ihrke, D. (2000). Improving employee acceptance toward performance appraisal and pay systems. *Review of Public Personnel Administration*, *20*(1), 41-53.

Gomez-Mejia, L. R., Balkin, D. B., & Cardy, R. L. (2004). *Managing human resources* (4th ed.). Upper Saddle River, NJ: Prentice Hall.

Grensing-Pophal, L. (2001, March). Motivate managers to review performance. *HRMagazine*, 44-48.

Grossman, R. (2002, November). Bulletproof practices. *HRMagazine*, 34-42.

Grote. R. C. (1996). *The complete guide to performance appraisal*. New York: AMACOM.

Guffey, C., & Helms, M. (2001). Effective employees: A case of the Internal Revenue Service. *Public Personnel Management*, *30*(1), 111-127.

Halachmi, A. (1995). The practice of performance appraisal. In J. Rabin, T. Vocino, W. Hildreth, & G. Miller (Eds.), *Handbook of public personnel administration* (pp. 321-355). New York: Marcel Dekker.

Hauenstein, N. (1998). Training raters to increase accuracy and usefulness of appraisals. In J. Smithers (Ed.), *Performance appraisal: State of the art in practice* (pp. 404-442). San Francisco: Jossey-Bass.

Hauser, D., & Fay, C. H. (1997). Managing and assessing employee performance. In H. Risher & C. H. Fay (Eds.), *New strategies for public pay* (pp. 185-206). San Francisco: Jossey-Bass.

London, D. (1995). Giving feedback: Source-centered antecedents and consequences of constructive and destructive feedback. *Human Resource Management Review*, 5, 159-188.

Longenecker, C. O., & Ludwig, D. (1990). Ethical dilemmas in performance appraisals revisited. *Journal of Business Ethics*, 9, 961-969.

McElveen, R. (2000, March 6). Rewards for employees reap reward for agency, *Federal Times*, pp. 1, 10.

McGregor, D. (1957, May/June). An uneasy look at performance appraisal. *Harvard Business Review*, 89-94.

Meisler, A. (2003, July). Dead man's curve. *Workforce Management*, 44-49.

Milkovich, C. T, & Wigdor, A. K. (1991). *Pay for performance: Evaluating performance appraisal and merit pay*. Washington, DC: National Academy Press.

Minor, M. (1995). *Preventing workplace violence*. Menlo Park, CA: Crisp.

Murphy, K. R., & Cleveland, J. N. (1995). *Understanding performance appraisal: Social, organizational and goal-based perspectives*. Thousand Oaks, CA: Sage.

National Performance Review. (1993). *From red tape to results: Creating a government that works better and costs less*. Washington, DC: Government Printing Office.

Nigro, L. G. , & Nigro, F. A. (2000). *The new public personnel administration*. Itasca, IL: F. E. Peacock. Palguta, J. (2001, October 1). Go beyond performance appraisal for good performance. *Federal Times*, p. 15.

Perry, J. (2003). Compensation, merit pay, and motivation. In S. Hays & R. Kearney(Eds.), *Public personnel administration: Problems and prospects* (pp. 143－153). Englewood Cliffs, NJ: Prentice Hall.

Pickett, L. (2001, January 1). *Annual fiasco*. ARDTO(Melbourne, Australia: Asia-Pacific HRD Center). Pulakos, E. D. , Oppler, S. H. , White, L. A. , & Borman, W. C. (1989). Examination of race and sex effects on performance ratings. *Journal of Applied Psychology*, 74, 770－780.

Riccucci, N. , & Lurie, I. (2001, Spring). Employee performance evaluation in social welfare offices. *Review of Public Personnel Administration*, 27－37.

Roberts, G. (2003). Employee performance appraisal system participation: A technique that works, *Public Personnel Management*, 32(2), 89－97.

Rogers, R. , & Hunter, J. (1991). Impact of management by objectives on organizational productivity. *Journal of Applied Psychology*, 76, 322－326.

Smither J. W. (Ed.). (1998). *Performance appraisal: State of the art in practice*. San Francisco. Jossey-Bass.

Society for Human Resource Management. (2000). *Performance management survey*. Alexandria, VA: Author.

Spector, B. (2003). Human resource management at Enron: The unindicted co-conspirator. *Organizational Dynamics*, *32(2)*, 207－219.

Trimble, S. (1998, June 8). The postal scene: Workplace violence hits a five-year low. *Federal Times*, p. 12.

Tyer, C. B. (1983). Employee performance appraisal: A process in search of a technique. In S. W. Hays & R. C. Kearney(Eds.), *Public personnel administration* (pp. 118－136). Englewood Clifrs, NJ: Prentice Hall.

U. S. Merit Systems Protection Board. (1995). *Removing poor performers in the federal service*. Washington, DC: Author.

U. S. Merit Systems Protection Board. (1998). *Federal supervisors and strategic human resources management*. Washington, DC: Author.

U. S. Merit Systems Protection Board. (2003). *Federal workforce for the 21st century: Results from the merit principles survey 2000*. Washington, DC: Author.

U. S. Office of Personnel Management. (1998). *Dealing with workplace violence*. Washington, DC: Government Printing Office.

Waldman, D. A. , & Avolio, B. J. (1991). Race effects in performance evaluations: Controlling for ability, education, and experience. *Journal of Applied Psychology*, 76, 897－911.

Wanguri, D. M. (1995). A review, an integration, and a critique of cross-disciplinary research on performance appraisals, evaluations, and feedback. *Journal of Business Communications*, *32* (3), 267-293.

Wexley, K. (1986). Appraisal interview. In. R. A. Berk(Ed.), *Performance assessment* (PP. 167-185). Baltimore: Johns Hopkins University Press.

Wiersma, U., & Latham, G. (1986). Practicality of behavioral observation scales, behavioral expectation scales. and trait scales. *Personnel Psychology*, 39, 619-628.

Wise, C., Clemow, B., Murray, S., Boston, S., & Bingham, L. (2005). When things go wrong. In S. Freyss(Ed.), *Human resource management in local government*. Washington, DC. International City/County Management Association.

Ziegler, M. (2004, March 1). Merit pay anxiety. *Federal Times*, pp. 1, 6.

第三部分

公共部门人力资源管理的未来展望

■ 第10章　工会与政府
■ 第11章　人力资源管理与生产率
■ 第12章　结论

第 10 章

工会与政府

最好的工会领袖？差劲的管理。 275

——匿名

学习目标

通过学习本章，你应该能够：

- 理解员工和组织对工会的不同观点
- 认清工会和公司管理层在导向和行为方面的差异
- 理解劳资关系上的悖论、矛盾、趋势和变异
- 确定在谈判前后和谈判中需要重点解决的问题
- 认清谈判桌上积极和消极的行为
- 认清传统型谈判和合作解决问题型谈判的差异，同时也要知道敌对原则与和谐原则的区别

在1998年，工人们联合起来击败了一个有争议的加州选票主动权议案，此举充分显示了他们的政治力量。226号议案要求公共部门和私营部门的工会每年在为其政治目的花费前必须先从每个工人那里获得书面上的许可。这个议案的被否决（53%：47%）是工人们后来居上的胜利。在选举前的几个月，这个议案的支持者曾以2：1的优势领先，但工人们两千万美元的雄厚资本最终战胜了这个议案的支持者。工会人员在这次胜利中也助了一臂之力：25 000名工会会员挨家挨户地打电话或登门拜访以寻求支持。工会充分显示了它们有效组织工人以影响公共政策的威力，工会的这次胜利被媒体（Bailey，1998）戏称为“反败为胜的政治压哨球”。

美国劳联产联（AFL-CIO）、加州民主党以及加州众多的公共员工组织和其他工会（对此议案）持明显的反对意见。工会的领导者为近年来众多工会日益削减的经济实力而忧虑，他们得想方设法地维持工会原有的政治影响力，这其实取
276 决于工会能收到多少会费。工会的领导者发现有人想通过一项议案来削弱工会的政治影响力。226号议案的支持者称其为“工资支票保护”计划（Crampton，Hodge，& Mishra，2002）。他们认为这有助于公平对待那些和工会在政治事务与候选人方面持不同意见的工人们。这些举足轻重的支持者包括：总督皮特·威罗生（Pete Wilson）、房产发言人纽特·金里奇（Newt Gingrich）、加州共和党以及国家商业自治联盟等（Berke，1998；“Union Foes，” 1998）。

工会的领导者担心加州那些和工人立场相反的人会把“工资支票保护”计划推上国会议程。根据美国税制改革的一份政策简报，美国现在已经有五个州建立起了某种形式的工资支票保护，这些州包括：爱达荷州、密歇根州、俄亥俄州、华盛顿州和怀俄明州。但是俄亥俄州的相关法律是无效的，因为它与联邦的相关裁决相抵触。1998年，在俄勒冈州和加州之前，美国的26个州引进了“工资支票保护”立法。然而，尽管有关人员曾经三番五次地推动工资支票保护法案，但美国国会最终还是没有通过这项法案（Crampton et al.，2002）。

能否维持工会的政治影响力对于将来保护加州工会会员的权益是至关重要的。为了能成功地否决226号议案，工会不得不和其他相关团体建立了“伙伴”关系（这些公共员工团体包括教师、消防员、护士和警察）。成功地否决226号议案这一事件突出了工会的另一个作用：工会是“惩罚者”，专门“惩罚”那些和工人利益相悖的势力。所以工会不遗余力地去反对那些约束工会政治花费的行为（Green，1998）。通过否决226号提议，工会成功地打击了支持这项提议的“工人们的敌人”。

从以上的事例可以看出，工会正日益左右政治：工会所扮演的角色就像保护者（保护员工的权利和利益）、合作者（联合与工人利害关系一致的人员）、惩罚者（惩罚那些和工人利益相悖的势力）。这三个角色充分解释了工会对内（公司

内）对外（公司外）的所作所为。

否决 226 号议案等私立部门的工会所取得的胜利表明，工会的力量正日益复苏。工会前景的改善和整个国家"沙漏型"经济的形成趋势有关：一极是高收入，高技术的工作；另一极是低收入的服务性工作，夹在中间的则是日益萎缩的中产阶级。226 号议案被否决这一事件可能会给人们带来一种错误的印象：公共部门的工会目前力量强大。事实上，尽管某些地区的某些工会发挥着相当大的影响力，并且更多的员工加入了工会，近些年工会的发展却很艰难。这一章将探究工会在政府部门的劳资关系上所扮演的角色，也探讨员工和经理对工会的不同观点，并突出与劳资关系有关的重要的困境、矛盾、趋势和变化。和政府部门有关的集体谈判等事务也会得到探讨。同时，本章还介绍了**传统型谈判**和**合作解决问题型谈判**，以及敌对原则与和谐原则。简而言之，无论是现在还是将来，劳资关系对人力资源管理都是至关重要的。

10.1　关于工会的不同观点

大多数员工和经理对工会都有着自己的看法，一些人对工会持肯定态度，另一些人则对工会持否定态度。从积极的方面讲，当员工不满意他们的工作或工作条件时，他们就会借助工会去缓解心中的郁闷情绪。工会通过修正组织的变化无 277
常的措施去帮助那些处于弱势的员工。员工也可能会认为工会能提高他们在公司里的地位和增加他们对公司管理层的影响。善于监督的工会能够让组织诚信经营和公平对待员工。特别是在劳动密集型的公共部门，员工们团结一致采取集体行动，往往能够争取到单靠个体努力所得不到的成果。比如，工会应当支持员工争取对自己有利的东西，并且帮助建立更能激励员工积极性的工资制度。确实，近日一份公共部门的调查发现，在员工们团结一致进行谈判的各州，工作熟练的员工能够获得比其他州高 20%的工资（American Federation of Teachers [AFT], 2004)。加入工会后，员工们除了能够获得各种外快（价格折扣、法律援助、贷款、信用卡、保险)，还能够促进彼此更团结一致。

对工会持否定态度的人则会围绕工会的债务、反应迟钝的工会领导者、工会的陈规老套和可疑的收益喋喋不休。另一些厌恶工会的人则会指责那些生产效率低下的工人，并且认为工会无助于实现工人们的目标。而且，相对于工会，一些员工更愿意选择加入职业协会。

公司的管理层也会对工会持否定或肯定态度。一些人认为工会增加了开销负担，降低了生产率，阻碍了机构改革，并且工会只关心工人们的利益，而不关心其他市民的利益。另一些反对工会的人则认为严厉且刻板的员工合同会改变或损害经理的管理权和减少经理的裁决权与灵活性。经理们会认为工会把冲突、混乱和不团结带进了公司，进而阻碍了和谐的劳工关系的形成。工会被视为天生地亲劳工和专门与经理们作对。并且，工会被认为是混乱的并且延缓了政策的实施。一些经理，特别是享有工作权的那些州（那里的法律禁止工会强制性地吸收会员）的经理，他们认为目前的公司政策和程序已经相当地照顾到工人们了。这些经理认为现在已经没有必要就公司的雇佣事宜和工会举行会谈或谈判。反对工会的人通常把他们的批评归结为：工会使得公共服务私有化了。经理们可以通过以下几个方法去安抚员工：迅速解决员工们关心的问题，建立申诉程序，下放适当的权力给员工。一些官员认为管理层若不公正地对待其员工。就会使得更多员工加入工会。事实上，正确地对待员工是对付工会的最好方法。这就是美国劳联产联的观点，它提出了六个可以减少员工加入工会的方法（示例 10—1）。此外，这一章的附录 A 也向经理们提供了一系列对付工会的方法。

278 **示例 10—1　　美国劳联产联（AFL-CIO）：影响工会吸收新会员的因素**

员工们深信他们的老板并没有剥削他们
员工对自己的工作感到自豪
公司保有员工良好表现时的记录
员工没有抱怨受到专横的对待
公司任人唯贤
上级和下级保持良好的关系

资料来源：复印自《抵挡工会进攻的策略》，载《国家商业》，1966（11），107 页。

对工会持肯定态度的组织认为工会能够帮助增加工作场所的民主并且使得劳资双方能够一起携手改进雇佣的状况。这些经理关心他们的员工，喜欢一劳永逸的谈判，并且认为工会是员工们施展才华的一片天地。他们喜欢和那些得到员工们支持的工会代表们一起共事，憎恶那些装模作样说反映员工呼声却暗箱操作的社会团体。

劳资双方对彼此的评价也是褒贬不一。这在公司的首席执行官（CEO）和工会领导人的关系上体现得最明显。他们间的一些成见很可能会损害彼此的关系（见 Benest & Grijalva，2002）。示例 10—2 列出了可能会阻碍工会领导和公司经理发展良好关系的一些成见，并且提出了为加强双方的关系可以采取的一些方法。

示例 10—2 打破成见以及改善首席执行官和工会领导人间的关系

工会领导人对经理的看法	经理对工会领导人的看法
经理们是无能的	工会领导人不懂管理
他们是政治动物	他们是孤立的
他们没有骨气面对政治争端	工会领导人费尽心思去讨好工会的会员
经理们没有道德	他们说多做少
经理们不能专心做事并且很狂热	工会领导人不懂政治
在劳资关系上，他们目光短浅	他们的目光不够长远
他们看重的是数量而不是质量	工会领导人阻碍变革
他们很小气	他们不支持多样化
	他们不懂如何管理人员
	他们是差劲的合作者

加强双方关系的 15 个建议： 279

给劳资双方的建议：
- 充分认识到各自角色的差异
- 摒除对彼此的成见
- 尝试了解彼此
- 把对方看做合做伙伴

给首席执行官的建议：
- 充分认识到公共服务改善后带来的收益
- 对工会领导人的工作给予支持
- 不要把工会妖魔化
- 理解活跃的工会领导人
- 多与员工进行沟通
- 促进工会领导人发展宽广的视野

给工会领导人的建议：
- 对经理进行指导
- 挑选好你的对手
- 分清事实和幻想
- 争取成为一个对社会有益的团体
- 扩大工会会员的视野

资料来源：改编自 Benest and Grijalva（2002）。

理所当然的，员工和经理对工会的看法是大相径庭的。在一个工会普遍存在的环境下，劳资双方不得不去思考工会给他们的工作带来的影响。示例 10—3 分类列举出了劳资双方就工会、劳资关系和集体谈判等方面可能提出的问题。由于公共部门劳资关系和目前趋势的复杂性，问题的答案会随着工作环境的不同而变换。下面将讨论这些复杂性。

示例 10—3　　劳资双方关于工会、劳资关系和集体谈判的一些问题

员工：

- 我应该加入工会吗？
- 工会是干什么的？
- 工会会倾听我的呼吁吗？
- 工会会为我的呼吁采取行动吗？
- 工会会保护我的权益吗？
- 工会会影响我和经理的关系吗？
- 工会的不足之处是什么？
- 集体谈判会对我有影响吗？
- 工会能有效地代表我的权益吗？
- 我应该参加罢工吗？

组织：

- 工会会怎样影响我的公司？
- 工会会怎样影响员工们的工作？
- 我应该支持还是反对员工加入工会？
- 我和工会是伙伴关系还是对手关系？
- 我和工会领导人能有效地共事吗？
- 我想念管理层的谈判实力吗？
- 在合同里，管理层应该追求什么？
- 谈判中管理层的特权能得到保障吗？
- 合同里的条款会削弱我的管理权吗？
- 怎样解决员工的不满？
- 怎样解决合同争端？

281 **示例 10—4　　2001 年和 2002 年政府相关的工会所吸收的会员和工会所代表的员工（以千人为单位）**

以千人为单位	总员工数	工会会员		工会所代表的员工	
		总数	百分比	总数	百分比
2002 年的政府员工	19 587	7 351	37.5	8 223	42.0
联邦政府	3 296	1 063	32.3	1 244	37.7
各州政府	5 706	1 758	30.8	2 005	35.1
地方政府	10 585	4 530	42.8	4 974	47.0
2001 年的政府员工	19 340	7 186	37.2	8 086	41.8
联邦政府	3 324	1 046	31.5	1 221	36.8
各州政府	5 729	1 737	30.3	1 980	34.6
地方政府	10 287	4 403	42.8	4 885	47.5
2002 年的私营企业	102 419	8 756	8.5	9 548	9.3
2001 年的私营企业	103 142	9 201	8.9	10 028	9.7

资料来源：数据来自 http：//www. bls. gov/bls/newsrels. htm（截至 2003 年 3 月）。

10. 2　员工与组织之间的困境和矛盾

像人力资源管理的其他领域一样，有关劳资关系的困境相当多，其矛盾也是不可避免地存在着，以下就是一些例子：

● 只有高度的信任和合作才能产生高效率的工作成果，但是如果没有谈判，工人们的利益就得不到充分的保障。

● 集体谈判这一措施是必不可少的，但它却可能和高效的奖励系统不兼容。

● 工会和公司管理层都公开宣称支持提高生产率的各种举措，但是当工作的安全性受到威胁时，这种支持就会消失。

● 争端解决机制的存在增加了劳资关系的稳定性，但集体谈判法的一些条款 280
增加了一些非选举产生的仲裁人的权力，这可能会导致市民民主权利的减少。

● 工会声称它们在和其他试图影响政府决策的利益团体（比如纳税人协会、私有化拥护者协会）进行着公平的竞争；然而，工会明显具备其他团体没有的优势，因为工会不仅可以为争取特别的利益去游说立法机构，而且还有权就工资、工时和工作条件及有关方面进行谈判。

● 经理们要对他们在有关公共利益方面作出的决策和采取的行动负责，但工会和劳工合同的一些规定可能会限制他们的裁决权。

● 管理层频繁地宣称他们支持员工们参与公司的项目设计和实施，但事实上他们更希望员工们的这种参与是没有受工会的指使的。

● 由于劳工合同里的一些严格的工作条款，工会在削弱经理权力的同时可能会使得它自身在公司的活动难以开展。

另外，三个困境和问题也值得探讨。

首先，传统的观念主张劳资双方针锋相对，宁为玉碎，不为瓦全。这种传统的观念对劳资关系的危害很大。一种解决冲突的新方法将纠正这种错误的观念，重点强调劳资双方的合作和双赢，也就是劳资双方先心平气和地谈判，然后再一起起草专门的政策。实践表明，这种改善劳资关系的新方法是卓有成效的(Fretz &Walsh，1998；Parsons，Belcher，& Jackson 1998)。

其次，由于工会不仅代表其会员的利益，还代表全体工人的利益，所以出现了搭便车者的问题。也就是说，一些工人无须加入工会就可白白享受到工会千辛万苦争取来的利益。通常，工会代表着很多工人的利益，但这些工人很少会加入工会（换而言之，在和组织的谈判中，员工属于工会这一方，但他们并没加入工会）。举例来说，2003 年美国联邦职工联盟（AFGE）拥有 222 000 名付费会员，但它却在为多达 600 000 名公务员争取利益。也就是说可能有378 000名公务员在不劳而获，“搭便车率高达 64%，所以说，在很多自由雇佣企业的政府规定中，工人们无须加入工会或付费就可白白享受工会争取来的利益。[1]，搭便车者真是不劳而获，坐享其成。[2]示例 10—4 列出了在各级政府部门中这种现象的总体趋势，其中的两个条栏对比了工会的会员人数和工会代表的全体工人的人数（相对于上面提到过的美国联邦职工联盟的例子，这些数据所映出的搭便车者的问题并不突出）”。

第三个困境源于工会领导人和公司经理固有的价值观差异。尽管 20 世纪 90 年代劳资双方加强了合作，两者间却还存在着一系列不相容的困难（见示例 10—5），以上表格显示，劳资双方在以下方面存在着明显差异：组织成员、对决策的参与度、安全的基础、奖赏的分配、目标和行动的基础（在以下的章节中，这些差异将会变得更加明显）。接下来的这一小节，将会着重探讨公共部门的劳工关系，并突出它和私营部门在趋势和变化上的不同。在商业领域发展起来的劳资关系的模式逐渐适应了在政府领域的发展。

282 **示例 10—5　工会和经理不同的价值观**

工会	经理
平均主义——会员间一律平等	等级明显——谁表现好，谁就地位高，收益多
会员间民主决策	决策由少数人作出
通过互相保护以确保工作稳定，牵一发则动全身	优胜劣汰，按劳分配
依据会员的资历来评价他们	工作表现是评价员工的主要根据
目标：工作稳定、工作质量、安全、高工资和高收益	目标：高生产率、投票人的认可、低税率、顾客满意
以往的实践和先例影响着当下的行动和决策	实用主义：只求当下最见成效

工会发展的趋势和变化

自 20 世纪 50 年代以来，尽管公共部门的工会会员人数有所增长，工商业领域的工会人数却持续减少。总体上，工会会员占全体工人的比例从 1996 年的 14.5%下降到 2003 年的 12.9%，而在 1954 年，这个比例却高达 35%。从 2002 年到 2003 年，工会会员人数减少了 369 000 人。示例 10—6 列出了从 1990 年到 2003 年，私营部门和公共部门工会会员占全体工人的比例；2003 年所有的工会会员总数是 1 580 万人。值得注意的是，在 2003 年，37.2%公共部门的员工都加入了工会，而只有 8.2%私营部门的员工加入工会，这形成了鲜明对照（劳工统计局［BLS］，2004）。也就是说，每 10 个政府员工里面就差不多有 4 个是工会会员，而每 10 个私营部门员工里面却勉强只有 1 个是工会会员。自 1983 年以来，政府员工中加入工会的比例一直在发生着微小的变化。目前，政府员工中成为工会会员的人数占全美工会会员总数的 45.6%。示例 10—7 列出了一些特定的公共部门在 1997 年和 2003 年的工会会员人数，并且提供了这些部门的网址。

示例 10—6 从 1990 年到 2003 年公共部门和私营部门工会会员占全体工人的比例 283

年份	公共部门（%）	私营部门（%）
1990	36.5	11.9
1991	36.9	11.7
1992	36.6	11.4
1993	37.7	11.1
1994	38.7	10.8
1995	37.7	10.3
1996	37.6	10.0
1997	37.2	9.8
1998	37.5	9.5
1999	37.3	9.4
2000	37.5	9.0
2001	37.2	8.9
2002	37.5	8.5
2003	37.2	8.2

资料来源：劳工统计局（1998，2003）；国家政务委员会（1998）；美国人口调查局（2002）。

示例 10—7 1997 年和 2003 年全美公共部门的工会会员总数（以千人为单位） 284

劳工组织	1997	2003	网站
美国联邦职工联盟	210	222	www.afge.org
美国州、县、市员工联盟	1 300	1 400	www.afscme.org
美国教师联盟	940	1 200	www.aft.org
美国邮政工人联盟	350	366	www.apwu.org
国际消防员协会	225	260	www.iaff.org
国际警官联盟	80	NA	www.iupa.org
美国邮差联盟	315	304.7	www.nalc.org
全国邮政督察员协会	36	36	www.naps.org
美国教育协会	2 300	2 700	www.nea.org
全国联邦员工联盟	150	NA	www.nffe.org
全国警察兄弟会	270	308	www.grandlodgefop.org
全国乡村邮差联盟	NA	96	www.nrlca.org
全国会计员联盟	150	155	www.nteu.org
国际服务员联盟	1 110	1 500	www.seiu.org

资料来源：劳工统计局、美国劳联产联、各工会。

私营部门工会会员的减少有以下几个原因。最常被提到的几个原因是：高科技产业的发展（工会很难把这些领域的工人组织起来）、地理位置的变换（从霜冻地带迁移到阳光充足地带）、劳动力的变化（从蓝领到粉领，说西班牙语的美国人、亚裔美国人和非洲裔美国人），还有工作场所的变化（面积小型化、类型多样化）。其他的原因包括：工会选择代表时受到经理们的干扰，参加罢工的工人被解雇，还有工会领导人缺乏进取心，不求有功，但求无过，斯坦利·阿朗诺维茨［Stanley Aronowitz（1998）］则认为工会会员的减少是因为：工会的工作是锦上添花，而不是雪中送炭，只去满足最不需要工会的人（钢铁和汽车工业的工人），而不去关心最需要工会的工人（农场工人和旅馆工人）；自私狭隘的工会领导人；工会把工作重点错误放到谈判和上诉上，而不是放到吸收会员上。美国商务部部长汤姆斯·J·多拿赫（Thomas J. Donahue）则提出了不同的观点，他认为工会会员的减少是由于：劳资关系已得到改善；劳工们逐渐放弃“大政府”的政治主张；频繁出现的工会腐败的传闻（《美国劳工》，1998，p.7A）。尽管众说纷纭，不可否认的是，在维持会员人数这一方面，公共部门的工会确实要比私营部门的工会强很多。

近40年来，公共部门工会会员人数的发展大致经历了三个阶段：20世纪60年代和70年代的大幅度增加，20世纪80年代的中速上升，以及20世纪90年代和21世纪最初几年的平稳增加，在1960年，公共部门的工会会员总数为900 000人（10.8%）。到1980年，政府的工会已成为美国劳联产联中最庞大的部门，平均每五个政府员工有两个加入工会。不过，目前只是在州一级政府以及各地方政府中工会会员的人数才占大多数（85.5%），在联邦一级政府中，工会会员人数的比例很低（14.5%）（劳工统计局，2003）。这正好和20世纪50年代以来的现象相反，那时联邦一级政府中工会会员的人数是占大多数的（69%）（Orzechowski & Marlow，1995）。以下是工会会员人数增加的一些原因：

- 公共政策（行政指令、法规）的变化
- 工会吸收会员的工作很有成效
- （民权、反战、女权主义等）社会运动的增加
- 各种工会运动（减产、罢工）的成功
- 公司拖欠员工工资
- 285 公共部门的员工日益增加
- 组织在对付最初的工会运动时缺乏经验
- 员工越来越担心解雇

示例10—8讲述了年轻的员工通过工会争取自身利益的例子。

示例 10—8　　　　吸收年轻员工加入工会：助教

驯狮学校的驯兽理念：好好地喂养它们并且绝不让它们知道你仅有一张椅子和一条鞭子。

——匿名

近些年，工会努力吸收年轻员工成为会员。工会发起的众多调查表明，年轻工人关心工资、健康和退休保障（Brackey，1999）。他们最担心生活花费过大、贷款率过高、工作受到歧视和买不起住房。工会为在公立大学当助教的研究生争取权益的过程充分说明胜利来之不易，最明显的例子是工会为加州的助教争取权益奋斗了 16 年。

1999 年 3 月，加州大学不情愿地接受研究生工会选举的结果。原因是加州大学的八个教学校区同时发生了持续四天的游行。加州大学洛杉矶和伯克利等学校都举行了代表选举，使得美国汽车工人联盟也加入了支持助教的工会。研究生员工工会的联盟说估计全美100 000名研究生助教中的 20 000 人加入了工会。

反对助教工会的人认为，助教是学徒而不是正式员工，助教工会增加了高等教育的成本，并且研究生没有资格建立工会。反对者进一步指出助教没有权利去讨价还价，助教工会将使灵活的学院体系被有害的工会体系取代。其他的反对者担心助教工会将导致：工资停滞，工作时间变刻板，导师和学生的关系变僵以及罢工。公共员工关系事务部（PERB）反驳了以上的观点。支持助教争取谈判权的人认为，由于大学缩小规模和缩减开支，助教承担了大部分的教学任务（在加州大学），并且助教一向被雇为临时工来对待。支持者们坚信工会将帮助助教减轻工作负担，增加工资，改善身体健康和工作条件、工作稳定性，以建立更有效的申诉程序。

尽管工会在组织像助教那样的年轻员工争取权益的工作上取得了一些成绩，但工会运动经常是失败的；并且工会的胜利都是通过长期艰苦的斗争才获得的。比如说，加州大学的助教在经过长达 16 年的多次的停工、州立法者的调解和外界的搅乱后才最终获得了谈判的权利和当权方的认可。尽管如此，因为有州劳工法的约束，所以公立大学的助教联合起来还是能相对容易地争取到权益，而在全国劳工委员会（NLRB）约束下的私立大学的助教则没有那么幸运了。全国劳工委员会规定半工半读的学生不能算作“正式的员工”，因此他们无权组织工会来争取权益。几所私立大学的研究生十年来一直努力纠正这个条例，但直到 2004 年，他们也没能成功。

资料来源：Bacon（1999）；Bernstein（1998）；Brackey（1999）；Folmar（1999）；Greenhouse and Arenson（2004）；Palmaffy（1999）；Sanchez（1996）.

公共和私营部门不但各自的会员入会趋势不一样，两者的劳动法也各异。公共部门劳动法的发展落后于私营部门，但它提出了几个在私营部门立法中出现的概念。因此，作为一个基础，很有必要去熟悉以前的一些立法（示例 10—9 中有其摘要）。尽管公共部门的劳工关系改进源于私营部门的模式，但在介绍劳资关系方面公共部门的政策发展前，很有必要先澄清两者的一些重要区别。

286 **示例 10—9　　从 1926 年到 1959 年五条重要的私营部门立法**

1926 年：《铁路劳工法案》（Railway Labor Act）——授予铁路工人组织工会和谈判的权利。并且规定了合同争端的解决方法，以及对各种合同作出详细说明。

1932 年：《诺利斯-拉瓜迪亚法案》（Norris-LaGuardia Act）——约束禁制令，并且不承认“黄狗”合同的合法性。

1935 年：《瓦格纳法案》（Wagner Act）——也叫《全国劳工关系法》，或者 NLRA，赋予所有劳工组织工会和集体谈判的权利，列出各种对劳工不公的做法，详细说明合法的工会选举，并且创立全国劳工委员会来监督这个法令的实行。

1947 年：《塔夫特-哈特里法案》（Taft-Hartley Act）——修正《全国劳工关系法》并创立联邦调解委员会去帮助解决争端；提出应急程序，列出对劳工不公的各种做法，并赋予各州通过工作权的法律。

1959 年：《兰德鲁姆-格里芙林法案》（Landrum-Griffin Act）——也叫《劳资报道和公开法》，要求工会提交有关金融和财产托管的报道，并且赋予工人作为工会会员参加会议和提名/任命候选人等权利。

在地方政府这一级别的政策层面上，纽约市市长罗伯特·F·瓦格纳（Robert F. Wagner Jr.）于 1958 年发布了第 49 号行政命令，承认工会的集体谈判，建立了申诉程序并且设立了谈判方进行决策和代表选举的程序（见阿朗诺维茨，1998）。四年后，公共政策和公共部门联邦立法不断向前发展，伴随着它们的是肯尼迪（EO 10988）、尼克松（EO 11491）和福特（EO 11838）当总统时发布的一系列行政命令。在卡特当总统时，1978 年的《公务员改革法》（CSRA）中的第七条款汇聚和详述了以上提到的政策和行政指令，并且得到顺利通过。

这个条款赋予联邦员工（常规的时间表和工资级别）组织工会和正确谈判的权利，它成立了联邦劳动关系署去监督联邦劳资关系。它也阻止了工会安全性的安排，约束了谈判的范围（比如把工资和收益排除在谈判范围之外），并且禁止了罢工。劳资关系部门的人员管理办公室在合同管理和技术建立方面帮助相关的联邦部门。

1993 年比尔·克林顿发布行政指令，建立全国合伙人委员会，进一步给予联邦员工工会更多的权利，希望劳资双方共同合作以解决问题和改善服务。但是，小布什总统在 2001 年初取消了这个行政命令并解散了这个委员会，表明小布什政府是站在公司经理们这一边的。

小布什总统的举措加上国防和国土安全部的公务员改革（见示例 10—11）、开支的减少、按劳分配的计划，以及对减少谈判范围和员工上诉权利的担心，使得至少有一位联邦工会领导人宣称，“当局正在把公务员作为其打击对象”（《全美公共员工的斗争精神》，2003）。从国防部一名后勤人员的话中（见示例 10—12）

287

示例 10—10　　公共部门和私营部门的不同之处

1. 好处
   - 公共部门：很多无须谈判就能获得的好处是通过公民服务法规得到的（比如，员工申诉程序、健康/人寿保险、病假、假期），但谈判的范围很狭窄（比如，工资和联邦员工的收益是排除在谈判范围之外的）。
   - 私营部门：谈判范围很广泛，很多与雇佣有关的条款的项目都能拿到谈判桌上来谈。
2. 多边谈判
   - 公共部门：政府部门权力不集中意味着谈判会涉及很多相关部门（比如，谈判者、公众/付税者/媒体、选举出来的官员、法院、其他的第三方）和比较复杂的批准过程。
   - 私营部门：谈判是个双方谈判的过程，只要双方的政策机构认可，谈判结果就可生效。
3. 垄断 vs. 竞争
   - 公共部门：政府是一个垄断机构并且它一般不受市场因素支配，这使得政府的产品/服务（比如：警察、消防员）是难以取代的。
   - 私营部门：工商企业的业务受到市场因素的支配，消费者能够自由选择心仪的商品/服务。
4. 罢工
   - 公共部门：罢工经常被视为是非法的，并且罢工者/工会可能会被惩罚。
   - 私营部门：罢工是合法的，并且当谈判陷入僵局时，罢工就成为一个正当的工具。
5. 主权主义 vs. 自由契约
   - 公共部门：主权主义认为政府有义务保护所有的社会利益；因此，要求政府和其他利益团体（比如谈判中的工会）分权是不正确的。类似地，专门的责任理论认为公共员工在社会上担当重要的职务，因此应该禁止他们罢工。
   - 私营部门：统治权原则并不适用。
6. 政治 vs. 经济
   - 公共部门：其决策会影响经济，但都基于政治准则。
   - 私营部门：其决策可能会影响政治，但都是经济性的决策。

资料来源：改写自 Coleman（1990，pp. 8−12）；Denholm（1997，pp. 32−33）。

也可以看出，一些员工感到他们正在失去对一些事情的影响力，并且他们的权益变得更加容易受到损害。环球美国，这家咨询公司的副总裁乔治·内斯特楚克（George Nesterczuk）却支持布什的举措，他认为“克林顿时期的合伙人政策给予了工会过多的权利，使得工会不断和公司叫板，为所欲为”（《年轻人》，2001，p. 17）。看来，国家合伙人委员会解散后，劳资双方必须重新寻找新的立足点和调整彼此的政策，以建立良好的劳资关系。

288 **示例 10—11　　行政公共事业改革以及国防部的工会**

新出台的《国防部员工法》将影响成千上万的国防部员工，降低工会的影响，并将改变持续了 45 年的劳资关系结构。因此，30 个工会联合起来要反对这个法案。国会通过了 2004 年度的国防授权法，使得国防部有权改写员工政策和劳资关系法。国防部主张改变的事项有：

- 减少作为谈判方的工人代表
- 创建一个按劳分配体系
- 摒除裁员时年长者和退伍军人首当其冲的做法
- 取消有关禁止对待劳工不公的条文
- 允许工会参与“商讨”人员的变动，但工会缺席的协议和经上级授权的管理可以单方面生效
- 对员工的申请和工会的申诉只进行内部的评定，而不是以前的第三方评定
- 禁止所有持执照才能工作的人员（比如那些技术岗位的人士）进行集体谈判
- 更改员工加入或退出工会的准则
- 创立国家级集体谈判以取代地方级谈判

赞成以上变动的人认为管理层目前正在被众多的谈判方（1300）纠缠，这不利于管理层要将成千上万的工作岗位从军队转置到地方的目标。这些赞助者辩解到，管理层并不打算取消员工的集体谈判权，现在需要的是一个更灵活更负责任的体系。工会领导人则认为以上的变动如果成为现实，工会将面临崩溃和失去工人们的信任，工人得到的保护将会减少，双边原则将被破坏，并且将成为其他团体集体谈判权丧失的先兆。确实，就在国防部提出其主张后的两个星期，国土安全部也出台了类似的提案。

资料来源：改写自 International Brotherhood of Electrical Workers（2004），Kaufman（2004），and Losey（2004）。

289 **示例 10—12　　一个国防部后勤人员的思考**

作为国防部的一个后勤人员，2002 年美国西海岸关闭港口的举措影响了我。这一事件的起因是几个军队供应商没有能够通过港口把军需物品运送给美国军队。在我们质疑政府能力的同时，一些战略上的忧虑不得不提。由于赔偿和自动化操作事件的发生，急需运送到战区去的军用物资会被搁置一旁。当军用物资被装运上政府租借的船只时，联邦员工总会在场帮忙，尽管他们的年工资远远没有商业性码头工人赚的 117 000 美元那么多。

在联邦部门，我们一点影响力都没有。我们已经丢弃了集体谈判和罢工的权利。我们也交出了批判政府的权利（批判者仍然会受到嘲弄）。我们得到的报酬还未增加（比商业机构要少 33%），使得我们只能指望经常受到抨击的“非常慷慨”的退休体系。然而，我们上交的健康保险金今年平均上涨了 13%，并且还会继续上涨到 4.1%。我们的副指挥官的年收入大概是 120 000 美元。我所在的机构大概有 3 000 个员工，每年的总收入是 60 亿美元，这使得它跻身于《财富》评出的 500 强之列。难道还有其他公司的首席执行官每年仅赚120 000美元？

在过去的几十年中，政府员工受到了社会上太多的关注。事实上，我们只不过是政治家的足球，我们像奴隶一样被奴役着。

资料来源：作者和本人的个人交流。

一系列混杂在一起的联邦、州、地方法律、条例、法院判决、法令以及律师的观点都会对劳资关系有影响。联邦级的劳资关系体系不同于州级的和地方级的，并且州级的和地方级的有时也各不相同。地方级劳资关系的发展呈现出一定的变化；然而，大部分较大的劳工事件仅发生在警察、消防、环境卫生和教育这几个有限的地方级工会，虽然很难概括出州级和地方级公共政策是如何处理公共员工的关系，但示例 10—13 还是简略指述出了州级公共员工劳动关系法的一些重要特征。

示例 10—13　　公共部门谈判法的重要特征

谈判的责任：忠实地去谈判，公众的角色和知情权。

谈判的团队：为参加谈判的团队选举出合适的代表以及团队的资格、认证、代表性和责任。

集体谈判关系/协议：工会、组织、协议中的个体权利；不公平的劳动行为；协议的合法性；申诉程序。

工会权利：集中在罢工、纠察和抗议的权利或者当罢工受到禁止时，解决僵局，协调、寻找事实或仲裁的权利。

公民的权利：合法的法律行动、劳资双方的辩论、参加政治活动的规章制度。

政府的责任：建立相关机构来执行劳动法和管理/监督公共部门的劳动关系。

示例 10—14　　反对和赞助公共部门罢工的相关争论 *290*

反对公共部门罢工的人认为：

- 所有的权力都来源于美国人民，公共部门的工人无权罢工，因为他们的罢工会违背公众意愿和削弱政府的权威。
- 工会有可能会滥用相关政策给予它的而其他利益团体不具备的罢工这项特权。
- 公共服务是垄断性的，一旦允许工人罢工，劳动力市场对劳动力成本的自我约束将荡然无存。
- 罢工发生时，一些必不可少的公共服务会得不到保障，这会威胁到公众的健康和安全。

赞成公共部门罢工的人认为：

- 并不是所有的公共服务都是必不可少的，而且政府服务的中断很少会严重威胁到公众健康和安全。
- 非公共部门提供的服务经常可以替代政府提供的服务。
- 一方面禁止公共部门的员工罢工，另一方面却允许干着同样工作的私营部门的员工罢工，这是很不公平的。
- 不管允不允许，罢工都会发生。
- 允许罢工的州发生罢工的次数并不比禁止罢工的州的罢工次数多。

资料来源：改写自 Kearney（1998a，1998b）。

另一个趋势与劳资关系自身有关。公共员工罢工的合法性目前正在热烈讨论中（见示例 10—15），近年来，罢工的次数减少，邀请第三方调解纠纷的次数增多。2002 年较大的罢工只有 19 次：私营部门发生 16 次，公共部门发生 3 次（劳工统计局，2003）。[3]罢工的减少有以下几个原因：公众日益增长的反税收、反工会以及反政府情绪，里根总统在 1981 年对空中交通管制员的解雇（见示例 10—16），组织雇用其他工人来永久取代参加罢工的工人，灵活的争端解决机制的普遍应用。尽管如此，10 个州的员工已明确享有罢工的权利，另外有 4 个州的法院裁决也支持公共员工享有罢工权（Kearney，2003）。灵活的解决争端的机制已普遍应用于各级政府。

示例 10—15　　职业空中交通管制员组织的罢工：误入歧途的策略

职业空中交通管制员组织（PATCO）的罢工是 20 世纪 80 年代联邦劳资关系发展的分水岭。那次罢工导致 11 400 名空中交通管制员被解雇，职业空中交通管制员组织也最终被取缔，里根总统借此举告诫公共部门的组织，决不要向工会妥协。

从 20 世纪 60 年代后期到 80 年代早期，工会一直和联邦航空局进行着艰苦卓绝的谈判。尽管第 10988 号行政命令约束着谈判的范围，双方还是就一系列事项进行了谈判。职业空中交通管制员组织的要求包括：大幅度上涨基本工资、增加加班费、更明显的工资级差和更丰厚的离职金。工会还要求更多地参与可操作性/安全性决策，减少每周的工作时间，以及更早地得到退休。联邦航空局自然不同意工会的这些要求。在和联邦航空局僵持了一段时间后，1981 年，绝大多数的工会会员投票赞成举行罢工，尽管这种罢工是不符合法律要求的。

里根总统给罢工者下了最后通牒：48 小时内返回自己的工作岗位，否则将被解雇。职业空中交通管制员组织并不理会这一警告。于是，里根总统解雇了所有罢工者。最后，工会的领导和策略受到了指责：没有赢得公众的支持，不懂灵活变通，不顾公众利益，没有充分争取 AFL-CIO 名下众多会员组织对这次罢工的支持。

资料来源：Coleman（1990，pp. 52-53）；Devinatz（1997，pp. 105-106）；Northrup（1984）。

291 **示例 10—16　　和工会有关的一些法律或环境因素**

双方的关系

协商——（劳资）双方的关系是不平等的；会议的议程由组织决定，组织可以选择是否谈判；管理层保留全部权利和最高权威；商议的结果是没有约束力的，并且明显对资方有利。

集体谈判——员工组织和参加工会进行谈判的权利得到认可；有专门的行政机构监督谈判方的决策和设立行政程序；拥有大多数人支持的工会成为专门的谈判方；组织必须参加谈判；管理层的一些权利会受到保护；在工会安全僵持程序和不公平的劳动行为等方面设立条款。

保障工会稳定的条款

工会——集体谈判协议里明确规定员工必须在一定的时间内（如 30～90 天）加入工会，这在政府部门是很少见的。

工会代理制——员工可以自由决定是否加入工会，但大部分员工都要交钱支付集体谈判、申诉和仲裁的费用。不交会费的员工会被解雇。这在公共部门也是不常见的。

会员身份维持——一旦成为工会的会员，员工必须要维持合同期内的会员身份。如果提前退出，可能会被解雇。

会费的支付——员工可以通过在工资里扣除一部分金钱的方式来支付工会的会费。

行政安排

公共员工关系部（PERBs）——负责选择合适的谈判方，监督资格选举和解决不公平的劳动行为的州级行政机构。在联邦这一级别上，联邦劳动关系署（FLRA）行使以上的职责。在私营部门，劳动关系全国劳工委员会（NLRB）行使以上的职责。

不公平的劳动行为（ULPs）

不公的组织行为——干预公共员工组织或参加工会的权利，歧视加入工会的公共员工，控制劳动组织，违背集体谈判的协议。

不公的工会行为（UUPs）——由于种族、肤色、信仰等而拒绝员工加入工会；干预、约束或压制员工/组织行使他们应有的权利；拒绝和公共部门的组织谈判或谈判时不为其会员的利益着想；干预公共员工的工作表现或生产效率。

解决僵局的程序

调解——依靠中立的第三方促成谈判双方的进一步交流并达成协议。

事实调查——依靠中立的第三方举行听证，调查有争议的事项，并作出不偏不倚的评论。 292

仲裁——依靠中立的第三方审核真相并作出有法律效力的裁决。

仲裁有很多种形式

- **利益仲裁**——这种仲裁和谈判的合同里的条款有关；这种仲裁可能是自愿性的，也可能是强迫性的。
- **申诉仲裁**——也叫权利仲裁，专门解决有关员工申诉事宜的一些突出的争端。
- **最终报价仲裁**——仲裁者的裁决受到仲裁双方各自的最终报价影响。
- **调解性仲裁**——仲裁者先对双方进行调解，在调解过程中解决尽可能多的争端，调解手段解决不了的争端再通过仲裁去解决。

10.3 谈判代表和集体谈判

有关联邦和私营部门员工的集体谈判权和代表权的国家劳动法并不适用于州级和地方级政府员工。州级法律、地方法令或行政命令对州或地方公共员工的谈判权和代表权有相关规定。目前，很多州都赋予公共员工集体谈判权。但是，一些州只把集体谈判权赋予一些特定的职业（比如公共安全、教师）。其他一些州虽没有对政府员工的集体谈判权作出专门的规定，但当地的行政命令或法令条例会针对一些具体情况授予员工谈判权和代表权（美国劳联产联，1997）。

集体谈判是指劳资双方的代表聚在一起，就员工提出的条件进行谈判并签订相关的协议。某些法律因素有助于谈判和劳资关系的形成。这些因素受到公共部门工会实力的影响并反过来影响到工会的实力。要想清楚地知道谈判的过程必须先确认出这些因素是什么。这些因素包括：双边关系的性质，保障工会稳定的条款的类型，行政安排的种类，不公平的劳动行为的范围，解决争端的方法或解决僵局的程序。示例 10—16 阐明了以上这些法律因素的特点。

谈判的进程受以上因素的影响。谈判的进程一般可以分为三个阶段：准备谈判、谈判以及签署合同。每个阶段都有各自的特点，下面将会依次探讨。

准备谈判

要进行集体谈判，必须先满足以下四个步骤：（a）确定合适的谈判方；
293 （b）选举出合适的代表；（c）对谈判代理进行独家授权；（d）挑选出谈判团队。通过以上步骤将会确定出谁将参加谈判。确定谈判方是指确定出工会或协会将代表谁的利益去谈判。行政机构、法令条例、工会或仲裁人都有权去确定谈判方。在联邦这一级别上，联邦劳动关系署专门负责谈判方的确定，而在许多州，则由各公共员工关系部专门负责谈判方的确定。每个州关于确定谈判方的准则都不一样，不过以下列出的全国劳工委员会的指导原则都是很具代表性的：

- 团体利益——共同的工作因素，比如，相似的职位、责任、技能、工作条件、工作种类或地理环境。
- 谈判历史——优先考虑谈判的风格，代表或劳资关系是否一致。
- 单位规模——单位规模过小会导致谈判中涉及的利益方过多，使得谈判难以操作，以及一些未参加谈判的工会不劳而获；单位规模过大则会导致内聚力缺乏，团体利益不一致。
- 运作效率——当谈判结构与现存的人力资源政策和程序不协调时，它会阻碍效率的提高。
- 避免劳资双方处在同一个谈判方——当劳资双方处在同一个谈判方时，利益冲突将不可避免。

选举是这一过程的下一步骤。虽然说工会的谈判代表可以不经选举就能确定下来，组织也可以随意选择一个工会作为谈判的一方，但是，代表选举这种方式才是比较普遍的。组织或工会都可以要求进行代表选举，而且工会必须确保有一定比例的工人（如 30%）希望进行代表选举。示例 10—16 列举出在进行代表选举时受禁止的不公的劳动行为，如恐吓、强迫、压制。工会必须在无记名投票选举中获得多数才能成为唯一代表工人的谈判方。各州法律对代表选举中的“多数票”却定义各异。在大部分州，“多数票”是指在实际选举中得到票数的大多数，而在另一些州，“多数票”不是指票数的大多数，而是指获得绝大多数有谈判资格的会员的支持。

对谈判方的正式认证则由相关的行政机构执行（联邦劳动关系署，公共员工关系部或其他相关的机构）。但是，如果现实中出现了以下现象，谈判方的资格将被撤销：有一定数量的工人对这个谈判方不满意，这个谈判方违反了谈判法（比如，联邦劳动关系署在 1981 年就取消了职业空中管制员组织的谈判资格，或者另一个工会取得了更多工人的支持。如果出现了以上的情况，法律要求重新进行选举，以选出能真正代表大多数工人利益的谈判方）。

挑选谈判团队是一项至关重要的任务。谈判团队的组成受到以下因素的影响：政府的级别，劳动关系部门（如果有这样的部门的话）的职业特性的程度，以及劳资双方领导小组的偏好。每一方各指派一名主要的谈判人员，他可能是一名职业的劳工谈判专家、劳工律师，也可能是一名精明的经理或工会领导人。在地方政府这一级别上，管理团队包括最重要的行政长官（市/县管理者），以及来自法律、人力资源管理或预算部门的专家。最高工会领导人通常细心挑选他们精明的发言人作为谈判人员。在一些州（比如佛罗里达州、明尼苏达州），一些社会力量（公众、传媒）可以参加或评论谈判，但这并不常见。 294

谈判

一旦舞台和演员都已经安排好，谈判的序幕就正式拉开了，尽管观众仅限于重要的谈判人员，好戏通常都在最后一幕上演，那正是谈判最激烈的时候。刚开始时，舞台的中央被例行公事的准备所占据。这些准备包括：研究合同的条款，收集并分析相关的数据（工资、收益），还要挑选出谈判的重点。谈判需要讲求策略。谈判的开始阶段和谈判的最后阶段所采取的策略是不一样的。不同的谈判方案的利与弊需要认真去权衡。谈判者不仅需要留意谈判的议程，还需要留意那些繁杂的细节，比如谈判的地点、时间、方式和长度。

在谈判时需要考虑到相关的法律规定。特别要留意以下两条法律规定：谈判必须要友好协商，谈判的范围必须要符合法律规定。尽管“友好协商”这个词有着多种定义，但是公共部门遵照的是全国劳工委员会相关规定对它的定义，而私营部门则遵照其他相关的规定。对于“友好协商”这个词，最好从它的反面例子去理解。以下的例子都不属于“友好协商”范畴：资方谈判人员在不接受工会的主张的同时却并不提出自己的主张，资方谈判人员暗中损害或故意避开工会，随意地安排会谈的时间表，以及不回应工会的要求（Baker，1996）。本章后面的附录B列录出了一张谈判时的行为清单。A区列出的谈判人员的消极行为和B区列出的谈判人员的积极行为形成了鲜明对比。尽管A区列出的一些行为可能很“正常”，并没有违反法律规定的“友好协商”，但这些行为很容易偏离正轨，引起对方的敌意。

谈判的范围虽然通常在法律上有规定，但在实践中却容易引起争议。由于工会想争取更多的“利益”，以及希望能就更多事项进行讨价还价，冲突就不可避免地产生了。当媒体向美国劳工联盟的第一任主席塞缪尔·冈珀斯（Samuel Gompers）提问“劳工们想要什么”，他回答道“更多的……”。从那以后，他的全部答复都被缩略成一个词——“更多的”。事实上，冈珀斯的完整的答复应该是：“我们希望学校多点，监狱少点；书本多点，兵工厂少点；学识多点，恶习少点；稳定的工作多点，犯罪少点；悠闲多点，贪婪少点；公开多点，仇恨少点。”如果工会想要“更多”，希望维护自身特权的资方通常希望放权“更少”，并且想缩小谈判的范围。一些不精确的法律通常只是泛泛地把谈判的范围规定在“工资、时间以及雇佣条件上”，这使得很多人质疑一系列谈判事项的合法性。相关的条款大致可以分为三类：

295 • 强制性的——“必须做”的事项，这些事项都属于相关法律规定的“工资、工作时间以及关于雇佣的条款和条件”的范围；然而，联邦员工的工资和工作时间被排除在谈判范围之外。

• 自由选择的——“可以做”的事项，谈判双方经常就这些可以自由选择的（即既不是强制性的，也不禁止的）事项进行谈判。但是，双方经常会在“关于雇佣的其他的条款和条件”这一条款上争论不休。

• 禁止的——“不能做”的事项。相关法令、行政机构（公共员工关系部或联邦劳动关系署）或法院已经明确确定好的事项（比如公务员法、机构的使命），不允许再谈判强制性的条款可能会使谈判陷入僵局；法律不可能规定谈判中的任何一方去认输。一种新型的来自私营部门的“可自由选择的”事项被列入了集体谈判的协议中。它是13条“道德标准条款”，布里格斯（Briggs）和希格里（Siegele 1994）极力把它推荐给公共部门的谈判人员。它要求谈判人员在谈判时的行为要合乎道德，并且它阻止任何和员工或机构利益相违背的不道德的议程。

基于道德原则的谈判，或正直的谈判，有时会在谈判时流行；其他时间则流行以自我为中心的谈判。在自我为中心的谈判中，谈判双方都把对方当做对手，彼此冲突，充满敌意，一方的所得恰恰是另一方的所失。正直的谈判并不是很流行，它要求谈判双方的观点大致相同。正直的谈判强调共同的基础，合同解决问题，因此它能在信任的环境下发展迅速（Walton & Mckersie，1965）。费哈尔和尤里［Fisher and Ury's，（1981）］著名的正直谈判（也叫基于道德原则的谈判）理论列举出了几个建议性的指导原则：

- 对事不对人
- 重点关注利益而不是职位
- 创造双赢的机会
- 实事求是

当谈判双方都致力于追求双赢时，以上的谈判原则就能找到肥沃的土壤生根发芽；当谈判双方都相互冲突，相互损害时，基本道德原则的谈判就很难开花结果。

经济形势会影响到谈判的策略。近年来，经济的紧缩和私有化导致了两个相关的趋势：让步谈判和生产率谈判。纳税者要求公司兑现"产多耗少"的承诺（提高工人的劳动生产率），并且要求公司对工会进行"反击"。在这样的情形下，工会不得不转攻为守，开展一场后卫战斗以保存过去谈判所取得的胜利果实，或避免它们的侧翼受到更严重的威胁（比如，精减员工、双层工资结构）。资方希望提高劳动生产率（比如激励机制）或更改妨碍工人工作积极性的劳动法规（比如员工比例）。为了避免遭受更大损失，工会有可能会同意资方的上述要求。工人们提出和生产率有关的要求包括：工人自治、弹性工作时间制或收益共享（Salzman，1994）。

由于劳动关系日益法律化，书面协议比口头协议或象征性的握手越来越受到重视。事实上，州级谈判法规定，书面合同必须对工资、工资时间和工作条件作出 *296*
明确的强制性规定；但是大多数协议都不只包含这些事项，还涉及很多附加事项。口头协议很容易"走样"，有时还会受到有意地曲解。书面合同正可以最大限度地避免这个问题；然而，狡猾的律师就像柔体杂技演员一样利用法律用语混淆视听，保留"伸缩的余地"，或钻法律的空子来逃避正式合同中包含的不利条款。

书面合同的条款缺乏弹性，这导致了类型谈判的产生，在这种类型谈判中，所有工会争取到的利益都只能是千篇一律的。类型谈判在一些城市受到了质疑。举例来说，纽约市的一些工会（比如警察、教师）已经呼吁要对类型谈判进行终结。他们认为缺乏竞争力的工资制度使得他们的行业很难吸引到足够多的优秀员工，因此他们要求给予这些行业更多的自由度（Greenhouse，1998）。他们认为废除类型谈判后，他们的工资会提高到和相似的行业同样的水平。不过，在纽约市的这一件事中，废除类型谈判可能会导致市政厅和各市级工会，以及各工会间的关系变糟。

一旦谈判双方在关键性的事项上达成共识，并且都认可合同上的条款，接下来就是签署合同的时候了。工会的谈判人员必须要确认，谈判的最终成果他们是否真的认可；资方的谈判人员则要寻求相关管理机构的授权（比如市/县政务委员会、州立法机构)。如果谈判人员一直和各自的选民进行着开诚布公的沟通，那么授权仅仅是一个形式而已。如果信息共享不足，人们会认为谈判人员的工作成果不够好，并要求重新谈判。

当双方谈判陷入僵局程序时，打破僵局的程序就会启动。如果正常的谈判途径不能解决合同的分歧，那么“第一招”或“最后一招”的机制就显得很有必要了。大多数州都会采用调解这种方法作为解决争端的第一步。中立的第三方调解人员就像催化剂一样促使双方继续谈判，并提出一些建设性的方案，以帮助谈判双方在突出的事项上达成自愿性的协议，如果调解不奏效，第二个解决方法就是寻求真相。联邦劳动关系署或公共员工关系部授权负责寻找真相的人员举行听证、调查争论，并提出解决问题的方案。

如果以上的“第一招”都不奏效的话，“最后一招”包括利益仲裁（不同于申诉仲裁或权利仲裁）或罢工（如果允许的话）。因为大多数公共部门是不允许罢工的（即使以前允许罢工的公共部门，现在也逐渐不允许罢工），所以有法律约束力的仲裁（约定俗成的，最后的方案）就成了最普遍的解决问题的最后一招。示例 10—16 阐释了什么是仲裁并列举出了各种仲裁的形式。从 1985 年到 1992 年，公共部门的仲裁案件有将近一半是和解雇、工资、停职和收益有关的(Mesch & Shamayeva，1996)。批评者却对这种仲裁提出质疑。他们认为：(a) 解决方案是外部人员强加的，而不是谈判双方完全自愿协商的；(b) 仲裁者缺乏政治责任（既不直接，也不间接对全体选民负责）；(c) 谈判双方都有可能在谈判阶段或启用“第一招”解决争端的阶段拖拖拉拉，以期待对他们有利的仲裁决定（Tomkins，1995）。

签署合同

297 签署合同是谈判的第三个阶段。为协议所设置的申诉程序是这个阶段最重要的机制。申诉程序提供了解决合同说明或执行方面的争端的步骤。仲裁是这个过程中的最后一步。

工会负责人和资方负责人是合同签署过程中的两个主要角色。如果希望合同签署这一过程顺利进行，双方必须充分熟悉合同中的条款，具备良好的人际沟通技巧和合作性解决问题的能力。不过，即使双方充分发挥了各自的学识和技巧，谈判中也会不可避免地出现分歧和不满。申诉机制提供了一种平和以及公平的方法来申诉这些有争议的事项，并把公司的不协调降低到最小程序。遵守事物应有的进程并准确地解决问题是很重要的。对申诉进行仲裁是解决这类争端的最后一步。有人认为仲裁是一种低成本的、公平的解决争端的好方法，但是另一些人却认为仲裁是高成本的，偏袒被告人的，并且判决给原告的经济赔偿是比较少的（Vinson，2002）。

10.4　员工和组织之间的对立与和谐

不同的社会组织有着不同的理念。公共部门集体谈判中所流行的理念其实是从私营部门借鉴来的。不过杂志《政府工会评论》的出版商大卫·德诺姆［David Denholm（1997）］却对公共工会主义和集体谈判提出了批评意见。他认为，由于公共部门和私营部门间存在着重大的区别，所以那些源自私营部门的关于劳资关系的重要理念不适用于政府部门。私营部门讲究的是竞争、市场经济和自由契约等，而政府则注重垄断、政治和统治权。传统的集体谈判的基本原则是对抗主义（敌对、冲突、对抗）。批评家认为其实和谐主义更适合用来指导公共部门的劳资关系（合作、服务、参与）和争取公共利益，这些都在瓦伊河会议中有讨论（见示例 1—11）。德诺姆假定公共雇佣关系中的公共利益包括以下几个方面：

- 维持和平的稳定的劳资关系
- 维护全体公共员工的权利
- 保护公民通过选举代表以监控政府政策和花费的权利
- 尽可能地提供最有效和最有序的服务

他认为集体谈判既不适用于政府，也没有争取到更多的公众利益。他的结论是："现在是抛弃以前那些错误的方法的时候了，只有这样才能更好地为公务员和公众谋利益"（Denholm，1997，p. 52）。

示例 10—17 概括出了这两种方法的重要区别。目前劳资关系上最激动人心的进展都是在和谐原则的指导下取得的。这些进展表现为：共同合作以解决问题、共同决策以及合作伙伴关系的确立（Fretz & Walsh，1998；Parsons et al.，1998；U. S. Department of Labor［U. S. DOL］，1996）。各级政府都在进行着如此有创造性的试验。示例 10—18 就列举了州和当地管辖区域出现的这样的例子。当组织的结构很灵活、很善于随机应变，同时谈判双方相互信任、相互承诺时，双方通过合作顺利解决问题的可能性就增大了（Levine，1997；Rubin & Rubin，2001）。由此带来的改进有：服务更好，成本更低，工作环境更好，申诉更少，解决争端的速度更快，收益分享更多，纪律更有效，谈判的协议更灵活（Lane，1996）。尽管不能过分推崇双赢谈判和基于合作的解决方案，也不能低估传统谈判的优点（见 Lobel，1994），以上的实例表明，公共部门的工会和资方应尝试各种各样的途径和战略性的方法以改进将来的劳资关系和公民服务。

298 **示例 10—17　　传统型谈判与解决问题型谈判**

传统型谈判：谈判双方相互对立，无表态，无主张。

解决问题型谈判：谈判是以解决问题为目标的，最终就共同关心的问题达成共识并相互受益。

传统型谈判：谈判双方目标单一——以最小的代价去从对方获取最多的利益。只顾眼前的利益，不顾长远利益。

实现这个目标的几个主要途径：

- 高度强调财力
- 运用高度墨守法规的语言
- 隐藏自己真正的目的和需求
- 运用等级制度来限制交流

尽管传统谈判有时能有所收获，但当它几年后再故技重施时，效果就很差了。

解决问题型谈判拒绝接受传统模式下对手的立场，而寻求建立一种长期的基于各方需求的协议。

实现这个目标的几个步骤：

- 客观地评定需要改进的地方
- 把这些基本需求告知各利益方
- 鼓励群策群力以解决问题
- 就合适的解决方案达成共识

解决问题型谈判创造了真正的自力更生的使各方都受益的解决问题的方案。

299 **示例 10—18　　州和地方政府联合工会共同解决问题的五个例子**

- 康涅狄格（Connecticut）的心理康复部门联合 1 199 区的 SEIU 建立了劳资关系委员会，设法提高员工的安全。仅仅一年，委员会就使工伤率降低了 40%，并使原本每年要花费的 250 万美元的工伤赔偿金减少了 23%。
- 伊利诺伊州皮尔瑞阿市（Peoria）的健康护理费曾经每年上升 9%～14%，而当地的收入却不增反降。皮尔瑞阿市政府联合市里所有的工会，把健康护理的问题移到共同的劳资委员会里解决。结果，健康护理费降低了 20%，有关健康护理的仲裁费则减少了 100%。
- 作为威斯康星州麦迪逊市城市计划的一部分，以 AFSCME Local 60 为代表的城市建设督察员和私人电力承包商的紧张关系，经过劳资双方的合作得到了很大的改善。劳资双方、工会以及承包商达成了共识，他们一致强调以教育代替惩罚，并且推进了一个加强安全、节约以及成果的项目。
- 在亚利桑那州的凤凰城，493 号地方消防局劳资双方的纠纷由来已久，经过协商，双方决定每年共同发布一个方案以解决问题。结果，10 多年以来，双方一直没出现过仲裁案件。
- 在印第安纳州的印第安纳波利斯城，市长和 AFSCME 工会在有关 25%的城市工人的私有化问题上争吵不休，然而，当工会被允许就工程项目竞标并能分享低于竞标价的资金优惠时，和工会合作的相关部门就捷报频传，并且工会的失业率为零。

资料来源：Fretz and Walsh（1998）；Osborne and Plastrik（1998）；Parsons et al.（1998）；U. S. DOL（1996）.

尽管从单方面决策到共同决策的转变还处在初始阶段，但是一些建立合作性伙伴关系的尝试是很值得鼓励的。比如，联邦一级的美国商业专利和商标办公室正在和国家财政部员工工会联合起来实施一项电信项目。同样地，美国住房和城市发展部也正联合美国政府员工联盟来实施一些试验性的项目，这些项目不仅包括电讯，还涉及改善劳资关系等内容。

詹姆斯·弗林特（James Flint，2002 ）提出了研究劳资关系的一种观点，就是设想一个关系连续体。从控制和效果的角度（从强到弱），这个连续体被描述成几个不同的角度。示例 10—19 画出了这种关系连续体的各阶段。图的一端是阶段 1（健康的工作环境），处在这个阶段中的控制是最强的，效果是最好的。图的另一端是阶段 5（打官司），处在这个阶段中的控制是最弱的，效果是最差的。这个连续体不仅可以帮助及时地确定某个部门的劳资关系正处在哪个阶段，同时也有利于谈判双方认清他们目前的状况（比如对抗），他们期待的状况（比如合作）以及他们怎样做才能实现这种飞跃。

示例 10—19　　关系连续体的有效性和控制 300

最有效 ←——————→ 最不有效

健康的工作环境阶段 1	出现须解决的问题阶段 2	需要调解阶段 3	需要仲裁阶段 4	需要诉讼阶段 5

控制程度最强 ←——————→ 控制程度最弱

阶段 1 健康的工作环境：管理者和员工共同领导；双方共同建立一个积极的，相互信任的关系，相互合作；创造保证责任和员工发展的组织基础。

阶段 2 出现须解决的问题：训练解决问题的技能；投资员工和组织；选择解决问题的工具；对不可避免矛盾的认识及积极回应的决定。

阶段 3 需要调解：须付少量费用；依靠外界解决问题；花费额外时间以达成一致；认识到也许不会出现令人满意的结果；损害劳动力与经营管理的关系。

阶段 4 需要仲裁：花费增多，接受仲裁人的决定而不上诉，将解决问题的控制权让与仲裁人，创造一个更加对抗的环境，产生一个可能会让一方或双方不满的结果，改变劳动力与经营管理的关系；减少有效的沟通。

阶段 5 需要诉讼：在重塑劳动力与经营管理关系时需要付出昂贵的费用；加强敌对关系；依靠缺乏内部关系知识的专家；创立赢/输决定；破坏劳动力与经营管理方的关系；阻碍有效沟通。

资料来源：改写自 Flint（2002）。

本章小结

在过去的 40 年中，工会在政府管理中发挥了重要作用。就像在本章的小标题和本章开始插图中强调过的那样。工会起着保护者、合作伙伴和惩戒者的作用。各部门对工会的态度是大不相同的。员工和经营者都对工会持既爱又恨的情感。在劳动力与经营管理的关系中，一个基本的矛盾是这样的：私人部门中敌对主义在公共部门得到了修正，这样一来就阻止了在和谐主义之上出现一个能与之
301 抗衡的模型。作为公共劳动与经营管理关系基础的法制结构，保证了作为敌对方式的传统的讨价还价的持续统治地位。而近来的试验则指明了通向合作解决问题的成功经验之路。

对于很多没法解决棘手的人力资源问题的经营者来说，与工会的交涉是一种生存方式。如果管理者不能理解有组织的劳动的实际或潜在的角色，不能注意到交涉协定或相互合约中的要求，那么困难就是不可避免的。公共经营者应当留心劳动力关系中当前和未来的趋势。如果经营者要将工作做到位，那么，在集体洽谈成交条件的过程中，与每一阶段、每一环节相关的活动都需要精心协调。同时，官员们应当意识到，与传统洽谈成交条件方式不同的方式也存在着。

在劳动力与经营管理的关系极其敌对与紧张的情况下，工人与经营者都可能不符合“代词测试”，这是前工会书记罗伯特·瑞奇 1988 年提出的。他依照雇工回答关于他们工作问题的方式来判断。他认真倾听他们回答的问题，从而判断雇工对他们组织的情感。如果他们用“他们”来指组织而不是用“我们”，他们就不能通过瑞奇关于集体奉献的代词测试。同样地，在劳动力与经营管理的关系中，“我们—他们”的区分显示了一种根深蒂固的敌对环境，使得原则上双赢的协商和合作解决问题更加不可能。在通过代词测试的人占优势地位的工作场所，以和谐原则为基础并包含了合作制定政策的策略更有可能成功。

留心下面所示的建议，防止出现如下困境，它或许能提供减少劳动力与经营管理关系中不必要摩擦的润滑剂：

建议

- 在解决问题时愿意共享权力
- 具有耐心，勇于承认错误
- 在建立关系和解决分歧方面乐于投入时间和精力
- 在双方利益一致的地方形成合作

困境

- 不愿修复恶化的关系
- 不能认识到矛盾是不可避免的
- 不注意建立和谐的工作环境
- 对于投诉反应迟缓且不公正

40 年来在传统工会——经营管理关系的经验基础上建立的现存法制结构与行为模式是牢固的，从敌对原则上的组织模式到和谐原则上的组织模式的转变将会缓慢递增。政府管理者在司法过程中必须仔细评价组织文化和机构管理，并决定是否为劳动力和经营管理关系的转变施加压力，或是通过现有人力资源和劳工关系机制来实现公共目的。

附录 A
关于经理们处理与工会关系问题的建议

- 与所有员工接触，并让他们知道他们的工作受到了足够的重视。
- 调查员工对于工作条件的意见。
- 提供健康安全的工作环境。
- 检查工资水平和福利待遇，使其同于或高于市场水平。
- 同第一线的员工关系监督人保持密切联系。
- 建立同工会官员亲切友好且个人化的关系。
- 在政策问题上与员工沟通时，与工会代表进行合作。
- 在工会与经营管理部门之间建立互信。
- 在劳资关系中建立透明度。
- 在人事和管理决定中避免专制。
- 给员工在他们自己工作条件下的发言权。
- 尊重员工自我组织的权利。
- 在实施私有计划时包含劳动力。
- 对申诉反应果断、及时并公正。
- 采取非正式手段解决对劳方不公平行为的申诉。
- 根据需要在逐个研究的基础上与律师磋商。
- 依照工会的意识形态、政治组织和领导个性适应工会。
- 认识到分别与每一位受到承认的协商代理人进行磋商都需要时间。
- 平等对待协商者；不要低估他们。
- 与工会代表的每一次会议都要做翔实的记录。
- 使谈判者将注意力集中在给予顾客（纳税人、客户、公民）所想上。
- 在解决集体协商的僵局时，有效利用第三方。
- 建立危机管理方案。
- 准备一个媒体和公共关系方案。
- 创立劳资关系委员会来讨论短期和长期的组织目标。
- 只同意那些有可能使双方的决策者都同意生效的条目。

附录 B

谈判清单及观察记录

附录 10—B　　谈判清单及观察记录

观察到的行为	资方		工会	
	是	否	是	否
A. 消极行为				
协商团队是否曾经……				
低估另一方?	是	否	是	否
高估他们的力量?	是	否	是	否
看起来没有准备?	是	否	是	否
提出模糊的提议?	是	否	是	否
内部相互争论?	是	否	是	否
不能保持镇定?	是	否	是	否
设想对方的优先权?	是	否	是	否
不切实际地增加要求?	是	否	是	否
过量销售?	是	否	是	否
过分愿意妥协?	是	否	是	否
进行防御?	是	否	是	否
打扰对方?	是	否	是	否
过分匆忙?	是	否	是	否
对对方的建议过早反应?	是	否	是	否
消极结束会议?	是	否	是	否
作出不能兑现的承诺?	是	否	是	否
撒谎?	是	否	是	否
破坏信任?	是	否	是	否
B. 积极行为				
协商团队是否曾经……				
冷静镇定地行动?	是	否	是	否
对对方表示尊敬?	是	否	是	否
表现出适应性?	是	否	是	否
行动理智?	是	否	是	否
认真倾听?	是	否	是	否
对相关问题表示关注?	是	否	是	否
学习另外可选用的方法及新信息?	是	否	是	否
如需要，举行决策会议?	是	否	是	否
防止恐吓?	是	否	是	否
尊重机密?	是	否	是	否
在良好的信任下协商?	是	否	是	否
表现出精心的安排?	是	否	是	否
注意双方协议的期限?	是	否	是	否
说实话?	是	否	是	否

资料来源：改写自 Colosi（1985）。

304 ## 关键术语

代理
仲裁
谈判单位决策
谈判代理认证
集体谈判
1978 的《公务员改革法》（CSRA）
和谐主义
敌对主义
主权主义
费用支付
事实调查
联邦劳资关系署
最终报价仲裁
搭便车者
申诉仲裁
解决僵局程序
利益仲裁
会员身份维持
调解型仲裁
调解
商议权
自由雇佣企业
原则谈判
解决问题型谈判
生产率谈判
公共员工关系部
代表选举
享有工作权利的州
特别责任理论
传统型谈判
非公平劳动实践（ULPs）
优先雇用工会会员的工商机构
锯齿效应

应用练习

班级讨论

1. 当敌对主义与和谐主义应用于公共部门的劳资关系时，它们的关键含义是什么？

2. 人们更倾向于哪一种，传统谈判还是合作解决问题？为什么？

3. 依据公共和私人劳动力关系以往的趋势，你估计未来会出现什么情况？

4. 在集体谈判三阶段的每一阶段中，可能会遇到什么样的重要障碍？怎样解决每种障碍？这和象棋游戏的相似点是什么？

5. 邀请参与过集体谈判的团队的人光临你的班级，请来访者谈谈他个人关于示例 10—19 所列举出的消极谈判和积极谈判行为的一些经历。

团队活动

6. 分成四组：一组是受到不公待遇的员工，一组是调解人，一组是事实调查人，一组是仲裁人。第一组定义申诉的性质，每一位第三方中立者表明他们将如何解决申诉。

7. 分成四组，每组代表一种类型的仲裁（见示例 10—16）。在小组内讨论这种仲裁的优势和劣势。然后向班级汇报讨论结果。

8. 公共员工有权罢工吗？人们比起限制仲裁更倾向于这样吗？为什么？ 305

9. 在公共部门，什么情况是与集体谈判对立的？

10. 分成两组。一组支持 226 号议案并进行论证，另一组反对 226 号议案并进行论证。然后全班对二者进行讨论。

个人作业

11. 为什么有些员工加入公共部门工会？为什么有些员工不加入？

12. 什么是在工会环境中和无工会环境中的特别挑战？

13. 为什么在公共部门劳动力关系中有很多矛盾和对立？选择 5 种重要的矛盾，思考如何运用示例 0—3 中的技巧解决它们。

14. 在公共和私人部门中集体谈判有何相似和不同？

15. 为什么私人部门的工会会员有所减少，而公共部门的工会会员有所增加？

注释

[1] 在自由雇佣企业里，工会可以代表工人，但非工会成员对工会不存在经济义务，自由雇佣企业制度下的工会成员则对工会负有经济义务。

[2] 在这篇文章中，搭便车者是指谈判中所涉及的某些工人，他们不是工会会员，不用为工会成员身份付出任何代价，却从工会谈判中获利。

[3] 联邦员工没有权利罢工，在大多数州，州员工罢工是不合法的。一些州给予员工有限的罢工权利。

参考文献

AFGE's"fighting spirit"：Gage outlines challenges.（2003，December 1）. *Federal Times*，p. 8.

AFL-CIO.（1997）. Public employees bargain for excellence. Washington，DC：Author.

American Federation of Teachers.（2004，June）. *AFT public employee compensation survey*. New York：AFT.（www. aft. org / salary/2004/download/aftpe04survey. pdf）.

Americans for Tax Reform.（1998）. *The case for paycheck protection*. Retrieved August 21，2003，from www. atr. org/paycheck/070198pb. html.

Aronowitz，S.（1998）. *From the ashes of the old*. New York：Houghton Mifflin.

Bacon，D.（1999，January 10）. UC buckles under grad student strike. *In These Times*，p. 7.

Bailey，E.（1998，June 8）. Labor upset Prop. 226 by focusing on backers. *Los Angeles Times*，p. Al.

Baker，J. G.（1996，April）. Negotiating a collective bargaining agreement：Law and strategy. *Labor Law Journal*，253-266.

Benest，F.，& Grijalva，R.（2002，January/February）. Enhancing the manager/fire chief relationship. *Public Management*. Retrieved October 25，2003，form www. icma. org/upload/library/IQ/500632. htm.

Berke，R.（1998，June 4）. Primaries'98：The unions：Labor defeats threat to its muscle. *New York Times*，p. A24.

Bernstein，A.（1998，December 14）. Grad students vs. California. *Business Week*，6.

Brackey，H.（1999，September 6）. Economy passes by younger workers. *Miami Herald*，pp. A1，A17.

Briggs，S.，& Siegele，M. H.（1994）. The ethical standards clause：A lesson from the private sector for the public sector. *Journal of Collective Negotiations*，23(3)，181-186.

Bureau of Labor Statistics.（2003）. *Union affiliation of employed salary workers by occupation*. Retrieved February 25，2003，from www. bls. gov/news. release/union2. t03. htm.

Bureau of Labor Statistics.（2004）. *Union members summary*. Retrieved February 3，2004，from http://bls. gov/news. release/union2. nr0. htm.

Coleman，C.（1990）. *Managing labor relations in the public sector*. San Francisco：Jossey-Bass.

Colosi，T. R.（1985）. The negotiating process. In R. Helsby，J. Tener，& J. Lefkowitz（Eds.），*The evolving process：Collective negotiations in public employment*（pp. 217-232）. Fort Washington，PA：Labor Relations Press.

Council of State Governments.（1998）. *Book of the states*. Lexington，KY：Author.

Crampton，S.，Hodge，J.，Mishra，J.（2002）. The use of union dues for political activity：Current status. *Public Personnel Management*，31(1)，121-129.

Denholm，D. Y.（1997）. The case against public sector unionism and collective bargaining. *Government Union Review*，18 (1)，31-52.

Devinatz，V. G.（1997）. Testing the Johnston"public sector union strike success" hypothesis：A qualitative analysis. *Journal of Collective Negotiations*，26(2)，99-112.

Dibble，R. E.（1997）. Alternative dispute resolution of employment conflicts：The search for standards. *Journal of Collective Negotiations*，26(1)，73-84.

Fisher, R., & Ury, W. (1981). *Getting to yes*. New York: Penguin.

Flint, J. (2002, August). Mending labor-management relationships. *Public Management*. Retrieved October 25, 2003, from www. icma. org/upload/library/IQ/500289. htm.

Folmar, K. (1999, June 18). UCI teaching assistants vote to unionize. *Los Angeles Times*, p. B10.

Fretz, G. E., & Walsh, D. E. (1998). Aggression, peaceful coexistence, mutual cooperation-it's up to us. *Public Personnel Management*, 27(2), 69-76.

Green, S. (1998, May 17). Union members split over Proposition 226. *Sacramento Bee*. Retrieved January 10, 2005, from www. sacbee. com.

Greenhouse, S. (1998, October 12). Friction seen in future talks on city labor. *New York Times*, p. B1.

Greenhouse, S., & Arenson, K. (2004). Labor board says graduate students at private universities have no right to unionize. *New York Times*. Retrieved August 8, 2004, from www. nytimes. com/2004/07/16/education/16union. html.

International Brotherhood of Electrical Workers. (2004, June). IBEW, unions fight new defense rules. *IBEW Journal*. Retrieved June 30, 2004, from www. ibew. org/stories/04journal/0406/p9. htm.

Kaufman, T. (2004, February 16). Union-busting DOD style. *Federal Times*, pp. 1, 6, 7.

Kearney, R. C. (1998a). Labor law. In J. Shafritz (Ed.), *International encyclopedia of public policy and administration* (pp. 1241-1244). Boulder, CO: Westview Press.

Kearney, R. C. (1998b). Strike. In J. Shafritz (Ed.), *International encyclopedia of public policy and administration* (pp. 2180-2182). Boulder, CO: Westview Press.

Kearney, R. C. (2003). Problems and prospects for public employee unions and public managers. In S. Hays & R. Kearney (Eds.), *Public personnel administration: Problems and prospects*. (4th ed., pp. 310-333). Upper Saddle River, NJ: Prentice Hall.

Lane, C. M. (1996, February). Unions and management are finding common ground, but cultural change is slow and difficult for these former adversaries. *Government Executive*, p. 41.

Levine, M. (1997). The union role in labor-management cooperation. *Journal of Collective Negotiations*, *26*(3), 203-222.

Lobel. I. B. (1994, December). Realities of interest-based (win-win) bargaining. *Labor Law Journal*, 71-777.

Losey, S. (2004, April 12). Why weaker unions worry managers. *Federal Times*, pp. 1, 8.

Mesch, D., & Shamayeva, O. (1996). Arbitration in practice: A profile of public sector arbitration cases. *Public Personnel Management*, *25*(1), 119-131.

Northrup, H. (1984). The rise and demise of PATCO. *Industrial & Labor Relations Review*, *37*(2), 167-184.

Orzechowski, W., & Marlow, M. (1995). Political participation, public sector labor unions and public spending. *Government Union Review*, *16*(2), 1-25.

Osborne, D. , & Plastrik, P. (1998, March/April). Empowerment in the public sector. *New Democrat*, 21.

Palmaffy, T. (1999, June 7). Class struggle. *New Republic*, 20–24.

Parsons, P. A. , Belcher, J. , & Jackson, T. (1998). A labor-management approach to health care cost savings: The Peoria experience. *Public Personnel Management*, 27(2), 23–38.

Reich, R. (1998). *Locked in the cabinet*. New York: Vintage.

Rubin, B. & Rubin, R. (2001). Labor-management partnerships: A new approach to collaborative management. Arlington, VA: IBM Endowment for the Business of Government. (www. businessofgovernment. org).

Salzman, J. D. (1994). Reinventing government: A unionist's perspective on productivity bargaining in the public sector. *Journal of Collective Negotiations*, 23(3), 251–264.

Sanchez, R. (1996, February 4). Graduate teaching assistants press their call for equity in academia. *Washington Post*, p. A3.

Tomkins, J. (1995). *Human resource management in government*. New York: HarperCollins.

Union foes use state as key battleground. (1998, March 22). *Los Angeles Times*. Retrieved January 10, 2005, from http://pqasb. pqarchiver. com/latimes/results. html? num = 25&st = basic&QryTxt = Union + foes + use + state + as + key + battleground&sortby = RELEVANCE&datetype=0&x=41&y=18.

U. S. Bureau of the Census. (2003). *Labor force, employment, and earnings*. Retrieved June 30, 2004, from www. census. gov/prod/2002pubs/01statab/labor. pdf.

U. S. Department of Labor. (1996). *Working together for public service*. Washington, DC: Author.

U. S. labor struggles to regain clout. (1998, September 7). *Miami Herald*, p. 7A.

Vinson, J. (2002, May/June). Report debunks arbitration's low-cost myth. *Public Citizen*, 1, 5.

Walton, R. E. , & McKersie, R. B. (1965). *A behavioral theory of labor negotiations*. New York: McGraw-Hill.

What to do when the union knocks. (1966, November). *Nation's Business*, 107.

Young, I. (2001, March 12). Partnership directive bewilders unions, agencies. *Federal Times*, pp. 4, 17.

第 11 章

人力资源管理与生产率

当卓越就摆在我们面前的时候，我们还满足于平庸，那就是很可悲的。 309

——艾塞克·迪斯拉里（Isaac Disraeli）

学习目标

通过学习本章，你应该能够：

- 理解人力资源管理是如何帮助组织容纳变革的
- 描述人力资源管理通过什么途径来提升组织的生产率
- 探讨提升人力资源管理职能的各种方法

快速的变化、增长的期望、改革的趋势、有效的培训、全新的目标、少投入多产出的压力，人们正在寻求提升生产率的各种方法。为了21世纪的繁荣，公共机构必须持续地改进自身的服务。生产率被定义为运用资源实现产出的效率或是效果。效率和效果对于公共服务都是非常重要的。考虑效率是因为它要求机构紧缩资源，考虑效果是因为它强调了产出的重要性。例如：提供有效的培训能带来更多有效的公共服务。而生产率依赖于人力资源的质量。没有人就不能达到提高生产率的目的。

人力资源在提升生产率的努力中扮演着重要的角色。即使不考虑各种具体生产率的能动性，相关的人力资源政策与实践能有助于促使公共机构的公开性和对改革的容纳度。人力资源管理还能支持改进各种项目。例如，信息技术在人力资源管理中的应用：信息技术经常能减少工作任务量，却要求增加人员（例如，管理IT系统的人）和增加适当的培训。

310 生产率的能动性要求管理者处理组织需求和个人需求之间内生的紧张关系（需求矛盾）。如果组织和组织中的人员关注生产率，那么他们就能找到办法。但相互抵触的压力出现了；有时，一些观念只有与主流的思想相一致或保持在不安的变革中不处于下风，才会被人们所追求（Farson，1996，p. 142）。现状总是占上风。在前面的章节中已经讨论了，生产率也同样会影响到公民权和工作权之间的紧张关系（民主中的矛盾）。

生产率的能动性也要求管理者们处理内在的矛盾。解决办法并不容易，创新人力资源管理就很重要。以下的部分将解释人力资源管理如何培育出开放性组织、提供绩效改进策略和促进人力资源管理本身的效果。

11.1 帮助组织变革

具有较高的变革容纳程度的组织，比较欢迎新的思想和发展机会。这些部门阶段性地审视新的商务思想并且不惧于对怎样操作这些思想的基本假设提出疑问。这些部门设置较高的战略目标，衡量所取得的进步，在需要的时候改变目标和程序。他们寻求从各种渠道提取概念，他们欢迎新员工提出想法、补充力量。这样的组织看重生产率的价值。员工和管理者都持续追求专业的发展，年轻的新来者能获得组织提供的机会（Laiken，2003；Light，1998）。

在“别捣乱”的理念指引下，其他的单位的变革更显勉强。人们总是很自满的，他们更乐于保住现有的职位和有保障的退休。而那些希望变革的人们却被建议“等轮到再说”。做得好不如看着好。在这些机构中，即使有充足的理由，要改革现有的规则和制度并不是一件容易的事。即使这些部门迫于压力进行变革，他们也很少是领导者。巴德维克（1995）就指出，这些工作单位表现出一种“权力文化”。机构产生变化的另一种可能是源自恐惧和失败所导致的倒退，以及人们的反响。恐惧和焦虑压抑了思想和冒险精神。“基于恐惧”的环境对于致力于希望得到支持性环境的人们来说，并不是一个好的工作环境。实际上，这样的员工会为失去提高的机会而表现出怨恨。

具有戏剧性的是，工作环境存在于机构之中。一些具有革新性的机构中存在着没有革新性的工作环境，反之亦然。而绝大多数表现出一种混合文化。即使是积极的、有远见的工作环境也难以忘记失败导致分歧的可能性以及人们追求具有价值的工作保障的可能性。因此，反对变革的因素时常出现，在某种程度上存在于绝大多数的工作环境中。应该从容地、细致地、正确地评估工作环境的特性，抵制变革的程度。

人力资源政策和实践通过激励、期望和报酬传递有力的信息来为管理者和员工创造条件。通过提供基于出众工作的员工薪酬增长，人力资源管理给予了管理者支持，这时就是绩效在起作用。这样的情况在培训和晋升方面也是存在的：谁将获得培训？培训到什么程度，出于什么目的？工作环境怎样平衡绩效和资历在晋升决策中的作用?简而言之，人力资源政策和实践的组合将有助于构筑重视生 311
产率的氛围。但是，最需要警惕的是：比如绩效工资这样的技术问题普遍存在，这些问题反映的是不健康的组织文化，而不仅仅是反映管理政策的失败。

战略人力资源管理被用来使人事政策与组织目标相匹配。随着时间的流逝，那些并不是必然一致的人事政策会发展得支离破碎。定时地评估人力资源管理政策的整体性和与总体目标相悖的策略将是很有用的行动。管理者可能会问：人力资源政策对绩效和变革的支持性怎样？是否能重塑或是改进这些政策，以更好地支持和激励绩效和变革。

实际上，许多组织已经主动关注**人力资本开发**的战略性方法。因此，人力资源管理部门评价了自己的人力资源政策以确保：（a）招聘到具有高才能的人员；（b）政策目标与劳动力的成分（配置和质量）相匹配；（c）卓越的绩效通过明显的途径得到回报；（d）各种政策（如培训、旅游、福利）被用来吸引和支持具有较高生产率的人员，这些人并不被鼓励离开或是较早地退休。这些努力证明了组织需要具有采用整合性和战略性的视角能力，并确认劳动力在未来具有生产率。

能够使人力资源管理支持具有开放性和容纳性的工作单位的一条路径就是：使行政人员接受必要的基础性技能培训和风格培训。这些培训有助于改变影响生产率的问题；例如：许多员工都非常希望他们的上级接受有关沟通和建立积极的劳资关系方面的培训。尽管很多组织给管理者提供管理培训，但通常都是自愿性质的和短暂的，而且极少提供后续培训和辅导支持。然而，管理者的KSAs包括了领导力、动机、沟通、处理混乱局面、提升人员的工作效果、应对变革、压力管理以及团队建设（Patton & Pratt，2002，ch. 8）。这些复杂的情况都意味着持续的努力学习对于发展是必要的。示例11—1就讨论了“心理契约”的运用，这是一个用来承诺提高生产率的管理工具。

312 **示例11—1　　心理契约**

心理契约是管理者用来提高工作单位的生产率的有效工具，是两个人就预期目标和各自贡献达成的协议。作为用来处理需求的两难选择的工具，心理契约的目的在于提高工作者对组织目标的承诺。正式的协议包括工资、福利、申诉程序和工作时间，而心理契约是超越了基于劳动合同的正式协议的一种非正式协议。其出现是因为工作者和管理者之间需要就许多其他方面的问题达成一致意见，比如可以提供哪些资源来做一项工作，一项工作该什么时候完成，如何提供质量和进度的反馈等。其涵盖范围难以限定（Osland，Kolb，& Rubin，2000；Rousseau，1995）。

心理契约在雇佣关系开始之初最易建立。这个过程开始于上级主动接近职员，也许可以问问他们工作开展得怎样，是否达到了预期的目的？什么在起作用？怎么可以做得更好？是否有什么建议？这都给了职员一个表达自己想法的机会，而且会包含工作中多个方面。当然，并不是每个建议都会得到回应，并且上级需要阐明为什么有的事能做而有的事不能做。更重要的是，这样一个对话也让上级表达了他的期望、他对职员的关切、他希望员工做些什么来回应这种关切。心理契约之所以有效，是因为它建立在相互的协议基础之上，这种协议感觉上是公平的，是在该做什么和将会得到什么之间的一种平衡。谈话也让上级和职员之间对一周或一月前达成的一致意见进行了回顾，或是巩固协议或是处理一下“结点”。简而言之，心理契约有效地提高了调适和承诺，然后是生产率。

根据2002年的一项覆盖50 000人的研究显示，57.3%的被调查者报告绝大多数管理者都在他们的权限范围内与员工建立心理契约。并有19.2%的被调查者报告，这样理解权限是符合期望的。但是，当被问及这种理解是否包括管理者要努力使职员的预期与管理者的意愿相平衡时，上面两个数据就降低为20.7%和10.4%（Berman & West，2003，provides further information on the process and content of such contracts）。

11.2　提升生产率的策略

工作单位提高生产率的策略是很常见的。一些单位运用先进的信息技术，一些单位拥有自己原创的质量理念——顾客导向、程序改进、员工授权。这些理念是在20世纪80年代后期首先引入到联邦政府中的，在90年代被引入到其他一些政府中并被广泛应用。示例11—2就提供了一些有关这方面努力的历史背景。

其他一些主动的提升行动是一些传统但被常用的方法，比如组织重构。

示例 11—2　　质量的基本原则 313

从历史上看，质量的起源可追溯到第二次世界大战，那时产出需要高绩效、可靠性并有时间限制：有缺陷的战机和电台会带来明显的危害。其后，新的生产流程被美国所抛弃却被日本公司所吸收并再造，最终赢得了国际上的认可。到20世纪70年代后期，美国的跨国公司重新对质量产生了兴趣，被称为“全面质量管理”（TQM）。在80年代它被大量的公司所采用，还有联邦政府。到了90年代，全面质量管理的要素被州政府和地方政府所采用。

今天，质量被理解为一套包含了明显的质量提升努力的理念：增加顾客导向、服务、标杆、持续改进、职员授权、再造。质量颂歌就是要求服务要在业绩上、成本上、可靠性上超越顾客的期望（Berman，1998；Swiss，1992）。至此，各种单位都开始进行顾客调查并研究其他组织的最佳实践。这样的标杆化措施，通过绩效测量带来了持续的改进。质量管理者同样相信当职员被授权完成结果（比如满意的顾客）而不仅仅是遵从规章纪律时，他们会产生高绩效。许多组织现在认识到质量的重要性，在短短的步骤中进行学习是很常见的，有时通过先导项目来实现，这些项目随后会在整个组织中扩张。作为选择，服务配置有时完全被设计出来满足公民需求的变化。

工作流程再造

再造就是重新设计工作流程以使人们工作更高效、更多产、更及时并且（或者）更少有错误倾向。在一个典型的再造过程中，任务流程的每一个步骤，首先都是可识别的（例如，用来评估许可证使用情况的步骤）。第二，在整个过程中的每一步都被检验，以期获得更新更好地提供公共服务的办法。一些步骤被删除（如不必要的批准程序）、简化或是与其他步骤合并。第三，从零开始设计一些新的程序，但要问一问：“忽略现在的努力不计，什么是我们提供服务、满足目标的最佳途径?”回答这样的问题常会使用在现有的配置程序中被删减或是简化的适当步骤。这也被称为程序设计过程中的“留白”方法，再造鼓励管理者发展出一套全新的流程，而不仅只是对现有流程的修修补补。

运用流程再造的典型就是创造出“一站式购物中心”以获得在建设中所需要的批准。它提供给使用者一个单一的连接点，这个点不同于传统的需要多个办公室批准的建设审批。在一站式购物中心，员工要对股东的要求负责，也要对顾客满意度负责。他们不只是代理者，而且有时要应付竞争部门的要求。结果是流程更短并且增加了客户的满意度。物资采购和供应在某些权限上也被重构来加速机构间的合作和批准程序。

其他的一些运用包括：去除官样文章（清理多余决策），使用信息技术，运行平行程序而不仅是连续加速需求或配置（Berman，1998；Linden，1998）。

人力资源管理能提升这样的努力。首先，当旧有任务被清除，就需要重新设计或是重新培训员工来满足新的职责，特别是当再造活动部分地或完全地使部门或任务分解时，更是这样。员工可能会对变革引发的不利影响感到恐惧；人力资源管理的任务就是处理这些焦虑，并向员工说明他们将得到怎样的帮助来在组织内找到合适的工作。第二，再造活动在很大程度上依赖于员工的协作和投入；在对变革具有开放性的工作单位中，再造活动的繁荣是因为员工具有与现有流程相关的一手知识，并能提出改进建议。另外，人力资源管理能帮助建立基础工作：评估对变革的接纳性，使管理者接受培训，从而能运用流程再造。人力资源管理也涉及迁移以及招聘满足新任务的员工。

信息技术

就像再造一样，信息技术在现代组织中也是很常见的。信息技术通过提高信息传递速度来提高组织绩效；通过电子途径促使利益相关者与组织更加接近，增进部门之间的沟通；降低数据存储、获取、使用的成本；简化机构之间数据库的联系（Edmiston，2003；Haines，2003；Holden，Norris，& Fletcher，2003；West，2004）。

314 现在，信息技术的常见特性被运用在关键性的人力资源管理问题中（West & Berman，2001）。技术水平的持续升级要求员工具有足够的技能。必须给现有的员工提供与信息系统和程序相关的新培训。这样的培训一般都是消耗预算和外包的。当引入新的信息系统时，培训费用可能达到总成本的15%～20%。信息技术的运用及其形成的资产具有战略意义，培训也具有重要的意义。

人力资源管理还意味着需要保有信息技术的专业人员。众多组织认识到这些人员的关键作用，他们不仅是技术工作者也是组织技术策略的规划者。重要的问题包括：标准、兼容性、用户间的交互作用、信息技术的未来发展。这些工作人员必须具有运用技术新发展的知识水平，并且能促进单位跟上技术的发展。相应地，信息技术岗位的某些权限被加大，以使信息技术人员能尽力规划好组织战略。另外，薪酬调查被用来确保薪酬具有竞争力，从而使组织能招聘到合适的人。有些组织近些年已经发现他们必须向信息技术人员支付比其他领域的相应专业水平的人员更高的薪酬。高技能的技术工作者可能人际关系不是很好，但可以通过培训来改变。简而言之，就像再造一样，信息技术作为一种管理工具同样依赖于人力资源来使用。

组织重构

组织重构就是基于单位的战略目的或商业模式来重新建构组织。组织重构通常都是一个令员工恐惧的词语，它意味着要适应新老板，适应新的工作描述、新同事、新的工作安排，甚至是失业。组织重构通常具有高度的侵犯性，它能以多种形式出现，适用于多种目的。一个常见的目的就是整理或明晰各个部门的作用，这些部门可能已经支离破碎地存在于一个笨拙的组织中。它也是一个契机，即清除过时的部门和鼓励低效率的员工及早辞职。对于许多州政府来说，组织重构的另一个典型目的就是把业务分散到区域或各县的相应机构中，从而鼓励这些机构对本地人民担负起更多的责任（Devine，Reay，Stainton，& Collins-Nakai，2003）。

人力资源管理在多个方面与组织重构相联系。典型情况是这样的，在组织重构之前，高级管理者要和人力资源管理工作者共同工作较长时间来形成一套有关组织和人员的计划。新创造出来的工作需要新的职位、工作说明、薪酬调查、招聘与甄选。当决策谁是新工作的合适人选时，受到影响的工作者通常会被优先考虑，但是他们也许得不到保证。人力资源管理者必须协助直线管理者为那些在新组织中不再被雇用的人员设计出离职策略。有时可以为他们提供再就业服务。

在最近十年，一些单位忙于减员缩编，与此同时，许多业务职能被转移给了一些私营公司。赖特（2003）注意到，尽管政府的工作岗位数量实际上是在增长的，但联邦员工是在减少的。当印第安纳波利斯市将一些业务私有化，政府通过合同来保证多数人员的工作，以此来降低负面的影响。如把他们转换到其他城市工作，寻找商业领域中的类似职位，以及（或者）允许提前退休，从而把失业者减到最少。同时这些服务避免了对内部员工关系以及对外部社会关系的消极影响。示例 11—3 就写明了减员的步骤。

示例 11—3　　减员 315

减员的决策

制定减员的决策

第一阶段

- 把减员作为最后的手段
- 绘制一个可靠的愿景

制作减员计划

发布公告

第三阶段

- 解释单位决策的各种理由
- 宣布决定
- 预先通报
- 选择合适的宣布时机并注意细节

第二阶段
- 建立一个跨部门团队
- 确认构成成员
- 请专家帮助使过渡更平稳
- 向管理者提供培训
- 向大家提供现阶段的组织情况
- 为职员提供休假

实施减员
第四阶段
- 说出真相并多进行沟通
- 帮助离职的职员找到新工作
- 宣布后续的解雇计划
- 公平地实施解雇，对解雇的人员要慷慨
- 允许自愿离职
- 要考虑受到减员政策影响的员工
- 提供职业建议
- 培训留下的人员

授权

再造，信息技术以及组织重构的措施为授权提供了时机，使员工对工作成果负责的过程也是增加职责的过程。它的目标就是使工作人员对产出或结果担负起
316 更多的责任，而不仅只是遵从规定而不产生必要的目标成果。比如，一站式购物中心让一线的员工拥有了更多的权限，从而让他们使更多的市民满意。

授权也是人力资源管理的一个重要分支。执行官必须说服管理者，这些管理者可能会因为勉强而放弃控制和监管。管理者和员工必须在授权过程中接受培训，在这一过程中明确什么才是“结果”和“产出”，而不是“命令”。行政官也需要和员工一起工作，还可能和工会是（第 10 章）搭档，来帮助他们接受新的责任标准（Glendinning，2002；Harel & Tzafrir，2002；Shim，2001）。典型的授权培训包括首先让员工提出一些问题，比如：预先设定的课程是否与他们的部门目标相一致，是否合法，是否符合道德，是否符合公众的利益，是否是他们愿意承担责任的一个变革的过程。接着向他们提供一些案例和地点进行讨论和问答。当员工害怕专制的评估标准时，他们可能会抵制授权。行政官必须详细说明标准，这样通过培训、考评、薪资等分支工作，员工才会承担起责任。

绩效考评

绩效考评正在被越来越多地用来指导项目开发，它通过确保项目满足诸如公民满意度、组织效率等这样的重要目标来实现指导作用。在目标达成过程中的测

量包括：可以被用来构成测量指标的程序和投入。联邦政府已经要求所有部门使用这样的计量，并有多种权限与之相配套。例如，对公共设施部门的测量就要记录某种道路的达标百分比，人行道在两周之内按要求建成的百分比，预防性维修按计划完成的百分比等。绩效考评包含了这样的含义，“需要什么，就测量什么”（Behn，2002；Frederickson，2002）。

当然，数据收集、绩效考评以及分析都需要大量的培训。小型的部门可能会缺乏足够的技能和额外的人员或支持。绩效考评也能被用来使个人和部门更有责任感。每半年或一年，员工都会与他们的上级会谈来关注能促进部门目标实现的行为，并与上级一起设计绩效指标以促使员工更具责任感。管理者必须确使绩效考评指标符合集体谈判的协议、符合员工的权利（第2章）。行政管理者通常建议使用过去已经使用过的绩效指标，也可以通过讨论来重新审视现有绩效评估过程中的指标并改变它们。

总的来说，再造、信息技术、组织重构、授权以及绩效考评都有人力资源管理的运用。人力资源管理通过新的员工规划、员工的再配置、培训、招聘、安置再就业以及相关的认识活动来支持这种种努力。

11.3　提升人力资源管理的作用

本书通过各种建议帮助管理者提升人力资源管理的作用。上面所述的提高生产率的各种努力也被用于人力资源管理本身。下面就要讨论战略目标建构、管理活动再造、绩效考评的实例。实际上，人力资源管理的措施已经有了显著的变化，而且这种力量还在继续。这些措施还意味着管理弹性的扩展、工会的约束、契约的增加。不仅对日常任务有作用，而且对新单位的人事政策也有作用。 317

战略目标建构

近年来，出现了大量针对人力资源管理自身战略目标的讨论（Hays & Kearney，2001；Gowing & Lindholm，2002）。面临的一个持续的挑战就是不仅只把员工视为一个法律的和经济的问题——以尽可能低的成本获取和维持资源并避免法律诉讼。一个可替代的办法就是把人力资源视为能提高公民和委托者高水平满意度以及组织效果的资产。实际上，人力资源是公共服务新思想的源泉，也是许多问题的解决之道。

这两个视角被运用在人力资源管理工具的使用过程中。当人力资源被视做成本，岗位描述和工作评价就被用做以尽可能低的工资来做员工分类的标准。当人力资源被视作战略性资产，岗位描述和工作评价就被用做维持和奖励那些给组织带来巨大价值的员工的标准。如果看做成本，在预算压力下，培训就被削减到最少。如果看做附加价值，培训就有利于成本节省和生产率提高。当人事被作为问题来管理，评价就被用于惩罚性目的。当被视作具有竞争性的资源，评价就被用于开发性目的。

在诸如提升服务这样带有惩戒性管理和高绩效性质的项目被采纳的时候，把人力资源视为竞争力是很普遍的。即使具有前瞻性的管理者也必须考虑经济性的问题，人力资源的附加价值观点只在人力资源具有良好经济性的时候才能普及。上级管理者必须表明更高的员工成本（比如源于增加培训）带来了更好的服务和更低的成本（比如源于提高效率和再造）。具有悖论意味的是，向员工支付更具竞争力的工资可能是比支付低于市场工资更具经济性的选择。

单位必须决定在单位中普及哪种人力资源管理观点。或者通过设计，或者不通过设计，人力资源管理政策要向员工传递他们在部门中的角色信息。这两种观点相互联结的一个办法就是使它们服务于组织战略目标，比如先前讨论的工作效率。另一个方法就是制定出具有一贯性的人力资源管理政策来反映在人力资本开发的前提下视员工为竞争性资产的观点。这个方法的目标就是通过评估和采纳人力资源管理实践来提高劳动力的有效性，以确保具有高能力的人能被雇用，确保目标符合劳动力的质量和构成，确保卓越的绩效得到相应的回报，还要确保人事
318 措施（比如培训，旅游，福利）被用来吸引和支持具有高生产率的人才，以及政策也要被用来快速有效地处理低效的员工（包括再培训、转岗、自愿离职、提早退休、终止雇佣）。

这些行动证明了采用整合观点的能力，并确保了劳动力在未来的生产率。这个目标可以部分通过再造来完成。

人力资源管理活动再造

近年来，人力资源的职能已经被再造，反映出了减少官样文章和利用信息技术的目标。许多单位又重新审视了他们的规章制度，来提升职责程序和公平性的速度和有效性。比如，传统的甄选目标是确保候选人满足最低的资格要求，并确保过程的公平性、竞争性和公开性。尽管这些是有效的目标，但实施过程会导致耽误大量的时间，接着会使排在前面的候选人被其他单位所雇用。具有悖论意味的是，正是这些带来卓越的规章制度妨碍了他的目的。今天，再造被用来在更短的时间要求以在更少的资金支持条件下达成这些目标。

信息技术也被用来重构人力资源管理，也带来成本节约。信息技术被用在雇佣和甄选程序上，申请者通过电子途径来提交申请，他们的材料被用特殊的软件来分析。信息技术也帮助人力资源管理部门与员工更频繁、更快速地沟通，向他们传递新的机会、规定以及政策。它也让员工更好地选择自己的福利计划，通过电子系统来进行改变选择，减少人力资源部人员的干扰。电子文档减少了工资册的用纸。

信息技术和再造还导致了很多人力资源行动的分散。例如，在一些组织中，上级管理者和员工开发出绩效评价指标，通过这些指标，员工维持着责任感。这也使权力到达最需要的地方，并增加绩效评价过程的适当性。同样地，重新考虑假期计划，使一些单位给了直线经理更多的权限来满足员工的要求。通过给直线经理指导和资源，管理者能更好地处理自由与那些影响员工动机与生产率的需求之间的矛盾。

通过这种方法也会鼓励例行活动的民营化，比如福利管理、工资册、员工帮助计划、临时雇佣、保管退休金、计算机及沟通培训。外包的理由就是第三方能够以更低的成本提供这些服务，而低成本是因为规模化和专业化，实行专家的意见。外包的趋势既影响公共部门也影响私营部门。外包的好处包括有可能发展出一套对人力资源来说的战略性方法。某些人力资源职能的民营化会促进招聘和甄选的关键程序，或培育出一种新文化。

人力资源管理绩效考评

人力资源的战略性观点也指出了要怎样评估人力资源工作。近些年来，绩效考评被用来评估工作进展和工作责任（Berman，West，& Wang，1999；Schay，Beach，Caldwell，& LaPolice，2002）。但现有的测量指标只是体现了传统的人力资源观点（例如，雇佣、辞退、转岗的人员数量，分析薪酬状况及进行工资调查，处理的法律诉讼案件，提供的培训项目数量）。对这些指标的计量可以用效率比率来规定（比如，员工招聘的平均成本，或每辞退一个员工引发的法律纠纷的数量），或者用优化措施来描述这些指标（比如，填补空白职位所花费的时间和费用，每个工作岗位的合格后备人才数量）。同样地，在评估职业安全和健康问题方面，绩效指标就包括损失的工作日，员工人均损失的工作日和成本，人均重大事故数量和损失，员工生病的趋势。国际城市/县管理协会曾指出，人力资源绩效的测量指标（示例 11—4）实际上包含的范围很广（Berman et al.，1999）。

319 **示例 11—4　人力资源绩效指标**

范围描述

　　人力资源部门的关键职能

　　工会数量以及参与工会的职员百分比

　　福利金占总工资的百分比

指标

　　对人力资源服务表示满意的非管理者职员所占的百分比

　　对人力资源服务表示满意的管理者所占的百分比

　　职员流动率

　　每 100 个 FTE 中表示不满的数量

　　职员不满在跳出管理控制之前得到解决的百分比

　　每年完成具有竞争性的外部招聘和甄选程序所需要的平均天数

　　每年完成具有竞争性的内部招聘和甄选程序所需要的平均天数

　　病假使用率

　　人力资源部门职员占全部具有权力的职员的比率

资料来源：International City/County Management Association (2004).

另一方面，绩效考评指标也可采用视人员为资产的观点。比如，强调顾客导向的单位使用的绩效指标会包括：接受服务培训的员工数量，对顾客反映的评估或者委托者满意率指标。

在 50 个州开展的政府绩效计划包含了一份报告卡（Maxwell School，2002）。其中要衡量以下指标：

- 对现有和未来的人力资源状况进行战略分析；
- 获取具有技能的人员；
- 维持现有的高技能人员；
- 320 激励员工高效工作以支持政府的目标；
- 建立人力资源管理框架来支持政府的人力资源目标，包括连贯的分类系统，具有弹性的晋升和薪酬政策。

示例 11—5 提供了各个州的鉴定表。南卡罗来纳州获得了最高评级（A 级），因为他们对固有的工作分类系统进行了实实在在的改革，进行分权，大量减少工资增长中的纸质文件。还引入了各种基于费用的培训，对培训师进行培训的项目，把培训引入员工分析的策略。同时，南卡罗来纳州是先导者，只有他们获得了 A 级评分，一些州获得了 C 级。这反映出了一些问题，比如，与陈旧的集中测评相联系的工作分类制度，过多的临时雇佣，生硬的政策或产品，工会对绩效工资的阻碍，基于资历的晋升，缺乏绩效评估的培训和实践。对州政府和联邦两个层面来说，变革的范围是很广的，也是具有戏剧性的，当然也有很多问题，从诸如宽带薪酬和绩效薪酬这样的具体实践到国土安全部和国防部的系统变革。

示例 11—5　　各个州的人力资源绩效报告卡 321

亚拉巴马州（Alabama）	D+	蒙大拿州（Montana）	C+
阿拉斯加州（Alaska）	C	内布拉斯加州（Nebraska）	C
亚利桑那州（Arizona）	C	内华达州（Nevada）	D+
阿肯色州（Arkansas）	C	新罕布什尔州（New Hampshire）	C+
加利福尼亚州（California）	C	新泽西州（New Jersey）	C−
科罗拉多州（Colorado）	B−	新墨西哥州（New Mexico）	B−
康涅狄格州（Connecticut）	C	纽约州（New York）	C+
特拉华州（Delaware）	B	北卡罗来纳州（North Carolina）	B+
佛罗里达州（Florida）	B−	北达科他州（North Dakota）	B
佐治亚州（Georgia）	B−	俄亥俄州（Ohio）	B
夏威夷州（Hawaii）	B	俄克拉何马州（Oklahoma）	C−
爱达荷州（Idaho）	B	俄勒冈州（Oregon）	C
伊利诺伊州（Illinois）	B	宾夕法尼亚州（Pennsylvania）	B+
印第安纳州（Indiana）	B	罗得岛州（Rhode Island）	C−
艾奥瓦州（Iowa）	B+	南卡罗来纳州（South Carolina）	A
堪萨斯州（Kansas）	B+	南达科他州（South Dakota）	B−
肯塔基州（Kentucky）	B+	田纳西州（Tennessee）	B−
路易斯安那州（Louisiana）	B	得克萨斯州（Texas）	B
缅因州（Maine）	B−	犹他州（Utah）	B−
马里兰州（Maryland）	B	佛蒙特州（Vermont）	C
马萨诸塞州（Massachusetts）	B−	弗吉尼亚州（Virginia）	B+
密歇根州（Michigan）	B+	华盛顿州（Washington）	A−
明尼苏达州（Minnesota）	C+	西弗吉尼亚州（West Virginia）	C+
密西西比州（Mississippi）	B−	威斯康星州（Wisconsin）	A−
密苏里州（Missouri）	B+	怀俄明州（Wyoming）	C+

资料来源：Maxwell School (2002).

本章小结

人力资源管理可用于实现很多组织目标，包括员工生产率。当组织被要求做得又多又省，被要求区分目标的先后次序时，人力资源就要来支持这些目标。其中一个方法就是采用多种人力资源政策和实践的战略性方法，而这些政策对组织目标或好或坏。而目的是增加人力资源管理政策与组织目标的契合。这一章讨论了人力资源政策怎样来影响组织，使之增加对变革的接纳性和生产率，包括在雇佣、甄选、薪酬领域中是如何起作用的。运用人力资源的战略观点的一个方法是：与人力资本相联系。目的是确保组织能够获取各类合适的人才，确保人力资源受到足够的激励，确保人才能留在组织中。

本章还审视了人力资源管理在提升单位生产率的努力中所扮演的角色。这些努力包括：再造、信息技术、组织重构以及授权，人力资源作用的发挥途径包括培训、甄选、解雇等。寻求生产率提高的管理者不能忽视这些努力。本章简要总结了如何使用这些策略来使人力资源管理效率更高。在使员工需求与组织需求相契合的过程中，人力资源管理程序受益于信息技术和再造的使用。就像所有章节都提到的那样，在这个过程中，也会受到持续的反对意见的冲击。处理好这种争论是每个提供公共服务的单位都要面临的挑战。

322 关键术语

分权
权利文化
再就业指导服务
民营化
心理契约
再造
战略性人力资源管理
缩编
人力资本开发
绩效考评
生产率
变革接纳性
组织重构
全面质量管理

应用练习

课堂讨论

1. 讨论确定具有改革精神和变革接纳性的生产率较高的组织具有哪些特征？人力资源管理政策和实践是如何支持这些高生产率组织的？另外还能使用哪些政策？确认那些阻碍组织接受变革的主要障碍，并讨论人力资源管理在其中扮演的角色。

2. 讨论人力资源管理绩效测评指标，首先关注人力资源管理活动的传统领域，然后是近期人力资本开发和生产率提高方面的热点。

3. 您是否认为您单位里的管理者已经受到足够多的培训来应对提升生产率

和质量的要求？如果培训不够，那么哪些种类的培训将会很有帮助？

4. 讨论近来各种组织通过运用信息技术来提高生产率的各种努力。有哪些是用在了人力资源管理上？

5. 政府如何再取得模范组织这一荣誉？

小组作业

6. 通过角色扮演，尝试在小组两个成员之间建立起心理契约，一位扮演上级领导，另一位扮演员工。小组的其他成员观察并协助两位扮演者来清楚地表述问题，反映出恰当的理解。

7. 设计一个旨在降低组织规模的策略。你们将如何处理人员分流和解雇？

8. 讨论您所熟悉组织的招聘程序。对于这些程序，您有什么改进建议？您是否建议增加其他的步骤？

个人作业

9. 讨论您在组织重构方面的经验。有哪些是对的，哪些是错的？是否有民主悖论或人员需求悖论出现？人力资源管理在确保产出方面扮演什么角色？

10. 说出五种留住和激励您的报酬形式。您和你的上级或专业人员可以通过 *323*
哪些方法来提高这些报酬形式的合理性？

11. 您是更倾向于控制你的下属还是授权给他们？您认为两种途径各有什么好处和责任？将来，您将如何改进您的管理方式？

12. 如果您是您所在单位的人力资源主管，您将优先采用五项策略中的哪项策略来提高劳动力的有效性？

参考文献

Bardwick, J. (1995). Danger in the comfort zone. New York: AMACOM.

Barrett, K., & Greene, R. (1999, February). Grading the states. *Governing*, 17-90.

Behn, R. (2002, September). The psychological barriers to performance management: Or why isn't everyone jumping on the performance-management bandwagon? *Public Performance and Management Review*, *26*, 5-25.

Berman, E. (1998). *Productivity in public and nonprofit organizations*. Thousand Oaks, CA: Sage.

Berman, E., & West, J. (2003). Psychological contracts in local government: A preliminary survey. *Review of Public Personnel Administration*, *23*(4), 267-285.

Berman, E., West, J., & Wang, X. (1999). Using performance measurement in human resource management: A survey of U. S. counties. *Review of Public Personnel Administration*, *19*(2), 5–17.

Devine, K., Reay, T., Stainton, L., & Collins-Nakai, R. (2003). Downsizing outcomes: Better a victim than a survivor? *Human Resource Management*, *42*(2), 109–124.

Edmiston, K. (2003). State and local e-government: Prospects and challenges. *American Review of Public Administration*, *33*(1), 20–46.

Farson, R. (1996). *Management of the absurd*. New York: Simon & Schuster.

Frederickson, G. (2002, July). Getting to green. *PA Times*, p. 11.

Glendinning, P. (2002). Performance management: Pariah or Messiah. *Public Personnel Management*, *31*(2), 161–179.

Gowing, M., & Lindholm, M. (2002). Human resources management in the public sector. *Human Resource Management*, *41*(3), 283–295.

Haines, D. (2003). Better tools, better workers: Toward a lateral alignment of technology, policy, labor, and management. *American Review of Public Administration*, *33*(4), 449–478.

Harel, G., & Tzafrir, S. (2002). HRM practices in the public and private sectors: Differences and similarities. *Public Administration Quarterly*, *25*(3/4), 316–356.

Hays, S., & Kearney, R. (2001). Anticipated changes in human resource management: Views from the field. *Public Administration Review*, *61*(5), 585–598.

Holden, S., Norris, D., & Fletcher, P. (2003). Electronic government at the local level: Progress to date and future issues. *Public Performance & Management Review*, *26*(4), 325–344.

International City/County Management Association. (2004). *Center for performance measurement*. Retrieved January 6, 2005, from www. icma. org/performance/PI-support. cfm.

Laiken, M. (2003). Models of organizational learning: Paradoxes and best practices in the post industrial workplace. *Organization Development Journal*, *21*(1), 8ff.

Light, P. (1998). *Sustaining innovation: Creating nonprofit and government organizations that innovate naturally*. San Francisco: Jossey-Bass.

Light, P. (2003). Fact sheet on the new true size of government. Washington, DC: Brookings Institute, Center for Public Service. Retrieved January 6, 2005, from www. brookings. org/dybdocroot/gs/cps/light20030905. pdf.

Linden, R. (1998). *Workbook for seamless government*. San Francisco: Jossey-Bass.

Linden, R. (2003). Learning to manage horizontally: The promise and challenge of collaboration. *Public Management*, *85*(7), 8–11.

Maxwell School. (2002). *Paths to performance in local and state government: A final assessment from the Maxwell School of Citizenship and Public Affairs*. Syracuse, NY: Author.

Osland, J., Kolb, D., & Rubin, I. (2000). *Organizational behavior*. New York: Prentice Hall.

Patton, D., & Pratt, C. (2002). Assessing the training needs of high-potential managers. *Public Personnel Management*, *31*(4), 465–485.

Rousseau, D. (1995). *Psychological contracts in organizations: Understanding written and unwritten agreements*. Thousand Oaks, CA: Sage.

Schay, B., Beach, M., Caldwell, J., & LaPolice, C. (2002). Using standardized outcome measures in the federal government. *Human Resource Management*, *41* (3), 283-295.

Schein, E. (1985). *Organizational culture and leadership*. San Francisco: Jossey-Bass.

Shim, D. (2001). Recent human resources developments in OECD member countries. *Public Personnel Management*, *30* (3), 323-348.

Swiss, B. (1992). Adapting total quality management to government. *Public Administration Review*, *52* (4), 356-362.

West, D. (2004). E-government and the transformation of service delivery and citizen attitudes. *Public Administration Review*, *64* (1), 15-27.

West, J., & Berman, E. (2001). From traditional to virtual HR: Is the transition occurring in local government? *Review of Public Personnel Administration*, *21* (4), 63-89.

第 12 章

结　论

每一项行动都有成本也有风险，但远低于舒适性带来的远期风险和成本。 325

——约翰·F·肯尼迪

凝望 21 世纪，未来已经来到我们面前。在 20 世纪初，公共服务开始发生戏剧性的变革，并发展到公务员制度，这种制度中运用了官僚体制和工业时代的科学管理原理。在追求更省更好地提供公共服务过程中，现时代见证了对以下思想提出的根本挑战——民营化（通过商业组织提供公共服务），权力下放（把联邦的某些职能下放到下级权力机关），或用一个更好的名称叫变革（机构改革），更小巧、更具有弹性、更富效率的政府。现在需要的是用一套系统的方法来应对政府所要扮演的所有角色，在有公务员和军职人员的地方都是如此，还要应对员工问题的根源。专注于公民需求、过程改进和员工参与的战略将带来合适方法以提高政府的产出和质量。

一百年前，公共部门在绩效评估改革中，在规模和配置上都是一个理想的实验环境。在最佳实践的发展过程中，公共部门又成为整个国家的最佳组织。尽管在诸如公平就业机会和亲员工政策这样一些领域还残留最佳实践支离的碎片，但在很大程度上，最佳实践还是在最新的几代人中放弃了其领导地位（Doeringer，Wason，Kaboolian，& Watkins，1996）。那些令人骄傲的遗产是否还能保留或者还能保留多少的问题，取决于他们对现在两种主要的社会变革所作的应对：急速扩张的技术和对人员素质的提高。

12.1 新技术和人员素质

最明显的就是办公技术的爆炸。曾经只是作为生产率测量工具的东西，现在却影响着工作的定义和工作的组成：以前需要一屋子人完成的工作，现在只要一个人就可以完成，而且是随时随地。轻轻敲击这些技术，时间和距离就“死亡”在虚拟的工作环境中，参与决策人员的决策速度和弹性就会发生实实在在的改变。这些发展已经通过虚拟招聘中心、在线工作分析系统、基于计算机的实时培 326
训、人员评价软件在很大程度上影响了人力资源管理的职能。尽管信息技术远快于人力资本对其的运用，但他们仍能使部分员工更广泛地参与进来。当发展到一定程度，需求与民主之间竞争的悖论通路就会被发现。

当技术被广泛运用，对人员素质的要求就会提高。范围从诸如代理服务技术、虚拟团队和视频会议这样的技术知识，到诸如真诚信任和诚挚服务这样的人员质量。实际上，在高科技环境下，公共部门能把自己和私营的服务提供商区分开来的唯一方法就是通过他们员工的绩效。缩编和不敬表明个人必须要对变革有所预判，增加自身价值并应对变革，除非个人开始就被视为具有投资价值的资产，而这样就难以看出怎样有效满足公共利益。当劳动力被视为需要削减的成本而不是增长的收益时，质量、生产率和服务通常都被牺牲了。

12.2 面对悖论，承担起个人责任

技术和人员素质变化的范围和差异导致了并不存在管理的最佳方法。管理是一个高度个人化的艺术，正如一个人在困难的处境中必须发现什么才是真正有作用的。当技术与组织的需求和目标相结合，与员工、与服务对象、与管理者的风格相结合，任何数量的技术都能取得成功。至此，读者已经知道了要做什么以及为什么这样做，但只有那些强烈希望影响他人的绩效并取得满足的人才会学习如

何有效地管理。

翻过这一页，对于热情学习人力资源管理的学生来说完成了一个开头的工作。作为这一学科的一个引子，本书邀请你在这一领域里既做一个非正式的参与者又做一个严格的批评者。在你整个职业生涯中，平常与惊人，迷惑与理解，悖论、程序和沉思的问题都将继续鼓励着理论和实践的发展。适当地说，对于民主与需求悖论的讨论，本书才开始就已经结束了。

为了更好地解决组织需求与个人需求的矛盾而努力奋斗，这通过强调工作中民主的价值可以做到。组织正在转型，从一个什么都做的机构转变成一个最大化使用技术和人力资本的地方。这一转变通过修改雇佣策略，重新进行工作设计，拓宽员工技能基础，重新设计报酬结构来实现。其中一个例子就是联邦国防部，其他机构和权力机关在最近十年都会效仿它。这些变革建构在关键的雇佣、薪酬和评估职能之上，也可以通过这些职能来浏览变革。例如，思考这些机构实施绩效工资计划会在多大程度取得成功（http://www.dhs.gov/dhspublic/index.jsp；http：//www.defenselink.mil/）。

对新技术和人力资本的投资是未来的驱动力（Ingraham，Selden，& Moynihan，2000）。当人民被作为政府存在的最终目标而不是操纵的工具时，公共服务质量和生产率的提高就指日可待了。

12.3 使　命

327 挑战并不是只“说出它是什么样子”，而是“说出它会变成什么样子”，清除伪善并做到珍惜价值。除非专制的组织价值观与社会民主价值观之间已经断开的联系被接通，人力资源的问题才会被强化。如果本书中讨论的两难局面和矛盾都被解决了，一个机构的人力资源管理的全部职能领域（甄选、招聘、岗位管理、薪酬、工作调适、培训、评估、劳动关系）都必须与民主文化的价值观相结合。两个选项，或者接受现状，或者放弃权力机关具有保障性的各种想法。选择任何一条路，未来的生活都将是一系列的冲突。

乔纳斯·索耳克博士，半个世纪前脊髓灰质炎疫苗的发现者，这样反思他的成就：

> 想法谁都会有。区别只是我认真地抓住了它们。别人没有看到我所看到的，这并没有使我气馁。我对自己的感知很信任、很有信心，而不是去听从教条和别人的想法。我没有允许任何人来劝阻我，尽管每个人都在试图那样

做。但生活不是一场声望的考验（1998，p. 11）。

这本书，也在试图开启新的理念来鼓励读者开创自己的未来。这样虽然几乎没有提供像夹缝中的硬币那样准确的解决之道，但却是为了实现目标。本书提供了一些一般原则和专业的理念，以便有辨别能力的个人去结合、适应和运用它们，来使公共服务成为一个，正如约翰·肯尼迪所称的“令人骄傲的、生动的职业”。

参考文献

Doeringer，P.，Watson，A.，Kaboolian，L.，& watkins，M.（1996）. Beyond the merit model：New directions at the federal workplace? In D. Belman，M. Gunderson，& D. Hyatt（Eds.），*Public sector employment in a time of transition*（pp. 163-200）. Madison，WI：Industrial Labor Relations Research Association.

Ingraham，P. W.，Selden，S. C.，& Moynihan，D. P.（2000）. People and performance：Challenges for the future of the public service — the report from the Wye River Conference. *Public Administration Review*，60（Jan./Feb.）：54-60.

Salk，J.（1998，December 3），*Bits and Pieces*，p. 11.

词汇表

Actor/observer bias：某些行为在行动者看来是无过错的，而在旁观者看起来却是有过错的。

Adoption assistance：对收养儿童家庭给予的休假及给予收养费用的各种福利。

Adult learning：一种包括把员工经验、行动参与、个人发展激励、问题解决和控制结合在一起的员工培训理论。

Adverse action：雇主对员工不满意的绩效或过失进行的惩罚。

Adverse impact discrimination：某一雇员群体因种族、性别或其他受保护的条件的特征受到歧视。不良影响通常被定义为对某一群体的招聘率低于招聘率最高的群体的 80%。也被称为差别待遇歧视。也见 *Disparate treatment discrimination*。

Affirmative action：一种克服平等就业机会障碍或者补偿以前的歧视造成的影响的措施。也被称为配额。也见 *Quotas*。

Age Discrimination in Employment Act：禁止在招聘中因年龄对求职者进行歧视。适用于 40 岁及以上的劳动者。

Agency shop：企业的雇员不必加入工会，但是必须为集体谈判、申诉和仲裁的费用提供赞助。

Alternative work schedules：与传统的每天 5～8 小时工时、周一到周五工作日以及工作地点在办公室的不同的新的日工时、周工作日和工作地点安排。

Americans With Disabilities Act：禁止在招聘中因残疾对求职者进行歧视，并且要求雇主为残疾雇员提供适当的便利条件。

Arbitration：一种争议解决程序，依靠中立的第三方听取意见，研究争议问题并作出非约束性的建议以供参考。

Assembled tests：在招聘甄选中除了经验、学历要求外，还要进行一项或更多的测试，例如典型考试、心理测试或工作样本。

At-will employment：根据无限制（自由）雇佣理论，雇主和雇员能够立刻解除雇佣关系。大多数公共部门规定了留住雇员的权利，要求辞职者提供合理的理由证明，履行正当的程序并遵循内部、外部的申诉程序。

Authorized salary range：在薪酬计划里规定的薪酬区间。薪酬区间通常被限定在一系列的晋升层级里。在过去，新雇员被要求从某个薪酬区间的第一个薪级开始，按照在职时间晋升薪级。现在有经验员工或短缺员工有了更大的薪酬浮动灵活性。宽带薪酬的实质就是扩大核定薪酬区间以便包括更多的职位。

Bargaining unit determination：认定在集体谈判中代表的员工范围。

Behavior-based evaluation systems：基于员工在工作中的行为方式进行的绩效考核。

Behaviorally anchored rating system（BARS）：一种绩效评估的行为方法，包括一系列基于关键绩效的考核要素。

Benchmark jobs：在一项全面的薪酬研究里，把一部分职位与组织外的工作进行对比以确保外部公平性。也就是说，这些职位变成了整个薪酬体系里的标杆。这些职位被限定在一个通过可靠薪酬信息得出的大体的市场工资区间里，这些数据来源于薪酬研究者或定期发布薪酬调查信息的组织。

Benefits：组织为雇员作为组织成员所提供的所有间接性报酬。

Bonus：在基本薪酬之外，作为补充或者替代的对于业绩增长的一种一次性支付。

Broadbanding：合并薪等，为职位创造更宽的薪酬区间。实际薪酬的变动不再要求职位的正式提升（传统狭窄的层级序列存在限制薪酬的变动的问题）。宽带薪酬给予了薪酬变动更大的自由度，它提高了组织灵活性，提供了长期发展激励。但是长期来看可能会增加组织的总人工成本。

Certification of the bargaining agent：由官方机构（PLRA，PERB 或同等的其他机构）采取的认定组织中唯一代表员工谈判的工会行为。

Certified lists：由授权的机构提供的具有职业技术资格的证书，最初由公务员制度委员会，现在则更多地由人力资源机构提供。随着甄选职责向直线部门的转移，职业资格证书的作用越来越小。

Civil Rights Act of 1964：一项禁止雇主因种族、肤色、宗教、国籍或性别而在雇佣、提升和终止劳动关系方面对雇员进行歧视的主要法律。

Civil service：指公共部门中除了立法、司法、军队以外的分支机构，在这些机构中通过竞争性考试录用人员并且公务员的职业生涯不受政治及赞助的影响。

Civil service commission：授权对公务员雇佣系统进行监管的政府机构。最初，公务员制度委员会管理所有的竞职考试、技术资格评估、颁发资格证书，并且审判劳动争议案件。现在更多的甄选功能转移到行政部门中的人力资源部门或者直线部门自身。现在的公务员制度委员会倾向于一个政策制定和监察机构。

Civil service reform：为完善公务员系统的结构、管理程序和功能采取的一些措施，如 1983 年《彭德尔顿法》和 1978 年《公务员改革法》。

Civil Service Reform Act of 1978：联邦的这个法律用两个机构代替公务员制度委员会，由人事管理处和功绩制保护委员会来裁决雇员申诉。它还创立了联邦劳动关系署监察联邦所有的劳工管理政策。

Class series：指的是一个职位类别中的职位按层级的集合，如秘书Ⅰ、Ⅱ、Ⅲ、Ⅳ。

Closed personnel system：封闭人事系统主要存在于按品位分类的组织中，组织外部人员几乎没有横向进入的机会。这种体系鼓励雇员通过岗位轮换发展，能够激发雇员的组织忠诚性。也见 *Open Personnel System*。

Coaching：一种由经验丰富的雇员帮助其他雇员应对各种工作情形的培训方法。

Collective bargaining：劳工与雇主代表会见协商工会雇员的劳动条件。

Comparable worth：可比价值理论认为，对组织具有相同价值的不同职位应该得到同等薪酬。

Compressed work week：把每周的工作时数压缩到更少的几天的工作时间安排。

Constitutional torts：针对公共部门人员侵犯他人宪法权利的诉讼。也见 *Right to disobey*。

Contamination：考核中包含了真实绩效表现的其他因素。

Contingent hiring：一种临时性的雇佣，一旦规定的某种偶然因素出现，可以从程序上解除雇佣关系。这些偶然因素包括雇佣前体检、毒品检测、赞助可获得性、罢工、特别培训计划。一旦某种偶然因素出现，雇主在信件里告知求职者是很重要的。

Contrast error：根据相关的人的比较而不是绩效标准对员工作出评估的倾向。

Cost of living adjustment（COLA）：根据经济状况而不是绩效进行的全面薪酬调整。

Critical incident technique：记录工作中导致产生高绩效和低绩效的关键行为的研究方法。

Cross-training：一种培训员工胜任多样性工作的方法。

CSRA of 1978：《公务员改革法》，废除了美国的公务员制度委员会，用人事管理局替代并创造了高级行政管理人员，功绩制保护委员，联邦劳动关系署，扩大了绩效薪酬在中层管理人员中的应用。

Decentralization of training：把培训的职责从处在中间的人力资源部门转移到执行部门和直线管理者。

Deficiency：考核时不能包括所有的关键绩效指标。

Development：使员工具备承担将来职责的素质而采取的措施。也见 *Training*。

Devolution：把职责向低等级的政府或部门下放。

Dialectic：一种系统的推理，把相互矛盾、对立的观点并列，通过新的综合而把它们融合在一起。

Disparate treatment discrimination：起诉人认为，由于种族、性别或其他受保护条件受到了差的人事待遇而存在的歧视。也见 *Adverse impact discrimination*。

Diversity policies：多样性政策创造出一种使所有员工为组织目标努力并且促进个人成长的环境，无论种族还是其他差异。

Doctrine of harmony：管理者和员工之间一种和谐的关系，双方都强调合作、服务导向、参与和公共利益。

Doctrine of hostility：管理者和员工处于传统的集体谈判下的关系（对立的、冲突的、矛盾的）。

Doctrine of sovereignty：指的是政府有责任保护所有的社会利益；因此，向利益集团（如谈判工会）分权或减少政府管理权的做法是不合适的。

Domestic partnership coverage：指的是雇员的福利，例如健康保险和疾病休假/死亡离任，可以被指定作为这个雇员的国内合作伙伴的人获得。

Downshifting：减少职业热情，转而在家庭和个人需要上给予更多的时间和关注的过程。

Downsizing：减少雇员数量，通常由政府精简机构、兼并、倒闭等类似原因引起。

Dress codes：雇主对雇员在外表上的标准，主要是衣服、修饰方面。

Due process rights：公务员在听诉时面临不利

情形时的一项附属权利。

Dues check-off：雇员通过扣除薪酬总额来支付工会费用。

EAPs：一种旨在提高雇员健康水平和帮助他们解决个人问题（比如由于工作/家庭冲突带来的问题）的措施。

Education and experience evaluations：根据求职申请表以及技术发明（如证书）、求职信和/或简历中体现的专业能力的信息进行的评估。

Effectiveness：获得的产出或者成果水平。

Efficiency：投入产出比率（产出/投入）。

Eighty percent rule：确定是否是歧视的标准。被认定为招聘当中对某个受保护群体的雇佣率低于最高群体的 80%。

Electoral popularity selection：代议制民主的基础。作为一种选举方式，它有利于选举出主要的政策制定者，但不是管理职能主要执行人员的有效选举方式。

Empowerment：对员工的授权通常伴随着员工义务的增加。

Entitlement culture：一种缺乏生气和安于现状的组织文化。

Equal Employment Opportunity Commission：处理就业歧视申诉和监察纠正歧视行动计划的联邦机构。

Equal Pay Act of 1963：法律中禁止因性别对做相同工作的人给予差别工资待遇。

Error of central tendency：对雇员分级平均化或对雇员绩效水平的评估平均化。

Essential function：对一个职位的主要工作职责的现代称法。最早由 ADA 使用，ADA 禁止对能够完成某个工作职位的关键职能的残疾人进行歧视，无论他是否得到合理的食宿安置。

Ethics Reform Act (1989)：联邦的这部法律建立起统一的财务公开制度，禁止为以前的部门进行游说，提高行政、立法、司法机关人员的工资。

External equity：雇员把自己的薪酬与其他组织中类似贡献人员的薪酬进行比较。通常在制定薪酬计划时通过与标杆职位薪酬进行比较研究确定一个整体的薪酬水平。

Fact finding：一种争议解决程序，依靠中立的第三方听取意见，研究争议问题并作出非约束性的建议以供参考。

Fair Labor Standards Act of 1938：联邦建立最低工资标准和工时的基本法律。

Family and Medical Leave Act：规定符合条件的员工在 12 个月里可以得到 12 周的无薪假期，包括生育或收养孩子；照顾孩子，年迈的父母，或者生重病的配偶；或者个人生病。

Fear-based culture：组织中充满焦虑，员工只关心保住职位而不寻求发展的组织氛围。

Federal Labor Relations Authority (FLRA)：联邦中进行劳动监察、调研和督促执行劳资关系相关法规的组织。

Federal Pay Reform Act of 1990：这部法律使联邦公务员的工资与私人部门雇员的工资达到平衡。

Fifth Amendment：在其他条款之外，规定了处理劳动争议的法定程序。

Final-offer arbitration：争议各方向调解员提出其对和解的底线方案，然后调解员据此在其提议的和解方案中对各方利益进行平衡以促成和解。

First Amendment：在其他条款之外增加了保护言论和宗教自由的规定。

Flextime：在指定时期和规定工作时数的基础上灵活安排开始和结束工作的时间。

FLRA：联邦劳动关系署。

Fourteenth Amendment：在其他条款之外，规定任何一个州不得制定或执行法律减少或剥夺居民的权利，从而，实际上是确保各州的居民和雇员享受宪法权利。

Fourth Amendment：任何人不受政府无理搜查和拘禁。

Free rider：在劳资关系体系中，有工会的单位的员工不必像工会会员一样交费和付出努力，但能够从工会代表处获得利益。

Free speech rights：公务员在必要情况下向公共舆论发表言论的权利。但是如果这些言论破坏了工作场所的效率，公务员仍然要受到制裁。

Gainsharing：指使员工从利润或生产成果中分享超过预期数量的收入。

General skills test：对人在阅读、数学、抽象思维、语言运用、一般问题解决、判断、校对、记忆等方面的能力和特长进行的测评。

Generation X：35岁以下的人口。

Grievance arbitration：或者被叫做权利仲裁。指由第三方来对因对劳动合同的不同解释而引起的争议进行裁决的一种手段。

Hatch Act：禁止公务员参与政治活动的法律。1993年公务员政治行为法放宽了1939年的法律中对公务员参与政治活动的限制。

Herzberg theory of motivation：使员工感到满意的因素与工作内容有关，如工作成绩得到认可；造成员工不满意的因素与工作环境有关，如物质实施。

Hidden workforce：数量和成本不断增加的现有雇员或外部工作人员（顾问、合作者）。

Human capital：指能够被管理者获得、创造工作成果和提高组织绩效的生产性人力因素（知识、技能、能力、职能）。

Human resource management：强调人力资源是组织的关键因素，通过对人力资源进行战略规划、管理提高组织绩效，并对组织人力资源进行有效运用。

Impasse procedures：通过第三方对劳工与雇主的分歧进行调和。

Individual equity：对个人薪酬方案感到满意。

Individual vs. "pool" hiring：大型组织招聘的初选通常使用组织人才库，人才库人员来源于同步或持续发布的广告。无法通过人才库招满的职位通常进行个人招聘。

Inside（internal）vs. outside（external）recruitment：指的是招聘对象是否仅限于组织内部。通常这与组织传统有关。一些组织倾向于在组织内部招募人员，而一些组织倾向于外部招聘。

Institutional recruitment：类似于人才库招聘（见上）。

Interest arbitration：指在签订谈判合同过程中进行的仲裁；可以是自愿的或义务的。

Internal equity：员工把自己的工资与组织内部做类似工作的人进行的比较。

Internship recruitment：使用实习生作为组织招聘资源的方法。经常被用来吸引高质量的管理者和专业人才。

Job analysis：一种收集、确定职位必须的知识、技能、能力和其他任职要求信息，对工作进行量化评价的系统过程。

Job（position）announcements：通常根据职位设置的特殊目的制定。一份完整的招聘启事通常包括工作标识和工作关系、薪酬等级、职责描述、任职资格、工作环境、履行程序和EOE和AA。也可以包括职级、晋升空间和特别收益。

Job classification：指对任职者的能力水平要求近似的一组职位的组合。其他经常被用到的类似概念还有职位、职种、职系或简称为级。

Job description：对某一职位典型或一般的任务、职责和能力资格要求进行的描述。

Job duties：这一概念经常被用来描述某一职位的主要职责。现在更通常的说法，由于ADA，是关键职责。工作职责可以进一步进行任务细分。

Job evaluation：确定某一职位在组织中的相对

价值的系统性方法。

Job factor system：把一项工作分解成小的要素（为进行工作分析或评价），例如任职要求、职责、工作环境、身体要求、工作难度和工作关系。

Job posting：公告最初主要是把招聘启事张贴在墙上显著的位置。许多公务员系统要求了最低张贴地点数量。现在它也被用来指通过室内工作公告、报纸或其他交流工具如网络或电子邮件发布工作信息。

Job sharing：把一个全职工作的职责、工时、薪水和（通常）奖金分给两个雇员。

Job task：工作职责的一系列要素。也见 *Job duties and Essential function*。

Labor market：劳动力供求的地理区域或职业领域，通常被政治因素限制，受劳动力数量和工资水平的相互影响。

Labor market survey：获得劳动力供给未来趋势的关键信息来源。

Lateral entry：非基层的职位可以从组织外部招募。横向进入在职位分类的系统中比较常见，这种系统倾向于以技术水平为基础进行竞争。

Learning plateau：员工必须把培训材料完全消化吸收后才能进行进一步学习的时期。

Leave sharing：一种员工—员工之间的福利措施，健康的员工贡献出病假时间或其他利益，帮助困境中的其他员工。

Leniency error：对所有员工或绩效的评价过高。

Letter of intent：批准职位申请的信，一般写有主要工作信息，如开始时间、工资，和/或解约情形（如果有的话）。

Liberation management：一种提高组织绩效的改革趋势，主要是实行标准化、考核和产出等战略，以一些法律的制定为代表，如 1993 年政府绩效与业绩运用法。

Mail recruitment：一种鼓励求职者通过信件申请职位的高度人性化的招聘方式，现在也包括使用电子邮件。

Maintenance of membership：雇员一旦加入工会就有义务维持其在代表工会里的会员关系。

Management by objectives（MBO）：一种以员工达成目标的水平为基础的结果导向的考核方法。

Med-arb：要求仲裁者站在中立立场，以切实可行的办法尽可能多地解决劳动争议，只在无法解决时提交仲裁。

Mediation：一种依靠中立的第三方进行沟通并把争议双方集中在一起达成协议的争议解决方式。

Medical testing：在招聘中，雇员被怀疑受到很差的物质待遇或者在工作场所出现意外事故后所必须进行的检查。

Meet-and-confer rights：法律要求政府就有关问题的解决进行协商，但他们无权解决申诉。

Mentoring：雇员通过定期与经验丰富的雇员进行谈话促进自身发展的一种人力资源开发方法。

Merit pay：一种基于绩效表现增长工资的薪酬体系。

Merit-based selection：强调员工的技术资格，对员工工作能力进行分析并通过公开程序进行的人员选拔。

Merit System：一种根据资格、绩效和由专家评判的竞争选拔，进行公平、有秩序的招聘、提升、奖励和惩罚的制度。

Merit Systems Protection Board（MSPB）：1978 年 CSRA 建立，受理公务员因法律、法规中规定的权利被侵犯而提起的申诉的机构。

Misconduct：被法律禁止的会引起歧视纠正行动的行为。包括利用公职谋取私人利益，接受贿赂，在利益冲突中进行操纵、滥用职权、泄密、袒护或裙带关系等。

National Partnership for Reinventing Government：对员工和管理者进行的培训需求调查。

Needs assessment：与培训相关的策略，即培训前调查员工和管理者对培训的需求。

Negligent hiring：雇主在对涉及公共安全的职位招聘人员时，没有通过简历核查、背景调查和深入甄选进行令人满意的人员选拔。这些职位包括司机、执法人员、纠错员、老年护理人员和儿童工作人员。

Neutral competence：一种公务员改革者认为，在公务员招募和维持中应该坚持的标准或价值规范，但是这种观点与赞助者是相悖的。

Noncompetitive recruitment：一个公务员经过一系列正规的评比且达到所有要求后被录用。有时需要迅速招募人员时也会纳入满足部分标准的求职者；其他时候，非竞争招聘意味着决策者有权录用那些合乎要求的求职者，无论是什么理由。

Nontraditional families：包括同性恋者组成的家庭、没有结婚的同居者、单亲家庭和重新组建的家庭。

Occupational families：给相似职位划分的一个大组。例如消防员职族，管理支持职族，校对员职族和服务员职族。职族通常建立在职责（法律规定的而不考虑机构之间的联系性），有时建立在工作目标（如法律规定的禁毒任务）的基础上。

On-the-job training：员工为掌握工作需要的独特的专业技能进行的培训。

Open personnel system：在职位分类组织中，组织外部人员有横向进入的机会。这种组织可以培养高技术能力，良性竞争，防止组织“近亲繁殖”和“群体思维”，这样的组织也被称为闭合人事系统。

Open shop：自由雇佣企业工会可以代表工人。但是非工会会员没有交费义务。

Organization-centered evaluation：组织的流程管理就是监督和评估，其前提假设是如果管理层的制度设计得好，就能使员工提高工作效率。

Organizational culture：使员工和管理者明确应该追求的组织目标和如何达成目标的规范、价值观和实践。

Overlearning：指学习或熟记到能立即回忆起的程度。

Paradox：不相容的观点；明显的事实冲突。

Paradox of democracy：作为公民的人们有很多公民权利，但是作为组织中的员工却不得不放弃。

Paradox of needs：个人和组织是相互需要的，但是他们各自的需求往往相冲突而无法达成一致，因为人是动态和变通的，而组织是静态和机械的。

Parental leave：员工可以获得假期来照顾需要照顾的家庭成员。

Patronage：在恩赐官职制中，官员和雇员的任免权掌握在一个人手中，没有规范的招募程序。对官职的任免通常考虑政党信仰、个人关系和技能水平，没有规范程序的限制。尽管恩赐官职制和政党分赃制经常被交互使用，它们并不相同。政党分赃制把职位任命作为政党上台的一种奖赏而不考虑其技能水平。也见 *Spoils System*。

Pay (broad) banding：一种减少薪酬等级，使之变成只有相对较少的薪酬等级以及相应的较宽薪酬变动范围的恶薪酬策略。

Pay compression：降低机构中薪等之间的差距。

Pay equity：认为得到的薪酬与工作绩效表现相符。

Pay plan：确定薪等、薪级和相关工资的薪酬表。实际上负责者有大量的薪酬表作为各种不同职位簇薪酬规划的一部分，通常基于不同职业团体的工会的意见。

Peer evaluation：一种处在同一层级上的员工相互进行评价的考核方法。

Pendleton Act（1983）：1983年通过的建立公开的公务员招募考试制度的法律，禁止因党派因素开除公务员，授权成立公务员管理委员会，授权总统改变使用公务员的范围。

PERBs（Public Employment Relations Boards）：州劳工关系管理机构，主要认定合适的谈判单位，审查选举证明并解决不公平劳动待遇事件。

Performance measurement：对部门绩效进行的考核和管理，通常有量化目标。

Performance tests in selection：对特定工作要求的技能进行直接评估。可以运用身体技能测试、工作相关知识测验或工作模拟（或评价中心技术）。在所有的绩效测试中，测试与工作相关方面的关系是直接的，而态度和技术测试中这种关系可能是间接的。

Personal contact recruitment：招聘者、管理者或招聘委员会成员共同参加，与校园招聘或个人招聘中最出色的求职者签订任职合同。

Personnel administration：组织为提高人员的生产效率而采取一系列包括招募、薪酬、激励的管理活动。也被称为人力资源管理。

Piecemeal personnel system：组织缺少薪等和薪级，只把工资进行简单分配的薪酬制度。一般只存在于小型组织中。

Point factor analysis：一种对职位的一系列关键薪酬因素进行评分，加总得到职位薪酬水平的工作评价方法。

Point factor method：关键要素法基于这样的假设，即基本评价要素能运用于组织或人力资源规划中的所有职位。与评分法不同的是它只使用与特定职位直接相关的因素。

POSDCORB：计划、组织、人事、指挥、协调、报告和预算等一系列管理活动的缩写。最早由弗里德里克·泰勒在科学管理时期提出，目的是找到政府管理规划的最优方法。

Position：承担一系列工作职责的某一任职者对应的组织位置。

Position classification system：对组织中的所有职位分级归类的方法。分级归类法可以作为职位评价和管理的基础，职位评价和管理又是相互依赖支持的。

Position description：对某一职位的主要职责、责任范围和组织位置进行的描述。

Position management-system：基于预算目的对组织中的职位进行设置。

Positive discipline：一种分级参与，鼓励员工主动承担纠正问题的方法。

Positive reinforcement：为帮助员工减少失误和达到标准并增强其发展动力进行的反馈。

Pre-employment background checks：采取各种方法对求职者信息进行核实，以确定其是否合适。

Principled negotiations：这种谈判方式强调劳资双方共同点，关注解决合作问题，在相互信任的环境里推进。

Principles of learning：提高培训效率要遵循的原则包括：增强员工积极性、内容适应性、成果转化、对一般原理的关注、重复、反馈和积极巩固。

Privacy expectation：公务员在工作场所受到避免不合理调查的保护，也包括他们认为是个人空间的场所。

Privatization：从公共部门转到受雇于私人部门。

Problem-solving bargaining：致力于达成一致和找到共同问题的有效解决方法的问题解决导向性的讨论。

Proceduralism：程序过于细化、烦琐、冗长和机械。

Productivity：对资源的有效利用程度和生产效率。

Productivity bargaining：为提高政府工作效率进行的谈判。

Progressive punishment：一种采用越来越严格的惩罚措施，并在限期内给予改正错误机会的方法。

Psychological tests in selection：对个人素质与工作要求的匹配性进行的测试。

Public Employee Relations Boards：国家行政机构一般负责确定适当的谈判单位，认证监督选拔并解决不公正的人事行为。

Qualified immunity：这种学说认为，只有在保持诚信的情况下，公共雇员才能免予下面司法条款的追究。

Quotas：法院为那些雇佣量正在增加，但代表名额尚不足的雇员群体规定了配额。

Race-norming：为少数民族调整测试分数的措施，保证了足够数量的候选人能够被雇用。

Rank-in-job：在这种人事策略中，等级和薪水都是由雇员所担任的工作决定的。大幅加薪和更高的地位只有通过更好的工作来获得（晋升或职务调整），但是，组织内的多通道晋升超出预定职位序列的情况并不多见。

Rank-in-person：这种人事策略通过运用封闭系统和等级的变动来强调个人责任在组织内一定时间内的发展。无论雇员的任务是什么，他们一般根据级别来取得报酬。除学术环境外，这种策略倾向于鼓励通才的发展。这里蕴涵一种“升迁或出局”的哲学，它鼓励或者说是要求那些未在晋升考虑之内者离开组织。

Recency effect：当评估进行时，不适当的评价会由雇员近来的表现得出。

Recruitment process：一般包括三个主要步骤：计划和职位的正式批准，职位的公告准备和特定招聘策略的实施。

Recruitment Strategies：至少包括 9 种方式，如推荐信件、报纸广告招聘、杂志广告招聘、电子邮件、集体面试、个人访谈、内部调动、外部招聘（通过第三方中介），以及非竞争性遴选。

Reengineering：重新塑造程序以使招聘更加显著、有效和适时的努力。

Relevance of training：培训的范围由特定的工作情况确定。也见 *Transference*。

Reorganization：组织资源的重新组合。

Representation election：选拔用来确定某个工会是否将被作为工会中雇员的独家谈判代理人。

Representativeness in selection：可以解释为众多备选方法的选择问题，包括地理、社会阶层、性别、种族/族群、服役和残疾。

Results-based systems：排序方式强调雇员的生产结果。

Reverse discrimination：这种歧视行为是指当一名来自受保护阶层的人员在受雇或晋升时优先于其他同样或更加优秀，但不在受保护阶层之内的其他人员。

Revitalization culture：在组织文化中，管理者和雇员通过挑战和任务奖励感受到充分的授权和充满活力。

Right to disobey：在诚信的基础上，公共雇员有权拒绝那些他们认为违反宪法的命令。也见 *Constitutional torts*。

Right-to-work state：在这些州，强制雇员加入工会的行为是非法的。

Rule of seven：人们必须练习七次来熟练掌握一项工作。

Rule of three（hiring）：最早由公务员委员会发布。定律将雇佣限制在经过认证的名单中的前三名之内。当前的趋势已经允许在技术允许的范围内尽可能扩大雇佣权力。

Rule of three（training）：人们只能听到那些只讲过三遍的东西。

Sandwich generation：是指那些需要同时为年幼的子女和年长的父母承担责任的工人。

Scientific management：一种以效率为目标的改革潮流，以执行战略的运用为标志，例如结构、规则和专家，以及以法律形式固定下来的 1939 年《政府重组法》。

Self appraisal：由雇员自己完成的对自我的评价。

Seminars and presentations：用于传达信息的常

用培训策略。

Senior Executive Service：顶级行政人员，主要是公务员和数量稍少的政治任命官员。

Seniority-based selection：在雇佣组织中将时间作为晋升的主要或唯一因素。从哲学角度来看，它认为那些已被组织雇用的人员在价值进程上已经进了一步，已经在试用和评价过程中得到了体现，并且其雇佣有高级的组织洞察力和忠诚度。

Seniority pay：薪水由服务时间长度来确定。

Severity error：所有个人或绩效方面都将给予不利的评级。

Sexual harassment：任何影响雇佣环境的有报酬的性服从，或者任何制造不友好或侵犯性工作环境的不受欢迎的口头评论或含性的身体接触，都属于性骚扰。

Simulation：一种依靠模仿工作环境和情境的培训策略，例如模拟面对自然灾害的反映等。

Skill pay：为雇员在多任务环境下拥有、发展或使用技能作出的补偿。

Social class selection：在美国，作为一种显而易见的选拔哲学，这种形式的选拔一般被认为是违法的。它通过选拔过程中的代理人在时间上制造间接的影响，这些代理人有教育机构，以及通过对少数民族的主导文化价值观来微妙地强迫人们接受。

Special responsibility theory：这种理论认为，公共雇员在社会中担任极其关键的职位，他们因此不应被允许参加罢工。

Spillover（halo or horns）effect：一个不同寻常的特征或表现会影响整体的评级。

Spoils system：一种特殊形式的保护制度，在这种制度下，工作任命被看做官员给那些在胜利活动中的积极分子的恩赐（类似于战争中的战利品）。它也可以指政治裙带关系（让家属和私人朋友担任肥差），任务委派建立在私人关系而非技术资格的基础上。也见 *Patronage*。

Staffing：一个同时包含招聘和选拔程序的过程。

Telecommuters：远程办公者是指那些不在传统工作场所工作的人，例如在家里，通过卫星定位或在路上办公，他们通过电子设备与工作场所相连。

Temporary employees：临时雇员是指那些不享受任期权利，且通常没有福利的人员。美国财政部国家税务局最近的一项规定要求加强许多一般被当做临时雇员的员工的福利权利，这创造了一个新的短期雇员群体。也见 *Term employees*。

Term employees：短期雇员是指那些不享受任期权利，且通常没有福利的人员。短期雇员一般签有工作一定时间的合同。在公共部门中，政府看起来在为长期职位的管理寻求更加灵活的方式，这类情况正在快速增长当中。联邦政府正越来越多地使用多年合同（2～4 年），州政府则在降低对公务员的保护，如马里兰州对诸如管理者一级（见示例 4—1），佐治亚州对其整个雇员系统（见示例 5—3）。

Test validity：测验效度是一种心理测量学概念，用于确定测试和选拔工具是否能够测量它所希望测量的对象的问题。美国政府关于“选择员工程序”的统一规定认可的三类方法分别是内容（content）效度、效标（criterion）效度和结构（construct）效度。内容效度要求证明测试与工作职责之间的直接关系。效标效度包括通过测试将高测试分数者（受测者）和高工作绩效（效标）联系起来。校标效度通常用于检验给定环境下学习和表现优秀所需的资质或认知技能，如学习语言的智能、记忆关键数据，或使用逻辑推理。结构效度证明选择的抽象的个人特征（如智力、诚实、创造力和侵略性）与工作绩效之间的关系。

Three hundred sixty-degree（360）evaluation：由监督者、同级、下级，有时包括组织外人

员对他人进行评级。

Three o'clock（3：00）syndrome：当雇员开始考虑已经准备好放学并要回家，他们对工作任务的注意力随之衰减。

Tides of reform：Light 于 1997 年确定了四种变革哲学——科学管理、反浪费之战、戒备之眼和解制管理——它们都有自己的目标、实践努力以及成果。

Total quality management：这种管理哲学围绕授权、客户服务、机构重组和绩效考评展开。

Traditional bargaining：两个谈判团队完全站于相反立场，每一方都持追求零和的态度和要求。

Training：一种旨在增强知识、技能和能力，以更好地满足当前工作需要的行动。也见 *Development*。

Training evaluation：评价培训努力的效果，通常会同时关注行为的变化和行为的结果。

Trait-based systems：与实际的工作情境相关的培训材料的范围。

Transference：新任岗位与原工作岗位职责相关。

U. S. Office of Personnel Management（OPM）：处理公共人力资源管理操作事务的联邦机构，负责调整联邦政府的人事计划。美国联邦政府人事管理局的负责人由总统任免，并作为总统在人事问题方面的首席顾问。

Unassembled tests：当最初的选拔主要基于教育和经验评价时所采取的选拔程序。

Unfair labor practices（UFLPs）：由工会或雇主做主的不公正或为法律所禁止的行为。

Union shop：新雇员必须在一定时间内（如 30 至 90 天）加入在集体谈判合同中指定的代表工会。

Up-or-out philosophy：那些未能在按人定级的系统中晋升的雇员可能最终会被迫离开组织。例如，那些未能在 6 年之内晋升为副教授的助理教授将被终止雇佣合同。

Veterans'points：在战争中服役的老兵一般可以享有 5 点分数的优先权，而伤残军人的分数为 10 分，这提高了他们作为职位候选人的等级，尽管在各州和联邦政府的实际操作并不一致。

Voluntary affirmative action plans：弱势群体保护计划由组织自愿实施。此类计划必须是临时性的，要查明现有歧视的类型，并且不会约束那些不在计划覆盖范围内的雇员的个人偏好。

V-time：自愿减少工作时间，使父母能够尽到他们的看护责任，提供可选择的临时停职或者用兼职进行替代，并帮助特定员工直到退休。

War on waste：以经济为目标的一种变革潮流，以通常被人们接受的行动、稽核和调查，以及 1978 年监督总长条例所规定的方式等实施战略为标志。

Watchful eye：以公正为目标的一种变革潮流，以告密者、利益集团、媒体以及 1946 年美国行政程序法所规定的方式等实施策略为标志。

Wellness programs：一种旨在改变员工不健康的个人习惯和生活方式，提高其生产效率和健康水平的计划项目。

Whipsaw effect：在劳动关系系统中，一个工会获得的利益被用来衡量另一个工会的利益。

Whistleblower Protection Act（1989）：保护联邦公务员因揭发行为受到不公平的报复，写明了受到打击报复的举证责任和申诉渠道。

Whistle-blowing：向媒体或其他组织披露组织中的过失行为。各种法律保护争议披露者免受报复，但是无法避免职业生涯受到影响。

Whole job analysis：根据个人直觉和经验而不对工作进行细化分析进行的分类归级。

Whole job evaluation：根据个人直觉和经验而

不对工作进行细化分析进行的工作评价。

Work samples：如果绩效测试能够模拟一个工作的各个要素，它就被叫做工作样本。例如让培训者作出一个详细说明，或者让法律工作者描述以前经历的一个案件就是一个工作样本。当在一段时间内采用各种工作样本测试求职者在工作中需要的各种能力时，就称为评价中心。

Work stoppages：罢工。

人名索引

A

亚伯拉罕斯，N.，100
亚伯拉罕逊，M.，6
阿柯曼，P. L.，102
奥尔德.，G. S.，269
亚历山大.，R.，99
安布鲁斯.，M. L.，269
美国联邦职工联盟，281
美国教师协会，277
美国公共行政学会，26-27
安德森，杰克，12
阿雷生，K.，285
亚里士多德，217
阿朗诺维茨，斯坦利，283，286
亚瑟，D.，249
小亚瑟，W.，Jr.，105
阿尔韦，R. D.，98，103
阿吾里奥，B. J.，269
培根，D.，285

B

贝尔斯，A. L.，63
贝利，E.，275
贝利，M.，38
贝克，J. G.，294
巴尔金，D. B.，251
贝恩，C.，23
班德拉，A.，102
拜因，D.，228
巴德维克，J.，309
巴尔，S.，199
巴雷特，G.，99
巴里科，M. R.，116
巴龙，J.，227
比奇，M.，319
巴塞拉，R.，205
比切尔，D.，246，257

拜恩，R.，20，174，316
拜尔切，J.，281
拜尼斯特，F.，278
波尔基，Z. L.，239
波尔基，M.，227
波尔克，R.，276
伯曼，E.，3，7，9，23，26，27，28，104，190，194，214，223，224，232，312，313，315，319
伯纳丁，H. J.，107
伯纳丁，J.，6
伯纳丁，L.，269
波恩斯坦，A.，285
贝德尔，R. E.，106
贝尔姆斯，L.，18
宾哈姆，L.，263，264
比斯马克，奥托·范，121
波乔恩伯格，L.，224
布拉克，D.，227
布洛，弗兰西恩，167
布朗特，R.，19
波奈特，I.，169，170
波奈斯科，S.，28
伯曼，W. C.，249，267
波士顿，S.，263，264
波德罗克斯，格雷格，267
鲍曼，J.，9，22，23，47，125，173，264
布拉科，H.，7，285
布莱夫曼，M.，205，207
布洛，J. A.，62
布里格斯，S.，295
布鲁克，D.，23
布朗，A.，41
布朗，J.，235
布鲁斯，W.，207
布拉姆巴克，G.，26，28
劳工统计局（BLS）197，282，283，289
贝尔恩，18

C

卡德威尔，J.，319
坎珀贝尔，J. P.，103
坎珀贝尔，R. B.，269
卡迪，R. L.，251，254，256
卡内维尔，D.，214
卡鲁尔，J. B.，102
卡洛尔，刘易斯，xvii
卡特，吉米，16
卡西奥，W. F.，262，269
卡斯蒂罗，R.，125
卡瓦，A.，26
卡伊尔，N. J.，112，222
凯德布洛姆，D.，267
臣迪尔，T.，41
查珀尔，D.，247
奇，K. S.，129
丘吉尔，温斯顿，177
希普拉，F.，126
克拉迪，A.，233
克莱，R.，201
克莱姆，B.，263，264
克利夫兰德，J. N.，254
科恩斯，T.，267
科恩，兰迪，192
科恩，S.，23
克尔曼，C.，287，290
考林斯-纳凯，R.，314
考林斯，R.，202
康德雷，S. E.，6，23，88，96，122，127
库克，S.，112，224
库克，M.，269
考蒂纳，J. M.，100
考特拉尔，B.，174
州政府委员会，194

县管理协会，222，224，319
克兰普顿，S.，53，276
克兰戴尔，F.N.，144
古逊，P.C.，61

D

达·芬奇，莱昂纳多，xvi，xvii
达雷，D.，246
丹尼尔，L.，187，190，199，200-201
达文波特，T.O.，xvi
戴维森，B.，237，239
戴，D.，100
德利昂，L.，143
德尔波，A.，264
邓培克，C.，199
戴明，W.E.，266
丹哈特，R.B.，143
德诺姆，D.Y.，287，297
德尼斯，A.，255
德赛，U.，65
德索托，W.，125
戴文纳茨，V.G.，290
迪瓦恩，K.，314
迪布尔，R.E.，289
迪鲁里奥，J.，220
迪马蒂诺，V.，247
迪斯拉里，艾塞克，309
多宾斯，G.H.，254，256
多贝尔，P.，184
多尔林格，P.，325
多赫特，M.L.，100
多拿赫，J.，19
多拿赫·汤姆斯，J.，283
罗恩，W.，205
杜尔，H.，214

E

厄尔斯，J.A.，102
伊顿，S.，169，170
埃克斯，G.，267
艾德密斯顿，K.，313
爱德华兹，G.，7
爱德华兹，J.E.，91
埃伦霍特，3，29
艾米克，W.，23
爱因斯坦，A.，xv
艾灵顿，杜克，xv
艾里奥特，E.，75，125
艾里奥特，R.H.，6，111
就业政策基金，190
艾沃，A.I.E.，75，125

F

家庭和劳工署，185
法纳姆，D.，144
法尔，J.L.，89
法森，R.，309
费伊，C.H.，156，171，253
费尔德曼，D.C.，71
费舍尔，C.D.，168
费舍尔，R.，295
菲兹-恩兹，J.，237，239
菲兹杰拉德，F·斯科特，xiii
弗兰纳里，T.P.，176
弗莱彻，P.，313
弗林特，詹姆斯，299，300
弗拉林，奥鲁菲米，18
福尔曼，K.，285
福布斯马尔柯姆，63
福斯特，M.R.，132，133
福克斯，C.J.，125
弗兰克，S.A.，60
弗雷德里克森，G.，316
弗雷茨，G.E.，281，298，299
弗里德曼，D.，76

福斯，拉里，174

G

嘉布里斯，G.，170，171，254
盖布勒，特德，18
盖吉，J.，170
加林斯基，E.，76
嘉米诺，D.，200
加努恩，J.，192
加德纳，约翰，12
加德纳，N.，6
加芬克尔，L. M.，269
盖特豪斯，R. D.，62
格里，R.，41
格茨，M.，23
格茨，S.，22，23
吉布森，C.，42
吉尔伯特，J. A.，76
吉尔斯，J. S.，7
葛拉斯彼，G.，230
格伦迪宁，P.，316
戈麦兹-梅嘉，L. R.，251
冈珀斯，塞缪尔，294
古登，S.，205
古德曼，C.，197
戈登，R.，193
戈尔，A.，103
戈尔，Al，13
古恩，M. A.，62
古英，M.，317
格雷斯，W. R.，12
格拉迪，D.，143
格雷，G.，234
格林，P.，239
格林，S.，276
格林豪斯，S.，285，296
格里格森，马克，18
格伦辛格-波帕尔，L.，26，246
格里嘉瓦，R.，278
格罗斯曼，R.，247
葛罗特，R. C.，254，262
奎林，L.，264
伽菲，C.，264
古普塔，N.，169
盖伊，M.，49，185

H

海斯，D.，313
哈拉契米，A.，251，257
霍尔，D.，202
霍尔，M.，234
汉密尔顿，D. K.，123
哈曼，J. A.，65
阿瑞，G.，316
哈里斯，C.，161
哈特曼，G.，42
豪恩施泰因，N.，256
豪塞尔，D.，127，253
海斯，S. W.，22，65，96，143，170，317
海姆斯，M.，264
亨德森，T.，205
赫雷迪亚，C.，193
赫南德兹，C.，76
赫兹加德，M.，xv
赫茨伯格，F.，162
休伊特同盟，170
霍吉，J.，53，276
霍夫里特，D. A.，176
霍根，J.，103
霍格勒，R.，168
霍尔登，S.，313
荷马，G.，42
霍珀，H. L.，47
胡佛，赫伯特，11

霍纳，C.，126
霍尼斯德，D.，7
霍华德，A.，104
霍伊曼，M.，214
哈夫卡特，A.I.，105
赫尔，R.，91
亨特，K.，186
亨特，J.，252
亨特，J.E.，102，105，116
赫特，詹姆斯，18

I

艾赫克，D.，170，254
伊尔根，D.R.，102，104
英格拉哈姆，P.W.，30，88，126，326
国际城市/县城管理协会，223
艾奥瓦州人事部，106，136，148
伊斯法哈尼，N.，126

J

杰克逊，安德鲁，91，93
杰克逊，T.，281
雅各布森，W.，235
詹姆斯，凯，170
杰斐逊，托马斯，29
小詹金斯，C.，Jr.，169
詹金斯，M.，267
约翰逊，G.，144
琼斯，J.，7
乔丹，迈克尔，89
尤可韦可兹，C.，173

K

卡宝莲，L.，325
凯夫，R.，102
坎特，R.M.，61
卡特森伯奇，J.R.104
考夫曼，T.，20，61，63，67，170
考夫曼，G.，100
考夫曼，T.，288
科尔尼，R.C.，22，96，143，289，290，317
金诺伊，T.，61
克洛夫，J.，168，170
凯利，C.，170
凯利，M.，xiv
坎普，D.R.，199
肯尼迪，约翰，F.，325，327
科特尔，D.F.，126，220
金，M.，193，198，201
科奇，J.，7
克帕特立克，D.，192，238
克拉斯，B.S.，71
克里曼，R.S.，129
克雷曼，C.，184
克雷恩，H.I.，102
克林格勒，D.，9
克鲁格，A.，255
凯尼格，H.，40
科尔布，D.，312
考斯特，J.M.，74
凯洛嫩，P.C.，102

L

莱肯，M.，309
莱顿，T.E.，103
兰蒂，F.J.，104
兰恩，C.M.，298
兰恩，L.，19，88
拿坡里斯，C.，319
拉森，G.，251
劳拉，S.，104
劳恩夏格，G.J.，62
拉维亚，R.J.，61，75
莱维特，W.M.，144

李，C.，174
勒格，C.W.，26
勒尤，C.W.，172
伦纳德，B.，172，185
莱韦尼，C.H.，129
莱韦尼，M.，298
莱韦尼，S.，185，190
刘易斯，G.B.，60
赖特，保尔，7，11，14-15，309，314
林登，R.M.，xv.310
林丁伯格，K.，52，207，223
林德霍姆，M.，317
林奎斯特，S.，40
林白瑞，R.，7
罗北尔，I.B.，296
地方政府研究所，46，50
伦敦，D.，262
朗格内克，C.O.，256
洛佩兹，150
罗德，M.，198，201
罗西，S.，286
罗夫利奇，N.，205
洛利，P.E.，107
卢，H.，168
卢卡斯，R.，229
路德维格，D.，256
卢瑞尔，I.，254
林纳，J.，192
林恩，D.，9

M

麦多克斯，B.，185
麦迪逊，詹姆斯，35
马吉德，R.，202
玛奎尔，玛丽，L.，258
马兰多，R.，23，88，96
马克维兹，J.，137
玛络，M.，283
马绍尔，G.S.，144
马丁，M.，23
马蒂尼兹，M.，190
马休斯，B.P.，61
毛泽，S.D.，105
毛瑟，B.，162
马克斯韦尔学院，319，321
麦克阿特，S.A.，100
麦考密克，150
麦克柯迪，A.，205
麦克艾文，R.，257
麦格雷戈，D.，257
马克，V.，46
麦克西，R.B.，295
梅斯勒，A.，246
梅瑟，W.M.，76，190，191，194
梅斯奇，D.，296
大都会保险公司，189
米卡拉斯基，A.，202
米卡拉斯基，D.，202
米尔科维奇，C.T.，254
米勒，M.，234
敏娜，M.，247
明茨伯格，H.，65
米斯拉，J.，276
米塔罗，A.，169
莫里森，R.F.，91
莫舍，F.C.，87，93，125
蒙特，M.K.，116
莫伊尼翰，D.P.，30，88，326
芒福德，M.D.，100
墨菲，K.R.，254
穆雷，S.，263，264

N

纳德，拉尔夫，12

国家行政学院，19
州和地方政府公共服务委员会，22，72，103
国家绩效评估委员会，248，254
国家研究委员会，254
尼尔，L.，18
尼达姆，菲利普，193
内斯特楚克，乔治，287
纽曼，M.，49，185，205
纽斯特罗姆，J.，229
尼格鲁，F. A.，257
尼格鲁，L. G.，257
尼尔森，C.，229
尼克松，理查德，13
诺埃尔，T. W.，269
诺罗（NOLO），37，191，196
诺恩，M.，61
诺丽斯，D.，313
诺瑟普，H.，290
纳丁，S. M.，103
奈伊，J.，19

O

奥布莱恩，D.，41
奥利弗，G.，228
昂科尔，约翰，52
奥尼尔，保罗，184
万斯，D. S.，102，116
欧普勒，S. H.，269
奥根，D. W.，102
奥热霍夫斯基，W.，283
奥斯本，D.，18，299
奥兰德，J.，312
欧文斯，W. A.，100

P

帕多克，S.，238
帕尔古塔，J.，254
帕尔玛菲，T.，285
帕森斯，P. A.，281，298，299
巴斯德，路易斯，xvi
巴顿，D.，310
皮尔森，R.，74
皮顿，A.，111
人们在为美国方式①，193
帕莫尔，D.，267
佩里，J.，23，249
佩里，P，170
彼得，L. J.，91
彼得斯，汤姆，59
皮特森，M.，185
佩特里克，J. A.，28
菲利普斯，J.，99，239
费尼，D.，20
皮卡德，J.，26
佩克特，L.，262
彼得拉桑塔，Al，221
彼夫纳，J.，23
普拉斯特里克，P.，299
普拉顿，P. E.，176
波拉克，L. J.，127
布拉特，C.，310
普莱斯，J.，193
普莱斯，S.，191
普莱斯，T.，191
普罗克斯迈尔，威廉姆，12
普莱克斯，E. D.，269

---

① 人们在为美国方式（PFAW）是一个教育机构，致力于使社会重视自由、多元化、社区和宽容。PFAW工程为实现这些目标而分析重要信息，并分发结果以充分和公正地论述这些问题。问题包括公民参与、司法独立、自由宪政、公民权利、宗教自由以及公众教育。

派恩斯，J.，107

Q

奎因，J. F.，28

R

雷丁，B. A.，143
雷，M. J.，102
雷伊，T.，314
瑞德曼，T.，61
里德，C.，209
瑞茜，L.，52，207，223
瑞夫，A.，42
瑞奇，罗伯特，B.，183，301
瑞歇尔，N.，xiii
瑞库赛，N.，23，75，254
里舍，H.，156，161，170，171
瑞温巴克，L.，74
罗柏，K.，20，61
罗伯茨，G.，205，265
罗伯茨，R.，41
罗切罗，B.，227
罗杰斯，R.，252
罗梅罗，H.，127
罗斯福，富兰克林，D.，29
罗森布洛姆，D.，38，43
罗斯滕，雷欧，87
卢梭，D.，312
鲁宾，B.，298
鲁宾，E.，235
鲁宾，I.，312
鲁宾，R.，298
鲁凯泽，W.，76
拉赛尔，J.，6
瑞尼斯，莎拉，63

S

塞凯特，P. R.，98
索耳克，乔纳斯，327
萨兹曼，J. D.，295
桑切斯，R.，285
桑德斯，R. P.，126
赛尔，华莱士，121
斯坎奈尔，E.，229
塞尔，B.，319
施密特，F.，102
施密特，F. L.，102，105
施密特，N.，100
舍恩费尔德，L. F.，168
施瑞博尔，D. A.，239
施罗德，帕特，187
舒勒，H.，89
舒斯特，J. R.，175
赛尔登，S. C.，30，88，170，235，326
沙姆阿耶瓦，O.，296
沙里夫，R.，172
夏兹基，C.，234
肖，J.，168，169
辛姆，D.，316
休伊，P.，209
希格尔，G. B.，129
希格里，M. H.，295
希佛尔曼，S.，100
西蒙斯，C.，127
史雷克，J. D.，75
史密斯，D. K.，104
史密斯，M.，62，89
史密斯，R.，41
史密斯，R. G.，100
史密瑟，J. W.，260，261
斯诺普莱曼，B.，162
美国人力资源协会，253
索玛，M.，125
斯派克特，B.，246
斯戴西，K. M.，104

斯坦顿，L.，314
斯坦格，J.，202
斯坦尼斯劳，J.，143
施塔克，M.，62
斯坦，L.，23
斯坦格德，F.，53
斯托克斯，G. S.，100
施特劳斯，H.，174
苏雷曼，E.，23
沙利文，J.，104
聚斯金德，R.，184
苏特尔，G.，200
铃木俊隆，67
斯威士，B.，313
希尔维亚，R.，6

T

泰克斯，P.C.，143
泰勒，弗里德里克，11，125
萨勒-卡特，R. E.，76
希德姆，R.，26
托马斯，K. W.，162
汤普森，D.，28
汤普森，F.，22
汤普森，J.，20
汤普森，J. R.，172
汤姆金斯，J.，296
泰斯，爱伦娜，71
垂姆波（Trimble），S.，247
吐温，马克，47
泰尔，C. B.，269
特扎费尔，S.，316

U

尤格里，U.，223
尤里，W.，295
美国人口普查局，187，191
美国劳工部，125，190，298
美国审计总署（GAO），60，61，70，96，106，126，170，232
美国功绩制保护委员会（U. S. MSPB），60，61，70，71，76，79，88，102，103，105，106，112，126，143，246，263，265
美国人事管理局，7，20，21，102，156，189，198，199，247

V

维尔，P. B.，xiv
凡，瑞普，P.，93，125
凡·沃特，蒙特高马力，9，10，25，26，28，104，112，143，224，235
微兰诺瓦，P.，269
文森，J.，297
维斯沃兰，C.，102
弗鲁姆，V. H.，157

W

瓦格纳，罗伯特 F. Jr.，286
华德曼，D. A.，269
沃尔克，大卫，19，161，183
华莱士，M. J.，144
沃什，D. E.，281，298，299
沃特，R. J.，110
沃顿，R. E.，295
瓦姆斯利，B. S.，157
王，X.，319
瓦盖利，D. M.，253
沃努斯，J. P.，111
瓦斯比，S.，40
沃特金斯，M.，325
沃特森，A.，325
沃登博格，M.，7
韦克斯勒，B.，23
韦斯特，J.，3，7，9，22，23，26，27，28，

125，185，190，194，214，223，232，312，313，314，319
韦克斯利，K.，262
怀梭，D. L.，105
怀特，L. A.，269
怀特，R.，48
威特腓德，C.，205
威尔斯玛，U.，251
威森，J. P.，100
威格道尔，A. K.，254
威廉姆斯，R.，23
怀斯，C.，52，263，264
怀斯，L.，23，161
沃尔夫，J.，19，88
伍德，罗伯特，E.，xiv
伍德瓦德，C.，19
伍尔德里奇，B.，185
工作的世界，165
沃勒尔，海奥，221
吴，L.，227

Y

叶芝，威廉姆·巴特勒，266
尤金，D. A.，143
杨格，I.，288

Z

蔡德纳，R.，70
泽勒，S.，170
齐格勒，M.，253
津海姆，P. K.，175

主题索引

A

Academic education，学术教育，233
Accommodation，迁就，48，52-53，139
interview，面试，107-108
Actor/observer bias，行动者/观察者偏见，256，329
Adarand Contractors v. Pena，阿德兰德承包公司诉派纳，51
Administrative Dispute Resolution Act，行政行为纠纷法案，12
Administrative Procedure Act of 1947，1947 年行政程序法，12
Adoption assistance，收养援助，191，329
Adult learning theory，成人学习理论，224-226，329
Advanced forms of learning，学习的高级形式，234
Adverse action，不利处分，43-44，263-264，329
Adverse impact discrimination，负面影响歧视，329
Affirmative action，弱势群体保护行动，18，25，51，92-93，329
reverse discrimination，逆向歧视，51
test validity，测评效度，98
AFL-CIO，美国劳联产联，275，277，278，283
Age Discrimination in Employment Act，反就业年龄歧视法，37，52，329
Agency shop，工会代理制，291，329
AIDS/HIV testing，艾滋病/ HIV 测试，48，53
Air traffic controllers，空中交通管制员，290
Alcohol and drug testing，酒精和毒品测试，45-46
Alcoholism，酗酒，53
Alliance for Redesigning Government，政府再

造联盟，13
Alternative work schedules，弹性工作制，162，186，197－202，329 。*See also* Flexible work arrangements
American Federation of Government Employees (AFGE)，美国联邦职工联盟（AFGE)，20，281
Americans for Tax Reform，美国税制改革，276
Americans With Disabilities Act，美国残疾人法案，37，48，49，52－53，95，138－139，247，329
  interview accommodations，面试时的便利安排，107－108
AmeriCorps，美国服务队，72
Ames，Iowa，埃姆斯，艾奥瓦，130
Applicant drug testing，申请人毒品测验，45
Application forms，测验申请表，100－101
Appraisal，评价，考评，245－267
  deficient or contaminated evaluations，有缺陷或者粗劣的评估，249
  evolution，演化，248－249
  interviewing，面试，262
  job analysis applications，工作分析应用，133
  liability considerations，责任考量，259－260，261
  manager's perspective，管理者视角，258－259
  organization-centered evaluation，以组织为中心的评估，266－267
  political process，政治过程，256
  position description，职位描述，138
  process improvement，流程改造，260
  raters，评价者，254－255
  rating errors and biases，评价错误和偏差，255－257
  results-based systems，基于结果的绩效考评体系，252
  self-appraisal，自我评价，254－255
  software，软件，254
  system selection consideration，系统选择考虑，253－254
  trait-based systems，基于特质的绩效考评体系，249－250
Aptitude and trait tests，倾向及特质测验，102－103
Arbitration，仲裁，292，296，300，329，334，335
Assembled tests，集中测评，98，329
At-will employment，不受限制的雇佣，任意雇佣，38，124，152，261，329
Authorized salary ranges，核定的工资幅度，128，330

B

Background checks，背景审查，46，48，110，111
Bargaining agent certification，谈判代理认证，293，330
Bargaining unit determination，谈判单位决策，293，330
Behavior-based evaluation systems，基于行为的绩效考评体系，251－252，330
Behavioral consistency methods，行为一致性方法，102
Behaviorally anchored rating scale，行为锚定等级量表，250，251，330
Benchmark jobs，标杆工作，141－142，330
Benefits，福利，163－164，165
  cafeteria plans，自助餐计划，165，186
  definition，定义，330
  education，教育，233
  family/work programs，家庭/工作计划，

186-192
same-sex partners and，同性侣伴，192，193
See also Employee-friendly policies
Birmingham，Alabama，伯明翰市，阿拉巴马州，203
Black mark effect，黑标效应，256
Blacksburg，Virginia，布莱克斯伯格市，弗吉尼亚州，173
Board of Regents v. Roth，评论委员会诉罗斯案，39
Bonuses，奖金，174，330
Branding，指责，63
Brito v.，*Zia*，布里托与齐阿，249-250
Broadbanding，宽带，126，144，330
Brownlow Commission，布朗诺委员会，11
Bush，George W.，administration，乔治·W·布什政府，20，286-288

C

Cafeteria plans，自助餐计划，165，186
California Proposition，加利福尼亚议案，228，275-276
Campus recruitment，校园招聘，74
Career development，职业发展，79-80，123
Case examining，个案考察，67
Central tendency error，趋中误差，257，333
Certification，证明，101
Certification，as bargaining agent，证明，作为谈判代理，293，330
Certified applicants，合格的申请人，97
Certified lists，合格人名单，112，330
Child care，儿童保育，187-189
Citizens Against Government Waste，"公民反政府浪费联盟"，12
Civil rights，公民权利，xiii-xiv。*See also* Legal rights and responsibilities
Civil Rights Act of 1964，1964 年公民权利法案，37，49，50，51，95，167，330
Civil service，公务员，6，89
alternatives to，可替代的，9
defined，确定，331
roles of，角色，9
summary of problems，问题的总结，18
tides of reform，改革潮流，11-15
usefulness of，用途，18
work environment，工作环境，6-8
Civil Service Commission（CSC），公务员制度委员会（CSC），15-16，94，97，126，331
Civil service reform，公务员改革，16，30
Clinton administration and，克林顿政府，18-20
defined，确定的，331
executive branch management scorecard，行政部门管理计分卡，21
George W. Bush administration and，乔治·W·布什政府和，20
institutional context，宪法内容，15-16
legislation，立法，13-15
liberation management，解制管理，13
Roosevelt and，罗斯福和，95
state and local government，州及地方政府，16，22-23
summary of civil service problems，公务员问题总结，18
unions and，工会，288
war on waste，反浪费之战，12
watchful eye，戒备之眼，监督，12-13
Civil Service Reform Act of 1978（CSRA），1978 年公务员改革法，13-16，95，96，126，152，248，269，286，332
Civil virtue tests，公民道德测验，102
Class series，分类系列，129，331
Classification Act of 1923，1923 年分类法，125

Cleveland Board of Education v. Loudermill，克利夫兰教育委员会 v. 劳德米尔，39
Clinton administration，克林顿政府，18-20，286
Closed personnel systems，封闭的人事系统，124，331
Closed recruitment，封闭招聘，61
Coaching，辅导，227，331
COBRA，统一综合性预算和调解法，44
Cognitive information processing theory，认知信息加工理论，256
Collective bargaining，集体谈判，277，291，292-297
  bargaining checklist and observation sheet，谈判检查表和观察单，305
  contract administration，签署合同，297
  defined，确定，331
  good faith，诚信，294
  impasse procedures，解决僵局程序，296
  principled versus distributive negotiation，关于原则性与分配的谈判，295
  productivity，生产率，295
  traditional versus problem-solving，传统的与解决问题的，298
  written contract provisions，书面合同的规定，295-296
Common Cause，共同原因，12
Communication skills，沟通技能，80
Comparable worth，可比价值，166，167，331
Compatibility error，兼容性错误，256
Compensation，薪酬，155-179
  authorized salary ranges，核准的工资范围，128
  bonuses，奖金，174
  collective bargaining，集体谈判，277
  comparable worth，可比价值，166，167
  cost-of-living adjustments，依据生活费用的薪酬调整，168，175
  criteria aligning employee and employer goals，努力把组织和职员目标结合在一起的标准，176-177
  determinants of，决定因素，158，159
  equal pay for equal work，同工同酬，126
  equity theory，公平理论，128，157-158，164-166
  expectancy theory，期望理论，157
  federal reforms，联邦改革，160-161
  gainsharing，收益分享的，173
  job content and，工作内容，164-166，167
  job evaluation，工作评价，164
  job security，工作保障，177
  labor market forces，劳动力市场的力量，163-164
  merit pay，绩效薪酬，168-172
  pay compression，支付压缩，171
  pay for performance，绩效薪酬，14，157-158，169-170
  pay gaps，薪酬差距，161，167
  pay handling，薪酬处理，165-166
  philosophy，哲学，158-161
  political considerations，政治考虑，156
  position classification systems，职位分类制度，128-129
  rewards，报酬，11
  salary survey，薪酬调查，164
  seniority and，年资和，166，168
  skill-based systems，技能工资，172
  statutory rights，法定权利，44
  wage-follower policies，工资跟随政策，160
  wage-lead and wage-competitive policies，工资领先和具有竞争力的薪酬政策，159
  See also Benefits
Competition，learning by，竞争、学习，234
Compressed work week，压缩工作周，198，331

Concession bargaining，让步谈判，295
Confidence in government，信任政府，7
Connecticut Department of Mental Retardation，康涅狄格心理康复部门，299
Consolidated Omnibus Budget and Reconciliation Act（COBRA），统一综合性预算和调解法，44
Constitutional torts，违宪行为，331
Construct validity，结构效度，99
Consumer Credit Protection Act，消费信贷保护法案，38
Contaminated evaluations，有误差的评估，249，331
Content validity，内容效度，99
Contingent workforce，临时的劳动力，111，200，331
Contrast error，对比错误，256，331
Control group，控制组，237
Cooperative education programs，合作教育计划，72
Corrections positions，校正职位，111
Cost-of-living adjustments（COLAs），依据生活费用的薪酬调整，168，175，331
Cover letters，附信，79，100-101
Crisis management team，危机管理团队，247
Criterion validity，效标关联效度，99
Critical competencies，关键能力，102
Critical incident technique（CIT），关键事件技术（CIT），149，251，331
Cross-training，交叉培训，232-233，332
Curriculum vitae，履历表，79

D

Dane County，Wisconsin，威斯康星州丹麦人县，203
Day care，日托，187-189
Decentralization，分权
  of human resource activities，人力资源活动，8，13，65-66，318
  of state government，在州政府中，314
  of training function，培训功能，220，332
Decision-making tools，决策工具，66
Defamation，诽谤，42-43，261
Deficient evaluations，有缺陷的评估，249，332
Democracy，paradox of，xiii-xiv，民主，悖论，338
Development，defined，发展，确定，217，332
  See also Training and development
Devolution，转让，转移，332
Dialectic reasoning，辩证推理，xv，332
Disciplinary action，处分，43-44，263-264
Discrimination，歧视，49-53，95，126
  age and disability，年龄和残疾，52-53
  gender，性别，51-52
  interviewing considerations，面试考虑，108-109
  race，种族，49-51
  reverse discrimination，反歧视，51
  See also Affirmative action；Americans With Disabilities Act
Disparate treatment discrimination，歧视性治疗法，46，49，93，332
Distributed learning，分散学习，232
Distributive bargaining，自我中心的谈判，295
Diversity issues，差异问题，50，332
  dress codes，着装准则，47
  recruitment，招聘，61，75-76
  See also Affirmative action
Doctrine of harmony，和谐主义，297，332
Doctrine of hostility，敌视主义，297，332
Doctrine of sovereignty，主权主义，287
Domestic partnership coverage，家庭伴侣津贴，191-192，332

Downshifting，调低速档，186，332
Downsizing，减员 7，88，186，202，314-315，332
Dress codes，着装规则，46，47，332
Drug testing，毒品测试，药品测试，45-46，111
Due process rights，正当程序权利，39，332
Dues，会费，41-42，275
check-off，支付，291，332
paycheck protection laws and，工资支票保护法律和，276
DuPage County，Illinois，伊利诺伊州杜培基县，203

E

EAPs (employee assistance programs)，员工援助计划，196-197，332
Education，教育，233，*See also* Training and development
Education and experience evaluations，教育和经验评估，100-101，333
Effectiveness，效果，333
Eighty percent rule，二八规则，50，51，95，333
Elder care，老年人照顾，189-190
Electoral popularity selection，普选，89，333
Electoral systems，选举制，122
Electronic job posting，工作需求电子化公布，71-72
Electronic monitoring，电子监控，247，255
Emory University law library，埃默里大学法律图书馆，37
Employee assistance programs (EAPs)，员工援助计划，196-197，332
Employee development，员工开发，219-220，*See also* Training and development
Employee empowerment，员工能力，315-316，333
Employee evaluation，绩效考评，See Appraisal
Employee-friendly policies，友好员工的政策，5，183-214
adoption assistance，收养援助，191
best places to work，最佳工作环境，207，208
child care，儿童保育，187-189
domestic partnership coverage，家庭伴侣津贴，191-192
educational benefits，教育福利，231
elder care，老年人照顾，189-190
employee assistance，员工援助，196-197
family leave，家庭休假，190
holistic view，整体观，209
implementation of，实施，202，212
local government examples，地方政府例子，203
military leave，军人休假，191
online resources，在线资源，205
safety，安全，196
selecting work/life programs，工作/ 生活选择计划，204
single employees versus，单个员工与，193
stress reduction，减压计划，193-194，195
wellness programs，福利计划，194，196
workforce and workplace trends，劳动力和工作环境变化趋势，185-186
See also Benefits；Flexible work arrangements，安排
Employee hiring，selection，员工雇佣，选拔，*See* Selection
Employee Polygraph Protection Act，员工保护法案，38，48，111
Employee productivity，员工生产率，*See* Productivity
Employee recruitment，员工招聘，*See* Recruit-

ment
Employee rights，员工权利，*See* Legal rights and responsibilities
Employee surveys，员工调查，234-236
Employment Policy Foundation，就业政策基金，190
Empowerment，授权，315-316，333
Englewood，Colorado，恩格伍德市，科罗拉多州，172
Entitlement culture，权利文化，310，333
Equal Employment Opportunity Act，平等就业机会法案，49
Equal Employment Opportunity Commission (EEOC)，平等就业机会委员会，50，95
Equal opportunity，平等机会，95
position management and，职位管理，126
See also Discrimination，也见：歧视
Equal Pay Act，公平薪酬法案，126，166，167，333
Equity，公平，128，141，157-158，164-165，166
Error of central tendency，居中趋势错误，257，333
Essential job functions，关键工作职能，139，333
Ethics，伦理学，9，23，26-29
human resource management subsystems and，人力资源管理子系统，27-29
legal issues，法律问题，41
paradoxes，困境，28
recruitment issues，招聘问题，61
standards or codes，标准或者代码，13，26
Ethics in Government Act of 1978，1978 年政府伦理法案，41
Ethics Reform Act of 1989，1989 年伦理改革法案，12，333
Evaluating employee performance，员工绩效评价，*See* Appraisal
Excellence，training and，卓越，培训，223，
Executive branch management scorecard，行政部门管理计分卡，21
Expectancy theory，期望理论，157
External equity，外部公平，128，164，333

F

Fact-finding，事实调查，296，333
Fair Labor Standards Act (FLSA)，公平劳动标准法案（FLSA），37，44，162，261，333
Family and Medical Leave Act，家庭与医疗休假法案，38，52，190，261，333
Family benefits，家庭福利，186-192，*See also* Employee-friendly policies
Fannie Mae，联邦国民抵押贷款协会，184
Fear-based culture，恐惧性文化，334
Federal Activities Inventory Reform (FAIR)，联邦活动清单改革法，20
Federal Aviation Administration (FAA)，联邦航空管理局，170，172
Federal Career Intern Program，联邦职业实习计划，72
Federal Election Campaign Act of 1974，1974 年联邦竞选法，41
Federal Employees Liability Reform and Tort Compensation Act，1974 年联邦员工责任改革和侵权行为补偿法，42
Federal Employees Pay Comparability Act，联邦薪酬比较法案，161
Federal Employees Political Activities Act of 1993，1993 年联邦雇员政治活动法，41
Federal Evaluation System (FES)，联邦评估系统，140
Federal Housing Enterprises Financial Safety and Soundness Act，联邦住房企业财务安全

与稳定法，12
Federal Labor Relations Authority (FLRA)，美国联邦劳动关系署，16，286，334
Federal Pay Reform Act of 1990，1990 年联邦薪酬改革法，334
Feminization of the workforce，劳动力的女性化，185
Fifth Amendment，第五修正案，39，334
Final offer，最终录用通知，296，334
First Amendment rights，第一修正案权利，48-49,334
Fleishman Job Analysis Survey，福雷斯曼工作分析调查，149
Flexible work arrangements，弹性工作安排，162，184，197-202
  compressed workweek，压缩的工作周，198，331
  job sharing，工作分享，201
  leave sharing and pooling，假期分享和集中，200-201
  part-time work，兼职工作，199
  telecommuting，远程办公，198-199，210
  temporary work，临时工作，200
  voluntary reduced work time，自愿减少工作时间，200
Flextime，弹性时间，184，197-198，334，*See also* Flexible work arrangements
Florida，civil service reform，佛罗里达州，公务员改革，22，96，174
Florida Highway Patrol，佛罗里达高速公路巡警，180
FLRA. *See* Federal Labor Relations Authority，参见，联邦劳动关系署
Fourteenth Amendment，第十四修正案，39，44-45,332
Fourth Amendment，第四修正案，44-45，49
Free rider，搭便车者，306，334
Free speech rights，言论自由权，39-40，334
Freedom of association，结社自由，41-42
Freedom to Manage，管理自由，20
Fringe benefits，附加福利，*See* Benefits

G

Gainsharing，收益分享，173，334
Gender and discrimination，性别和歧视，51-52
Gender wage gap，性别工资差异，167
General Schedule，普通计划表，161，166
General skills tests，通用技能测验，102-103，334
Generalists，多面手，60，67
Generation X，X 一代，186，334
Genetic testing，基因测试，48
Georgia，civil service reform，佐治亚，公务员改革，22，96，126，127
Glossary，词汇表，术语，329-345
Golden Fleece Award，福里斯金奖，12
Good faith bargaining，诚信谈判，294
Government access television，政府电视台，72
Government Paperwork elimination Act (GPEA)，政府消除纸张文书法案（GPEA），8
Government Performance and Results Act，政府绩效与成果法案，13
Government Performance Project，政府绩效工程，319
Government，trust in，政府，信任，7
Government waste，政府浪费，12
Grievance arbitration，申诉仲裁，292，296，334
Griggs v. Duke Power Co.，格里格斯诉公爵电力公司，50
Grooming and dress codes，修饰与着装准则，46，47

H

Halo effect，晕轮效应，256
Harley v. Schuylkill County，哈利诉斯克尔克尔县，43
Harmony，doctrine of，和谐，主义，297，332
Hatch Act，哈奇法，40-41，95，334
Hatch Act Reform Amendments，哈奇法改革修正案，12
Head-hunting，猎头，74
Health programs and benefits，健康计划和福利，192，193-196
Herzberg's theory of motivation，赫茨伯格的激励理论，162，334
Hester v. City of Milledgeville，赫斯特 v. 米勒德格威勒市，48
Hidden workforce，隐性劳动力，335
Hiring process，雇佣过程，110-111，*See also* Recruitment；Selection
HIV-positive persons，HIV 阳性人员，48，53
Home/work conflict，家庭工作冲突，183-184，*See also* Employee-friendly policies
Hoover Commission，胡佛委员会，11
Hostility，doctrine of，敌对，主义，297，332
Human capital，人力资本，59，216，311，335
Human resource management（HRM），人力资源管理，xiii
  decentralization of，分权，8
  defining，确定，xii-xiii，335
  ethics and subsystems，道德和子系统，27-29
  functions，功能，6
  principles of，原则，8-10
  reengineering，重构，318
  strategic goals of，战略目标，317-318
  See also specific functions；specific issues

I

Immigration and Naturalization Service（INS），移民归化局，102-103
Immunity，免疫，42-43
Impasse procedures，解决僵局程序，291-292，296，335
Implicit personality theory，模糊个性理论，257
Implied contract，默认契约，261
Incentives，激励，*See* Compensation；Employee-friendly policies
Independent Counsel Reauthorization，独立检查官再授权法，13
Indianapolis，Indiana，印第安纳波利斯，印第安纳州，299
Individual equity，个人公平，128，166，335
Individual versus "pool" hiring，单独招聘与集中招聘，67，335
Information technology（IT），信息技术（IT），309，313-314
Inside hiring，内部招聘，67，68，335
Inspector General Act，总监察官法，12
Institutional recruitment，集中谈判机构招聘，67，335
Integrated bargaining，正直的谈判，295
Integrity tests，诚实测验，102
Intentions，意图，4
Interest arbitration，利益仲裁，292，296，335
Internal equity，内部公平，141，165，335
Internal Revenue Service，国内税务局，96
Internet-based training，网络培训，232
Internship，实习，72，73，335
Interviewing，面试，105-109
  job analysis，工作分析，136
  nondiscriminatory hiring，无歧视雇佣，108-109

performance evaluation，绩效考评，262

J

Jackson，Andrew，杰克逊，安德鲁，91，93
Job analysis，工作分析，129－138，335
applications of，应用，133
benchmark jobs，标杆工作，141－142
Coast Guard example，海岸警卫实例，137
essential job functions，关键工作职能，139
formal methods，正规方法，149－150
interviews，面试，136
observation，观察，136
point factor methods，点因素方法，140－141
questionnaires，问卷表，133－136
whole job versus factor systems，整个工作与因素系统，131－132
Job announcements，工作通告，68－70，335
Job application forms，工作申请表，100－101
Job classification，工作分类，121－122，128－129，335
fragmentation example，片断例子，130
job versus rank，职位与品位，123
origins of，起源，125－127
rank-in-person systems，人员序列系统，124，129
See also Position management
Job Components Inventory，工作内容清单，149
Job description，工作描述，125，138－143，335
position description questionnaire，岗位描述问卷，134－136
samples，样品，145－148
Job design，工作设计，11
Job duties and responsibilities，工作职责和责任，125，336
Job Elements Method，工作要素方法，149
Job evaluation，工作评价，336
compensation decisions and，补偿决定和，164
Job factor systems，工作因素系统，132，336
Job performance，工作绩效，*See* Performance
Job posting，工作职位通告，70－71，336
Job security，工作保障，177
Job sharing，工作分享，201，336
Job tasks，工作任务，139，336
Job traits，工作特性，149－150
Judicial Fellows Commission，司法人员委员会，73

K

Kalamazoo，Michigan，卡拉马祖，密歇根州，203
Kelley v. Johnson，凯利诉约翰逊，47
Knowledge，skills，and abilities（KSAs），知识、技能和能力（KSAs），129，149－150，214，219，220，222，224，311
Labor-management relations，劳资关系，275－305
arbitration，仲裁，292，296，300，329，334，335
hostility versus harmony，对抗与和谐，297－299
impasse procedures，僵局程序，291－292，296
paradoxes and contradictions，困境和矛盾，279－282
private sector legislation，私营部门立法，286
pronoun test，代词测验，301
relationship continuum，关系连续体，299－300
suggestions for enhancing，改善关系建议，279

tips and traps，建议和困境，301
tips for managers，给管理者的技巧，304
unfair labor practices，不公平的劳动行为，291，292，293
value differences，价值观差异，281－282
See also Collective bargaining；Unions

L

Labor market，劳动力市场
defined，确定，336
forces，劳动力，163－164
survey，调查，64
trends，趋势，185－186
Lateral entry，横向进入，123，336
Law enforcement positions，执法岗位，111
Layoffs，裁员，4，*See also* Downsizing
Learning，advanced forms of，学习，高级形式，234
Learning plateaus，学习高原期，225，336
Learning，principles of，学习原则，224－226
Leave policies，休假政策，38，52，184，190－191
Leave sharing and pooling，假期分散与集中，200－201，336
Legal rights and responsibilities，法定权利和责任，9，35－55
adverse action，负面的行为，43－44
at-will employment，不受限制的雇佣，38，261
balance of competing interests，利益竞争的平衡，35－36
compensation，薪酬，44
discrimination，歧视，49－53
due process，正当的程序，39
freedom of association，结社自由，41－42
freedom of speech，言论自由，39－40
immunity，免疫，42－43
information sources，信息来源，37
merit systems，绩效薪酬，94－95
overview of important statutes，重要章程概述，37－38
personnel evaluation issues，人员考评问题，259－260
political activity，政治活动，40－41
privacy，隐私，44－49
recruitment issues，招聘问题，61
right to disobey orders，不服从命令的权利，43
right to strike，罢工权，289－290
unions and，工会，291－292
whistleblower protection，举报人保护，40
See also Privacy issues
Leniency error，宽容错误，256－257，269，336
Letter of intent，意向书，111，336
Letters of recommendation，推荐信，101
Libel，诽谤，42－43
Liberation management，解制管理，13，336
Licensure，执照，101
Lloyd-LaFollette Act，劳埃德-拉福莱特法案，95
Local government，employee-friendly policy examples，地方政府，友好员工政策案例，203
Loudermill rights，劳德米尔权利，解聘前的听证权，39

M

Machine model of institutions，机构的机械模型，xiv，11
Madison，Wisconsin，麦迪逊，威斯康星州，299
Mail-based recruitment，通过邮件招聘，72，336
Maintenance of membership，会员身份维持，

283，291，336
Management by objectives，目标管理，250，252，336
Managerial Flexibility Act，弹性管理法案，20
Maryland，personnel reform in，马里兰，人员改革，92，96
Master's in public administration (MPA)，公共管理硕士（MPA），233
Med-arb，调解性仲裁，292，337
Mediation，调解，296，337
Medical testing，体格测验，48，53，337
Meet-and-confer rights，协商权利，291，337
Mentor，导师，112，228，229，337
Merit-based selection，基于绩效的选拔，90-91，337
Merit pay，绩效薪酬，168-172，337
Merit system，绩效考评制度，87，90-91，123，248，337
  history of，历史，94-95
  origin of，起源，13-16
  seniority，资历，88，91
Military leave，兵役假，191
Misconduct，处理失当，44，337
Misrepresentation，误传，261
Mission statement，使命书，23-24
Monitoring，监控，45，255，262
Moonlighting，晚上兼职，41
Motivation，动机，9
  Herzberg's theory of，赫茨伯格理论，162，334
  training，培训，224-225
Multirater evaluation systems，全方位考评，255，267
Myers-Briggs test，迈尔斯-布里格斯测试，48

N

Narrative essay technique，描述性短文技术，250
National Academy of Public Administration，国家行政学院，11，171
National Health Service Corps，国家健康服务小组，72
National Partnership for Reinventing Government，政府再造全国伙伴关系联盟，18，337
National Performance Review，国家绩效评估委员会，13，18，248
National Treasury Employee's Union v. von Raab，国家财政部员工工会诉凡·拉伯，45
Needs assessment，需要评估，64，222，337
  training，培训，234-237
Needs，paradox of，需要，困境，xiv，310，338
Negligence in performance appraisal，绩效考评中的疏忽，261
Negligent hiring，疏忽雇佣，110，337
Negotiated Rulemaking Act，谈判制定规则，12
Networking，联网工作，78-79
Neutral competence，政治中立竞争，9，337
Newspaper recruitment，报纸招聘，71
No money effect，非金钱影响，257
Noncompetitive recruitment，非竞争性招聘，74，337
Nontraditional families，非传统的家庭，186，338
North Carolina State Transportation Department，北卡罗来纳州运输部，172

O

Observation，观察，136
Occupational families，由职业引起变化的家庭，129，338
Occupational Safety and Health Act，职业安全

与健康法案，38，53
O'Connor v. Ortega，奥坎讷瑞与奥尔特加，45
Office of Personnel Management（OPM），人事管理局，16，88，286
On-the-job training（OJT），在职培训（OJT），227－228，338，*See also* Training and development
O* NET，由意大利人开发的商用系统，它由 HI-NET 创作，152
Online resources，网络资源，*See* Web sites
Open personnel system，开放人事系统，123，338
Open recruitment，公开招聘，61
Open shop，自由雇佣企业，281，305，338
Organization-centered evaluation，以组织为中心的评估，266－267，338
Organizational culture，defined，组织文化，确定，338
Orientation，取向，111－112
Outplacement services，离职服务、再就业服务，314
Outside the box thinking，外部智囊，xvii
Outsourcing，业务外包，20
Overlearning，超额学习，225，338

P

Paradox of democracy，民主困境，xiii-xiv，338
Paradox of needs，需求的矛盾，xiv，310，338
Paradoxes，自相矛盾的事物，xii，xiii-xv
  creativity and，创造性，xvii
  definition，定义，338
  freedom，自由，35
  government ethics，政府伦理，28
  individual responsibility for，个人责任，326
  productivity，生产率，310
  recruitment，招聘，60－61
Parental leave policies，亲职假政策（父母因照顾幼年子女休假制度），190，338
Parents，Families and Friends of Lesbians and Gays，男女同性恋者的父母、家庭和朋友，193
Part-time work，兼职工作，199
Paternity leave，陪产假期，184
Patronage，恩赐官职制，60，87，90，93－94，125，338
Pay，工资，*See* Compensation
Pay（broad）banding，宽带薪酬，338
Pay compression，工资压缩，171，339
Pay equity，工资公平，167，339
Pay for performance，绩效薪酬，14，157－158，169－170
Pay plan，薪酬计划，129，339
Paycheck protection laws，工资支票保护法律，276
Peer evaluation，同级评价，255，339
Pendleton Act，彭德尔顿法，13－16，40，94，95，126，158，339
Peoria，Illinois，皮尔瑞阿，伊利诺伊，299
PERBs，291，293，339
Performance，绩效
  adverse action，负面行动，43－44
  job analysis applications，工作分析应用，133
  liberation management，解制管理，13
  monitoring，监控，262
  pay for performance，绩效薪酬，14，157－158，169－170
  state HRM report card，州政府人力资源管理工作报告表，319－321
  training and excellence，培训和卓越，223
Performance measurement and evaluation，绩效考评与测量，11，316，318－320，339，*See also* Appraisal
Performance tests，绩效测验，103，339

Personal contact recruitment，人事合同招聘，72，339
Personality inventory tests，人格测验，48
Personnel administration，人事管理，6，339
Phoenix，Arizona，亚利桑那州菲尼克斯市
labor relations，劳动关系，299
management internship program，管理实习生计划，73
Physical ability tests，体能测验，103
Pickering v. Board of Education，皮克林与教育委员会，39-40
Piecemeal personnel systems，零散人事系统，127-128，339
Planning，计划，65-66
Pledge statement，誓言，23-24
Point factor methods，点因素方法，140-141，339
Political affiliation，政治联系，42
Political appointment，政治约会，90，93-94，122-123，*See also* Patronage
Political neutrality，政治中立，9，40-41，93
Polygraph testing，测谎，48，111
Pool recruitment，集中招聘，67
POSD-CORB，"计划、组织、人员、指挥、协调、报告和预算"等英语单词的首字母缩写（planning，organizing，staffing，directing，co-ordinating，reporting，budgeting），11，339
Position Analysis Questionnaire，职位分析问卷，149
Position announcements，职位通告，68-70
Position classification systems，职位分类制度，128-129，152，339，*See also* Job classification；Position management
Position，defined，职位确定，339
Position description，职位描述，138-143，340
sample，样本，147-148
Position management，职位管理，121-144，340
descriptions，描述，138-143
equal opportunity and，机会均等，126
job analysis applications，工作分析应用，133
origins of，起源，125-127
piecemeal personnel systems，零碎的人事系统，127-128
position classification，职位分类，128-129，152
sample job description，工作样本描述，145-146
sample position description，职位样本描述，147-148
trends，趋势，143-144
types of personnel strategies，人事战略的类型，122-125，*See also* Job analysis
Positive discipline，积极原则，263-264，340
Positive reinforcement，积极的巩固，226，340
Pre-employment background checks，录用前的背景调查，46，48，340
Presidential Management Fellowship，首长管理团队，72
Principled negotiations，原则性的谈判，340
Principles of learning，学习原理，224-226，340
Privacy expectation，隐私预期，340
Privacy issues，隐私问题，44-49
alcohol and drug testing，酒精和毒品测试，45-46
expectations，预期，45
grooming and dress codes，仪表和衣着规范，46，47
search and seizure，搜寻和查封，44-45
Privatization，私营化，4，7，318，340
Bush administration and，布什政府，20

constitutional constraints on，宪法的约束，43
war on waste heritage，反浪费之战，12
Probationary period，见习期，111，112
Problem-solving bargaining，解决问题的谈判，298，340
Proceduralism，程序主义，64-65，340
Productivity，生产率，309-316
definition，定义，309，340
demand for，需求，7
empowerment，授权，315-316
information technology，信息技术，309，313-314，318，325-326
paradox of needs，需求矛盾，310
performance measurement，绩效考评，11，316，318-320
psychological contracts，心理契约，311，312
receptivity to change，对变革的承受力，310-311
reengineering，再造，311-313，318
reorganization，组织重构，314-315
salary progression，工资晋级，176
training and excellence，培训和卓越，311
Productivity bargaining，生产率谈判，295，340
Professional Air Traffic Controllers Organization (PATCO)，职业空中交通管制员组织(PATCO)，290
Progressive punishment，累进处罚，263，340
Pronoun test，词汇测验，301
Proposition，议案，228，275-276
Psychological tests，心理测验，102，340
Public Citizen，公民，12
Public employees relations boards (PERBs)，公共员工关系部，291，293，339
Public service，公共事业，*See* Civil service
Public service reform，公务员改革，*See* Civil service reform
Punitive damages，（要肇事者付出的）惩罚性补偿费，42

Q

Qualified immunity，有限豁免权、有条件豁免，42，340
Qualified lists，合格名单，112
Quality，质量，313
TQM，全面质量管理，234，262，313
Quotas，配额，95，340

R

Race-norming，种族指标，50，95，341
Racial discrimination，种族歧视，49-51
Rank-in-job personnel strategies，职位分级人事政策，123，341
Rank-in-person strategies，品位分级人事政策，124，129，341
Rating errors，考评错误，255-257
Reagan，Ronald，里根，罗纳德，290
Reasonable accommodation，合乎情理的便利，48
Recency effect，近因效应，256，341
Receptivity to change，应对变革能力，310-311
Recruitment，招聘，59-81
applicant's perspective，申请人的角度，63-65
branding，品牌，63
decision makers，决策者，67-68
diversity and，差异，61，75-76
dividing responsibilities，责任划分，76-77
electronic methods，电子方法，71-72
ethical issues，伦理问题，61
factors influencing effectiveness of，因素影响

效力，62
head-hunting，猎头，74
individual versus institutions，个人与机构，67
inside hiring，内部聘用，67，68
internal versus outside，内部与外面，335
job analysis applications，工作分析应用，133
job posting，工作公布，71－72
job seekers'perspective，求职者的感知，78－79
needs assessment，需求评估，64
networking，联网，78－79
newspapers and，报纸和，71
noncompetitive，非竞争性，74
open or closed，公开或非公开，61
paradoxes and challenges，困境和挑战，60－61
personal contact，个人交往，72
planning and approval，计划和批准，65
position announcements，职位发布，68－70
position description，职位描述，138
position-specific preliminary decisions，具体职位的初步决定，66－68
process，处理，341
steps，步骤，63－65
strategies，战略，70－75，341
Recruitment One-Stop，一站式服务的招聘，74
Red tape (proceduralism)，繁文缛节（程序主义），64－65
Redmond，Washington，雷德蒙德，华盛顿，201
Reengineering，再造，234，311－313，318，341
Reference checking，参考检查，105，109－110
Reform，改革，*See* Civil service reform
Reinforcement and training，加强和培训，226
Relevance of training，培训的相关性，225，341
Religious freedom，宗教自由，48－49
Reorganization，组织重构，314－315，341
Repetition，重复，225
Representation election，代表选举，277，293，341
Representativeness principle of selection，选择的代表性原则，91－93，95，341
Reserve Officer Training Corps (ROTC)，后备官员培训机构（ROTC），72
Residency requirements，实习职位要求，111
Results-based evaluation systems，基于结果的绩效考评体系，252，341
Résumés，简历，79，100－101
Reverse discrimination，反歧视，51，341
Rewards，报酬，11
Right to disobey，不服从的权利，43，341
Right-to-work states，权利工作状态，277，341
Rights，权利，xiii-xiv，*See also* Legal rights and responsibilities
Role playing，角色扮演，230－231
Roosevelt，Franklin Delano，罗斯福，富兰克林·德拉诺，95
Rule-based selection，基于标准的选拔，123
Rule of seven，7 次定律，225，230，341
Rule of three，3 次定律，106，225，342

S

Safety programs，安全计划，196
Salary，工资，*See* Compensation
Salvation Army，救济会，193
Same-sex domestic partner benefits，家庭同性伴侣福利，192，193
Same-sex harassment，同性恋骚扰，52
Samurai，武士，163

Sandwich generation，三明治一代、被挤压的一代、得同时照顾双亲和孩子的人（上有老下有小夹在中间的三明治一代），186，342
Santa Claus effect，圣诞老人效应，256
Scientific management，科学管理，11，125，342
Screening phases，筛选阶段，97-98
Search and seizure，搜寻和获取，44-45
Search committee recommendations，研究委员会的建议，110
Selection，甄选或者选拔，87-116，93
choosing and negotiation，选择和谈判，110-111
contemporary trends，当代趋势，95-97
contingent employment，权变灵活性雇佣，111
criteria，标准，89-93
education and experience evaluations，教育和经验评估，100-101
eighty percent rule，二八原则，95
electoral popularity，选举的普及性，89
hiring process，聘用过程，110-111
historical approaches，历史的方法，93-97
interviewing，面试，105-109
job analysis applications，工作分析应用，133
letters of recommendation，推荐信，101
licensure or certification，执照或者证明，101
merit，绩效，90-91，123
negligent hiring litigation，疏忽聘用诉讼，110
patronage，恩赐官职制，60，90，93-94，125
political appointment，政治任命，政治委派，88
postoffer and hiring issues，岗位录用通知和雇佣问题，111-112
reference checking，简历审查，105，109-110
representativeness，代表性，91-93，95
rule-based，基于原则或者标准，123
rule of three，3 次定律，106
screening phases，筛选阶段，97-98
search committee recommendations，研究委员会建议，110
seniority，资历，88，91
social class，社会阶级，90
testing，测验，98-104
types of personnel strategies，人事政策的类型，122-125
Self-appraisals，自我评估，254-255，342
Self-assessments，自我测评，80，101-102
Self-confidence test，自信测验，102
Seminars and presentations，研讨会和陈述，228-230，342
Senior Executive Service (SES)，高级行政主管(SES)，14，16，88，124，342
Seniority，资历，88
Seniority-based selection，以资历为基础的甄选，342
Seniority pay，年资工资，166，168，342
Service ratings，使用定额，*See* Appraisal
Severity error，严重性错误，256，342
Sexual harassment，性骚扰，5，51-52，207，342
Sexual orientation，性取向，91
Sham recruitment，伪招聘，61
Sherbert v. Verner，舍伯特，48
Simulation，模仿，230-231，342
Single-parent families，单亲家庭，185
Skill-based pay systems，基于技能的薪酬系统，172，342
Social class selection，社会等级选拔，90，342

Social Security Act of 1935，社会保障法，95
Software applications，软件应用，254
South Florida Water Management District，佛罗里达州南部水资源管理区，188
Sovereignty，doctrine of，主权原则，287
Special responsibility theory，特别责任理论，287
Specialists，专家，60，67
Spillover effect，溢出效应，256，342
Spoils system，分赃制，16，93，122－123，248，342
Spousal assistance programs，结婚帮助计划，76
Staffing，人员配置，63－65，342，*See also* Recruitment；Selection
Standard Occupational Classification（SOC），标准职业分类（SOC），126－127
Standing inventories，常备存货，67
State and local government：civil service reform model，州及地方政府的公务员改革模式，16，22－23
    decentralization trends，分权趋势，314
    HRM report card，HRM 工作成绩鉴定表，319－321
Strategic goals，战略目标，317－318
Strategic Human resource management，战略人力资源管理，311
Strategic planning，战略规划，65
Stress reduction programs，减压计划，193－194，195
Strike rights，罢工权利，289－290
Structured interviews，结构化面试，105
Student Educational Employment Program，学生教育工作计划，72
Supervisory training，监督培训，229
Surveillance，监视，45
Surveys，needs assessment，调查，需要评价，234－236
Suspending disbelief，消除不信任，234
Systems thinking，系统思考，234

T

Taylor，Frederick，泰勒，弗雷德里克，125
Teaching assistants，助教，285
Team evaluation，团队考评，255
Telecommuting，远程办公，186，198－199，210，343
Telephone reference checks，电话背景审查，109－110
Temporary employees，临时工，200，343
Term employees，短期员工，96，343
Termination，probationary period and，终止，见习期，111，112
Test scores，测验得分，98
Test validity，测验效度，98－100，343
Testing，测验，98－104
    aptitude and trait，倾向和特质，102－103，113
    general skills，一般技能，102－103
    issues，问题，103－104
    performance，绩效，103
    self-assessments，自我评价，80，101－102
Testing，drug，毒品测试，111
Thickening of government，政府的层级增加，123
Three hundred sixty-degree（362）evaluation，360 度评估，255，267，343
Three o'clock syndrome，3 点综合征，187，343
Tides of reform，改革潮流，11－15，343
Total quality management（TQM），全面质量管理（TQM），234，262，313，343
Trade journals，贸易期刊，71
Traditional bargaining，传统型谈判，298，343

Training and development，培训与开发，112，219－220
academic education，学术教育，233
achieving excellence，争取卓越，223
advanced forms of learning，学习的高级形式，234
basic skills workshop，基本技能研讨会，231
behavior-based systems，基于行为的绩效考评体系，250，251－252
coaching，辅导，227
cross-training，交叉训练，232－233
decentralization of，权力下放，220，332
definitions，定义，219－220，343
evaluation，评估，234，237－239，343
feedback and reinforcement，反馈和巩固，226
generalist，通才，60
investment in，投资，220
job analysis applications，工作分析应用，133
manager's perspective，管理者的观点，221
mentoring，辅导，228，229
motivation，动力、动机，224－225
needs assessment，需求评估，222，234－237
of supervisors，监督人的，229
on-the job approaches，在职方法，227－228
principles of learning，学习原理，224－226
productivity and，生产率和，311
relevance and transference，关联性和转化，225，341，343
repetition and active participation，重复和积极参与，225
seminars and presentations，研讨会和陈述，228－230
sexual harassment training，防止性骚扰培训，5
simulation，模仿，230－231
strategic role of，战略性角色，222－224
training plan，培训计划，223
underlying principles，基本原理，226
web-based education，网络教育，232
Trait-based appraisal systems，基于特性的绩效考评体系，249－250，343
Transference，转化，225，343
Trust in government，信任政府，7

U

Unassembled tests，非集中测评，98，344
Undue hardship，不适当的困难，48
Unemployment，失业，4
Unfair labor practices，不平等的劳动行为，291，292，293，344
Uniform Guidelines on Employee Selection Procedures，统一的员工甄选程序指导，99
Uniformed Services Employment and Reemployment Rights Act，统一的公务员雇佣和再就业权利法案，38
Union shop，工会组织，291，344
Unions，工会，4，126，275，275－302
Bush administration versus，布什政府与，20，286－288
collective bargaining，集体谈判，291，292－297
cooperative partnerships，合作性伙伴关系，298－299
Defense Department and，国防部和，288，289
dues，会费，41－42，275－276，291，332
enhancing CEO/union leader relationship，加强首席执行官和工会领导的关系，279
factors influencing organizing，影响组织的因素，278
free rider problem，搭便车问题，281，306

hostility versus harmony，敌对与和谐，297-299
impasse procedures，解决僵局的程序，291-292
legal issues，法律问题，41-42，291-292
membership，会员，283-285
organizing younger workers，组织更年轻的工人，285
paradoxes and contradictions，困境和矛盾，279-282
paycheck protection laws and，工资支票保护法和，276
public and private sector differences，公共部门和私营部门的差别，287
public sector bargaining laws，公共部门谈判法，289
relationship continuum，关系连续体，299-300
right to strike，罢工权，289-290
right-to-work states，享有工作权的州，277
tips for managers，给管理者的技巧，302
trends and variations，趋势和变量，282-289
University of California，organized labor and，加利福尼亚大学，有组织的劳动，285
Up-or-out philosophy，或晋升或淘汰的哲学，124，344
U. S. Air Force，美国空军，88
U. S. Coast Guard，美国海岸警卫队，137
U. S. Department of Defense，unions and，美国国防部，协会，286，288，289
U. S. Department of Homeland Security，美国国土安全部，20，170，286，288
U. S. Department of Labor（DOL）job analysis model，美国劳工部（DOL），工作分析模型，149-150
U. S. Merit Systems Protection Board（MSPB），美国功绩制保护委员会，16，96，337
U. S. Office of Personnel Management，美国人事管理局，8，74，171，344
U. S. State Department，recruitment strategies of，美国国务院，招聘战略，74

V

V-time，V-时间，自愿降低的工作时间，200，344
Validity，效度，98-100
Value statement，价值陈述或者宣言，23-24
Values，价值，23-26
Vestibule training，新员工培训、入岗培训，230
Veterans Administration，退伍军人管理，23-24，172
Veterans'points，老战士的观点或思想，92，344
Violence prevention programs，暴力预防计划，205-207，246-247
Virginia Department of Transportation，弗吉尼亚州运输部，172
Virtual work designs，虚拟工作设计，144
Vision statement，情景描述，23-24
Volcker Commission，沃尔克委员会，20，161
Voluntary affirmative action plans，志愿保护弱势群体计划，51，344
Voluntary reduced work time（V-time），自愿减少工作时间，200，344

W

Wage-competitive policies，竞争性工资政策，159
Wage-follower policies，工资跟随政策，160
Wage-lead policies，工资领先政策，159
War on waste，反浪费之战，12，344
Wards Cove Packing v. Atonio，沃兹科夫包装公司诉安东尼奥案，50

Washington，George，乔治·华盛顿，93
Watchful eye，警惕之眼，监督，12-13，344
Web-based learning，网上学习，232
Web sites，xv-xvi，网站，8，205
job advertising，招聘广告，68
job posting，工作公布，71
Wellness programs，保健计划，194，196，344
Westminster，Colorado，科罗拉多，威斯敏斯特，188
Whipsaw effect，锯齿效应，293，344
Whistle-blowing，举报，告密，14，40，344
Whistleblower Protection Act，保护举报人法案，13，40
Whole job analysis，整体的工作分析，131-132，345
Whole job evaluation，整体工作评价，345
Wisconsin，recruitment innovations in，威斯康星州，招聘创新，75
Work analysis，工作分析，125，*See also* Job analysis
Work environment，工作环境，6-8
Work samples，工作样本，103，107，345
Work stoppages，defined，罢工的定义，345，*See also* Strike rights，见罢工权利
Work teams，工作团队，144
Workforce composition，劳动力结构，185-186
Workforce trends，劳动力趋势，6-7
Workplace violence，工作场所暴力，205-207，246-247
Wye River Conference，瓦伊河会议，76，297

中国人民大学出版社
《公共行政与公共管理经典译丛》

经典教材系列

（第一批书目）

1.《公共行政学：管理、政治和法律的途径》（第五版） 58.00 元
[美] 戴维·H·罗森布鲁姆 著，张成福等 译

2.《公共政策分析导论》（第二版） 49.00 元
[美] 威廉·N·邓恩 著，谢明等 译

3.《公共预算中的政治：收入与支出，借贷与平衡》（第四版） 39.00 元
[美] 爱伦·鲁宾 著，叶娟丽、马俊等 译

4.《公共部门人力资源管理：系统与战略》（第四版） 65.00 元
[美] 唐纳德·克林格勒 著，孙柏瑛 主译

5.《公共管理导论》（第二版） 39.00 元
[澳] 欧文·E·休斯 著，彭和平等 译

6.《公共行政与公共事务》（第八版） 58.00 元
[美] 尼古拉斯·亨利 著，张昕等 译

7.《公共管理案例教学指南》 26.00 元
[美] 小劳伦斯·E·列恩 著，郄少健等 译

8.《行政过程的政治：公共行政学新论》（第二版） 49.00 元
[美] 詹姆斯·W·费斯勒等 著，陈振明 主译

9.《行政伦理学：实现行政责任的途径》（第四版） 29.00 元
[美] 特里·L·库珀 著，张秀琴、音正权 译校

10.《公共和第三部门组织的战略管理：领导手册》 43.00 元
[美] 保罗·C·纳特等 著，陈振明 主译

11.《非营利组织的战略营销》（第五版） 58.00 元
[美] 菲利普·科特勒等 著，孟延春等 译

经典教材系列

（第二批书目）

1.《公共行政学：概念与案例》（第七版） 75.00 元
[美] 理查德·J·斯蒂尔曼二世 编著，竺乾威等 校译
2.《公共组织理论》（第三版） 29.00 元
[美] 罗伯特·B·登哈特 著，竺乾威等 校译
3.《组织领导学》（第五版） 49.80 元
[美] 加里·尤克尔 著 陶文昭 译
4.《现代城市规划》（第五版） 39.00 元
[美] 约翰·M·利维 著，孙景秋等 译
5.《公共管理中的量化方法：技术与应用》（第三版） 39.00 元
[美] 苏珊·韦尔奇等 著，郝大海 译
6.《公共管理中的应用统计学》（第五版） 49.00 元
[美] 肯尼思·J·迈耶等 著，李静萍等 译
7.《政府和非营利组织会计》（第 12 版） 79.00 元
[美] 厄尔·R·威尔逊等 著，荆新等 译校
8.《二十一世纪的公共行政：挑战与改革》 45.00 元
[美] 菲利普·J·库伯等 著，毛寿龙等 校译
9.《公共财政管理：分析与应用》（第六版） 69.90 元
[美] 约翰·L·米克塞尔 著，高培勇、马蔡琛等 译校
10.《政治体制中的行政法》（第三版） 78.00 元
[美] 肯尼思·F·沃伦 著，王丛虎等 译
11.《公共与非营利组织绩效考评：方法与应用》 35.00 元
[美] 西奥多·H·波伊斯特 著，肖鸣政等 校译
12.《企业与社会：公司战略、公共政策与伦理》（第十版） 59.80 元
[美] 詹姆斯·E·波斯特等 著，张志强等 译

经典教材系列

（第三批书目）

1.《行政学》（新版） 35.00 元

［日］西尾胜 著，毛桂荣等 译

2.《政治学》（第二版） 49.80 元

［英］安德鲁·海伍德 著，张立鹏 译，欧阳景根 校

3.《官僚政治》（第五版） 39.80 元

［美］B·盖伊·彼得斯 著，聂露等 译

4.《政治学理论与方法》（第二版）

［美］戴维·马什等 著，景跃进、张小劲等 译

5.《比较政府与政治》（第五版）（待出）

［英］罗德·黑格、马丁·哈罗普 著，张小劲 译

6.《公共管理导论》（第三版）（待出）

［澳］欧文·E·休斯 著，张成福等 校译

7.《公共政策分析导论》（第三版）（待出）

［美］威廉·N·邓恩 著，谢明 译

8.《比较公共行政》（第六版）（待出）

［美］费勒尔·海迪 著，刘俊生 译

9.《公共管理的艺术》（第九版）（待出）

［美］乔治·伯克利 著，丁煌 译

10.《公共关系：职业与实践》（第四版）

［美］奥帝斯·贝斯金等 著，郭惠民等 译

11.《民治政府》（第二十版）

［美］詹姆斯·麦克雷戈·伯恩斯等 著，吴爱明 译

12.《公共行政学经典》（第五版）

［美］杰伊·M·沙夫里茨等 编，陈振明等 译

13.《组织理论经典》（第五版）

［美］杰伊·M·沙夫里茨等 编，陈振明等 译

14.《领导学》（亚洲版） 59.80 元

［新加坡］林志颂等 著，顾朋兰等 译

15.《领导学：个人发展与职场成功》（第二版） 69.00 元

［美］克利夫·里科特斯　著，戴卫东等　译
16.《公共组织行为学》　49.8元
［美］登哈特等　著，赵丽江　译
17. 公共部门人力资源管理（第二版）　49.00元
［美］埃文·M·伯曼等　著，萧鸣政等　译

公共管理实务系列

1.《新有效公共管理者：在变革的政府中追求成功》（第二版）　28.00元
［美］史蒂文·科恩等　著，王巧玲等　译
2.《驾御变革的浪潮：开发动荡时代的管理潜能》　22.00元
［加］加里斯·摩根　著，孙晓莉　刘霞　译校
3.《政府全面质量管理：实践指南》　25.00元
［美］史蒂文·科恩等　著，孔宪遂等　译
4.《无缝隙政府：公共部门再造指南》　30.00元
［美］拉塞尔·M·林登　著，汪大海等　译
5.《公共部门标杆管理：突破政府绩效的瓶颈》　28.00元
［美］帕特里夏·基利等　著，张定淮　译
6.《创建高绩效的政府组织：公共管理者实用指南》　23.00元
［美］马克·G·波波维奇　主编，孔宪遂等　译
7.《自上而下的政策制定》　23.00元
［美］托马斯·R·戴伊　著，鞠方安　译
8.《21世纪非营利组织管理》　28.00元
［美］詹姆斯·P·盖拉特　著，邓国胜等　译
9.《职业优势：公共服务中的技能三角》　19.00元
［美］詹姆斯·S·鲍曼等　著，张秀琴　译
10.《全球筹款手册：NGO及社区组织资源动员指南》　39.80元
［美］米歇尔·诺顿　著，张秀琴　译

政府治理与改革系列

（第一批书目）

1.《政府未来的治理模式》 26.00元

[美] B·盖伊·彼得斯 著，吴爱明等 译

2.《摒弃官僚制：政府再造的五项战略》 45.00元

[美] 戴维·奥斯本等 著，谭功荣等 译

3.《突破官僚制：政府管理的新愿景》 25.00元

[美] 麦克尔·巴泽雷 著，孔宪遂等 译

4.《民营化与公私部门的伙伴关系》 39.00元

[美] E.S. 萨瓦斯 著，周志忍等 译

政府治理与改革系列

（第二批书目）

1.《政府改革手册：战略与工具》 59.00元

[美] 戴维·奥斯本等 著，谭功荣等 译

2.《新公共服务：服务，而不是掌舵》 25.00元

[美] 珍妮特·登哈特 罗伯特·登哈特 著，丁煌 方兴 译校

3.《持续创新：打造自发创新的政府和非营利组织》 28.00元

[美] 保罗·C·莱特 著，张秀琴 音正权 译校

4.《构建虚拟政府：信息技术和制度革新》 28.00元

[美] 简·E·芳玎 著，邵国松 译

5.《公共决策中的公民参与：公共管理者的新技能与新策略》 25.00元

[美] 约翰·克莱顿·托马斯 著，孙柏瑛等 译

6.《公民治理：引领21世纪的美国社区》 19.00元

[美] 理查德·C·博克斯 著，孙柏英等 译

7.《公共部门的社会问责：理念探讨及模式分析》 28.00元

世界银行专家组 著，宋涛 译校

8.《非政府组织问责：政治、原则与创新》 32.00元

[美] 丽莎·约旦等 主编，唐晓光等 译

9.《公私合作伙伴关系：基础设施供给和项目融资的全球革命》 29.80元

［英］达霖·格里姆塞等　著，济邦咨询公司　译

学术前沿系列

1.《公共行政的精神》 29.00元
　［美］乔治·弗雷德里克森　著，张成福　译校
2.《重建民主行政——现代的困境和后现代的挑战》（待出）
　［美］盖里·L·威斯利等　著，刘霞等　译
3.《后现代公共行政——话语指向》 22.00元
　［美］查尔斯·福克斯等　著，吴琼等　译
4.《公共行政的合法性——一种话语分析》 33.00元
　［美］O.C.麦克斯怀特　著，吴琼　译
5.《组织意像》（待出）
　［加］加里斯·摩根　著，刘霞等　译
6.《行政哲学》（待出）
　［美］乔恩·S·朱安　著，张成福等　译校
7.《官僚制内幕》 38.00元
　［美］安东尼·唐斯　著，郭小聪等　译校
8.《公共行政的语言：官僚制、现代性和后现代性》 39.00元
　［美］戴维·约翰·法默尔　著，吴琼　译

案例系列

1.《公共管理案例》 28.00元
　［美］罗伯特·T·戈伦比威斯基等　主编，汪大海等　译
2.《组织发展案例：环境、行为与组织变革》 29.00元
　［美］罗伯特·T·戈伦比威斯基等　主编，杨爱华等　译
3.《公共部门人力资源管理案例》 22.00元
　［美］T·赞恩·里夫斯　主编，句华　孙柏瑛　译校
4.《公共管理的法律案例分析》 33.00元
　［美］戴维·H·罗森布鲁姆等　著，王丛虎　主译
5.《非营利组织管理案例与应用》 21.00元
　［美］罗伯特·T·戈伦比威斯基等　主编，邓国胜等　译

Human Resource Management in Public Service：Paradoxes，Processes，and Problems，2e by Evan M. Merman；James S. Bowman；Jonathan P. West；Montgomery Van Wart

《公共部门人力资源管理（第二版）》由 Sage Publications 在美国，伦敦，新德里首次出版。

本书中文简体字翻译版由 Sage Publications 授权中国人民大学出版社出版。

图书在版编目（CIP）数据

公共部门人力资源管理（第二版）/［美］伯曼等著；萧鸣政等译.
北京：中国人民大学出版社，2008
（公共行政与公共管理经典译丛·经典教材系列）
ISBN 978-7-300-09228-7

Ⅰ. 公…
Ⅱ. ①伯…②萧…
Ⅲ. 人事管理学-教材
Ⅳ. D035.2

中国版本图书馆 CIP 数据核字（2008）第 052689 号

公共行政与公共管理经典译丛
经典教材系列
公共部门人力资源管理（第二版）

［美］埃文·M·伯曼、詹姆斯·S·鲍曼、乔纳森·P·韦斯特、蒙哥马利·范·沃特 著
萧鸣政 等 译

出版发行	中国人民大学出版社		
社　　址	北京中关村大街 31 号	邮政编码	100080
电　　话	010－62511242（总编室）		010－62511398（质管部）
	010－82501766（邮购部）		010－62514148（门市部）
	010－62515195（发行公司）		010－62515275（盗版举报）
网　　址	http://www.crup.com.cn		
	http://www.ttrnet.com(人大教研网)		
经　　销	新华书店		
印　　刷	北京联兴盛业印刷股份有限公司		
规　　格	170 mm×228 mm　16 开本	版　　次	2008 年 4 月第 1 版
印　　张	26.75 插页 1	印　　次	2015年12月第 3 次印刷
字　　数	503 000	定　　价	49.00 元